Knaur

Über die Autorin:

Christine Lehmann, geboren 1958 in Genf, studierte Germanistik und Kunstgeschichte, lebt mit ihrem Lebensgefährten in Stuttgart und arbeitet als Nachrichtenredakteurin beim SWR. Sie veröffentlicht seit 1994 Krimis und Romane, darunter zuletzt »Der Bernsteinfischer«.

Christine Lehmann

DER WINTER-WANDERER

ROMAN

Knaur

Besuchen Sie uns im Internet:
www.knaur.de

Originalausgabe 2002

Umschlaggestaltung: ZERO Werbeagentur, München
Umschlagabbildung: Photonica, Hamburg
Satz: Ventura Publisher im Verlag
Druck und Bindung: Clausen & Bosse, Leck
Printed in Germany
ISBN 3-426-62192-4

2 4 5 3 1

Für Andrea Berthel

1

Der Scheibenwischer knarrte. Schneeflocken schossen auf Sophie zu wie Mücken ins Licht. Die Autobahn war weiß geworden. Vorne schlingerte ein Lastwagen mit Anhänger, fing sich aber wieder. Das Schneegestöber hatte erst auf der Hochfläche der Schwäbischen Alb angefangen. Unheimlich rasch versank das Land unter einer weißen Decke.

Seit einer Stunde fuhr Sophie nur noch sechzig. In Stuttgart hatte der Tag ganz normal angefangen. Aber Dieter hatte sie gewarnt. »Fahr nicht. Der Wetterbericht sagt Schneechaos voraus. Ich möchte nicht, dass du auf der Autobahn dein Leben riskierst, nur um diesen Auftrag zu erfüllen. Das hast du doch nicht nötig.«

Aber Sophie war noch nicht lange genug im Geschäft, als dass sie es sich hätte leisten können, einen Vertrag nicht einzuhalten, nur weil es schneite. Laut Vertrag musste sie bis zum 5. Januar fertig sein. Hätte Dieter sich nicht so angestellt, als sie zwischen Weihnachten und Neujahr fahren wollte, dann wäre sie jetzt schon wieder zu Hause gewesen. Aber zwischen den Jahren pflegte Dieter seine Geschäftspartner und Freunde einzuladen. Jeden Tag waren Gäste da, und zu Silvester stieg eine Party. Wie hätte Dieter seinen Gästen erklären sollen, dass seine Frau nicht zu Hause war? Kriselte es etwa in ihrer Ehe?

Für Sophie war es der erste wichtige Auftrag in einem völlig fremden Haus außerhalb von Stuttgart. Den Fotos zufolge, die ihr eine gewisse Monika von Rohenfels geschickt hatte, handelte es sich um ein Schlösschen im schwäbischen Allgäu. Die Wand, um die es ging, befand sich in der Eingangshalle. Jeder, der das Schloss betrat, würde sehen, was Sophie auf diese Wand gemalt hatte. Eine bessere Werbung gab es nicht.

Auch wenn Dieter nicht einsah, dass sie für sich Werbung machen musste. Für einen seiner Kunden hatte sie um den Kamin herum eine Einfassung gemalt. Dessen Freundin hatte dann einen Karibikstrand mit Palmen im Bad ihrer Penthouse-Wohnung haben wollen. Sophie hatte sie überreden können, stattdessen eine romantische Landschaft nach Turner zu nehmen. Sie hatte zwei Monate im Sommer daran gemalt. Anfang Dezember kam dann der Anruf von Frau von Rohenfels.

»Rohenfels?«, sagte Dieter, als Sophie ihm davon erzählte. »Wie kommt der auf dich?« Es stellte sich heraus, dass Dieter einen Mathias von Rohenfels aus Studientagen in München kannte. »Seit fast zwanzig Jahren habe ich nichts mehr von ihm gehört.«

»Aber es ist eine Monika von Rohenfels, die mich angerufen hat«, gab Sophie zu bedenken.

»Das ist seine Frau.« Auf Dieters Gesicht mit dem Dreitagebart mischten sich Verblüffung, Wiedererkennensfreude und Skepsis, ja, fast sogar Ablehnung. Sophie hatte nicht herausbekommen, warum er eigentlich dagegen war, dass sie in Schloss Rohenfels malte. Vielleicht bildete sie es sich auch bloß ein. Seine Argumente waren allgemeiner Art. »Willst du wirklich eine solche Fronarbeit auf dich nehmen?«, hatte er sie gefragt. »Diese Leute ziehen dich doch über den Tisch. Was die dir zahlen, ist ein Witz. Das hast du doch wirklich nicht nötig.«

Nein, finanziell hatte sie das nicht nötig, seit sie mit Dieter verheiratet war und die Villa auf dem noblen Stuttgarter

Killesberg bewohnte. Dieter war als Architekt ausgesprochen gut im Geschäft.

Als Sophie sich als Aushilfszeichnerin in seinem Architekturbüro in Dieter verliebte, befand sie sich auf dem Tiefpunkt ihres Selbstwertgefühls. Sie hatte Jahre gebraucht, um sich wieder aufzurappeln. Darum hatte sie diese Aufträge nötig.

Während sie auf der verschneiten Autobahn ihr Leben riskierte, als sie den schlingernden Lastwagen mit Anhänger überholte, für Sekunden völlig eingenebelt von Schneefahnen, riskierte sie es auch seit langem zum ersten Mal wieder, an die Katastrophe zu denken, die sich allmählich in ihr breit gemacht hatte. Sie kam heil aus dem Schneestaubnebel heraus und scherte vor dem Lastwagen auf die beinahe makellose Fläche der Autobahn ein. Im Schneetreiben verschwammen alle Grenzen. Der graue Himmel ging ins Gewirbel der Flocken über, die flache Landschaft versackte unter einer Decke, die keine Unterschiede machte zwischen Asphalt, Weiden, Gehöften, Bäumen und einsamen Waldstücken. Es war ein Nirgendwo, in dem Sophie sich befand, das stille turbulente Nirgendwo ihrer Seele.

Sie war gerade dreißig geworden. Um ihr Gesicht mit dem feinen hellen Teint kräuselte sich Haar von der Farbe gebrannten Tons, das ihr in einem langen schweren Zopf über den Rücken fiel. Unter den geraden Brauen blickten ein Paar lichte graue Augen abwartend in die Welt. Um ihre leicht geschwungenen Lippen lag ein ernster, gewissenhafter Zug. Wer sie lächeln sah, ahnte ihre Großherzigkeit und Wärme, aber dort, wo sie herkam, war das nicht sonderlich gefragt. Dieters Geschäftspartner und Freunde erlebten sie als leise Erscheinung von natürlicher Schönheit und als patente Managerin seines Haushalts. Die Ehefrauen bewunderten fachkundig das Organisationstalent, das hinter den fünfgängigen Menüs und perfekten Tischdekorationen steckte.

Wenn Dieter nach dem Essen die Drinks mischte und über seine Siege bei Wettbewerben für Großaufträge redete, räumte Sophie in der Küche die Spülmaschine ein und richtete die Snacks an. Dann kam manchmal eine Ehefrau dazu und erkundigte sich mit gewundener Indirektheit, warum Dieter und sie keine Kinder hatten. »Ich bin noch nicht so weit«, antwortete sie darauf. Aber an ihr lag es nicht. Es wäre an Dieter gewesen, mal zum Arzt zu gehen. Doch als sie das nach zwei Jahren Ehe angesprochen hatte, war er gemein geworden und hatte erwidert: »Wann schläfst du denn schon mit mir?« Sophie war so verletzt gewesen, dass ihr der Widerspruch im Hals stecken geblieben war. Wann war er denn je wirklich in Stimmung für die gemeinsamen Freuden? Für seine eigenen war er schon gelegentlich in Stimmung, aber nicht für ihre.

Dieter war fünfzehn Jahre älter als sie. Er hatte sie aufgefangen und ihr eine Perspektive geboten, als sie völlig desorientiert aus ihrem Studium in die Welt stolperte. Solange sie Kind war, hatten ihre Eltern, Onkels und Tanten sie als begabte Malerin gehätschelt. Es galt als ausgemacht, dass sie mal berühmt werden würde. Ein Volkschullehrer hatte als Erster ihre Begabung gefördert. Auch später bekam sie im Kunstunterricht immer nur Einser. Fast hilflos standen die Lehrer vor ihrer Fähigkeit, mit dem Bleistift ein Foto so zu kopieren, dass die Zeichnung wie das Foto selbst aussah. Aber schon damals hatte sie leichtes Unbehagen empfunden. Ihr fehlte etwas. Fotorealismus reichte nicht. Ihr fehlten die Ideen. Doch niemand schien das zu merken. Die Bewunderung überschlug sich, als sie anfing in der Stuttgarter Staatsgalerie die Bilder alter Meister in Öl zu kopieren. Sie war präzise und perfektionistisch. Doch als sie sich nach dem Abitur an der Kunstakademie bewarb, bekam sie eine Absage. Damit hatte niemand gerechnet. Für Sophie war es ein Schock. Freilich hätte sie sich an anderen Akademien bewerben können, aber ihr war schlagartig klar geworden, dass sie keine Künstlerin war. Sie verspürte keinen Drang, zu zeichnen oder zu malen. Sie besaß keine innere Bilderwelt, die sie auf der Leinwand verwirklichen musste. Sie musste nicht malen. Sie kopierte nur. Und nicht einmal das musste sein. Sie konnte genauso akribisch einen Tisch dekorieren oder die Farbtöne von Vorhängen, Teppichen und Servietten aufeinander abstimmen.

Weil es aber nicht so leicht war, mit Anfang zwanzig plötzlich das gesamte Selbstbild umzuwerfen, schrieb sie sich erst einmal in Kunstgeschichte ein. Ihre Eltern führten ein kleines Hotel in einem Stuttgarter Vorort und glaubten ihr, dass sie damit Lehrerin werden konnte. Doch in der Dunkelheit des Hörsaals gestand Sophie sich ein, dass sie das alles nicht wirklich interessierte. Ein Professor haspelte sich am Pult durch einen Aufsatz über den Klassizismus. Der Hilfswissenschaftler verwechselte die Dias. *Amor und Psyche* des Bildhauers Canova erschienen falsch herum. Die Folterkeller von Piranesi waren so dunkel, dass man gar nichts erkannte. Oder sie standen auf Exkursionen fröstelnd und fußmüde in einer Krypta, Sophie immer ganz hinten, damit sie nicht das »Bitte datieren Sie!« des Professors ereilte. Sporen an den dorischen Säulenbasen gab es nur bis 1250. Kunstgeschichte war nichts weiter als datieren und das Caravaggeske Hell-Dunkel erkennen.

Erst als Sophie nicht mehr umhin konnte, nach einem Thema für eine Magisterarbeit zu suchen, gestand sie sich und ihren Eltern ein, dass sie gescheitert war. Ihre Eltern schlugen ihr vor, die Hotelfachschule zu besuchen. Dann könnte sie eines Tages das Hotel übernehmen. Aber das kam Sophie wie Selbstmord auf Raten vor. Seit ihrer Kindheit hatte sie sich nach einem normalen Familienleben gesehnt, nach einem kleinen Haus, in dem man nicht ständig auf Fremde stieß, nach einer kleinen Küche mit kleinen Töpfen. Einer der Architekturstudenten, der gelegentlich Kunstgeschichte hörte, sagte ihr dann, dass der bekannte Architekt Dieter Benrath Aushilfszeichner und Modellbauer suche. Für Sophie war das die Flucht aus einer Zange zweier Horroralternativen gewesen. Bei der stundenlangen Arbeit am Zeichenbrett oder beim millimetergenauen Kleben von Modellen konnte sie sich völlig vergessen. Dieter führte sie zum Essen aus und erzählte ihr von seinen kreativen Krisen. Sophie konnte ihm bei einem Museumsprojekt zu einer anderen Lösung raten. So kam es, dass er sich in sie verliebte, weil sie ihn inspirierte, und sie sich in ihn, weil sie für ihn wichtig war und er die Häuser baute, in denen sie sich seit ihrer Kindheit zu leben sehnte.

Sie kauften sich eine Villa auf dem Killesberg. Sophie bekam zwei Zimmer für sich allein und durfte alle anderen Zimmer einrichten. Sie entdeckte ihr Talent für Innenarchitektur. Das erste Jahr ihrer Ehe verging wie ein Traum, den Sophie nie geträumt hatte. Sie war die Sorge um ihre Zukunft los. Die Ehe war eine so einfache Lösung, die Lösung überhaupt. Nur fehlten die Kinder.

Dieter war viel außer Haus und arbeitete, wenn er eine Ausschreibung gewinnen wollte, bis spät in die Nacht. Manchmal hatte Sophie das Empfinden, dass er sich zu Hause weniger sicher fühlte, weniger als Sieger, als in seinem Büro. Daheim hatte er seine Krisen. Da war er depressiv und ungeduldig, da brauchte er Sophie, jemanden, der sich um ihn bemühte, ihn stimulierte, bis er sich wieder als der King fühlte, brauchte eine Frau, die sich dann von ihm erobern, eigentlich überwältigen ließ. Es war eine gewisse undurchschaubare Sprunghaftigkeit in Dieters Wesen, die Sophie allmählich zu schaffen machte. Aus seinem Büro hatte er sie vertrieben. Sie hatte schnell gemerkt, dass es ihn störte, wenn sie zusammen mit seinen Mitarbeitern die Modelle und Grafiken für die Präsentationen fertig stellte. Der Ton, den sie in den Diskussionen mit ihm anschlug, war ihm zu vertraulich. Sophie glaubte, dass er sich dann von ihr als Meisterarchitekt zu sehr in Frage gestellt fühlte.

Es ist wie Eifersucht, dachte Sophie im hellen Schneetreiben auf der Autobahn. Als Architekt hatte Dieter bei Null angefangen und sich in fünfzehn Jahren zu einem der international Erfolgreichsten hochgearbeitet. Es wurde zwar nicht alles gebaut, was er entwarf, aber er gewann jeden Wettbewerb. Der Bau selber interessierte Dieter auch nicht sonderlich. Er war nicht nur außerordentlich kreativ, er besaß außerdem ein Gespür für Zeitgeschmack und einen Sinn fürs Bezahlbare. Dieter hatte nicht bloß Ideen, er verstand es auch zu verhandeln und Politiker, Gemeinderäte und Gemeinden für sich zu gewinnen.

»Man muss nicht nur sein Handwerk verstehen«, pflegte er zu sagen, »man muss vor allem mit jedem reden und Kompromisse machen. Und für den freien Wettbewerb fehlt dir der Biss, Sophie. Du bist zu idealistisch und nicht hart genug. Das gefällt mir so an dir.«

Sie hatte eine Weile gebraucht, bis sie merkte, dass er von ihr nicht Kreativität erwartete, sondern ihre stille, immer freundliche Anwesenheit und perfekte Tischdekorationen und Menüs. Dieter wollte keine Konkurrentin haben, weder in seinem Büro noch in seinem eigenen Haus.

Im dritten Winter brach ihr Selbstwertgefühl erneut zusammen. Über dem Stadtkessel wurde es nicht hell und in ihr auch nicht mehr. Sie wusste nicht, wie sie den Tag überstehen sollte. Es ging nicht vorwärts und nicht zurück. Sie hätte in die Innenstadt fahren müssen, um für die Ehefrau eines Geschäftspartners von Dieter eine Vase als Geburtstagsgeschenk zu kaufen, aber nicht einmal das war ihr möglich. Wie sollte sie Dieter erklären, dass sie außer Stande war, sich in ihr Auto zu setzen und loszufahren, wie diese innere Totenstarre begründen, wie all das ausdrücken, das ihre Seele einbetonierte? Warum konnte sie nicht glücklich sein?

Auf der Suche nach dem Glauben an sich selbst, den sie in ihrer Jugend einmal besessen hatte, stieg sie auf den Dachboden und stieß auf den Schuhkarton mit den alten Malpinseln, Spachteln, der verkrusteten Palette und den verknautschten alten Farbtuben. Sie schraubte die Tuben auf und sog den Geruch der Ölfarben ein. Anders als die modernen Acrylfarben hatte jede Ölfarbe ihren eigenen Geruch und vermalte sich auch anders. Coelinblau war kompakt, Krapplack suppte ölig.

Sophie nahm die Farben und trug sie in ihr Zimmer. Dann rannte sie in die Küche hinunter, sammelte hastig ein, was ihr in die Finger kam – Zwiebeln, eine Paprika, ein Glas, ein Messer, ein Geschirrtuch –, und baute dies alles auf ihrem Schreibtisch, den sie nie brauchte, zu einem Stillleben auf. Sie malte drei Tage, ohne Dieter etwas zu sagen. Dafür, dass sie aus der Übung war, gelang ihr das kleine Bild ausgesprochen gut. Ihr Geburtstagsgeschenk sorgte für Aufsehen.

Das ganze Jahr über verschenkte sie zu Geburtstagen und Einladungen Stillleben in flämischem und niederländischem Stil. Dieter und sie wurden zu begehrten Gästen in finanzkräftigen Kreisen. Womöglich bekam Dieter so manchen Auftrag nur, weil die Ehefrau des Kunden sich über ein Küchenbild freute, wie Sophie ihre Arrangements nannte. Parmesan, Wein und Tomaten für die Italienfans, Lychees, Pflaumenwein und Kirschblüte für die Japanliebhaber, Brot und Salz für eine Hauseinweihungsparty – so realistisch und kristallscharf, dass man meinte, man müsse das Salz mit angefeuchtetem Finger vom Brett stippen können. Es kam der Moment, da ein Berliner Architekt bei Sophie ein großes Stillleben mit Parmaschinken und Weintrauben bestellte. Ihr erster Auftrag.

Statt für einen Spottlohn für andere zu arbeiten, solle sie, fand Dieter, lieber die Küche renovieren. Das ganze Haus habe einen Anstrich nötig. Sophie stürzte sich folgsam in die Renovierung ihres Hauses. Als die Küche dann in neuem Glanz erstrahlte, kamen ihr die Wände nackt vor. Tagelang kletterte sie von einer Arbeitsfläche zur nächsten und malte rundherum unter die Decke einen Fries, der aussah wie ein Stuckrelief. Die Schlagschatten der Schnörkel hatte sie exakt nach dem Lichteinfall der beiden Küchenfenster ausgerichtet. Wer bei Tag in der Tür stand, konnte nicht erkennen, dass der Stuck nicht echt war. Aber bei Nacht, wenn die Deckenlampe an war, zerfiel die Illusion. Anschließend malte Sophie im Bad Ovarienfriese und Kacheln, bei denen sie die künstliche Beleuchtung mit einrechnete. Dann plante sie für die Decke des Schlafzimmers eine Kuppel mit Durchbruch in den Nachthimmel. Vom Bett aus sah man eine stark perspektivisch verkürzte Balustrade, über die sich Putten lehnten, darüber die Kuppel mit dem Loch in den Himmel. Sophie suchte vor allem die innere Stille, die einkehrte, wenn sie stunden- und tagelang pinselte, das Ende des Denkens und aller Fragen, die sie sich über ihre Zukunft und die Person stellte, die sie war oder hätte sein können. Während sie die gigantische Aufgabe des Schlafzimmerhimmels bewältigte, lernte sie auch ihre Acrylfarben bis in jede noch so versteckte Charaktereigenschaft kennen und schätzen.

Jetzt kam ihr das abgebrochene Kunstgeschichtsstudium

zugute. Der verhasste italienische Barock, die Renaissance, der niederländische und flämische Realismus, sogar das Seminar über Ornamente produzierten in ihr jede Menge Bilder und Motive für Wände, Nischen, Wandfriese oder Kamineinfassungen. Auch an den kunsthistorischen Begriff für das, was sie tat, erinnerte sie sich: *Trompe-l'œil*, Augentäuschung.

Es war die Kunst barocker Meister, Gipssäulen wie Marmor schimmern zu lassen, Fenster mit falschem Gesims aufzupeppen oder Kuppeln und Räume optisch zu vergrößern.

Und nun war sie ins Allgäu unterwegs, um in der Eingangshalle einer gewissen Familie von Rohenfels eine Wand zu verschönern, in der es früher einmal einen Kamin gegeben hatte. Und da Monika von Rohenfels am Dreikönigstag Geburtstag hatte und zu ihrem Fest offenbar einen *Trompe-l'œil* enthüllen wollte, musste Sophie es in viereinhalb Tagen schaffen. In ihrer Nervosität hätte sie sich gern vierzehn Tage Zeit gegeben, aber plötzlich hatte Dieter sich quer gestellt. Jetzt, da er über Weihnachten und Neujahr sein Büro dichtgemacht und endlich mal Zeit hatte, mit ihr zusammen zu sein und Freunde einzuladen, wollte sie weg?

Sophie hatte sich schon lange nicht mehr so lebendig und stark gefühlt wie jetzt, da sie auf der Autobahn im Schneesturm ihr Leben riskierte. Im Kofferraum klapperten die Gläser, Farbflaschen, Pinsel und Werkzeuge. Der violette Opel Corsa kroch relativ spurtreu die unberührte Zufahrt auf die Autobahn Richtung Lindau hinüber und nahm es nach Leutkirch tapfer mit den Landstraßen auf, die sich unter einer geschlossenen Schneedecke durchs Allgäuer Land mit seinen eiszeitlichen Moränenhügeln, offenen Weideflächen, verträumten Dörfern, kleinen Wäldern und stehenden Gewässern schlängelten. Sophie kam es vor, als führe sie durch eine verlassene Sommerresidenz, in der alle Möbel mit weißen Laken bedeckt waren.

Irgendwo hinter Leutkirch hielt Sophie an, um den Autoatlas und die Wegbeschreibung zu studieren, die Monika von Rohenfels ihr geschickt hatte. Diepholdshofen, Arnach, Kißlegg musste sie ansteuern. Es war eine Gegend, in der sich auf jedem Hügel, auch Egg genannt, vier oder fünf Bauernhöfe drängten. Von Kißlegg aus ging es Richtung Wolfegg. Die Abzweigung nach Höllenbach überraschte Sophie inmitten eines Wäldchens. Von den Ästen der überladenen Fichten brachen große Placken Schnee auf die gerade mal ein Auto breite Straße. Höllenbach bestand nur aus ein paar Gutshöfen. »In Edenweiler am Kruzifix rechts«, erinnerte sie sich in Monika von Rohenfels' Brief gelesen zu haben, als plötzlich in der nächsten Häuseransammlung um einen Gasthof die Spitze eines gusseisernen überdachten Kreuzes aus dem Schnee ragte, das aussah wie vom Friedhof hierher verpflanzt. Die von Scheunen und Ställen umgebenen Bauernhäuser hörten nach zwanzig Metern auf.

»Hinter der Brücke an der Weggabelung links halten.«

Sophie entdeckte keine Weggabelung. Sie sah die Mäuerchen der Bachbrücke, auf denen sich Schnee türmte, und eine weiße Fläche, die im Schneegestöber und im Zwielicht des Nachmittags kein Ende zu haben schien. Die rotweißen Stangen, die aus dem Schnee ragten, zeigten nur eine einzige Straße an. Vorsichtig gab sie Gas. Ein dunkles Wäldchen war in der Ferne durch den Schneeschleier zu erkennen. Die Flocken waren inzwischen kleiner geworden. Rechts näherte sich ein Koppelzaun dem Weg, den Sophie entlangkroch. Aber ein Schlösschen auf einer Kuppe, auf das sie hätte zuhalten können, zeigte sich nicht.

Inmitten all dieser Konturlosigkeiten entdeckte sie vielleicht hundert Meter vor sich eine Gestalt, die gegen den schrägen Flockenfall anmarschierte. Daneben bewegte sich ein kleinerer dunkler Fleck, ein Hund. Ob sie auf sie zukamen oder von ihr weggingen, konnte sie nicht ausmachen. Aber wenn sie das Fenster runterkurbelte und hinaus auf die Straße blickte, sah sie Fußstapfen, deren Ränder schnell vom fallenden Schnee verwischt wurden, und daneben die Schlangenlinien von Hundepfoten.

Das war vermutlich ein Einheimischer, den sie nach dem Weg fragen konnte. Was für eine glückliche Fügung! Sie gab gefühlvoll Gas. Der Corsa rutschte zwar zunächst ein bisschen, fand dann aber schnell die Spur.

Der Mann schritt, die Hände tief in den Taschen einer dunkelgrauen filzigen Jacke vergraben, gegen den flockenreichen Wind an. Er trug kniehohe schwarze Stiefel, die Sophie als Schäferstiefel beschrieben hätte. Auf seinen breiten Schultern und der schwarzen Schirmmütze blieb der Schnee haften. Halb hinter ihm trottete ein hochbeiniges wolfähnliches Tier mit graubraunem Fell, das so dicht war, dass die Flocken, die in den Rückenhaaren hängen blieben, nicht schmolzen.

Eigentlich hätten beide längst ihr Auto hören müssen. Aber weder Hund noch Mann schauten sich um. Sophie kurbelte erneut ihr Seitenfenster runter. Schneeflocken wirbelten herein.

Jetzt blickte wenigstens der Hund zurück. Er hatte gelbe Augen und ein hübsch gezeichnetes schmales Gesicht mit großen Ohren. Sophie gab noch einmal Gas, um an die Seite des Mannes aufzuschließen, der sich so schwerhörig stellte. Wenn sie ihn dabei nicht anfahren wollte, musste sie leicht nach rechts ausweichen. Vermutlich gab sie zu viel Gas. Sie spürte, wie der Lenker ins Leere drehte, und steckte im nächsten Moment mit dem rechten Vorderrad in einem Straßengraben, den man nicht sehen konnte.

Auch das bewog den Schneewanderer nicht, sich umzuschauen. Er war schon wieder zehn Schritte weiter. Sophie sprang aus dem Auto und schrie entrüstet: »He, Sie!« Der Schrei schien in den herabrieselnden Flocken stecken zu bleiben.

Aber der Hund blieb stehen, und der Mann drehte sich endlich um.

»Können Sie mir vielleicht helfen?«, rief Sophie. Selbst wenn sie Rätoromanisch gesprochen hätte, musste der Mann begreifen, in welcher Notlage sie und ihr Auto sich befanden. Doch Sophie zweifelte ernsthaft, ob dieser Schneemensch von dieser Welt war. Ein paar Sekunden lang sah es so aus, als wollte er sich wieder abwenden. Dann aber setzte er sich langsam in Bewegung und kam in seiner eigenen Fußspur zurück. Sein Hund blieb missmutig stehen und wandte die Schnauze in die andere Richtung, vermutlich in die des warmen Heims. Doch da sein Herr nicht auf ihn reagierte, kam er schließlich ebenfalls angetrabt, umrundete ihn und näherte sich Sophie mit gesenktem Kopf und gestellten Ohren witternd. Er hatte wirklich etwas Wölfisches.

Sophie hatte keine Angst vor Hunden. Sie hatten sich nur im Hotel nie einen halten können, und Dieter mochte Hunde nicht. Nicht für das Tier, aber für den Mann setzte sie ihr schönstes und bittendstes Städterinnenlächeln auf. Der Einheimische sah ja ohnehin an ihrem Nummernschild, dass sie aus Stuttgart kam. Der Wind trieb kleine spitze Schneekristalle gegen ihre Wangen und in ihre Augen. Sie brauchte eine Weile, bis sich ihre Augen an den scharfen Wind gewöhnt hatten und sie richtig sehen konnte.

Der Mensch, der nun bei ihr stehen blieb, zeigte nur

Teile seines Gesichts unter seiner schneeverkrusteten Schirmmütze und einem vom Atem vereisten Schal, den er bis zur Nase hochgezogen hatte. Es war, so weit sie das erkennen konnte, immerhin ein junges Gesicht, wenn auch kein jugendliches mehr.

Sie fasste Hoffnung, dass er sie verstehen würde.

»Ich stecke fest«, sagte sie. »Ich habe den Graben unter all dem Schnee nicht gesehen.«

Der Mann musterte stumm das violette Auto, dessen Kühler dampfte. Der Hund schnüffelte kurz die Reifen ab und hielt die Schnauze dann in den Wind, der ihm den Rauch des heimischen Herdes zutragen mochte.

»Meinen Sie, wir kriegen das Auto wieder flott?«, fragte Sophie. »Oder muss ich einen Abschleppwagen rufen?«

Der Mann hob den Blick, ohne die Hände aus den Taschen zu nehmen. Sophie schaute kurz in ein Paar fast schwarze Augen unter finsteren schwarzen Brauen. In den Stoppeln seines Dreitagebarts blieben die Schneeflocken hängen, ohne sogleich zu schmelzen. Sophie hatte sich den Menschenschlag im Allgäu eher hellhaarig vorgestellt. Aber es gab auch diese welschen Typen mit dem dunklen Einschlag französischer Wanderarbeiter.

»Ich will zum Schloss Rohenfels«, sagte Sophie, um das einseitige Gespräch am Laufen zu halten. »Da bin ich doch auf dem richtigen Weg, oder?«

Einen Augenblick hatte Sophie den Eindruck, dass der Mann etwas antworten wollte, doch dann fiel ein eigenartiger Schatten über sein Gesicht, fast wie Resignation, fast so, dachte Sophie, als wäre es ihm nicht möglich zu sprechen. Aber sie dachte nicht länger über diesen seltsamen Eindruck nach, denn jetzt zog er die Hände aus den Taschen und trat vor dem Kühler ihres Corsa an den Graben heran, offenbar bereit zu helfen. Mit einem großen Schritt, der die genaue Kenntnis der Bodenbeschaffenheit unter der Schneedecke verriet, setzte er den linken Fuß auf die andere Seite des Grabens. Sein Stiefel verschwand fast bis zum Schaftrand im Schnee. Auf diese Weise stand er genau vor dem Kühler.

Der Hund stellte die Ohren, fing den Blick seines Herrn auf, senkte sie wieder, wandte sich daraufhin Sophie zu und schnüffelte fragend in die Luft.

»Wollen Sie den Wagen etwa alleine aus dem Graben heben?«, erkundigte sie sich besorgt. »Meinen Sie, dass Sie das schaffen, oder soll ich nicht doch lieber ...« Sie unterbrach sich, denn sie glaubte ein ganz leichtes Kopfschütteln bei ihm wahrgenommen zu haben, halb ungeduldig, halb beruhigend. Vielleicht redete sie zu viel, dachte sie. Aber sie konnte sich nicht bremsen. Zu unheimlich war es ihr, dass jemand einfach kein Wort von sich gab. »Nicht dass Sie mir die Stoßstange abreißen.«

Aber er schien genau zu wissen, was er tat. Mit bloßen Händen suchte er offenbar unter dem Kühler nach Angriffspunkten. Sein Atem strich in einer Wolke über den dampfenden Kühler. Dann hatte er augenscheinlich gefunden, was er suchte, korrigierte noch einmal seinen Stand, holte Luft und atmete aus. Plötzlich ruckte der Corsa, schlitterte seitwärts auf Sophie zu, die zurücksprang, und rollte dann rückwärts. Sophie riss die Fahrertür auf, ließ sich auf den Sitz fallen und trat auf die Bremse.

Mit einem Satz befreite sich der Mann aus dem Tiefschnee im Graben, und schon stand er wieder auf der Straße. Dann steckte er die Hände erneut in die Jackentaschen. Der Hund sprang erfreut in die Höhe und lief leichtfüßig vorneweg, als sein Herr in seinen eigenen Fußstapfen davonging.

Sophie hätte ihm ihr Danke hinterherbrüllen müssen.

Sie startete den Corsa und gab vorsichtig Gas. Die Winterreifen fassten. Langsam rollte sie erneut an den Mann heran, der diesmal immerhin etwas nach links auswich.

»Vielen Dank«, sagte Sophie, den Wagen im Schritttempo neben ihm haltend. »Sie haben mir sehr geholfen. Aber könnten Sie mir vielleicht freundlicherweise auch noch sagen, ob es hier wirklich zum Schloss Rohenfels geht?«

Er wandte sich ihr nur halb zu und hob das Kinn in Richtung Wäldchen. Sophie hätte es für unfreundlich halten können, aber sie spürte etwas ganz anderes – als ob der Mann erstaunt wäre, angesprochen zu werden, als ob er ein Wesen aus einer anderen Welt wäre, das sich nur im tiefsten Schneegestöber materialisierte und sonst von keinem Sterblichen wahrgenommen wurde, nur von ihr, und als suchte er nun erstmals nach einer Sprache, um mit Sterblichen zu kommunizieren. Sophie rief ihre Phantasie zur Ordnung und sagte: »Vielen Dank. Kann ich Sie und Ihren Hund ein Stück mitnehmen, falls das auch Ihre Richtung ist? Sie könnten mir dann gleich den Weg zeigen, damit ich nicht wieder in den Graben fahre.«

Der Mann blieb stehen.

In seinen langen Wimpern hatte sich eine Schneeflocke verfangen, die abfiel, als er die Lider senkte. Seine dunklen Augen ruhten nur kurz auf Sophies frischem, lächelndem Gesicht. »Fol... folgen Sie mir«, sagte er endlich. Gleich darauf hatte er sich wieder seinem Weg zugewandt.

So blieb Sophie nichts anderes übrig, als sich im Schritttempo von den beiden Wanderern durchs zwielichtige Schneegestöber führen zu lassen. Sie achtete darauf, dass sie den Mann immer links vor dem Kühler hatte, um ja nicht nach rechts in den Graben abzugleiten. Der Hund trabte inzwischen zügig ein paar Meter voraus.

Plötzlich aber kam ein bisschen Licht ins Schneetreiben.

Das Wäldchen links vor ihnen ließ erkennen, dass es aus Fichten bestand. Rechts senkten sich eingezäunte Koppeln in ein Tal. Weiter hinten gruppierten sich unten die Gebäude eines kleinen Gehöfts zwischen Bäumen mitten in der endlos weißen Fläche

Und dann sah Sophie Schloss Rohenfels. Es schob sich langsam, Schritt für Schrit, hinter dem Wäldchen hervor. Wäre es nicht barockgelb gestrichen gewesen, und hätte Sophie nicht ein paar runde Ochsenaugenfenster in den Dachgaupen ausmachen können, hätte man nicht unbedingt an ein altes Schlösschen gedacht. Es war einfach ein größeres Haus, das auf der Kuppe des Moränenhügels hinter dem Wäldchen lag. Erst als das zentrale Portal mit seinem einfachen, aber durchbrochenen halbrunden Giebel auftauchte, war Sophie sicher, dass sie auf Schloss Rohenfels zuhielten.

Offenbar gab sie zu freudig Gas. Für einen Augenblick hatte sie völlig den Wanderer vergessen. Erst eine hektische Bewegung links vor ihr ließ sie zusammenzucken und auf die Bremse treten. Der Corsa schleuderte etwas. Mit einem Satz sprang der Mann zur Seite in den Tiefschnee. Auch der Hund stand plötzlich bis zum Bauch im Schnee.

Sophie kurbelte hastig das Seitenfenster runter. »Ich habe Sie doch nicht angefahren, oder? Es tut mir Leid.«

Aber weder Mann noch Hund würdigten sie eines Blickes. Mit drei langen Schritten überquerte er die Straße, sprang über den Graben – der Hund hinterher –, beugte sich zwischen oberer und unterer Latte des Koppelzauns hindurch und ging querfeldein in Richtung der Gebäude im Tal davon.

2

Monika von Rohenfels war eine sehr schlanke Frau Anfang vierzig mit blondem Kurzhaarschnitt, einer hypermodernen scharfkantigen Brille und einem geschäftsmäßigen Lächeln auf den Lippen. Sie trug einen hellgrauen, auf Taille geschnittenen Blazer über einem lachsfarbenen Rollkragenpullover und dazu dunkelgraue Hosen.

»Ich hatte eigentlich schon vor vier Stunden mit Ihnen gerechnet.«

»Der Schnee«, entschuldigte sich Sophie etwas verschüchtert. »Ab Ulm konnte ich nicht schneller als sechzig fahren. Und dann bin ich hinter Edenweiler in einen Graben gerutscht. Aber ein Winterwanderer, ein wundersames Wesen, halb Mensch, halb Yeti, hat mir wieder rausgeholfen.«

»Ein Yeti?« Frau von Rohenfels lächelte gar nicht mehr streng, sondern fast vergnügt. »Ja, die Einheimischen sind zuweilen etwas sonderbar. Und so viel Schnee haben sogar wir hier im Allgäu selten. Na, ich freue mich, dass Sie endlich da sind, Frau Benrath. Übrigens, das hier ist die Wand.«

Die Eingangshalle war nicht gerade riesig, bemühte sich aber mit einer geschwungenen Treppe in den ersten Stock ein wenig barockes Flair herzustellen. Wenn man zur Tür hineinkam, blickte man direkt auf eine weiße Wand, die unter der Rundung der Treppe begann und sich gut drei Meter nach rechts bis zu einem Gang hinzog. Der Boden war rot geklinkert. Links vor der Treppe ging eine Tür ab, durch die man wohl in den Gesellschaftsraum trat. Sophie schätzte, dass der Gang rechts zu den Wirtschaftsräumen führte. Ein Fenster wies ins Tal. Ohne den Kronleuchter an der Decke bekam die Halle auch tagsüber nicht genug Licht.

»Crinner«, sagte Monika von Rohenfels, als sie Sophies Blick nach oben bemerkte.

»Wie?«

»Der Stuck ist von Crinner. Das war ein berühmter Stuckateur in Wangen. Echtes Allgäuer Barock. Sonst hat Rohenfels ja nicht viel Barock, der Baukörper ist älter, aber der Stuck ist beachtenswert. Doch sie wollen jetzt sicher erst einmal ihr Zimmer sehen.«

Es gab niemanden, der herbeieilte, um Sophies Koffer und ihre Kisten mit dem Malgerät aus dem Auto zu holen. Insgeheim hatte sie eine Dienerschaft erwartet. Die hätte in den Wirtschafts- und Gesinderäumen rechts am Gang wohnen müssen, in den Monika sie jetzt führte. »Da hinten ist die Küche, links davor Ihr Badezimmer«, sagte sie, während sie die erste Tür rechts im Gang öffnete. Das Zimmer war nicht groß, aber hell und gut geheizt. Der Boden war mit Dielen bedeckt. In der Mitte befand sich ein hohes altes Bauernbett, links neben der Tür ein Schrank und daneben ein Waschbecken. Das Fenster, vor dem ein schmales Tischchen stand, wies nach Osten zum Tal hin. Der verschneite Hang des Eggs, auf dem Schloss Rohenfels stand, fiel ins Tal, durch das sich Koppelzäune zogen. Unten war in der beginnenden Dämmerung der langgestreckte Bau von Stallungen zu sehen, behütet von ein paar alten Bäumen, und ein Häuschen, aus dessen Schornstein Rauch aufstieg. Ein Fenster war erleuchtet.

»Gehört das auch zu Rohenfels?«

»Früher einmal. Heute nicht mehr. Es gibt ja keinen Anerben mehr. Sie wissen, wovon ich rede? Im Allgäu wurden die Höfe nicht aufgeteilt, sondern immer an den Ältesten vererbt. Das prägt heute noch die Landschaft. Keine parzellierten Flächen. Gefällt Ihnen das Zimmer?«

Sophie drehte sich um. »O ja, sehr.«

Monika von Rohenfels lächelte mit mehr Wärme, als sie wohl meinte, dass sie es zeigen sollte. Sie fand jedoch schnell zu ihrem geschäftsmäßigen Ton zurück. »Ich nehme an, Sie wollen heute noch anfangen. Aber zuvor möchte ich Sie meiner Schwiegermutter vorstellen. Sie hat es gern, wenn sie weiß, wer im Haus ist. Außerdem legt sie Wert darauf, dass sie es ist, die jemanden zum Abendessen einlädt. Es ist nur eine Formalität. Sie nehmen natürlich die Mahlzeiten mit uns ein, wenn Sie wollen.«

Sophie folgte ihr die Treppe hinauf, die in einem Flur endete. Auch dieser Stuck war wohl von Crinner. Monika wandte sich einer der vielen Türen auf der Ostseite zu und klopfte.

Die alte Frau von Rohenfels bewohnte ein großes Zimmer mit zwei Fenstern. An der Nordwand war ein Kamin, der nicht mehr in Gebrauch war. Sophie schätzte, dass sich darunter die Küche befand. Auf Tischen, Anrichten und Bücherborden standen zahllose Fotos und die Silberbecher der Trophäensammlung eines Sportschützen. An den Wänden links und rechts neben der Tür hingen je ein altes eingedunkeltes Ölgemälde, Teil der Ahnengalerie, so vermutete Sophie. Da sie es gewohnt war, sich rasch in Räumen zu orientieren, registrierte sie, dass Schloss Rohenfels eine gut funktionierende Heizung besaß und dass die Doppelfenster allesamt in neuen Rahmen steckten.

Hortense von Rohenfels war eine vornehme alte Dame. Sie saß klein und zusammengesunken in einem großen grünen Sessel am Fenster, legte ein Buch beiseite und nahm die

Brille ab. Ihre Augen lagen tief in den Höhlen und waren graublau. Das weiße Haar schimmerte silbrig und war sorgfältig frisiert, auf den Wangen war etwas Rouge. An dem Sessel lehnte ein Stock.

»Mama, das ist Sophie Benrath.«

»Aha. Sie sind die Malerin.« Die alte Dame blieb sitzen und streckte Sophie ihre Hand entgegen. »Ich hoffe, Sie verstehen Ihr Handwerk.«

»Aber Mama!«, sagte die Schwiegertochter.

»Ich höre, Sie heißen Benrath«, fuhr Hortense von Rohenfells unbeirrt fort. »Sind Sie die Tochter von diesem Architekten?«

»Nein, ich bin seine Frau.«

Die alte Dame warf Monika einen Blick zu, den Sophie nicht anders zu deuten wusste als vorwurfsvoll. »Nun ja«, sagte sie und griff wieder nach dem Buch, »Sie werden sich wohl wenigstens Mühe geben, nehme ich an.«

»Ja, sicher«, entgegnete Sophie irritiert.

Monika gab ihr mit einer Kopfbewegung zu verstehen, dass sie sich wieder zurückziehen konnten. Ihre Brille blitzte. Irgendetwas war schief gegangen. Hortense von Rohenfels hatte sie jedenfalls nicht formell zum Abendessen eingeladen. Sophie legte ohnehin keinen Wert auf aufwendige Mahlzeiten mit Familiensilber und mehreren Gängen unter Stuck, aber leichter Unwille stellte sich bei ihr doch ein. Schließlich hatte Monika sie hergebeten. Und wenn es da irgendeine alte Geschichte gab, die mit ihrem Mann zu tun hatte, dann hätte man sie vorwarnen müssen. Auch Dieter hätte sie warnen können.

»Meine Schwiegermutter ist eigentlich ganz okay«, fühlte sich Monika immerhin bemüßigt zu sagen. »Das werden Sie auch noch feststellen. Die Rohenfelsens sind nur anfangs etwas ruppig. Wenn es nach ihnen ginge, würden sie mit keinem Fremden Kontakt aufnehmen. Man kann auch sagen, sie haben keine Manieren. Gott sei Dank ist mein Mann da etwas aus der Art geschlagen. Er ist auch der erste Rohenfels, der wirklich Geld verdienen muss, denn wie Sie sich sicher denken können kostet der Unterhalt so eines Hauses eine Stange Geld. Mein Mann leitet ein Maklerbüro in Wangen. Seine Spezialität sind Burgen und Schlösser hier in der Gegend. Aber nun will ich Sie nicht weiter von Ihrer Aufgabe abhalten«, sagte Monika, als sie wieder unten in der Halle standen. »Sie möchten sicher gleich anfangen.«

Sophie hatte das Gefühl, dass Monika mehr Angst als sie selbst hatte, dass sie mit der Arbeit nicht rechtzeitig fertig werden würde.

»Wird Ihnen das Licht hier reichen?«

»Ich habe meine eigenen Lampen dabei.«

»Sie sind anscheinend gut organisiert.«

Sophie lächelte gewinnend. »Ich bin Perfektionistin. Leider. Bei mir muss alles stimmen. Das kann auch ganz schön lästig sein.«

Monika erwiderte das Lächeln. »Ich leider gar nicht. Bei mir muss alles schnell gehen. Da muss man auch mal fünf gerade sein lassen, wenn es nicht darauf ankommt. Ich arbeite als Stylistin.«

Sophie überlegte, ob sie *ah, interessant!* sagen sollte oder ob Stylistin nur die neueste amerikanische Bezeichnung für Friseurin war.

»Und zwar«, fuhr Monika fort, »hauptsächlich für Antonio Al Ami. Den kennen Sie doch sicher. Seine Modefotoserien sind ja im Moment in allen Zeitschriften. Ich bin diejenige, die ihm die viel bewunderten Requisiten beschafft.«

»Ah, wie interessant«, sagte Sophie jetzt doch.

»Sie werden übrigens die meiste Zeit das Haus für sich

alleine haben. Mein Mann arbeitet in Wangen und nimmt meine Schwiegermutter oft mit. Ich bin die halbe Woche in München. Gegen Mittag kommt Frau Strunk, die sie ruhig Erna nennen können. Sie kocht und macht den Haushalt. Wenn Sie etwas brauchen, wenden Sie sich an Erna. Und wenn Sie in diesem Gemäuer einem Gespenst begegnen, dann erschrecken Sie nicht. Das ist bloß unsere Tochter Nadja.«

»Aha.«

»Sie ist fünfzehn und kleidet sich ein bisschen seltsam. Sie wissen ja, wie das ist.«

»Ja.«

Sophie schleppte Koffer und Kisten mit Malereiutensilien in ihr Zimmer und begann alles vorzubereiten.

Als Mathias von Rohenfels gegen sieben heimkam, standen zwei Scheinwerfer in der Halle, deren gleißendes Licht die Wand beleuchtete und einen in Jeans steckenden Hintern und die rot-weißen Sohlen von Sneakers. Die dazugehörige Person lag auf Knien und Unterarmen auf einer Decke auf dem Klinkerboden und war offensichtlich damit beschäftigt, da unten etwas an die Wand zu kritzeln. Ein Wust roter Haare knäulte sich auf ihrem Rücken und war im Begriff, ihr über die Schulter zu rutschen. Sie fuhr erst auf, als Mathias die Tür ins Schloss rasseln ließ.

»Oh!«, sagte sie lächelnd und strich sich die Haare aus dem Gesicht.

»Sie sind dann wohl Frau Benrath. Freut mich, Sie kennen zu lernen.«

Sophie stand auf. »Und Sie sind wahrscheinlich Herr von Rohenfels. Angenehm.«

Sie reichten sich die Hand. Mathias war ein nicht sonderlich großer glatt rasierter Mann Mitte vierzig. Er hatte die gleichen kleinen graublauen Augen wie seine Mutter. Sein

Haupthaar war dunkelblond und von grauen Fäden durchzogen. Er war ausgesprochen gut und gediegen gekleidet. Auf seinem etwas müden Gesicht lag ein verbindliches Lächeln. Während er sich den Kaschmirmantel auszog, wanderte sein Blick über die im Scheinwerferlicht gleißende Wand. Die zarten Linien der Bleistiftskizze waren für sein Auge kaum zu erkennen. Er konnte nicht ausmachen, was das geben sollte.

»Da bin ich aber mal gespannt«, sagte er höflich. »Meine Frau konnte es ja kaum erwarten, bis Sie endlich da sind und loslegen. Und wie ich sehe, haben Sie auch gleich angefangen.«

»Ja«, tönte es auf einmal von oben. Monika kam rasch die Treppe herab. »Und sie zeichnet freihand, nur nach Augenmaß und Gefühl.«

Sophie lachte verlegen. Sie hatte sich nie darüber Gedanken gemacht, woher sie ihr Augenmaß nahm. Und erst kürzlich, als sie einen Zeitschriftenartikel las, war ihr klar geworden, dass sie wohl das absolute Auge für Farben besaß. Das war noch seltener als das absolute Gehör. Es befähigte sie zu erkennen, ob zwei Farbtöne übereinstimmten, ohne sie nebeneinander zu halten.

»Tja«, bemerkte Mathias, »Sie haben vermutlich viel für Ihren Mann gezeichnet.«

Sophie entschloss sich, dem zuzustimmen, denn es war die einfachste Erklärung. Tatsächlich aber hatte sie so viel ja nicht gezeichnet. Die Bauzeichnungen wurden längst per Computer gemacht. Außerdem ließ Dieter sie kaum noch in sein Büro. Aber sie war ja nicht hier, um für sich selbst Verständnis zu erkämpfen, sondern um als Handwerkerin einen Auftrag zu erfüllen.

»Was soll das denn werden?«

»Aber Mathias!«, sagte Monika sofort. »Das weißt du

doch. Ich habe dir doch die Entwürfe gezeigt, die Frau Benrath geschickt hat.«

»Ach ja, richtig.« Mathias lockerte seine Krawatte. »Na, dann wollen wir Sie mal nicht länger stören. Meine Mutter hat Sie zum Essen eingeladen, nehme ich an?«

»Nein, das hat sie nicht«, antwortete Monika erneut an Sophies Stelle. Es klang ein wenig gereizt.

Mathias zog erstaunt die Brauen hoch. »Dann, Frau Benrath, tue ich das hiermit. Fühlen Sie sich doch bitte wie zu Hause.«

Sophie wandte sich etwas beklommen wieder ihrer Skizze zu, nachdem die beiden die Treppe hinauf entschwunden waren. Eigentlich war sie innerlich viel zu nervös, um an einem Abendessen teilzunehmen, um das derart viel Aufhebens gemacht wurde. Das würde sie vermutlich zwei Stunden dieses Abends kosten, an dem sie wenigstens noch mit der Grundierung der Flächen beginnen wollte. Vier Tage waren verdammt wenig Zeit.

Sie ließ sich wieder auf Knie und Hand nieder, um ihre Skizze der Fußleiste knapp über dem Boden abzuschließen. Sie arbeitete so konzentriert, dass sie erst hochschreckte, als sich in ihr Gesichtsfeld plötzlich die langen Spitzen tütenartiger Lederschuhe schoben. Darüber raschelte ein schwarzes Samtkleid über weißen Spitzenunterröcken. Sophie blickte erschrocken die endlose Gestalt eines feenhaft schlanken Mädchens hinauf. Die schmalen blassen Hände, die aus den Trompetenärmeln kamen, waren mit Silberringen in Gestalt von Totenköpfen und Kreuzen bestückt. Um den Hals trug das Mädchen ein Samtband mit Kreuz. Die offensichtlich schwarz gefärbten Haare hingen glatt und glänzend wie Teer über Schulter und Rücken. Das Gesicht war genauso weiß geschminkt, wie die Wand, vor der Sophie kniete. Die graublauen Augen blickten aus tiefschwarz geschminkten Höhlen auf sie herab. Das Mädchen lächelte mit schwarz angemalten Lippen.

»Sie müssen Nadja sein«, sagte Sophie und rappelte sich auf.

Das Mädchen reichte ihr eine weiche Hand. »Wie es scheint, hat meine Mutter Ihnen bereits erklärt, dass ich das Hausgespenst bin.«

»Ist doch ein ganz ehrenwerter Beruf«, meinte Sophie lächelnd.

Nadja lachte überraschend nett und lebenslustig. »Und Sie sind dann wohl die Malerin.«

»Ich heiße Sophie.«

»Und Sie sollen also dieser Halle wieder ihr barockes Gesicht zurückgeben. Allerdings hätte ich es besser gefunden, wenn Sie einen Keller mit Folterwerkzeugen gemalt hätten oder einen Friedhof mit offenem Grab bei Mondschein.«

Sophie schwieg etwas ratlos.

»Mit was für Farben malen Sie denn?«

»Mit Acrylfarben.«

»Ich finde ja Ölfarben besser. Früher hat man in das Blau echtes Lapislazuli hineingerieben.«

»Malen Sie auch?«, erkundigte sich Sophie.

»Ja, aber nur ein bisschen. Nichts Besonderes. Wenn Sie wollen, zeige ich Ihnen mal meine Bilder.«

Das war etwas, das Sophie unter keinen Umständen wollte. Allzu oft hatte sie schon in den Ateliers oder Malkellern von Ehefrauen der Geschäftsfreunde Dieters gestanden, auf breit geschmierte Farben und zögerlich gestrichelte Umrisse gestarrt und nicht gewusst, was sie sagen sollte, wenn die Damen mit glänzenden Augen ihr Urteil als Fachfrau erwarteten, natürlich ein lobendes Urteil.

»Übrigens«, meinte Nadja, »können Sie ruhig noch Du zu mir sagen.«

»Aber nur, wenn du mich auch duzt.«

Nadja zeigte wieder ihr junges nettes Lächeln. »Ich ziehe ja überhaupt das mittelalterliche Ihr vor.«

»Dann sagt mir doch«, schaltete Sophie sofort um, »ob ich mir zum Abendmahl das Staatskleid anziehen muss, oder ob das schlichte Hausgewand mit Goldbrokat reicht.«

Nadja lachte. »Ihr könnt bleiben, wie Ihr seid.«

»Übrigens«, Sophie senkte die Stimme, »Eure Frau Großmama hat mich nicht zum Essen eingeladen. Hätte ich ihr die Hand küssen müssen?«

»Nein.« Nadja lachte heiter. »Großmama sagt nur immer, jeder ist ein Fremder, der ihr nicht vorgestellt wurde, und er bleibt es, solange er nicht von ihr zu Tisch gebeten wurde. Aber sie wird dich … sie wird Euch nicht die Tür weisen. So schlimm ist sie auch nicht. Sie ist eigentlich eine ganz süße liebe alte Dame. Seit zehn Jahren sagt sie, dass sie in zwei Jahren tot sein wird. Und sie lebt immer noch. Papa und Mama sind jedes Mal ganz geschockt, wenn sie mit ihnen ihre Beerdigung besprechen will. Aber ich finde, sie geht voll cool mit diesem Thema um. Man kann sich mit ihr stundenlang über den Tod unterhalten.«

»Ah ja.«

»Übrigens, sie kommt«, wisperte Nadja mit einem Blick die Treppe hinauf.

Hortense von Rohenfels kam am Arm ihres Sohnes die Treppe herab. Monika umrundete die beiden hastig und öffnete die Tür neben dem Treppenfuß. Nadja wallte auf ihre Großmutter zu, die wiederum Sophie keines Blickes würdigte. Als Sophie hinter diesen seltsamen Menschen ein großes saalähnliches Wohnzimmer betrat, dessen Schiebetür zu einem Esszimmer weit geöffnet war, hatte sie das absurde Gefühl, in einen Haushalt geraten zu sein, dem der Zucker ausgegangen war. In orientalischen Märchen hatte sie als Kind gelesen, dass ein Gast sich nur dann als Freund des Hauses betrachten konnte, wenn er mit dem Gastgeber Zucker gegessen hatte.

Sie wartete, bis die alte Frau von Rohenfels saß und Monika ihr mit einer ihrer stets etwas fahrigen Bewegungen einen Stuhl zuwies. Immerhin hatte die Haushälterin Erna auch für sie gedeckt. Familiensilber und Teller in mehreren Etagen. Erna, die am Nachmittag aus dem Dorf heraufkam, war, wie Sophie das von einer Haushälterin erwartete, klein, rund, resolut und an die sechzig.

Während Erna den Salat auftrug, eröffnete Mathias das Gespräch mit einem Bericht aus den Fernsehnachrichten über das totale Schneechaos im Süden Deutschlands.

»Ein Wunder, dass Sie es überhaupt bis zu uns geschafft haben, Frau Benrath. Auf der Autobahn München-Salzburg stehen sie auf beinahe hundert Kilometern.«

»Und es schneit immer noch«, sagte Monika.

»Wenn das so weitergeht, dann sind wir bald von der Außenwelt abgeschnitten und müssen aus Hubschraubern versorgt werden.«

»Cool!«, bemerkte Nadja.

»Sag das nicht!«, schrie Monika auf. »Ich muss morgen nach München.«

»Ich fürchte, Antonio wird einmal auf dich verzichten müssen«, bemerkte Mathias mit einem Unterton, den Sophie auch von Dieter kannte.

Sie stocherte im Salat herum und schwankte zwischen Appetitlosigkeit und Hunger.

»Und was haben Sie studiert?«, hörte sie plötzlich Mathias fragen, als die Suppe kam. Damit konnte er nur sie meinen.

»Kunstgeschichte.«

»Was für einen Abschluss macht man da?«

»Den Magister Artium.« Sophie zögerte etwas. »Aber ich habe keinen Abschluss.«

»Seht ihr«, sagte Nadja. »Man muss nicht studieren, um einen interessanten Job zu machen.«

»Aber man verdient auch nichts dabei«, entgegnete Monika ziemlich scharf und nicht sonderlich taktvoll. Sie wusste, was sie Sophie bezahlen würde, und war offenbar genau wie Dieter nicht der Meinung, dass es viel oder auch nur genug war.

Sophie zwang sich, ein paar Löffel Suppe zu essen. Ihr wurde plötzlich klar, dass sie eigentlich mit ihrer Fahrt ins Allgäu die Hoffnung verbunden hatte, Distanz zu Dieter und all den bürgerlichen Lebens- und Eheregeln zu gewinnen, die für ihn so wichtig waren. Aber nun saß sie schon wieder an einem Tisch vor einem Stapel Teller, verpflichtet, Konversation zu treiben und Familienkonflikte auszuhalten, die andere miteinander hatten.

»Aber ich werde trotzdem Malerin werden«, beharrte Nadja. »Geld ist nicht so wichtig. Außerdem erbe ich ja sowieso.«

»Ja, aber vor allem Pflichten«, sagte Monika. »Und um Rohenfels in Stand zu halten, wirst du dann sogar sehr viel Geld brauchen. Außerdem kannst du nicht damit rechnen, dass dein Vater und ich just dann das Zeitliche segnen, wenn du volljährig bist und Geld brauchst.«

»Aber ich bin in spätestens zwei Jahren tot«, meldete sich nun Hortense von Rohenfels zu Wort. »Und dann erbt Nadja die Geißwiesen. Die kann sie verkaufen. Und wehe, Mathias, du überredest sie, das Geld in ein neues Dach für Rohenfels zu stecken. Und ich werde die Geißwiesen auch nicht verkaufen. Ich habe schon viel zu viel von meinem Erbteil deines Vaters in dieses Haus gesteckt.«

»Du legst doch so großen Wert darauf, dass Rohenfels im

Familienbesitz bleibt«, sagte Mathias. Es klang nicht aufsässig, eher müde.

»Wenn du mehr von deinem Maklergeschäft verstündest, dann müsste ich mir keine Sorgen machen«, erwiderte die alte Dame.

Sophie wurde endgültig schlecht. Aber Mathias lächelte milde, und das beruhigte sie wieder etwas. Entweder war Mathias unendlich dickfellig oder ein besserer Geschäftsmann, als seine Mutter glaubte. Sophie sagte sich, dass sie die Geheimnisse dieser Familie nicht an diesem Abend durchschauen musste. Und vielleicht musste sie es nie.

Sie dachte an die Farbe, die sie anrühren würde, um den Ton von Stein zu treffen, der auch unter dem künstlichen Licht des Kronleuchters in der Halle bestand. Künstliches Licht war immer rötlich. Also musste sie etwas grün hineinmischen, wenn sie Grau wollte.

»Und im Übrigen«, fuhr Mathias unterdessen mit seiner betont ruhigen Stimme fort, »sind die Geißwiesen kein Bauland und werden auch nie welches. Als Weideland taugen sie ebenfalls nicht. Wer sollte die also kaufen, wenn … »

In der Halle gab es ein Geräusch, das ihn und alle anderen am Tisch aufblicken ließ. In der Schiebetür, durch die auch Erna die Teller hereintrug, erschien ein Mann.

»Der Winterwanderer!«, murmelte Sophie unwillkürlich.

Monika lachte auf.

Der Mann dampfte förmlich vor Nässe. Auf der grauen Filzjacke schmolz der Schnee, um seine Schäferstiefel sammelten sich Pfützen. Er nahm die Schirmkappe vom Kopf. Sein pechschwarzes Haar stand nach allen Richtungen.

»Was willst du?«, erkundigte sich Mathias mehr als unwirsch, geradezu angewidert.

Sophie blickte in die Gesichter am Tisch. Monika lächelte verächtlich und peinlich berührt. Hortense von

Rohenfels hatte sich gar nicht umgewandt und sah auf ihren Teller. Nadja, die neben ihr mit dem Rücken zur Tür saß, hatte sich umgedreht und schaute den Kerl mit eigenartiger Neugierde an. Mathias hatte die Brauen zusammengezogen.

»Die …« begann der Mann. Sophie spürte, dass alle am Tisch mit gespannter Ungeduld warteten, dass er endlich Worte fand. »Die … die Leiter rutscht«, sagte er schließlich.

»Mein Gott, Josef, drück dich deutlicher aus«, rüffelte ihn Mathias, »sonst versteht dich wieder kein Mensch. Das weißt du doch.«

Sophie fand den Satz eigentlich ganz deutlich. Er wirkte nur wie mitten aus einer Reihe von Sätzen gegriffen, die ihm hätten vorausgehen und folgen müssen.

Dabei stand der Mann mit entblößtem Haupt da, wie ein eingeschüchterter Pächter. Sein Blick fiel auf Sophie. Sie lächelte aufmunternd. Das schien ihm den Rest zu geben. Wortlos drehte er sich um und verschwand.

Monika lachte erneut auf. »So, Frau Benrath, jetzt haben Sie auch unseren Josef kennen gelernt.«

»Sepp, den Depp«, sagte Nadja in einem Ton zwischen Verachtung und Spott über genau diese Verachtung.

»Aber es klang, als würde er Hilfe brauchen«, gab Sophie zu bedenken.

»Josef braucht keine Hilfe«, bemerkte Mathias hart. »Und wenn, kann er sich an die Bauern hier wenden.«

»Wahrscheinlich«, ergänzte Monika, »war er nur neugierig. Sie sagten doch, Sie hätten ihn hinter Edenweiler getroffen. Vermutlich wollte er nur wissen, ob Sie auf dem Weg zu uns waren.«

Sophie verschwieg, dass sie ihm das bereits gesagt hatte. Es war ja nicht unbedingt ihre Aufgabe, einen Fremden gegen ein Missverständnis in Schutz zu nehmen, bevor sie wusste, warum er im Haus ihrer Gastgeber so unwillkommen war. Das war alles auch gar nicht ihre Sache. Nach einem kurzen allgemeinen Schweigen legte sie die Serviette auf den Tisch und entschuldigte sich. Sie müsse wieder an die Arbeit.

Man entließ sie freundlich nickend.

Die Eingangshalle lag im warmen Licht des Kronleuchters. Auf den roten Klinkersteinen glitzerten die feuchten Abdrücke von Profilsohlen. Sie führten nicht zur Haustür, sondern in den Gang, in dem auch Sophies Zimmer lag. Aus diesem Gang kam ihr Erna entgegen, in den Händen die Schalen mit Nachtisch, einer Schokoladencreme. Daraus schloss Sophie, dass die Küche am Ende des Gangs ebenfalls einen Eingang hatte, den Dienstboteneingang.

Erna stoppte und sagte in breitem Schwäbisch: »Sie, wellet Se koin' Nachtisch?«

»Nein danke.«

»Aber vielleicht wellet Se ihn schpäter.«

Sophie neigte nicht dazu, lange zu argumentieren. Sie nahm die Schale mit einem Danke aus Ernas Hand und trat damit in ihr Zimmer. In Gedanken probierte sie, wie wohl das Gesicht dieses Josef zu malen wäre, der ihr am Nachmittag stumm geholfen hatte und nun womöglich selbst Hilfe brauchte. Sophie schmunzelte vor sich hin. Der Mann interessierte sie mehr, als er sollte. Dabei hatte sie jetzt eigentlich anderes zu tun.

Die Kisten mit den Flaschen der Acrylfarben standen an der Wand. Aber bevor Sophie ans Mischen gehen konnte, musste sie die Schale mit der Schokoladencreme loswerden. Ihr Blick fiel auf den Tisch am Fenster, und sie ging ums Bett herum. Während sie den Teller abstellte, erregte jenseits der dunklen Glasscheibe eine Bewegung ihre Aufmerksamkeit. Im Licht des Fensters war draußen eine Gestalt stehen geblieben und starrte zu ihr herauf – Josef. Und neben ihm der Hund.

Sophie erschrak ein wenig. Oft hatte sie aus den Komplimenten von Dieters Geschäftsfreunden herausgehört, dass man ihn um sie als seine Frau beneidete. Dieter gefiel offensichtlich der zur Schau gestellte etwas zweideutige Neid, der Sophie unbehaglich war, und er trumpfte dann jedes Mal mit der Drohung auf, ihr ja nicht zu nahe zu kommen. Aber hier auf Rohenfels war kein Dieter, der sie vor den womöglich nicht nur rhetorischen Zudringlichkeiten eines Schneemenschen schützte. Doch zugleich dachte Sophie an Josefs eigentlich freundliche Hilfe am Nachmittag draußen in der Schneewüste.

Sie öffnete das Fenster. Der Wind trieb dicke Schneeflocken herein, die sich auf die Schokoladencreme niederließen. »Ist was?«

Der Mann trat einen Schritt zurück und wollte sich abwenden.

»He, Moment«, sagte Sophie. »Sie scheinen Hilfe zu brauchen. Was ist los?«

Er blickte erneut zu ihr auf und kam heran. Wieder wirkte er wie ein etwas finsterer Bittsteller.

»Der Schnee«, antwortete er. »Das Dach … die Pferde.«

Was wollte er damit sagen? Waren irgendwelche Pferde in Not? Sie verstand nichts von Pferden. »Haben Sie Pferde?«, erkundigte sie sich. Dann begriff sie plötzlich. »Ah, Sie meinen, der Schnee könnte das Dach vom Stall eindrücken.«

»Genau.« Der Hund schaute zu ihm auf.

»Kann ich Ihnen irgendwie helfen?«

»Nein, nicht … nicht Sie!«

Vor ihrem inneren Auge sah Sophie wild gewordene

Pferde, die sich aufbäumten und von der Hand, die sie aus dem Stall führte, losrissen. Wenn es um Pferde ging, konnte sie ihm wahrscheinlich wirklich nicht helfen. Aber warum war er dann überhaupt ins Schloss gekommen, statt sich an einen Bauern der Nachbarschaft zu wenden? Hätte Mathias ihm helfen können?

»Worum geht es denn?«

Er öffnete die Lippen, und seine Zähne blitzten. Aber dann sagte er doch nichts.

»Ich würde Ihnen gerne helfen, wenn ich kann«, erklärte sie. »Ich bin Ihnen noch was schuldig, weil Sie mir mit meinem Auto geholfen haben. Ich verstehe nur nichts von Pferden.«

»Das … das macht nichts.«

»Dann warten Sie. Ich ziehe mir nur schnell was an.«

Sophie schlüpfte in ihre Stiefel, warf sich ihre Daunenjacke über und vergewisserte sich, dass die Handschuhe in den Taschen steckten. Anschließend schob sie den Tisch beiseite und stieg übers Fenster hinaus. Es schien der kürzeste und vor allem der unauffälligste Weg zu sein. Wenn sie durch die Küche gegangen wäre, hätte es Erna mitbekommen, und wenn sie den Haupteingang benutzt hätte, wäre es der Familie Rohenfels wohl nicht entgangen. Es gab ein Sockelgesims an der Wand unter dem Fenster, von dem sie in den Schnee hinabsprang. Auch zurück würde sie wieder kommen.

»Da bin ich. Wohin nun?«

Josef zog eine Hand aus der Jackentasche. Er war einen Kopf größer als sie. In seinen tiefliegenden nachtschwarzen Augen funkelte das Licht vom Fenster über ihnen, doch sein Mienenspiel war schwer zu deuten – nicht verschlossen, aber zurückhaltend, nicht unbedingt freundlich, aber doch auch nicht abweisend. Er zeigte den Hang hinab.

Unten leuchtete ein Fenster in der dunklen Häusergruppe der Stallungen. Im Zwielicht einer schneehellen Landschaft konnte Sophie eine Fußspur ausmachen, die an den Hang führte.

»Da ist eine Treppe«, sagte Josef. Er sprach auf eine sachte, fast vorsichtige Weise, so, als wäre er gewärtig, jeden Moment über ein Wort zu straucheln. »Bleiben Sie hinter mir. Treten Sie in meine Fußspuren. Dann ... dann können Sie nicht rutschen.«

Das klang ganz vernünftig. Das Unbehagen, das Sophie vom Esstisch vertrieben hatte, verschwand auf einmal. Die frische Luft tat ihr gut. Sie lächelte.

»Na, dann los.«

Der Hund sprang voran. Josef folgte ihm. Sophie konzentrierte sich darauf, ihren Fuß immer in seine Stapfen zu setzen, ohne ihm in die Hacken zu treten. Sie sah im Schnee weder eine Stiege noch deren Stufen. Es gab auch kein Geländer. Ungefähr zwanzig Meter ging es hier den Hügel steil hinab, auf dem Schloss Rohenfels stand. Nachdem sie auf halber Strecke den Rhythmus gefunden hatte, fasste Sophie die Gebäude ins Auge, die noch einmal hundert Meter vom Hügel entfernt im Tal lagen. Prompt verfehlte sie den Tritt, rutschte an der tief unter dem Schnee verborgenen Stufenkante ab und schlitterte ihm in die Beine. Sie schrie leise auf. Im selben Moment fühlte sie sich von dem Mann gepackt und krallte sich reflexartig in seine Filzjacke. An der Erschütterung seines Körpers spürte sie, dass er selber abrutschte. Aber er fing sich. Sofort war der Hund da, mit gestellten Ohren, die Schnauze halb geöffnet, als wollte er mitmischen.

Josef bedeutete ihm mit einer Handbewegung, dass er ablassen sollte, und das Tier drehte sich geduckt um und huschte wieder den Hang hinab.

»Entschuldigung«, sagte Sophie, »ich habe nicht aufgepasst.«

»Das scheint … das scheint Ihre Spezialität zu sein.«

Sie lachte. »Aber ich habe Sie heute Nachmittag doch nicht wirklich angefahren?«

Er schüttelte den Kopf. »Aber … aber Hunde rechnen nicht damit.«

Sophie stutzte und verstand dann. »Sie meinen, Sie haben damit gerechnet, dass ich nicht die Spur halte, aber Hunde sehen so etwas nicht voraus. Stimmt eigentlich. Das habe ich mir nie überlegt. Hunde vertrauen uns zu sehr.«

Die leicht hingeworfenen Worte schienen den Mann über die Maßen zu beeindrucken. Er starrte sie an. Sophie musste lächeln. Mit Worten hatte sie eigentlich noch nie jemanden beeindruckt. »Nachdem das geklärt ist«, sagte sie munter, »können wir ja nun …«

Sie musste ihren Satz nicht vollenden. Josef wandte sich fast hastig um und setzte den Abstieg fort. Sophie folgte ihm konzentrierter und hielt ihre Augen davon ab, durch die lichte Dunkelheit der Winternacht zu wandern.

Sie erreichten einen Koppelzaun. Im Gänsemarsch überquerten sie die verschneite Weide. Josef schritt mit langen Beinen ordentlich aus, und Sophie musste manchmal regelrecht springen, um seine Fußstapfen zu treffen. Sie sah die Komik und amüsierte sich im Stillen.

Dann sprang Josef mit einem Satz die Böschung auf einen festen Weg hinauf, der um das Gehöft herum führte. Der Hund flog mit einem ähnlich leichtfüßigen Satz auf die Straße und schüttelte sich ausgiebig. Sophie kletterte rutschend hinterher. Vor ihr erhoben sich in der Dunkelheit drei Gebäude, ein kleines Haus mit Fachwerk, in dem ein Fenster erleuchtet war, ein langgestrecktes Stallgebäude, auf dessen flachem Satteldach sich der Schnee fast einen

Meter hoch türmte, und ein Holzschuppen, in dem ein Traktor stand. Josef hatte den Hof offensichtlich mit dem Traktor bereits geräumt. Schneeberge türmten sich an der Böschung zu den Koppeln. An dem weit überhängenden Dach des Stalls lehnte eine Leiter. Eine Schneeschippe lag daneben.

Dieser Leiter wandte sich Josef zu. »Sie rutscht.« Als er den Fuß auf die unterste Sprosse stellte und mit seinem Gewicht belastete, schlitterten ihm die Leiterfüße auf dem vereisten Untergrund entgegen.

Das also war das Problem. Es ging nicht darum, unter Lebensgefahr Pferde in Not zu retten. Josef brauchte lediglich jemanden, der ihm die Leiter festhielt, wenn er aufs Dach stieg. Und deshalb lief man nicht zwei Kilometer nach Edenweiler, um einen Bauern zu alarmieren.

Sophie zog sich die Handschuhe an. Sie ergriff die Holme und stemmte sich gegen die Leiter. Nur, wie sollte Josef nun hinaufkommen? Für ihn war das keine Frage, wenn er auch mit erklärenden Worten sparte. Er fasste Sophie am Handgelenk und dirigierte sie hinter und unter die Leiter. »Ziehen!«

»Okay.«

Sophie suchte sicheren Stand auf dem vereisten Untergrund und packte die Holme. Josef nahm die Schneeschippe, blickte nach oben und setzte den Fuß auf die unterste Sprosse. Sophie fühlte den Ruck. Sie war sich auf einmal gar nicht mehr sicher, ob sie die Leiter am Abrutschen würde hindern können, wenn der Mann hochstieg, immerhin zwei Meter. Auch der Hund blickte sehr skeptisch.

Schneeflocken wirbelten unter das Dach.

Josef ergriff mit der rechten Hand den Holm. Sie war kräftig und von Adern durchzogen. Er trug keine Handschuhe. Es muss eine warme Hand sein, dachte Sophie. Obgleich sie sich mit einem ziemlich merkwürdigen Mann in tiefer Nacht auf einem einsamen Hof befand, fühlte sie sich eigenartig sicher und geborgen. Ein Gefühl, das sie erstaunte und ihr zu Bewusstsein brachte, dass Geborgenheit nicht gerade das war, was sie als Erfahrung aus ihrem bisherigen Leben mitbrachte. Aber sie kam nicht dazu, länger über ihr Vertrauen in diesen rätselhaften Mann nachzudenken, denn ohne sich zu vergewissern, ob sie die Leiter würde stabil halten können, hob er jetzt den zweiten Fuß auf die nächste Sprosse. Sophie hängte sich mit ganzer Kraft an die Holme. Ehe sie dazu kam, Angst zu haben, dass sie die Leiter nicht halten konnte, war er schon oben, schnell und sachte wie eine Katze. Ein Schwall Schnee fiel klatschend über die Leiter hinab und zeigte Sophie an, dass er das Dach erklommen hatte.

Der Hund schaute gebannt nach oben.

Schon im Begriff, unter dem Dach hervorzutreten, besann sich Sophie anders. Wenn Josef die Schippe ansetzte, würde sie die Dachlawine direkt treffen. Also ging sie im Schutz des Dachs ein Stück beiseite. Der Hund folgte ihr mit dem Blick. Das hatte wohl auch Josef von oben gesehen, denn die feuchten Massen krachten erst über die Dachkante, als Sophie fünf Meter von der Leiter entfernt hervortrat.

Ein seltsames Gespann, dachte sie, der Herr und sein Hund, beide still und flink und immer im Blickkontakt. Josef schaufelte mit dampfendem Atem auf dem Dach. Mehr als zwanzig Pferde können sich in dem Stall nicht befinden, ging ihr durch den Kopf. Der größte Teil, den dieses Dach bedeckte, machte nach Sophies Einschätzung eine Scheune aus. Es würde schon einige Zeit dauern, bis er es von seiner Last befreit hatte. Und eigentlich hatte sie jetzt gar keine Zeit, hier herumzustehen.

Sie musterte fröstelnd das Fachwerkhäuschen. Es hatte je ein Fenster links und rechts von der Tür, drei Fenster im Stockwerk darüber und ein winziges im Giebel. Die Fensterläden schimmerten frisch gestrichen. Vor der Tür befand sich eine ausgetretene Steinstufe.

Sophie wandte sich wieder dem schaufelnden Mann auf dem Stalldach zu und überlegte, wie sie ihn fragen sollte, wie lange das wohl dauerte, ohne den Eindruck zu erwecken, dass es sie drängte, wieder nach Rohenfels hinaufzukommen.

Da hielt Josef inne, stützte sich auf die Schaufel und rief: »Gehen Sie!«

»Und wie kommen Sie wieder runter?«

»Nur zwei Meter.«

Offenbar wollte er springen. Sie meinte widersprechen zu müssen, aber Josef schaufelte schon wieder. Die Lawinen krachten vom Dach. Na gut, dachte sie. Sie war ohnehin in ihrer Hilfsbereitschaft ziemlich weit gegangen. Wer wusste, welche verkehrten Schlüsse dieser Sonderling aus ihrer naiven Freundlichkeit ziehen würde.

Das diffuse Leuchten, das trotz des wolkenverhangenen Himmels über dem tief verschneiten Tal lag, half Sophie die Fußstapfen zu sehen, die über die Fläche auf den Hügel zu schnürten, auf dem Schloss Rohenfels stand und aus verschiedenen Fenstern in die Nacht leuchtete.

3

Josef nahm den Wasserkessel vom Herd und goss das sprudelnde Wasser in den Kaffeefilter. Es war ein strahlender Morgen. So tief war das Blau des Winterhimmels und so gleißend hell der Schnee, dass es Josef fast in den Augen wehtat. Auf dem Egg glühte gelb die Seitenfassade von Schloss Rohenfels im prallen Licht der aufgehenden Sonne.

Vorhin, als Josef vom Stall über den Hof zu seinem Haus ging, hatte er gesehen, wie oben Monikas schwarzer Roadster die Abfahrt hinunterrollte. Sie fuhr trotz des Schnees nach München. Jetzt beobachtete er, wie der anthrazitfarbene Offroader von Mathias sich auf den Weg machte. Gleich darauf sah er ihn noch einmal vor dem Wäldchen auf der Straße nach Edenweiler aufblitzen, als die Sonne die Seitenfenster traf. Der violette Opel Corsa dieser rothaarigen Frau blieb dick verschneit auf dem Vorplatz vor dem Schlösschen stehen. Josef hatte keine Idee, wer sie war und warum sie da war. Für eine Freundin von Monika war sie auf jeden Fall zu jung, für eine Freundin von Nadja zu alt.

Aber er konnte sie nicht vergessen. Immer wieder sah er sie vor sich. Die fast silbrigen Augen, das rote Gekräusel um ihr Gesicht mit dieser zarten Haut, den langen Zopf, ihr Lächeln, die Samtigkeit ihrer lebhaften, überraschend dunklen, aber melodiösen Stimme, das helle Sprühen ihres Lachens, als sie ihm vergangene Nacht in die Beine geschlittert war.

An diesem gleißenden Januarmorgen hatte er das Gefühl, Licht sei in seine Seele gefallen und sein Herz habe sich an der Sonne erwärmt.

Er dachte nicht über diese Gefühle nach. Für ihn gab es keine normale Zukunft. In seinem Leben war nichts so gekommen, wie er es gewünscht oder gar geplant hatte. Darum hatte er es sich abgewöhnt, mehr als ein paar Stunden im Voraus zu bedenken. Er war vor Sonnenaufgang aufgestanden, hatte die Ställe ausgemistet, die dreizehn Pferde gefüttert, die in dem mit sechzehn Boxen ausgestatteten Stall standen, und den Stallgang gefegt. Jetzt machte er Frühstück, und in einer halben Stunde würden die ersten Privatpferdebesitzer eintreffen. Es waren Ferien, da kamen auch die Kinder und Jugendlichen schon am Vormittag. Der alte Hansmann, den Josef bei sich immer den Major nannte, hätte eigentlich schon da sein müssen. Er kam im Sommer um sieben und im Winter um acht, sobald es hell wurde. Aber die Unmengen Schnee, die bis nach Mitternacht gefallen waren, mochten heute allerlei Pläne durchkreuzen.

Josef nahm den Filter von der Kanne und stellte ihn in die Spüle. Der Hund hob den Kopf, als er Josefs Blick auf sich spürte. Er lag vor dem Kohleofen. Josef hatte ihn vor ziemlich genau vier Jahren bei einem seiner Wanderungen auf einem Rastplatz am Bodensee als halb erfrorenen Welpen in einer Mülltonne gefunden – wohl ein Weihnachtsgeschenk, das schon beim ersten Skiausflug lästig geworden war. Er hatte ihn in seine Jacke gesteckt, heimgetragen und Wolf genannt.

Josef goss sich einen Kaffeebecher voll und stellte ihn auf den Tisch, der in der Mitte der Küche stand. Er schnitt sich eine Scheibe Brot ab und holte Käse aus der ungeheizten Speisekammer. Wolf hatte schon gefressen, wie immer aus Josefs Hand.

Die Küche des alten Bauernhauses im Edental war relativ groß. Josef hatte den alten Herd, den man mit Holz anfeuern musste, nicht rausgeworfen, aber einen kleinen Elektroherd daneben gestellt. Der Spülstein und die Wasserhähne waren alle alt. Josef reparierte die Rohre selber. Den Kühlschrank benutzte er nur im wärmsten Sommer, wenn die Speisekammer auf der Nordseite des Hauses nicht mehr kühl genug war. Ein bäuerlicher Küchenschrank enthielt Geschirr und Töpfe. An der anderen Wand gegenüber dem Herd standen ein Kleiderschrank aus Eiche und ein altes grünes Sofa. Auf einem Tisch daneben lagen Bücher, Bleistifte und ein Zeichenblock. Da Josef nur einen Raum heizte, hielt er sich vor allem im Winter fast nur in der Küche auf.

Er stellte das Radio an und setzte sich auf einen der beiden Stühle, die am Tisch standen, um zu frühstücken. Er hörte die Pressestimmen, das Morgeninterview und Korrespondentenberichte aus aller Welt, Nachrichten über das Schneechaos in Süddeutschland und den Wetterbericht.

Es würde kälter werden. Der Schnee würde vorerst liegen bleiben. Als Nächstes musste er in der Reitbahn den Hufschlag freischaufeln. Sein kleiner Reitbetrieb besaß keine Halle, in die man bei schlechtem Wetter ausweichen konnte. Josef hoffte, das Franz und Peter bald kommen würden, denn eigentlich musste er heute nach Wangen. Die beiden achtzehn und neunzehn Jahre alten Jungs wohnten in Edenweiler, hatten zwei Pferde bei ihm stehen und halfen ihm vor allem in den Ferien und am Wochenende ein bisschen im Reitbetrieb. Er erließ ihnen dafür die Stallmiete für ihre beiden Pferde.

Josef beendete sein Frühstück und spülte Tasse, Brettchen und Messer. Dann nahm er die Filzjacke vom Bügel an dem Wäschetrockner über dem Ofen. Sie war knochenhart getrocknet, würde aber an seinem Körper schon wieder geschmeidig werden.

Wolf hob den Kopf. »Na«, sagte Josef, »willst du mit?«

Der Hund legte die Schnauze wieder auf seine Vorderpfoten. Er hatte gelernt, diese Frage als Angebot zu verstehen. Wenn Josef vorhatte, vom Hof wegzugehen, schnalzte er mit der Zunge. Das hieß »komm mit« oder »komm her«. Wenn er nur zum Arbeiten rausging, dann überließ er es Wolf, sich zu entscheiden, ob er in der Kälte herumstehen oder am Ofen liegen bleiben wollte.

Josef ging zum Holzschuppen, holte die Schneeschaufel und betrat die Reitbahn. Er stieß die Schippe in die makellos weiße Fläche, aus der ihm Millionen von Schneekristallen entgegenblitzten. Einen Moment hielt er inne und nahm die feierliche Ruhe des Tals in sich auf, das Weideland versunken, verschneit die Waldstücke, hinter denen im Süden der Rauch der Häuser von Edenweiler aufstieg, die endlose Weite des Himmels, Schloss Rohenfels auf seinem Egg im Westen. Dann begann er, entlang der Bande den Hufschlag freizulegen. Der Sand darunter war gefroren, aber nicht steinhart. Man konnte also reiten. Josef zog seine Jacke aus, warf sie über den Zaunbalken und schaufelte auch noch die Diagonalen und zwei Zirkel an beiden Enden der Bahn frei. Gegen elf, als er mit seiner Arbeit gerade fertig war, sah er Franz und Peter auf dem Feldweg von Edenweiler herankommen.

Josef ging in den Stall, schaute nach den Pferden und verteilte noch einmal Heu. Eine halbe Stunde später befand er sich zu Fuß auf der schneebedeckten Landstraße von Edenweiler nach Kißlegg und hoffte, dass wenigstens von Kißlegg aus der Bus oder die Bahn nach Wangen fahren würde. Den Hund hatte er zu Hause gelassen.

Da war auch Sophie bereits seit gut vier Stunden an der Arbeit. Monika war kurz nach sieben aufgebrochen, hatte Sophie aber einen Hausschlüssel gegeben. Mathias und seine Mutter verließen das Haus gegen halb neun. Erna kam erst mittags, und von Nadja war weit und breit nichts zu sehen.

Sophie genoss die Stille und pinselte. Die Grundierung der Flächen hatte sie noch in der Nacht abgeschlossen. Jetzt zog sie die Konturen und dunkelte die Flächen, die im Schatten liegen sollten. Dann begann der Pinsel Haare zu verlieren. Der nächstgrößere Pinsel war zu groß und der kleinere zu hart. Während sie immer öfter Borsten aus der Acrylfarbe zog, ehe sie festtrockneten, überlegte sie, wie weit sie wohl fahren müsste, um einen Laden zu finden, in dem es Zeichen- und Malereibedarf gab. Bis Wangen waren es schätzungsweise zwanzig Kilometer. Schließlich fielen dem Pinsel jedoch die Haare büschelweise aus, und sie warf ihn fluchend auf die Zeitung. Es half alles nichts. Sie zog Jacke und Stiefel an, nahm die Handtasche und ging zum Hauptportal hinaus.

Was für ein Licht!

Einen Moment lang blieb sie stehen und nahm die winterliche Stille in sich auf. Der nächste Blick auf ihr eingeschneites Auto trübte die Freude etwas. Hoffentlich waren die Straßen überhaupt befahrbar. Mit dem Handbesen legte sie ihr Auto frei. Beim Verlassen des Vorplatzes vor Schloss Rohenfels folgte Sophie den Reifenspuren der beiden Wagen von Monika und Mathias. So konnte sie nicht auf ein Rondell geraten, das sie unter der Schneedecke in der Mitte des Vorplatzes vermutete. Nur das erste Stück den Berg hinab war steil, dann ging es gemächlich ums Wäldchen herum nach Edenweiler. Die Straße lag klar im hellen Tageslicht, von Reifenspuren gezeichnet, vor ihr. Sophie entspannte sich und dachte über Farben und Techniken nach, mit denen sie Sandstein, Marmor und Gips imitieren wollte. In Edenweiler bog sie nach Kißlegg ab. Das Wäldchen nahm sie auf. Die Äste der Kiefern hingen tief unter der hellen Last des Schnees. Wenn eine Schneeplacke herunterrutschte, staubte weißer Puder in den Sonnenschein. Sophie fühlte sich wie in einem Märchenwald.

Da tauchte hinter der Biegung vor ihr ein Fußgänger auf. Er ging auf der linken Straßenseite. Sie kannte diese Konturen inzwischen, die graue Jacke, die Hände in den Taschen, den zügigen Schritt des Winterwanderers. Nur der wolfähnliche Gefährte fehlte.

Sophie bremste vorsichtig, aber nicht vorsichtig genug. Der Corsa schleuderte und schlitterte an dem Wanderer vorbei. Im Außenspiegel sah sie ihn kurz stocken und dann herankommen. Sie kurbelte die Seitenscheibe runter.

»Na, wo haben Sie Ihren Hund gelassen? Kann ich Sie diesmal ein Stück mitnehmen?«

Josef schien die erste Frage beantworten zu wollen und von der zweiten irritiert zu sein und sagte gar nichts. Immerhin war er stehen geblieben, und er sah auch nicht ganz so verwundert und weltfremd aus wie gestern Nachmittag. Außerdem war er rasiert, wie Sophie bemerkte.

»Wohin wollen Sie denn?«, erkundigte sie sich lächelnd.

»Wangen.«

»Dann steigen Sie ein. Da muss ich auch hin. Oder lehnen Sie das Autofahren aus prinzipiellen Gründen ab?«

Josef lächelte leise. »Nein.«

»Dann kommen Sie, steigen Sie ein. Wenn Sie neben mir im Wagen sitzen, kann ich Sie schon nicht überfahren.«

Er ging hinten um ihren Wagen herum und stieg ein. Kaum hatte er die Tür zugezogen, langte er nach dem Sicherheitsgurt. Sophie ertappte sich dabei, dass sie befürchtet hatte, er sei mit der Zivilisation nur ungenügend vertraut und sie müsste ihm das Autofahren erklären. So ohne weiteres war eben das Urteil »Sepp, der Depp« nicht abzuschütteln, das Nadja über ihn abgegeben hatte.

Sie startete und blickte ihn rasch von der Seite an. Er hatte die Hände, die so beweglich und warm aussahen, zwischen den Knien gefaltet und die Augen nach vorn gerichtet. Sie schätzte ihn auf kaum über dreißig. Aber um seine fest geschlossenen Lippen und in den Augenwinkeln lag ein zu ernster Zug für sein Alter, nicht verbittert, eher resigniert, fast schon stolze Hoffnungslosigkeit. Sophie konnte sich nicht helfen, erneut schwappte eine kleine Welle von Sympathie gegen die Innenwände ihrer Seele. Was für Erfahrungen von Geringschätzung trug dieser Mann mit sich herum?

Nachdem sie in Kißlegg abgebogen waren, die Bahnlinie überquert hatten, an einem verschneiten Schlosspark vorbeigefahren waren und das freie schneeweiße Land erreicht hatten, eröffnete sie das Gespräch: »Wissen Sie zufällig, wo ich in Wangen Pinsel kriege?«

»In Wangen? Pinsel?«

»Na ja, zum Malen.«

Er schwieg. Sophie blickte ihn an. Er hatte die Brauen zusammengezogen. Sie lachte. »Entschuldigen Sie. Ich habe mich unklar ausgedrückt. Wahrscheinlich sind wir gerade in Kißlegg an einem Laden vorbeigefahren, in dem man Pinsel kaufen kann.«

Josef nickte.

»Und Sie fragen sich jetzt, warum ich meinen Pinsel in Wangen kaufen will. Das wollte ich gar nicht, aber ich habe einfach gedacht, dass es in Kißlegg keinen Laden für Malereibedarf gibt. Sehen Sie, das passiert mir auch, dass ich voraussetze, dass der andere weiß, worum meine Gedanken kreisen.«

Im Augenwinkel registrierte sie, dass er sie überrascht anblickte.

»Vor allem, wenn ich es eilig habe«, fuhr sie fort. »Dann lasse ich einfach die Erklärungen aus und fange mitten im Thema an. So 'ne blöde Angewohnheit von mir. Und schon blicke ich in fragende Gesichter und komme mir ein bisschen idiotisch vor.«

»He!«, sagte er. Mehr nicht. Aber es klang weich und überrascht.

»Ja, was ist?«

»Sie ... woher wissen Sie ...« Er stockte.

»Sie haben wahrscheinlich das Gefühl, keine Zeit zu haben, um zu Ende zu sprechen. Und vermutlich denken Sie auch zu schnell. Dann wollen Sie alles auf einmal sagen. Alles in einer Sekunde. Es ist wie bei einem Stotterer. Also, Luft holen und ...« sie blickte ihn von der Seite an »... und lügen!«

»Was?«

»Lügen«, wiederholte Sophie. »Eine Lüge ist immer einfach, die Wahrheit dagegen vielschichtig und kompliziert. Also legen Sie sich ein paar der gängigsten Lügen zu. Wenn Sie jemand fragt, wie es Ihnen geht, dann sagen Sie ›gut‹, auch wenn Sie sich am Morgen überlegt haben, ob Sie sich lieber erhängen oder erschießen sollten. Das geht die anderen ja schließlich nichts an. Nicht?«

Sie sah, wie sich die feinen Falten in seinen Augenwinkeln vertieften. Das Lächeln fand den Weg zu seinen Lippen. Er blickte sie mit vorsichtigem Zutrauen an.

»Übrigens, ich heiße Sophie. Ich bin Malerin. Ich male *Trompe-l'œils*. Das heißt ...«

»Ja, ja.«

»Wie?«

Darauf sagte er wieder nichts.

»Also optische Täuschungen«, fuhr Sophie fort. »So wie in den Barockkirchen hier in der Gegend.«

»In der Pfarrkirche von Kißlegg. Da sind Säulen ins Gewölbe gemalt. Erst denkt man, sie seien echt. Doch dann tritt man einen Meter beiseite, und sie biegen sich.«

»Genau«, pflichtete Sophie ihm bei.

Sie hatten inzwischen eine geräumte Landstraße erreicht und durchfuhren Leupolz.

»Ja«, sagte Josef, »und in St. Martin in Wangen sind die Gemälde in den Zwickeln über den Pfeilern nur richtig, wenn man an einer bestimmten Stelle steht. Blickt man auf die Südwand, dann muss man vorn am zweiten Pfeiler beim Chor stehen, blickt man aber auf die Nordwand, so muss man das von unterhalb der Orgelempore tun. Sonst sieht alles zerquetscht aus.«

Sophie lachte. »Sie kennen sich ja wirklich gut aus.«

Josef gab einen undefinierbaren Laut von sich und versank daraufhin in Schweigen. Sophie fragte sich, ob sie ihn gekränkt hatte. Hatte in ihrer Bemerkung Ironie mitgeschwungen? Sie hoffte es nicht. Aber auch ihr offensichtliches Erstaunen über seine genaue Kenntnis der Kirchen der Umgebung war vielleicht nicht sehr taktvoll gewesen.

»Übrigens«, meinte er nach einer Weile, »fahren Sie besser gar nicht erst nach Wangen rein. Es gibt außerhalb einen Baumarkt, wo Sie auch Malereibedarf kriegen.«

»Und Sie, was wollen Sie in Wangen, wenn ich fragen darf?«

Sie spürte förmlich, wie er sich verkrampfte.

»Lügen Sie!«, sagte Sophie. »In so einem Fall antwortet man: ›Oh, ich habe ein paar Besorgungen zu machen.‹ Kein Mensch wird so indiskret sein und sich erkundigen, was das für Besorgungen sind.«

Josef lächelte kaum sichtbar vor sich hin.

»Außerdem frage ich nur, weil ich ja eventuell auf Sie warten und Sie wieder nach Rohenfels mit zurücknehmen könnte.«

»Nein«, sagte er prompt.

»Wie Sie wollen.« Es kam Sophie fast so vor, als hätte sie ihn mit diesem natürlichen und höflichen Angebot erschreckt. Aber sie hatte keine Zeit, weiter darüber nachzudenken. Sie hatten die Autobahn nach Lindau überquert, die in einem Tunnel die sanften, mit Schnee bedeckten Hügel unterquerte, und die ersten Häuser im Norden Wangens erreicht. Josef lotste Sophie mehr mit Handzeichen als mit Worten die Ravensburger Straße in ein Industrie- und Gewerbegebiet hinein und dann in eine Nebenstraße auf den halbwegs geräumten Parkplatz eines Baumarkts.

»Dort«, sagte er dann unnötigerweise. »Dort drinnen.«

»Und Sie? Wo müssen Sie hin?«, erkundigte sich Sophie, weil es ihr schien, als befänden sie sich ganz am Rand des Städtchens. »Ich meine, müssen Sie weit laufen?«

Josef schüttelte den Kopf und stieg aus. »Danke«, sagte er über das Autodach hinweg.

»Ich habe zu danken«, erwiderte Sophie formell, aber warm.

Fast schien es, als wollte er noch etwas sagen oder gar die Hände aus den Taschen ziehen, um sich zu verabschieden. Aber dann drehte er sich einfach um und marschierte zwischen den Schneehaufen und geparkten Autos davon.

Sophie ging ziemlich benommen die meterhohen Regale mit Klodeckeln, Tapetenrollen, Türen und Duschköpfen ab, ehe sie sich darauf besann, dass sie Pinsel suchte.

Josef rutschte nicht weniger verwirrt von einem Bordstein unter einem Schneehaufen ab, als er in die nächste Straße einbog, die das Gewerbegebiet mit seinen Märkten, Speditionen, Kesselbauern und Metallbetrieben durchquerte. Sophie hatte ihn nicht wie einen Idioten behandelt. Und er hatte sogar ein paar halbwegs ordentliche Sätze zu Stande gebracht. Hoffte er wenigstens.

Nach fünf Minuten Wegs hatte er die Zeppelinstraße erreicht und steuerte auf die Bahnunterführung zu. Dahinter nahm ihn die Innenstadt auf. Wo die Häuser direkt am Fußweg standen, ging Josef automatisch dicht an den Hauswänden entlang. An allen Häusern hingen Schilder: »Vorsicht Dachlawinen!« An manchen Häusern hatte man die Warnung sogar auf den Putz gemalt. Er bog in die Bahnhofsstraße ein, passierte die Sonderschule und die Musikschule und wandte sich zum Lindauer Tor. Es bestand aus einem wuchtigen mittelalterlichen Turm mit Vorbau, Durchfahrt und Nadelöhr für Passanten. Immer wenn Josef den Turm unterquert hatte, drehte er sich in der Paradiesstraße noch einmal um und blickte zum heiligen Martin hinauf, der auf die Wand des Turms gemalt war. Er saß hoch zu Ross und teilte mit dem Schwert seinen roten Mantel, um einen halb nackten Mann zu kleiden, der vor ihm stand.

Schon als fünfjähriger Junge hatte Josef gewusst, dass er so nackt und fröstelnd wie dieser Mann im Leben stand, immer auf die Gnade angewiesen, dass ein Fremder seine Habe mit ihm teilte. Bis zu seinem fünften Lebensjahr hatte er hier gleich um die Ecke im Kellhof in einem alten Haus gewohnt, das es heute nicht mehr gab. Ein heiliger Martin holte ihn aus dem Haus derer, die er für das gehalten hatte, was andere Kinder Eltern nannten. Doch nun bekam er neue Eltern, die ihren Mantel für ihn teilten. Als er achtzehn wurde, hatte er auch dieses Heim verloren.

Manchmal, wenn Josef sich fragte, weshalb er die Gegend nicht verließ, in der man ihn so gehetzt, gejagt und bis aufs Hemd ausgezogen hatte, dann brauchte er nur zum heiligen Martin auf dem Lindauer Tor aufzublicken. Vielleicht war er es, von dem Josef sich nicht trennen konnte, ehe er die Antwort auf die Frage bekommen hatte, warum ein Reiter in Rock und Wams sein Schwert hob, um einen Umhang zu teilen, der halb weder ihn noch den Nackten wärmen konnte. Warum nur hatte man ihm den Namen von Rohenfels übergeworfen, ohne ihm jemals die Wärme familiärer Bande zukommen zu lassen?

Josef wandte sich dem Saumarkt zu. Er kannte jede Ecke, jeden Erker, jeden Hauseingang, jeden Stein, aber auf einmal kam ihm das mittelalterliche Städtchen mit seinen renovierten Fassaden und den gusseisernen Handwerksschildern fremd vor. Als ob er heute von vorn beginnen könnte, dies alles zu sehen, den Turm der Kirche St. Martin, das Pfaffentor, das barocke Rathaus. Noch lag alles unter Massen von Schnee, aber die hellen Augen einer Künstlerin, die Illusionen malte, schienen den Ecken und Kanten darunter neue Perspektiven geben zu wollen. Josef schwindelte bei dem Gedanken, was er Sophie alles gern gefragt, was er ihr gern erzählt hätte. Zum Glück hatte er gar nicht erst versucht, seine Fragen stammelnd zu sortieren. Ihm klopfte das Herz, wenn er daran dachte, wie leichthin sie seine Sprechhemmung erklärt hatte. Er dachte zu viel gleichzeitig, wollte zu viel auf einmal sagen, und immer die Wahrheit. Josef lächelte vor sich hin angesichts ihrer einfachen Lösung. Lügen. Auf diese Idee war er nie gekommen. Aber sie hatte ja Recht. Er schwieg, wenn er nicht sagen konnte, was er dachte. Andere redeten einfach irgendetwas, benutzten fertige Sätze, die ihnen an vorderster Front im Hirn herumspukten, dort, wo er ständig nur nach dem richtigen Ausdruck suchte. Er war einfach ein Idiot.

Unterhalb der Martinskirche bog er auf den Saumarkt ein. Die große Sau aus Bronze hatten die Kinder schon vom Schnee befreit. Aber die Ferkel, die sie umgaben, waren noch nicht alle aus dem Haufen gegraben, den ein Schneepflug aufgeworfen hatte. Gegenüber der Pizzeria *da Franco* befand sich ein Geschäft für Malereibedarf. Er hätte Sophie auch hierhin führen können, aber sie hatte auf ihn den Eindruck gemacht, als ob sie es eilig hätte.

Josef klingelte hinter dem Rathaus am Eselberg beim Anwalt Kurz.

Am liebsten hätte Nadja die Augen gar nicht aufgemacht. Violettblau gestrichene Wände absorbierten das Tageslicht, das durch einen Schlitz im schweren Samtvorhang hereinblitzte. Es war schon elf Uhr durch und völlig still im Haus.

Nadja drehte sich auf den Rücken und schaute zur Decke hinauf. Die hatte sie vor drei Monaten schwarz angemalt, sehr zum Entsetzen ihrer Mutter. Nadja hob den Kopf und blickte an sich hinab, ordnete die Falten und Rüschen des weißen Totengewands, das sie als Nachthemd trug, zog das Bettlaken mit dem weinroten Samtüberwurf bis zu ihrer Brust hoch, nahm den Rosenkranz von ihrem Nachttisch und faltete die Hände auf ihrer Brust. Sie legte den Kopf aufs Kopfkissen, schloss die Augen und konzentrierte sich darauf, so flach zu atmen, dass sich ihre Bauchdecke möglichst nicht hob und senkte. Es kam darauf an, sich so in den Tod hineinzudenken, bis sie ihre Glieder nicht mehr spürte. Dann hatte sie das Gefühl zu schweben, zu entschweben.

Wenn man von einer Würgeschlange umschlossen wurde, dachte sie, dann wurde einem auch so der Atem abgedrückt. Immer kürzer und flacher wurden die Atemzüge, die man noch tun konnte, und schließlich konnte man überhaupt nicht mehr atmen.

Aber Nadja zwang der übermächtige Impuls der Biologie schließlich, tief Luft zu holen. Keuchend stand sie auf. Sie wusste aus dem Biologieunterricht, dass der Sauerstoffmangel, den sie sich mit diesen Übungen in Totenstarre aufzwang, im Hirn eine leichte Euphorie auslöste. Die half ihr, den endlosen Ferientag in Angriff zu nehmen. Wenigstens aufstehen, ins Bad gehen, lange duschen. Sie hatte Kopfschmerzen.

Um sich anzukleiden, brauchte sie etwa eine Stunde. In nächtelangen Näharbeiten hatte sie von all ihren Hemden, Blusen, Westen, Jacken und Röcken sämtliche Knöpfe, Reißverschlüsse oder Druckknöpfe entfernt und durch Bänder ersetzt, die im Mittelalter Nesteln hießen. Was sich nicht zunesteln ließ, schloss sie mit Agraffen. Allein das Mieder zu schnüren dauerte zehn Minuten. Danach erst fühlte Nadja sich angenehm weltfremd eingeschnürt und gegen die deprimierenden Banalitäten ihres Lebens gewappnet. Vor dem Spiegel, den sie auf ihren Schreibtisch stellte, schminkte sie sich weiß wie eine Tote. Nur so ließ sich die Sinnlosigkeit ihres Daseins ertragen. In der Tat, sie war das Gespenst, das auf Rohenfels spukte. Ein Nachtwesen voller Einsamkeit und Ruhelosigkeit.

Nadja betrachtete ihr Totengesicht im Spiegel. Seit Ferienbeginn hatte sie keinen Menschen mehr gesehen außer ihren Eltern und Erna. Wenn ihr Vater sie mit nach Wangen nehmen oder bei einer Schulkameradin absetzen wollte, lehnte sie ab. Was hatte sie mit diesen lebenslustigen Geschöpfen zu schaffen, mit denen sie in die Schule ging?

Wer verstand sie schon? Sie verstand sich ja nicht einmal selbst. Sie wusste nur, so konnte es nicht weitergehen. Bis tief in die Nacht hatte sie gestern wieder am Schreibtisch gesessen und gemalt. In keinem Motiv vermochte sie sich so gut zu verlieren wie in einem Friedhof mit offenem Grab, kahlen Bäumen und Mond, der kalt und einsam über allem stand. Dann geriet sie in eine Art Trance, die sie das tiefe Glück des Todes nannte. Stille. Innere Stille.

Während Nadja ihre Augenlider schwarz schminkte, kam ihr Sophie in den Sinn. Sie war anders als ihre Mutter oder ihre Schulfreundinnen oder deren Mütter. Sie hatte etwas Unzeitgemäßes, fand Nadja. Mit ihrem reinen Teint, den hellen Augen und den kräftigen tonroten Haaren hätte sie in einer romanischen Burg auf dem Söller sitzen und Minnesängern das Herz brechen können.

Nadja warf den Kajalstift hin, stand auf und verließ ihr Dachzimmer. Aber schon als sie die Treppe hinunterstieg, sah sie, dass Sophie nicht da war. Die beiden Scheinwerfer in der Halle waren ausgestellt. Die Pinsel steckten in Wassergläsern. Nadja holte sich aus der Küche einen Apfel und ging wieder nach oben. Sie zog die Vorhänge nicht auf und zündete Teelichter an. Um das Blatt zu betrachten, das sie gestern Nacht mit Wasserfarben gemalt hatte, schaltete sie die Schreibtischlampe ein. Mit der Fernbedienung warf sie den CD-Player an – »Ophelia's Dream – All Beauty is sad.« Ihre Gedanken glitten durch Halbsätze. Es war trostlos. Es war nicht auszuhalten.

Wenn Oma tot wäre, wenn sie Oma tot im Bett finden würde, sie alleine mit einer Leiche im Haus. Dann hätte sie trauern können, am Grab zusammenbrechen. Dann hätte all ihre Trauer Sinn gehabt, und alle hätten sie verstanden.

Sie hatte niemanden, mit dem sie darüber sprechen konnte, über diese Todessehnsucht, diese furchtbare innere Trauer, diese Ruhelosigkeit, für die es keine Antworten gab.

Nadja nahm ihr Tagebuch und las das letzte Gedicht, das sie hineingeschrieben hatte. Dann saß sie da und starrte mit trockenen Augen, in die keine Tränen treten wollten, auf den Schlitz im Vorhang, durch den das irre Tageslicht blitzte. Letztes Jahr im Winter war sie noch rodeln gegangen. Da war sie noch ein Kind gewesen. Aber nun?

In ihrem Kopf formierte sich, wie schon so manches Mal, wenn nichts mehr half, um sie in melancholische Euphorie zu versetzen und nur Trostlosigkeit übrig blieb, ein Gedanke, den sie denken gelernt hatte, ohne ihn in Worte zu fassen, und der ihren Puls beschleunigte.

Sie zog die Schreibtischschublade auf und grub unter den Blöcken, Stiften, Umschlägen und Papieren das Briefchen mit Rasierklingen hervor. Sich eine Narbe zufügen nannte sie das, wenn es nicht anders ging, als sich einzugestehen, dass sie sich selbst verletzen würde. Sie musste es einfach tun. Sie nahm eine Klinge aus dem hauchdünnen Papierchen und schob den Flügelärmel ihres Kleides hoch. Der letzte Schnitt war kaum noch zu sehen. Nadja war durchaus klar, dass ihre Mutter einen Riesenaufstand machen würde, wenn sie jemals bemerkte, dass sie in gewissen Abständen an sich herumschnitt. Inzwischen wusste sie genau, wie sie so einen Schnitt ansetzen und wie schnell sie ihn ziehen musste, damit Blut floss, aber keine dauerhafte Narbe blieb.

Nadja umwickelte ihren rechten Zeigefinger mit einem Taschentuch, nahm die Rasierklinge zwischen Daumen und Mittelfinger und setzte den umwickelten Zeigefinger auf die obere Schneide. Den entblößten Unterarm legte sie quer vor sich auf ein Blatt Papier.

Am Rande registrierte sie, dass unten ein Auto vorfuhr, keiner der beiden Wagen ihrer Eltern, also wohl Sophie. Sie würde nicht auf die Idee kommen, sie hier oben zu überraschen wie manchmal ihre Mutter.

Nadja lauschte eine Weile ihrem eigenen Herzpochen, das diesem Akt immer vorausging und ihre Stimmung bereits deutlich verbesserte. Aber erst wenn das Blut quoll, wenn leichte Schmerzen zum Hirn aufstiegen, erst dann kam die innere Ruhe, erst dann fand sie zur Harmonie und

Einigkeit mit sich selbst. Ihr Mund wurde trocken bei dem Gedanken. Nichts konnte sie jetzt mehr davon abhalten.

Sie setzte die Klinge an die zarte Innenseite ihres Unterarms und sammelte sich. Von der Mitte zur Hand hin würde sie schneiden, etwa drei Zentimeter. So ein Schnitt musste zügig laufen, ehe die Schmerzen einsetzten. Der Schmerz kam immer mit ein paar Sekunden Verspätung zusammen mit dem Blut, dem Symbol ihres Leidens, und dem Gefühl tiefer innere Befriedigung.

Nadja lauschte noch einmal kurz ins Haus. Keine Schritte auf der Treppe. Sie verstärkte den Druck auf die Klinge. Wenn die Ecke erst mal eindrang und die Haut aufplatzte, dann musste sie es durchziehen, dann gab es kein Besinnen mehr. Deshalb musste alles vorher bedacht sein.

Los!

Blut. Es quoll, es quoll heftig, dunkles dickes Blut, ein brennender Schmerz. Nadja starrte wie gelähmt auf das Geschehen. Der Schnitt war unheimlich lang geworden, verschwamm, leerte sein Blut aufs Papier, in Pulsstößen am Handgelenk.

Sie hatte sich umgebracht.

Ganz nüchtern dachte sie es. Diesmal hatte sie sich umgebracht. Sie hatte die Schlagader getroffen.

Dann durchfuhr sie Todesangst, ein heißer Blitz von Vernunft und Lebensgier. Sie musste sich verbinden, sie musste etwas tun, Hilfe holen.

Aber wie sollte sie das erklären? Wem? Mama durfte davon nichts wissen.

Sie riss ihre Augen von dem Blutbad los. Ihr Blick fiel auf die Schreibtischlampe. Erklärungen schaffen. Sie nahm den blechernen Wasserfarbenkasten, klappte ihn zu und schlug ihn gegen die Glühbirne. Scherben klirrten auf den Tisch. Sie konnte sagen, sie sei beim Aufspringen mit dem Unterarm an die Scherben in der Birnenfassung gekommen. Blut hinschmieren.

Nadja schüttelte das Taschentuch von ihrem Zeigefinger und presste es auf den Unterarm. Er färbte sich blitzschnell rot. Die Rasierklinge! Sie musste weg. Wohin? Egal, Hauptsache schnell. In die Schublade. Inzwischen hinterließ sie überall Blutspuren, auf dem Tisch, an der Schublade. Zum Glück war der Tisch schwarz gestrichen. Nadja wurde schwindlig, als sie aufstand.

Namenlose Todesangst schüttelte sie. Würde sie es überhaupt noch bis zur Tür schaffen? Würde sie die Treppe runterkommen? Oder würde sie hier oben sterben, einsam und verlassen?

Tränen strömten aus ihren Augen, ohne dass sie es bemerkte. Hilfe! Irgendwie gelangte sie zur Tür, irgendwie bekam sie sie auf. Auf der Treppe rutschte sie, und alles, was sie anfasste, um sich festzuhalten, war glitschig.

Sophie stand mit vor Schreck geweiteten Augen am Fuß der Treppe, als Nadja herabwankte, den blutigen Arm gegen den Leib gepresst.

»Die Lampe«, keuchte Nadja. Sie hatte das Gefühl, dass nur diese Lüge, die sie unbedingt inszenieren musste, sie bei Besinnung hielt. »Die Glühbirne ... Ich habe sie aus Versehen zerschlagen, und dann bin ich mit dem Arm daran gekommen. Ich weiß nicht, wie das geschehen konnte.«

Sophie schien es, als hätte Nadja sich den halben Arm abgeschnitten. Wie blass das Mädchen war, ließ sich unter der weißen Schminke nicht erkennen.

»Keine Panik, setz dich mal hin.« Sophie half Nadja auf die Treppenstufen nieder. »Wo ist der Erste-Hilfe-Kasten?«

Nadja schloss die Augen und sackte gegen das steinerne Treppengeländer. Sophie rannte los. Erst in die Küche. Erna war noch nicht da. Sie riss ein Küchenhandtuch vom Haken.

Dann in ihr Zimmer, Handy und Daunenjacke holen. Dann zurück zu Nadja. Sophie wickelte das Küchenhandtuch so fest sie konnte um Nadjas Handgelenk, legte ihr die Daunenjacke um und wählte auf dem Handy den Notruf.

Immerhin reagierte Nadja wieder, als Sophie sie an sich zog. Sie redete auf das Mädchen ein und zwang sie zu nicken.

»Wie kann ich deine Eltern erreichen?«

Nadja murmelte Telefonnummern, die Sophie kaum verstand. Und wo blieb überhaupt der Krankenwagen? Als sie gerade anfing sich auszudenken, wie sie Monika und Mathias erklären sollte, dass ihre Tochter in ihren Armen gestorben war, fuhr draußen ein Diesel vor. Sophie verließ Nadja und öffnete die Haustür.

Die Sanitäter spulten mit demonstrativer Ruhe ihr Programm ab. Ansprechen, Puls, Atmung, dann erst die Wunde. Druckverband, Tropf. »Suizidversuch«, murmelte einer vor sich hin.

»Sie wird's überleben«, sagte der andere zu Sophie. »Was ist passiert?«

»Sie hat sich anscheinend an einer Glühbirne geschnitten.«

Die beiden Männer hoben Nadja auf die Trage. Sie war immer noch bei Bewusstsein.

»Und wer sind Sie? Die … die Mutter?«

»Nein. Ich arbeite hier nur.« Sophie deutete auf das im Entstehen begriffene Wandgemälde.

»Hübsch. Das sieht aus, als sollte das ein Kamin werden. Sind die Eltern schon benachrichtigt?«

»Mache ich gleich«, antwortete Sophie. »Wo bringen Sie sie hin?«

»Ins Kreiskrankenhaus.«

Die Sanitäter hoben die Trage und verschwanden zur

Tür hinaus. Knirschend rollte der Krankenwagen am mutmaßlichen Rondell vorbei und bog in die Abfahrt ein. Sophie kehrte benommen in die Halle zurück. Da lag auf der Treppe ihre hellblaue Daunenjacke. Am Reißverschluss war sie blutverschmiert. Blutflecken auch auf der Treppe, Stufe für Stufe hinauf.

Ihr wurden die Knie weich.

Die Handynummer von Nadjas Mutter hatte sie nicht verstanden. Aber die Nummer des Maklerbüros von Mathias von Rohenfels in Wangen war leicht über die Telefonauskunft zu beschaffen.

Sie geriet an eine Sekretärin. Diese war beruhigend höflich und stellte Sophie sofort zu Mathias durch. Er meldete sich schlicht mit Rohenfels.

»Ihre Tochter«, sagte Sophie ohne Umschweife, aber unaufgeregt, »hatte einen kleinen Unfall. Sie hat sich an einer Glasscherbe geschnitten. Es hat so geblutet, dass ich den Krankenwagen gerufen habe.«

Sie hörte Mathias von Rohenfels atmen.

»Sie wird ins Kreiskrankenhaus gebracht. Ich nehme an, Sie wissen, wo das ist.«

»Ja.« Es klang so, als hätte er sich erst einmal setzen müssen und zwänge sein Hirn, sich auf eine völlig unerwartete Realität einzustellen.

»Leider weiß ich nicht, wie ich Ihre Frau erreichen kann«, fuhr Sophie fort, um ihm Zeit zu lassen. »Darum habe ich sie noch nicht angerufen. Ich glaube, es ist nicht so schlimm, wie es auf den ersten Blick aussah.«

»Danke, Frau … äh … Benrath. Ich werde meine Frau anrufen. Sie haben schon genug getan. Ich kümmere mich sofort darum. Vielen Dank.«

»Keine Ursache.«

»Ich hoffe, Sie haben keinen allzu großen Schreck bekommen. Es tut mir Leid. Ich werde sofort meine Frau anrufen. Ausgerechnet heute musste sie nach München fahren.«

Sophie verspürte leichten Unwillen. Was hätte es geändert, wenn Monika zu Hause gewesen wäre? Sie hätte nichts verhindern oder besser machen können. »Nun ja«, sagte sie, »ich glaube, es ist nicht so dramatisch. Nadja hat sich wohl an einer kaputten Glühbirne geschnitten. Das kann ja nicht so schlimm sein.«

Mathias seufzte. »Haben Sie jedenfalls vielen Dank, Frau Benrath.« Er klang, als würde er in seinem Kopf einen übervollen Terminkalender umorganisieren. »Ich hoffe, Sie wurden nicht allzu sehr gestört. Kreiskrankenhaus, sagen Sie?«

»Ja.«

Mathias bedankte und entschuldigte sich noch einmal, bevor er das Gespräch beendete. Sophie ließ das Handy sinken. Sie saß auf den kalten Steinstufen. Das vom Sanitäter gemurmelte Wort »Suizidversuch« fiel ihr wieder ein. Sie stand auf und stieg die Treppe hinauf, immer der Blutspur nach.

Die kleine Halle im ersten Stock hatte sie ja schon gesehen. Die Blutspur führte zu einer offen stehenden Tür. Fünf Stufen gingen hinauf zu einer weiteren Tür, hinter der Dunkelheit herrschte, in welcher Teelichter flackerten. Sophie zog die Vorhänge auf. Von hier aus konnte man auf die Auffahrt schauen. »Um Himmels willen!«, sagte Sophie, als sie den Blick durch das Zimmer schweifen ließ. Im sprühenden Licht des verschwenderisch hellen Wintertags wirkten die violettblauen Wände und die schwarze Decke wie eine lieblos angepinselte Holzhütte. Es war eine stumpfe, hässliche, lichtlose Farbe. An die Wand hatte Nadja einige Wasserfarbengemälde gepinnt, Friedhöfe bei Nacht. Auch auf dem Tisch lag so ein Blatt. Es verriet eine ungelenke Malerin. Selbst billige Wasserfarben mussten nicht so stumpf aussehen wie dieses Gemisch aus Schwarz und Blau. Den Mond hatte Nadja mit Deckweiß gemalt. Dabei nutzte man für helle Effekte das Weiß des Blatts. Wer Deckweiß verwendete, tötete die Farben. Nadja konnte überhaupt nicht malen, tat dies aber offenbar mit großer Leidenschaft.

Sophie blies die Teelichter aus und betrachtete nachdenklich die zarten Scherben der zerschlagenen Glühbirne. Der Wasserfarbenkasten lag da wie hingeworfen. Die Birnenfassung in der Blechglocke der Schreibtischlampe war blutig. Wie hatte es Nadja hingekriegt, sich dort den Arm aufzuschlitzen? Die Fassung mit den Glasresten lag deutlich tiefer als der Rand des Blechschirms. Außerdem blutete eine Wunde nicht im Augenblick des Schnitts. Zumindest war das Messer, mit dem Sophie sich beim Häckseln des Gemüses schnitt, nie blutig.

Sophie ließ die Augen über den Schreibtisch gleiten. Er war schwarz lackiert. Ein Tagebuch lag da und ein Stapel rosaviolettes Papier, mit lila Tinte beschrieben. Ein tief empfundener Respekt vor Nadjas Privatsphäre hinderte Sophie daran, das Tagebuch aufzuschlagen oder auch nur eine der Zeilen zu lesen, die wie Gedichtzeilen aussahen.

Bei allem Respekt vor Nadjas geheimsten Gedanken hatte Sophie jedoch keine Hemmungen, die Schreibtischschublade aufzuziehen, zu der ebenfalls eine Blutspur führte. Blut auf der nicht lackierten hölzernen Kante der Schublade und auf den Briefumschlägen in der Lade. Ganz vorn zwischen Papier und Stirnbrett entdeckte Sophie die Rasierklinge. Sie fischte sie heraus. Unter den Papieren fand sie das Briefchen Rasierklingen und nahm es ebenfalls an sich. Das würde Nadja zwar nicht davon abhalten können, sich neue zu besorgen, aber sie würde wissen, dass noch jemand ihr Geheimnis kannte.

Als sie wieder hinunter in die Halle kam, stand dort Erna

in Hut und Mantel, soeben aus dem Dorf heraufgekommen, die Hände an den roten Wangen und mit entsetzten Augen die Blutlachen auf den unteren Treppenstufen musternd.

»Mein Gott! Was isch denn passiert? I henn, wie ich von Edenweiler komm, scho den Krankenwage g'sähe.«

Sophie versuchte das Geschehene in beruhigende Worte zu fassen.

»Und die Mutter isch wieder amol in München!«, seufzte Erna. »Und der Herr Rohenfels hat doch scho g'nug zum do. Und die alte Frau Rohenfels muss er au no herumkutschiere. Zum Arzt, zum Friseur. Und jetzt des!«

Sophie verbiss sich eine Entgegnung. Immerhin war Hortense von Rohenfels Mathias' Mutter. Und überhaupt, warum bemitleideten diese Ernas eigentlich immer die Männer, wenn sie häusliche Verantwortung übernehmen mussten. War Monikas Job in München etwa weniger wichtig? War denn auch ihre, Sophies, Arbeit nur ein Hobby? Bedauerte man Dieter daheim genauso, weil seine Frau sich im Allgäu selbst verwirklichen musste?

»Die Treppe ist voller Blut«, sagte Sophie und wunderte sich selbst über ihren ungnädigen Ton.

»Mein Gott ja, I' kümmer mi glei drum.« Erna eilte fort und kam wenig später mit Eimer und Putzlappen zurück. Da hatte sich Sophie aber bereits wieder auf ihre Decke niedergelassen und pinselte kniend am Sockel des virtuellen Kamins. Die Sonne stieg, die Sonne sank. Sophie vergaß die Zeit.

Irgendwann am Nachmittag erschien Mathias mit Hortense von Rohenfels, die ohne ein Wort zu sagen an Mathias' Arm die Treppe hinaufging. Mathias kam wieder hinunter und musterte mit zerstreutem Blick das Gemälde, das an der Wand so schnell Gestalt angenommen hatte.

»Nadja geht es gut. Der Schnitt war nicht so tief und hat

die Pulsader glücklicherweise nur angeritzt. Man wird sie aber über Nacht im Krankenhaus behalten. Ich fahre jetzt noch einmal hin und dann ins Geschäft. Es kann spät werden. Rechnen Sie nicht mit mir zum Essen. Meine Frau wird in München übernachten.«

»Okay.«

Mathias nickte, blickte Sophie kurz mit seinen etwas müden Augen an, lächelte leicht, entschuldigte und bedankte sich erneut und überließ Sophie dann wieder ihrer Arbeit und ihrer inneren Stille.

Die hundertfachen Entscheidungen, die sie beim Mischen der Farben über Menge und Pigmentanteile, bei der Auswahl der Pinsel über die Effekte weicher oder harter Haare, bei jeder Linie, die sie zog, jedem Punkt, den sie setzte, treffen musste, vertrieben zuverlässig alle unbeantworteten Fragen aus ihrem Kopf. Im Einklang mit Sekunden, Minuten und Stunden, die vergingen, unterwarf sie ihr ganzes Sein dem einzigen Zweck, die perfekte Illusion eines Kamins aus der Wand zu schälen.

Sein Sockel war aus Marmor. Vor der Feuerstelle befand sich ein gusseisernes Gitterwerk. In die rußigen Steine der Kaminrückwand war eine Eisenplatte eingefügt, die das Wappen von Rohenfels trug. Seitlich des Kamins befanden sich gedrehte Säulen, die auf hohen Basen standen und von vergoldeten korinthischen Kapitellen abgeschlossen wurden. Auf den Kapitellen ruhte das Gesims des Kamins, in dessen Mitte sich eine Muschelrocaille befand. Im Kamin würde ein Rest von Glut in der Asche glimmen, wenn er fertig war. Auf seinem Sims würden Rosen in einer Vase aus grünem Porzellan stehen. Eine dieser Rosen würde ein Blatt verloren haben, das auf dem Sims lag – ein Zeichen der *Vanitas*, der vergänglichen Eitelkeit, das Sophie in alle ihre Stillleben einbaute.

4

Um Mitternacht fiel Sophie ins Bett. Um halb acht wachte sie wieder auf. Draußen zog ein rosiger Morgen auf. Als sie vom Bett aus zum Fenster blickte, brach eben der erste Sonnenstrahl zwischen zwei verschneiten Hügeln jenseits des Tals durch. Es war, als fiele er direkt in ihr Hirn und erfüllte sie mit einem vergnügten Leuchten.

Schon lange hatte Sophie sich nicht mehr so glücklich und stark gefühlt. Sie war gestern Nacht viel weiter gekommen, als sie gedacht hatte. Rücken und Schultern taten ihr weh, als sie aufstand, aber es machte ihr nichts aus. Sie würde sich schon wieder lockern, wenn sie erst vor ihrem Werk kniete.

In der Küche traf sie Mathias beim Kaffee.

»Schon auf«, sagte er. »Sie malen ja wie der Teufel. Ich muss gestehen, ich war erst etwas skeptisch, aber jetzt gefällt es mir doch. Und Sie werden es sogar bis zum Geburtstag meiner Frau schaffen.«

Sophie lächelte vage. Sie hatte wie schon zuvor auch jetzt das Gefühl, dass Mathias nichts mit ihr anfangen konnte.

»Übrigens sind Sie natürlich herzlich zur Geburtstagsfeier eingeladen.«

»Danke, aber …«

»Dieter selbstverständlich auch.«

»Vielen Dank.« Sophie überlegte, ob sie Mathias nach seiner Bekanntschaft mit Dieter aus Studientagen fragen sollte, doch ehe sie die geeigneten Worte fand, stand er auf und verabschiedete sich. Sophie schlang ein Brot mit Honig hinunter und nahm den Kaffee mit in die Halle.

Der Kamin war schon nicht mehr im Rohbau. Die Farben der Materialien stimmten im Großen und Ganzen, das kalte Grau des Marmorsockels, das Eierschalenweiß der gedrehten Gipssäulen, das tiefe Schwarz des Gusseisengitters. Aber die Oberflächen stimmten noch nicht. Das kristalline Schimmern von Marmor oder das Funkeln von Blattgold auf den Akanthusblättern der korinthischen Kapitelle hinzukriegen, das war die eigentliche Arbeit. Sophie konnte eine gemalte Marmorfläche ja nicht polieren. Sie musste allein mit Farbe die Lichteffekte herstellen. Manchmal musste man dazu ein Dutzend Schichten übereinander lasieren, sich Ton für Ton annähern. Das war die eigentliche Kunst der Illusion.

Sie stellte den Kaffeebecher auf dem roten Klinkerboden neben einen der beiden Scheinwerfer ab und begann auf der Palette zu mischen. Darüber wurde der Kaffee kalt. Bäuchlings auf ihrer blauen Wolldecke liegend, fing sie im verstecktesten Winkel unter der Treppe an, den grauen Marmor des Sockels zu punktieren. Gelb musste hinein und grün, damit es wirklich grau wurde. Marmor hatte eine Körnung, die nach dem Polieren als Flecken herauskam.

Als Sophie wieder auf die Uhr blickte, war es elf durch. Sie brauchte eine Farbflasche aus ihrem Zimmer, erinnerte sich an ihren Kaffee, richtete sich auf, drehte sich um und erschrak beinahe zu Tode.

Da stand Josef. Wie lange schon? Er stand still wie eine Statue hinter dem Scheinwerfer.

»He!«, sagte sie.

»He«, antwortete er und trat hinter dem Strahler hervor. Das Licht erhellte sein Gesicht und warf Funken in seine dunklen Augen und Glanz auf sein schwarzes Haar, das er nach hinten gekämmt trug. Nur eine kurze Locke fiel ihm in die Stirn. Sophie bemerkte, wie fein und ruhig sein gebräuntes markantes Gesicht selbst unter diesem erbarmungslosen Licht gezeichnet war.

»Wie lange sind Sie schon hier und beobachten mich?«

»Ich sollte … ich sollte nicht hier sein.« Er machte noch einen Schritt vorwärts. Jetzt erfasste ihn auch das Licht des anderen Scheinwerfers. Jede Faser seiner grauen Filzjacke glühte auf einmal grünlich und gelblich auf. »Aber … ich war neugierig. Das … das ist schön!«

»Es ist noch lange nicht fertig.«

Josef atmete tief ein. Dann trat er noch zwei Schritte an die Decke heran, auf der Sophie kniete, und ließ sich neben ihr auf die Knie nieder, die Augen auf das Gemälde an der Wand gerichtet. Er betrachtete es stumm wie ein Kind, das zum ersten Mal einen Weihnachtsbaum sieht und vor lauter Lametta und Glaskugeln nicht weiß, wo es zuerst hinschauen soll.

»Wenn es fertig ist«, sagte er und hob die Hände in Richtung Wand, »dann wird man meinen, man könne sich die Hände an der Glut wärmen.«

Sophie lachte.

Er sah sie an, senkte aber sofort den Blick, als wäre das Feuer ihrer Augen zu hell. »Sie sind eine wirk… eine echte, nein, eine …« er lächelte verlegen » … eine Künstlerin.«

»Nichts davon, weder wirklich noch echt noch wahrhaftig«, erwiderte Sophie. »Ich kopiere nur. Ich schaffe nichts Neues. Alles, was Sie hier sehen, die Säulen, die Kapitelle, den Sims, die Akanthusmuschel am Sims habe ich mir aus Zwiefalten, Ottobeuren oder Birnau zusammengeklaut. Ich bin eine malende Kunsthistorikerin.«

»Früher hätten Sie als Künstlerin gegolten«, bemerkte er. »Sie beherrschen eine schwierige Kunst.«

Sophie lächelte. Selten hatte sich jemand Mühe gegeben, dem, was sie tat, künstlerische Qualitäten zuzusprechen. Aber dieser Mann, dem es ohnehin schwer fiel, Worte zu finden, fand Worte der Achtung für ihr Tun.

»Ich habe es schriftlich, dass ich nichts tauge«, sagte Sophie. »Die Kunstakademie hat meine Bewerbungsunterlagen mit fünf bewertet.«

Josef hob die Augen. »Kommt es auf die an?«

»Nicht wirklich, da haben Sie Recht.«

Er lächelte leicht. »Übrigens, als ich vorhin da stand, ist mir aufgefallen, dass dieses Gemälde nicht eine, sondern … sondern mehrere … Perspektiven hat.«

»He«, sagte Sophie, »das sehen Sie?«

Sie spürte, dass die Verwunderung, die er bei ihr erregte, ihm nicht sonderlich behaglich zu sein schien. Sie hatte vermutlich erneut verraten, dass ihr Bild von ihm von der Tatsache bestimmt wurde, dass er sich ihr zuerst als wortkarger Dörfler dargestellt hatte, als Halbidiot. Aber natürlich besaßen die Leute im von Viehhaltung und Landwirtschaft geprägten Oberschwaben ebenfalls Zeitungen, Radios und Fernseher. Und warum sollte einer, der Ställe ausmistete wie Josef, nicht etwas von Zentralperspektive gehört haben. Auch er war mal in die Schule gegangen.

»Die meisten Leute«, erklärte Sophie eilig, »sehen nicht, in welchem gedachten Punkt sich die perspektivischen Linien treffen, geschweige denn, dass es hier gleich mehrere Fluchtpunkte sind.«

»Ah ja?«

»Und ich will auch gar nicht, dass die Betrachter es sehen«, sagte Sophie lebhaft. »Denn ich wende einen Trick an, damit der Kamin von mehreren Standpunkten in der Halle aus echt ausschaut. Für den, der zur Tür hereinkommt und unter dem Kronleuchter stehen bleibt und erst einmal das Ganze erfasst, liegt der Fluchtpunkt hier.« Sophie deutete auf eine Stelle an der Wand. »Aber wer dann näher tritt, blickt theoretisch ja von oben auf den Kaminsims. Und darum ist die Perspektive des Simses eine andere. Ihr Fluchtpunkt liegt ein bisschen weiter oben.«

»Raffiniert.«

»Ja.« Sophie grinste. »Ich bin auch mächtig stolz darauf. Und mit den Schatten ist es das Gleiche. Ich gehe davon aus, dass der Kronleuchter brennt und die Hauptschatten wirft. Doch da drüben haben wir ja noch ein Fenster. Zum Glück geht es nach Osten. Die Sonne fällt nur morgens herein. Aber einen Kamin beachtet man erst abends. Also vernachlässige ich dieses Licht ein bisschen. Dennoch sehen Sie, dass die Säulen auch Schatten werfen, die das Licht vom Fenster verursacht. Glücklicherweise befindet sich eine Wandlampe neben dem Fenster, die den Gang zur Küche erleuchten soll. Das habe ich mit eingerechnet. Ich habe die Scheinwerfer so aufgestellt, dass sie den Lichteinfall imitieren.«

Sophie hielt den Pinsel an die Wand. Er warf zwei Schatten. »Sehen Sie?« Dann beugte sie sich vor, streckte sich an Josef vorbei und nahm aus einer Schuhschachtel, in der allerlei Trödel lag, eine goldene Christbaumkugel heraus und hielt sie gegen die Wand. »Alles, was glänzt, wird diese Lichtreflexe erhalten, die Sie auf der Kugel sehen.«

Josef nickte. Die Hand, die die glänzende Kugel hielt, war feingliedrig. Und was für eine helle Haut sie hatte. Ihm wurde bewusst, wie nahe sie ihm war.

»Übrigens«, sagte er, »hat es hier in der Halle nie einen Kamin gegeben.«

»Ach, nicht?« Sophie blickte ihn verblüfft an. »Ich hatte Monika von Rohenfels so verstanden, dass hier mal einer war, der eingestürzt ist. Aber Sie haben natürlich Recht. In eine barocke Eingangshalle gehört kein Kamin. Man heizte ja nur die Räume. Doch was war dann hier anstelle dieser kahlen Wand?«

»Nichts. Es war immer nur Wand.«

Sophie drängte sich auf einmal die Frage auf, wer Josef eigentlich war, wie er zu diesem Haus Rohenfels stand. Der Sohn eines Pächters, eines ehemaligen Lakaien, einer, der früher hier ein und aus gegangen war und ja heute noch einfach ins Haus kommen konnte?

Josef ahnte, was sie sich fragte. Ihre Augen waren nachdenklich auf die Wand gerichtet, ihre Lippen halb geöffnet. Ihr feiner Teint schimmerte fast weiß im Licht der Strahler. Im roten Gekräusel ihrer Haare, die sie zu einem schweren Zopf gebändigt hatte, schossen kupferne Reflexe hin und her. Josef war zutiefst überzeugt, dass er nie eine schönere Frau gesehen hatte.

Sie spürte seinen Blick und sah ihn plötzlich an. Er verlor sich im silbernen Schimmer ihrer Augen. Er hätte seinen Blick senken müssen, aber er konnte nicht. Sie wurde ernst. Er versuchte zu lächeln, doch es gelang ihm nicht. Plötzlich fühlte er ihre Hand in seiner. Hatte er zugegriffen oder sie? Er konnte nicht mehr unterscheiden, ob der Impuls von ihr ausging oder von ihm. Zog er sie an sich, oder kam sie zu ihm? Ihre Lippen berührten sich. Josef meinte seine Seele in diesem Kuss sterben zu spüren. Und er starb gern. Er war nicht mehr.

Nach einer Sekunde Weltstillstand setzte bei Sophie das Denken wieder ein. Was tat sie da? Wie hatte das passieren können? Was dachte dieser Mann von ihr? Was für fatale Hoffnungen musste das bei ihm auslösen, Hoffnungen, die sie niemals erfüllen konnte oder wollte. Sie hatte einen Mann in Stuttgart und nicht die Absicht, ihr Leben zu ändern.

»Josef«, begann sie, um Distanz ringend, »ich muss … ich muss dir leider sagen, dass ich …«

»Verzeihung!«, bat er tonlos.

»Josef!«, kam es in diesem Moment schneidend von der Treppe über ihnen.

Er sprang hastig auf.

Auf dem mittleren Absatz der Treppe stand die alte Frau von Rohenfels, klein, aber hoch aufgerichtet. Josef wich hinter die Scheinwerfer zurück.

»Was machst du hier?«, donnerte die alte Dame. »Was fällt dir ein? Schleichst dich hier rein, wenn du weißt, dass Monika und Mathias außer Haus sind.«

Mit Entsetzen beobachtete Sophie die Wandlung, die auf seinem Gesicht vor sich ging. Eben noch war es entspannt und freundlich und zuletzt zärtlich gewesen, doch jetzt wurde es finster, hart und bitter. Er deutete eine Verbeugung an, die ihr galt, und war im nächsten Augenblick um die Ecke im Gang zur Küche verschwunden, so rasch und leise, wie er gekommen war.

Sophie stand von ihrer Decke auf. Ihr war schwindlig.

»Frau Benrath«, sagte die alte Dame in einem freundlicheren oder vielleicht auch nur nachsichtigeren Ton. »Auf ein Wort. Ich muss mit Ihnen reden. Wenn ich Sie einen Augenblick in den Salon bitten dürfte.«

Sophie nahm davon Abstand, der alten Dame den Arm anzubieten, damit sie die letzten Treppenstufen herabkam. Obgleich Sophie ein hilfsbereiter Mensch war, fand sie es im Moment nicht angebracht, ihr mit allzu viel Sympathie zu begegnen.

Sie ließ ihr den Vortritt in den Salon. Offenbar legte Hortense von Rohenfels auch Wert darauf, dass sie in ihrem Haus den Vortritt hatte. Sophie war nicht ihr Gast, sondern die Handwerkerin im Haus.

Der Salon war ein großer Raum, in dem man Feste abhalten konnte. Am Fenster standen schwergewichtige Sitzmöbel. An der Wand über einer barocken Kommode hingen vier alte Ölgemälde einer Ahnengalerie.

»Bitte nehmen Sie Platz, Frau Benrath.«

Sophie wartete, bis die alte Dame sich in einem der Sessel niedergelassen hatte. Die Sonne warf einen goldenen Schimmer aufs Parkett und silberne Lichter in Hortenses sorgfältig frisiertes Haar.

»Ich glaube«, begann sie, »ich muss Ihnen ein paar Dinge erklären.«

Sophie schwieg abwartend.

»Sie wissen vermutlich nicht, dass Josef der uneheliche Sohn meines verstorbenen Mannes ist.«

»Oh!«

»Seine Mutter war eine, nun ja ... Ich habe diese Frau nie kennen gelernt. Nach Aussagen meines Mannes war sie Akrobatin bei einem Wanderzirkus, der sich einst zwei Jahre hier in der Gegend aufhielt. Von dem Seitensprung meines Mannes hätte ich wohl nie erfahren, wenn nicht im Winter vor fünfunddreißig Jahren ein Säugling auf den Stufen vor unserer Tür gelegen hätte, dabei ein Zettel, dass die Mutter an einer Lungenentzündung gestorben sei. Das wenige Wochen alte Kind hatte ebenfalls eine Lungenentzündung und war dem Tod nahe. Die Menschlichkeit gebot es, sich des Jungen anzunehmen.« Hortense von Rohenfels' Stimme hatte an Schärfe verloren und klang müde. »Mein Mann gestand mir, dass das Balg von ihm ist. Er ließ ihn auf den Namen Josef taufen und steckte ihn zu Pflegeeltern nach Wangen. Aber nach wenigen Jahren erkrankte mein Mann schwer, und es war klar, dass er nur noch ein paar Jahre zu leben hatte. Da schlug ich ihm vor, Josef zu uns zu nehmen. Wir adoptierten ihn und gaben ihm unseren Namen. Josef wuchs zusammen mit Mathias, der neun Jahre älter ist, auf Rohenfels auf. Er war kein einfaches Kind. Still und verschlossen. Er redete erst mit sechs Jahren. Am liebsten trieb er sich draußen herum. In der Schule kam er nicht mit. Manche Lehrer meinten zwar, er sei nicht dumm, aber er passte nicht auf, träumte nur vor sich hin. Zu mehr als dem Hauptschulabschluss reichte es bei ihm nicht. Ich habe nie begriffen, was in seinem Kopf vor sich geht. Er war ein ruheloser Junge, immer unterwegs. Mathias meinte damals, das Beste sei, er mache eine Ausbildung zum Pferdewirt. Und dann …« Frau von Rohenfels seufzte schwer. »Vielleicht liegt es am Zigeunerblut.«

Sophie gab einen unwilligen Ton von sich.

Die alte Dame richtete die kleinen blaugrauen Augen auf sie. »Ja, Frau Benrath, Sie sind jung und aufgeschlossen. Sie glauben nicht daran, dass sich Temperamente vererben. Sie denken, es hat mit der Erziehung zu tun. Mag ja sein. Aber Josef wuchs wie mein eigener Sohn auf. Ich hatte meinem Mann verziehen, und ich habe Josef genauso geliebt wie meinen eigenen Sohn Mathias. Auch Mathias hat ihn nie von oben herab behandelt. Im Gegenteil, er hat ihm, als mein Mann starb, den Vater ersetzt. Wir haben keinen Adelsdünkel, wie Sie uns vielleicht unterstellen. Wir leben nicht mehr im 19. Jahrhundert. Im Erbrecht sind uneheliche Kinder den ehelichen außerdem völlig gleichgestellt. Zudem hatten wir Josef adoptiert. Er hatte also keinerlei Benachteiligungen zu befürchten. Aber er konnte seinen Neid auf Mathias offenbar nicht zügeln.« Hortense von Rohenfels blickte aus dem Fenster. »Sie werden mir die Einzelheiten ersparen, die für mich und meine Familie so schmerzlich und peinlich sind. Josef hat seine Tat gebüßt. Er saß fast sechs Jahre im Gefängnis. Danach kam er wieder und machte seinen Anspruch auf das Talhaus und seine Ländereien geltend. Das entspricht dem Pflichtteil, der ihm zustand. Immerhin besaß er so viel Anstand, nicht mehr zu verlangen, obwohl mein Mann das gesamte Erbe ursprünglich zu drei gleichen Teilen zwischen mir, Mathias und ihm aufgeteilt hatte. Mathias hat Josef angeboten, ihm das Geld für das Talhaus auszuzahlen, aber das wollte Josef nicht. Allerdings hat er die Bedingung akzeptiert, dass er sich von uns fern hält, und das hat er auch getan. Bis jetzt. Offenbar üben Sie auf ihn eine gewisse Anziehungskraft aus.«

Sophie schwieg.

»Sie können ja nichts dafür«, meinte die alte Dame versöhnlich. »Sollte Josef Ihnen noch einmal lästig werden, dann sagen Sie es Mathias oder mir.«

Sophie wusste nicht, was sie darauf entgegnen sollte. So ganz schuldlos an Josefs Interesse fühlte sie sich ja auch nicht. Eigentlich drängte es sie sogar, ein gutes Wort für ihn einzulegen. Wiederum saß man nicht für nichts sechs Jahre im Gefängnis. Außerdem war sie nicht hier, um sich in Familienangelegenheiten einzumischen oder gar ihr Herz bei einem fragwürdigen Flirt auf die Probe zu stellen, sondern um ein *Trompe-l'œil* zu malen.

»Eigentlich bin ich der Ansicht, dass unsere Familieninterna niemanden etwas angehen«, sagte die alte Dame, als hätte sie Sophies Gedanken gelesen. »Und es wäre mir auch egal, mit wem Sie sich abgeben. Aber ich halte Sie für eine aufrichtige und ernsthafte Person. Darum möchte ich nicht, dass Sie in Schwierigkeiten kommen. Außerdem sind wir Ihnen zu Dank verpflichtet. Wenn Sie gestern nicht so geistesgegenwärtig gewesen wären, hätte Nadjas kleiner Unfall sehr böse ausgehen können.«

»Nadja kommt heute wieder nach Hause?«, erkundigte sich Sophie, begierig, das Thema zu wechseln.

»Mathias wollte sie heute Nachmittag aus dem Krankenhaus holen.«

»Frau von Rohenfels, darf ich Sie etwas fragen?«

Die alte Dame sah nicht so aus, als wären ihr Fragen sympathisch, doch sie nickte.

»Hat Nadja öfter solche Unfälle?«

»Warum fragen Sie?«

»Na, es gibt doch Teenager, die zu Katastrophen und Unfällen neigen.«

»Das klingt so, als würden Sie etwas dahinter vermuten.«

Sophie lächelte. »Nun ja, fünfzehn ist ein schwieriges Alter. Da denken viele junge Menschen über den Tod nach. Manche haben Angst zu sterben, andere spielen mit dem Gedanken zu sterben und inszenieren dann – selbstverständlich unabsichtlich – Unfälle. Manche entwickeln eine regelrechte Sehnsucht nach dem Tod. Nadja läuft immerhin als Grufti herum und malt Friedhöfe. Ihr Bett sieht wie ein Sarg aus und ihr Zimmer wie eine Gruft.«

»Was wollen Sie damit andeuten, Frau Benrath?«

»Entschuldigen Sie. Ich hatte nicht vor, mich einzumischen. Aber ich mag Nadja. Sie scheint mir ein bisschen unglücklich zu sein, vielleicht ein wenig einsam hier auf Rohenfels.«

»Nun«, erwiderte Hortense von Rohenfels steif, »Sie machen sich so Ihre Gedanken, wie ich sehe. Bei Ihrer Arbeit kommen Sie ja immer wieder in fremde Häuser und kriegen zwangsläufig die inneren Angelegenheiten einer Familie mit. Aber ich kann Ihnen versichern, dass Mathias und Monika meiner Enkelin alles geben, was sie braucht. Und ich bin ja auch noch da.«

Sophie lächelte. »Nadja mag Sie sehr. Sie findet, dass man mit Ihnen wunderbar über den Tod sprechen kann.«

Die Hortense von Rohenfels blickte erst verwundert,

dann lachte sie auf einmal. Es war ein ungeübtes, aber lustiges kleines Lachen. »Ja, ich bin eine missmutige, kranke, giftige alte Frau. Das haben Sie gut beobachtet, Frau Benrath. Außerdem habe ich nicht gern fremde Leute im Haus. Darum wäre es mir lieber, wenn Sie Ihre ganze Aufmerksamkeit auf Ihre Arbeit konzentrieren würden.«

Sophie grinste. In den kleinen Augen der alten Dame glitzerte durchaus Humor.

»Dann werde ich mich wohl wieder an die Arbeit machen müssen.« Sophie stand auf.

»Frau Benrath …«

Sophie drehte sich an der Tür noch einmal um.

»Es wäre mir eine Ehre und Freude, wenn Sie heute Abend mit uns essen würden.«

»Danke. Die Ehre ist ganz auf meiner Seite.«

Nachdenklich kehrte Sophie unter ihre Scheinwerfer zurück. Was für Leidenschaften hatten Josef, den sie als so zurückhaltend und scheu kennen gelernt hatte, zu was für einer Tat getrieben? Sechs Jahre Gefängnis waren wirklich lang, wenn man bedachte, dass den meisten ein Drittel der Strafe wegen guter Führung erlassen wurde.

Sie malte etwa eine Stunde lang, dann steckte sie den Pinsel ins Wasserglas, deckte die Palette mit einem feuchten Tuch ab und ging in ihr Zimmer. Das Handy lag auf dem Nachttisch. Zu Dieters Geschäftsfreunden gehörte auch ein Anwalt, mit dessen junger Frau Barbara sich Sophie ein wenig angefreundet hatte. Sie arbeitete als Assistentin oder Sekretärin in der Anwaltskanzlei ihres Mannes.

»Hallo, Sophie!«, rief Barbara aus. »Schön, dass du dich mal meldest. Wie geht es dir da unten in deinem Lustschlösschen. Man hört ja gar nichts von dir. Dieter war gestern bei uns zum Essen und hat sich bitter beklagt, dass du offenbar nicht einmal die Zeit findest, ihn anzurufen.«

»Es ist eine riesige Aufgabe, und ich muss übermorgen fertig sein. Ich male von morgens acht bis Mitternacht«, sagte Sophie. »Weswegen ich dich anrufe …«

»Ja? Wie kann ich dir helfen? Du willst dich doch nicht scheiden lassen?«

»Nein.« Sophie lachte etwas gezwungen. »Es geht um eine Strafsache. Georg ist zwar Scheidungsanwalt, aber ich weiß nicht, wen ich sonst fragen sollte. Es handelt sich um einen Prozess, der vor mehr als sechs Jahren hier in der Gegend stattgefunden haben muss, und zwar gegen einen gewissen Josef von Rohenfels.«

»Rohenfels? Das sind doch die, bei denen du gerade bist.«

»Ja. Aber der Hausherr heißt Mathias. Josef ist sein Halbbruder, ein unehelicher Sohn. Und der hat irgendetwas angestellt, wofür er zu mindestens sechs Jahren Knast verurteilt wurde. Ich würde gerne wissen, was.«

»Wahrscheinlich hat er den Vater erschlagen, um ans Erbe zu kommen.«

»Quatsch! Josef hat das ihm zustehende Erbe rechtmäßig angetreten.«

»Sieht er gut aus?«

»Darüber habe ich noch nicht nachgedacht.«

Barbara lachte. »Du Unschuldsengel. Du hast wieder mal nur Augen für *Trompe-l'œils*. Ich verstehe gar nicht, was Dieter hat. Zumindest dieser Mathias von Rohenfels muss ein gut aussehender Mann sein, denn dein Dieter scheint mir ziemlich nervös zu sein.«

Sophie bemühte sich zu lachen. »Mathias ist ein netter Mann mit Geschäftssorgen in den Jahren, wo man langsam schwergewichtig wird. Außerdem ist er mit einer attraktiven Frau verheiratet und hat eine fünfzehnjährige Tochter.«

»Das sind die Schlimmsten.«

»Ach, hör doch endlich auf. Was hat Dieter nur gegen Mathias?«

Barbara schwieg einen Moment. »Keine Ahnung, wirklich nicht. Aber wie Dieter so ist, er erinnert sich nicht gern derer, die ihm mal geholfen haben, als er noch ganz klein und unbekannt war. Mathias hat ihm den ersten großen Auftrag als Architekt verschafft. Eine Schule in Wangen. Wusstest du das nicht?«

»Nein.« Sophie schluckte. Womöglich hatte Dieter ihr diesen Auftrag auf Schloss Rohenfels besorgt. Vielleicht war alles eine Lüge, Monikas Anruf, Dieters Erinnerung an den Studienfreund, seine Abneigung dagegen, dass sie hierher fuhr. Womöglich wollte er, wenn sie in ein paar Tagen stolz und glücklich heimkam, weil sie sich durchgesetzt und ihren ersten Großauftrag bewältigt hatte, auf seine Art triumphieren und ihr sagen, dass sie auch diesen Auftrag und alle anderen nie ohne seine Vermittlung bekommen hätte, dass sie ohne ihn nicht auf eigenen Füßen stehen könnte.

»Aber was diesen Prozess betrifft«, sagte sie. »Ist es möglich, rauszukriegen, worum es dabei ging?«

»Wo fand er denn statt?«

»Weiß ich nicht. In Ravensburg, nehme ich an.«

»Du weißt nicht wann und nicht wo. Das wird schwierig. Ich nehme an, du kennst auch kein Aktenzeichen.«

»Nein.«

»Na, mir wird schon was einfallen. Aber hör mal, du bist doch gerade richtig auf dem Land, nicht wahr? Grüne Wiesen.«

»Ja. Allerdings verschneite Wiesen.«

»Da geht es doch wohl am schnellsten, wenn du mal in der Dorfkneipe das Gespräch auf die dunkle Vergangenheit derer von und zu Rohenfels bringst.«

»Hm. Aber wie sieht das aus, wenn die Malerin von Rohenfels anfängt herumzuschnüffeln?«

»Dann fragen wir doch erst mal Dieter. Vielleicht weiß der was.«

»Nein!«

Barbara lachte. »Verstehe. Wir wollen vermeiden, dass Dieter sich zu viele Gedanken über dein Interesse an einem gewissen Josef von Rohenfels macht. Keine Angst, ich finde schon einen anderen Weg. Ich melde mich bei dir, sobald ich was weiß, ja?«

Sophie bereute, Barbara überhaupt angerufen zu haben. Warum hatte sie es nur getan? Sie bedankte sich und warf das Handy aufs Bett. Wie kam Dieter eigentlich dazu, sich bei Barbara und Georg darüber zu beklagen, dass sie sich in den letzten beiden Tagen nicht gerührt hatte? Er hätte doch auch bei ihr anrufen können. Warum nur machte er aus der bloßen Tatsache, dass sie vier Tage für andere Leute malte, gleich ein Beziehungsdrama? Und dann auch noch mit Eifersucht?

Es kostete sie Mühe, sich erneut auf ihre Arbeit zu konzentrieren. Als sie endlich wieder völlig drin war in der Welt von Tupfen und dem speckigen Glanz von poliertem Marmor, trafen Monika und Mathias von Rohenfels mit ihrer Tochter ein.

Nadja trug den verbundenen Arm in einer Schlinge. Sie blieben automatisch beeindruckt vor dem Kamin stehen, der sich vor zwei Tagen noch nicht an dieser Wand befunden hatte.

»Du meine Güte, sind Sie schnell!«, rief Monika aus. »Sie sind ja schon fast fertig.«

»Sie tut ja auch nichts anderes als hier zu malen. Von morgens bis abends«, bemerkte Mathias mit einem Unterton, den die feinfühlige Sophie als versteckten Tadel an Monika verstand, die er heute Morgen wieder nicht am Frühstückstisch getroffen hatte.

»Eine Folterkammer hätte mir besser gefallen«, meinte Nadja.

»O nein, Nadja«, sagte Monika, »an Folterinstrumenten habe ich überhaupt keine Freude!«

Das Mädchen zog einen Schmollmund, blinzelte Sophie aber zu. Mathias fasste sie am Ellbogen. »Komm, Nadja. Die Ärzte haben dir Ruhe verordnet. Du willst doch nicht, dass eine Narbe zurückbleibt. Wir sehen uns beim Abendessen, Frau Benrath?«

Sophie hatte das verrückte Gefühl, dass sich angesichts der perfekten Illusion eines Kamins, den es an dieser Stelle nie gegeben hatte, das Gefüge der Familie verschob, als ob man zwei Meter beiseite getreten wäre und sich nun die Lüge der perspektivischen Täuschung offenbarte. Alle drei hatten im Moment völlig verschiedene Interessen.

5

Schloss Rohenfels nahm wie üblich den letzten Strahl weg, den die sinkende Sonne ins Edental warf. Im Winter ging der rote Ball genau hinter dem Barockklotz auf dem Egg unter. Im Sommer wanderte sie über den Giebel hinweg und fiel zwei Anhebungen weiter nördlich hinter den Horizont.

Josef stand am Küchenfenster und blickte zu Schloss Rohenfels hinauf, das ihm den Sonnenuntergang vorenthielt. Immer wenn die Sonne unterging und Josef sah, wie sie den Horizont berührte, meinte er die Bewegung der Erde spüren zu können, die in die Nacht kippte und seine Welt zu stundenlanger Finsternis verdammte.

An sehr klaren Tagen, wenn sich die Hügel im Nordwesten vor die glühend rote Sonnenscheibe schoben, unterbrach er, was auch immer er gerade tat, und sah zu, wie die Sonne langsam unterging. Und wenn der allerletzte rote Strahl verlosch, dann traf ein grüner Blitz sein Auge, das grüne Leuchten. Aus Büchern wusste er, dass man es eigentlich nur am Meer beobachtete. Aber er sah das grüne Nachbild des roten Strahls auch hier. Sein Auge war darauf trainiert.

Er war überhaupt ein Augenmensch. Er liebte das Licht.

Bevor er auch nur ein Wort sprechen gelernt hatte, war ihm aufgefallen, dass alles, was weit weg lag, klein war, und dass die Straßenränder zum Horizont hin aufeinander zuliefen. An den Moment dieser Entdeckung erinnerte er sich genau, aber nicht daran, wie ihm dafür der Begriff Perspektive in den Kopf gekommen war, irgendwann später, viel später.

Und nun ging ihm das, was er oben in der Eingangshalle gesehen hatte, nicht mehr aus dem Sinn. Diese optische Täuschung, die sich mit Sophies hellen Augen und den weichen Lippen vermischte, der Meisterin der Perspektive. Er kam sich vor, als hätte sich eine Tür für ihn geöffnet.

Auf dem außer Betrieb gesetzten Kühlschrank lag außerdem ein Briefumschlag, den ihm gestern der Anwalt in Wangen überreicht hatte. »Es sieht gar nicht schlecht aus für Sie«, hatte er dabei gesagt. Josef fühlte sich der Erlösung ganz nahe. Sie war zum Greifen nahe. Dennoch wagte er nicht, auch nur zu denken, dass er seine Hände danach ausstrecken könnte, nach Sophie.

Nach dem grünen Leuchten kam die Nacht. So war das in seinem Leben immer gelaufen.

Josef wandte sich vom Fenster ab und hielt seine linke Hand unters kalte Wasser. Er hatte sie sich am Nachmittag böse mit der Zange gequetscht, als er ein durch Frost geplatztes Wasserrohr im Stall auswechselte. Der Kampf mit dem eingerosteten, vereisten Rohr war mühselig gewesen. Vielleicht war er auch nicht genügend bei der Sache gewesen, denn die Rohrzange war abgerutscht und hatte ihm Zeige- und Mittelfinger der Hand verletzt. Beim Ausmisten der Ställe und Füttern hatte er kaum was gespürt, aber jetzt in der Wärme der Küche pochte der Schmerz mit jedem Pulsschlag biestig durch die beiden Finger. Dummerweise war er Linkshänder.

Er konnte nicht einmal einen Bleistift halten, geschweige denn damit zeichnen, und so war seine übliche Abendbeschäftigung unmöglich. Zum Lesen war er innerlich zu unruhig. Josef drehte das Wasser ab, nahm die Jacke und schnalzte mit der Zunge.

Wolf sprang auf.

Draußen kippte die Erde in die Nacht. Über den Anhöhen im Westen stand ein orangefarbenes Strahlen. Josef beugte sich unter dem Koppelzaun durch und griff dabei mit der Linken in den verschorften Schnee. Wolf blickte ihn erwartungsvoll an. Der Hund registrierte einfach jede Bewegung. Josef warf den Schneeklumpen. Wolf sprang aus Leibeskräften und schnappte, dass die Zähne krachten. Der Schneeball zerstob. Auch den zweiten Schneeball, um den Josef die Faust seiner verletzten Hand ballte, um sie zu kühlen, forderte der Hund. Josef warf Schneebälle und überquerte die Weide. Dabei entging seinem wachen Auge nicht, dass sich oben auf Schloss Rohenfels etwas tat. Jemand kam von dort hinter dem Haus hervor, wo der Kücheneingang lag, und ging an der Seitenfassade entlang. Dieser Jemand trug eine hellblaue Jacke.

Josefs Herz stolperte. Er vergaß die Schmerzen in seiner Hand. Oben wandte sich die Figur der Abfahrt zu und entschwand seinem Blickfeld. Josef beschleunigte seinen Schritt und hielt auf das Wäldchen an der Straße nach Edenweiler zu. Die tagsüber angetaute und jetzt überfrorene Schneedecke krachte unter seinen Stiefeln. Hinter ihm bezog sich der Himmel mit Finsternis. Bald würde sie ihn eingeholt haben.

Atemlos kam er am Koppelende an und sprang über den Graben auf die Straße. Das Wäldchen versperrte den Blick auf Schloss Rohenfels und den Weg, den Sophie kommen musste. Josef setzte sich langsam in Richtung Rohenfels in Bewegung, blieb aber sofort wieder stehen. Nein, sagte er sich, wenn Sophie ihn hätte sehen wollen, dann hätte sie die Stiege zum Talhaus herabkommen können. Und sich ihr in den Weg stellen wie ein verliebter Wegelagerer, das konnte er nicht bringen.

Hund und Herr kehrten abrupt um. Zwar war es nicht möglich, sich von der Straße zu zaubern, aber er konnte machen, dass er Land gewann und in der heraufziehenden Dunkelheit verschwand, ehe Sophie hinter dem Wäldchen hervorkam. Die Hast hatte ihm das Blut in die Hand gejagt, und erneut hatte er Schmerzen. Er nahm eine Hand voll Schnee von der Böschung und ballte die Faust darum.

»Nein, Wolf, den kriegst du nicht«, sagte er.

Die Stallarbeit morgen würde zur Qual werden. Josef fühlte sich im Moment wie erschlagen von den Widerwärtigkeiten seines Lebens. Vermutlich war er nur hungrig, sagte er sich mit seinem Sinn für kleine Auswege, der ihn in den schwärzesten Momenten seines Daseins am Leben erhalten hatte, und seine Gedanken wanderten zu Schupfnudeln mit Bauchspeck und Sauerkraut im *Wilden Mann* von Edenweiler.

»He!«, hörte er es da hinter sich rufen. »He, Josef!«

Mit wildem Herzklopfen wandte er sich um.

Sophie lief auf ihn zu. Ihre hellblaue Jacke leuchtete wie Aquamarin vor dem orange flammenden Westhimmel über dem schwarzen Wäldchen. Josef ging ihr langsam entgegen, völlige Stille in sich, vollkommenes Glück.

Sie kam ganz außer Atem bei ihm an.

»Ich hatte gehofft dich zu treffen«, sagte sie.

Das Du, das sie nach dem Kuss eingeführt hatte, träufelte süß in seine Seele.

»Ich wollte in Edenweiler etwas essen gehen«, erklärte er und war mächtig stolz auf sich, dass er im Stande war, so eine Banalität von sich zu geben, die überhaupt nichts mit den Gedanken zu tun hatte, welche ihn auf diese Straße getrieben hatten.

»Ich muss dir was sagen«, fuhr sie fort.

»Hm.«

»Es ist ... es ist mir etwas peinlich, weil ... na ja, vielleicht ist es unnötig oder übervorsichtig und ein bisschen albern. Aber ich glaube, es ist besser, wenn ich dir sage, dass ich verheiratet bin.«

Josef nickte und senkte die Lider. »Ja, natürlich.« Er ballte die schmerzende Faust um den Schneeklumpen. Das Wasser troff zwischen den Fingern hervor.

»Es ... es ...« Sophie unterbrach sich. Es war alles verkehrt, was sie jetzt von sich gab.

Aber er hob die Augen. »Ja?«

»Ich wollte nur, dass du weißt, dass es nichts mit ... damit zu tun hat, dass du mal im Gefängnis gesessen hast.«

»Oh!« Josef wich einen Schritt zurück. »Ich verstehe.« Seine Stimme schwankte. »Aber in Anbetracht dessen, dass ich wegen ... wegen Vergewaltigung gesessen habe, ist es vielleicht für dich ganz gut, dass du verheiratet bist.«

»Was?« Sophie fühlte, wie ihr das Blut aus dem Gesicht wich und sie innerlich eiskalt wurde. »O Gott!«

Josef wurde schlagartig klar, dass sie bis zu diesem Moment nicht gewusst hatte, weswegen er verurteilt worden war. Und sie kannte auch die ganze Wahrheit noch nicht, die ganze ungeheuer verwickelte Wahrheit, die er in diesem Moment, da es darauf ankam, wieder nicht in Worte fassen konnte.

»Es ... es tut mir Leid«, stammelte er.

In Sophies Augen war der letzte Lichtfunken erloschen. Josef trat zurück. Der Hund, der genau hinter ihm gestanden hatte, sprang zur Seite. Das hätte Josef fast ins Stolpern gebracht. Aber er fing sich, wandte sich von Sophie ab, schnalzte nach dem Hund, sprang über den Graben auf die Koppel und floh über die Weide in die Dunkelheit. Die Nacht kam zu früh zu dieser Jahreszeit.

Dieter ließ den Telefonhörer in die Halterung fallen. Sophie hatte irgendwie seltsam geklungen. Bedrückt oder verdruckt, wie man in Schwaben sagte. So als hätte sie etwas zu verbergen.

Es war so weit. Sie hatte sich verliebt. Er fuhr sich über die zentimeterkurzen Haare, die an den Seiten immer grauer wurden. In der Glasplatte seines Schreibtischs im Büro spiegelte sich sein gepflegter Dreitagebart, der seinem runden Gesicht mit der Neigung zum Doppelkinn etwas Männliches verlieh – fand er zumindest. Er kultivierte seinen weichen, fleischigen Typ, da er ihn nicht ändern konnte, mit Stoppelhaaren, Dreitagebart, grauen Anzügen, dunklen Seidenhemden und weißem Schal. Er war nicht groß, nicht schlank, nicht gut aussehend. Aber in sein rundes Gesicht mit den etwas zu vollen Lippen hatte er immerhin einen Zug hineinbekommen, den er kreative Brutalität nannte. Für manche Frauen war er mit seiner Ausstrahlung von Erfolg ein durchaus attraktiver Mann. So manche junge Architektin blickte ihn immer noch interessiert an.

Aber solche interessierten ihn nicht. Das war zu leicht. Er war kein Mann, der sich erobern ließ. Er eroberte. Er kämpfte und gewann. Darum konnte Sophie auch so sicher sein, dass er nicht auf Abwege geriet. Seine schlaue Sophie, die ihn immer irgendwie auf Distanz hielt, sich ihm entzog, ihn reizte. Sie liebte ihn nicht. Sie lebte nur mit ihm, weil sie das Geld schätzte, das er besaß und das ihr Bequemlichkeiten und Annehmlichkeiten verschaffte, auf die sie nicht verzichten wollte. Sie musste ihn auch gar nicht lieben. Hauptsache, sie forderte ihn heraus, stets der Sieger zu bleiben. Er brauchte sie. Er brauchte diese schöne Frau an seiner Seite, die Gastgeberin seiner Feste, die Frau, die ihn in den Augen seiner Kollegen und Geschäftspartner zu einem attraktiven Mann machte, der auf der Sonnenseite des Lebens stand. Darum wachte er eifersüchtig über Sophie. Sie wusste, wie wichtig ihm diese Ehe war. Und das nutzte sie aus. Von Jahr zu Jahr war sie fordernder geworden. Sie setzte nicht gleich die ganze Ehe aufs Spiel, das nicht, denn ihr war auch klar, was sie an ihm hatte. Von ihm bekam sie alles, was sie wollte, und er besaß viel. Solange sie von ihm nehmen musste, war er ihrer sicher. Aber nun hatte sie es sich in den Kopf gesetzt, mit dieser Malerei auf eigenen finanziellen Füßen zu stehen.

Und er musste mitziehen, denn andernfalls machte sie ihre Drohung wahr, die sie nie aussprach, die aber immer hinter ihrer scheinbar so reinen Stirn schwebte, in diesen grauen Augen, auf den hübschen Lippen spielte. Muck nicht auf, Dieter, sonst mache ich dich fertig, sonst mache ich dich vor allen lächerlich. Du bist mein Mann, ich habe dich in der Hand.

Dabei war er keine Niete, kein Schlappschwanz. Sie gab ihm bloß keine Chance, es ihr zu beweisen. Diese verdammte schwäbische Prüderie war daran schuld, dieses spießige Hotel, in dem sie aufgewachsen war, der pietistische Fleiß ihrer Eltern. Sophie war einfach eine Kleinbürgerin. Und genauso malte sie auch. Ohne Genie, aber akribisch, pedantisch, realistisch.

Und nun hatte sie sich verliebt. Mathias hatte ihm schon in Studententagen die Freundinnen ausgespannt. Dieter war sich absolut sicher, dass sich hinter Sophies eigenartiger Hast und Zerstreutheit am Telefon nichts anderes verbarg als schlechtes Gewissen und versteckter Triumph. Sie war entschlossen gewesen, ihre paar Tage außer Haus zu nutzen, davon war er überzeugt. Wozu denn sonst hatte sie diese Fronarbeit auf sich genommen, wenn nicht in der Hoffnung auf ein kleines Abenteuer? Weshalb machte man denn solche Reisen, diese Dienstreisen, wenn nicht, um mal rauszukommen aus dem Kreis aufmerksamer und klatschsüchtiger Freunde und Bekannter?

Sophie hatte sich sicher gefühlt, denn sie wusste nicht, dass er Mathias kannte, nur zu gut kannte. Er hatte ihre Reise sogar eingefädelt. Denn immer noch besser, er wusste, mit welchem Gegner er es zu tun hatte, wenn seine Sophie den Aufstand und Ausbruch aus der Ehe probte und er ihr eine Lehre erteilen musste. Und diese Lehre wäre so heilsam, dass sie nie wieder einen Auftrag in einem fremden Haus annehmen würde. Sie hatte die Probe nicht bestanden. Sie war bei der ersten Gelegenheit schwach geworden. Und ungestraft ließ er sich nicht Hörner aufsetzen. Das musste ihr klar sein. Das war keine Frage der Liebe, sondern der Macht.

Dieters Herz brannte nicht vor Eifersucht. Er war ein Mensch, der das Spiel der Macht meisterhaft beherrschte und an seinen Sieg glaubte. Auch Mathias würde nicht ungestraft davonkommen. Fast zwanzig Jahre lang hatte Dieter abgewartet, und jetzt war der Moment da, Mathias einen Denkzettel zu verpassen.

Dieter verdankte seinen Erfolg als Architekt nicht in erster Linie genialen Einfällen, sondern nüchternem Kalkül. Bevor er daranging, einen Entwurf für eine Halle oder ein Landtagsgebäude zu machen, erkundigte er sich, wer in der Jury saß und was die Jury wünschte. Er kannte mehr Leute in Deutschland als irgendwer. Sein privates Telefonbuch war bald so dick wie das von Stuttgart, und sein Gedächtnis für Leute unermesslich.

Er musste gar nicht allzu weit zurückkramen. Erst vorgestern, bei einem Neujahrsempfang, war er dem jungen Balduin Graf Anselm begegnet, gerade volljährig geworden, Erbe eines riesigen Vermögens aus einer väterlichen Produktion von Klodeckeln, frisch adoptiert vom völlig verarmten alten Grafen Anselm, bis zur blonden Haartolle angefüllt mit gekauftem Adelsstolz und auf der Suche nach einem angemessenen Anwesen und Adelssitz.

Dem Burschen musste doch zu helfen sein, und zwar auf Kosten von Mathias von Rohenfels.

Sophie war gerade im Begriff, sich den Pullover über den Kopf zu ziehen, um sich gleich darauf todmüde ins Bett fallen zu lassen, als sie ein Geräusch hörte, ein Knacken oder Klacken, das vom Gang her kam.

Unwillkürlich dachte sie an Monikas Warnung: »Und wenn Sie in diesem Gemäuer einem Gespenst begegnen, dann erschrecken Sie nicht. Das ist bloß unsere Tochter Nadja.« Es war genau Mitternacht.

Sophie ging auf Socken zur Tür und blickte hinaus. Sie sah gerade noch, wie ein weißes Hemd in der Küchentür verschwand. Die Tür fiel knackend ins Schloss. So eine Küche ist ja voller Messer, dachte Sophie. Sie huschte den kalten Klinkerboden entlang und lauschte. Jemand stieß an einen Stuhl. Sophie drückte die Klinke hinunter und trat ein. In der hell erleuchteten Küche stand Nadja barfuß im weißen Nachthemd, das eher wie ein Leichenhemd aussah, vor dem Kühlschrank. Sie hielt eine Flasche Milch in der Hand.

»Hi«, sagte Sophie und überlegte, welche Ausrede sie erfinden sollte, um ihr Hiersein zu erklären und sich wieder zurückzuziehen. Mädchen, die sich Milch aus dem Kühlschrank holten, hatten sicher nicht vor, sich etwas anzutun. Ihr Blick fiel auf die Schale mit Äpfeln, die auf dem großen alten Bauerntisch in der Küche stand. Aber wer aß schon Äpfel um Mitternacht.

»Hi«, erwiderte Nadja ihren Gruß. »Na, auch Durst?«

»Eigentlich nicht. Ich hatte nur ein Geräusch gehört.«

»Ah, Angst, dass ich mir was antue.«

»Sollte ich?«

Nadja stellte die Flasche auf den Tisch und holte ein Glas aus einem der Hängeschränke. Sie goss sich ein und hatte dabei die Flasche in beiden Händen wie ein Kind, dem die Kraft fehlte, einen Liter in einer Hand ruhig zu halten. Den verbunden Armen trug sie nicht in der Schlinge.

»Meine Eltern glauben das«, entgegnete Nadja. »Sie sagen es zwar nicht, aber ich bin sicher, dass die Krankenhauspsychologin ihnen erzählt hat, ich sei suizidgefährdet.«

»Und, bist du es?« Sophie holte sich ebenfalls ein Glas. Nadja schenkte ihr ein, schraubte die Flasche wieder zu und stellte sie in den Kühlschrank zurück. Sophie fühlte den kalten Boden unter ihren Füßen und setzte sich. Dann zog sie die Füße hoch auf die Querlatte zwischen den Stuhlbeinen. Nadja schien dagegen die Kälte nicht zu spüren, obgleich sie nur ein Nachthemd anhatte und barfuß war.

Sie setzte sich und nahm einen Schluck Milch. Ungeschminkt sah das Mädchen zum Verzweifeln jung und zart aus, hübsch und nett und doch auch sehr verlassen und verloren in diesem wuchtigen Küchengewölbe mit dem großen Tisch in der Mitte und den alten Kupfertöpfen an der Wand.

»Nein«, antwortete Nadja. »Ich will nicht, dass du denkst, ich hätte gestern versucht mich umzubringen.«

Sophie wartete ab.

»Du hast die Rasierklingen gefunden, nicht wahr?«

Sophie nickte. »Willst du sie wiederhaben?«

Nadja schüttelte den Kopf. »Vielleicht lieber nicht. Es ist wie ein Zwang. Ich muss manchmal an mir herumschneiden. Erst dann fühle ich mich wieder besser. Ich muss mich verstümmeln.«

»Das passiert in deinem Alter gar nicht so selten«, sagte Sophie.

Nadja lächelte verblüfft. »Ach wirklich?«

»Ja. Wusstest du das nicht? Schmerzen erzeugen Stoffe im Hirn, die Harmonie herstellen.«

»Aber das ist doch krank.«

»Ja, sicher. Aber das geht wieder vorbei.«

Nadja drehte ihr Milchglas.

»Meine Malerei«, sagte Sophie, »hat ja auch was Masochistisches. Ich pinsle sechzehn Stunden, und mir tut der Rücken weh, und trotzdem macht es mich zufrieden. Jeder hat so seine Methoden, sich ein bisschen Glück zu verschaffen.«

»Du tust wenigstens etwas Kreatives. Aber was tue ich? Wozu bin ich überhaupt auf der Welt?«

Sophie dachte an ihre eigene Teenagerzeit. Damals war sie ungeheuer zuversichtlich gewesen, dass sie bald eine berühmte Künstlerin sein würde. Das hatte ihr über allen Liebeskummer und die Gefühlsschwankungen hinweggeholfen.

»Was willst du denn mal werden?«

Nadja zuckte mit den Schultern. »Papa ist für Jura, und Mama möchte, dass ich Medizin studiere. In der Schule habe ich nur Einser.«

»Tragisch«, bemerkte Sophie.

Nadja grinste. »Du bist die Erste, die das versteht. Die anderen beneiden mich immer nur um meine Noten, um meinen Adelstitel, um das Schloss und um mein Geld. Ich habe alles. Ich habe kein Recht, unglücklich zu sein. Aber wer alles hat, der hat nichts.«

»Das stimmt!«, sagte Sophie ungewollt heftig.

Nadja guckte interessiert. »Geht dir das auch so?«

»Ich weiß nicht. Vielleicht ja. Es ist kompliziert. Nein, eigentlich nicht. Es ist ganz einfach. Es ist langweilig, unendlich öde. Wenn man alles hat, kann man nichts mehr wünschen. Man kann um nichts kämpfen. Man ist nicht frustriert, nicht wütend, nicht erbittert, nie erschöpft, man sollte zufrieden sein und ist es nicht. Und dann fängt man an, mit dem Ehemann darüber zu streiten, dass er nicht pünktlich zum Essen kommt. Nur, damit sich was bewegt.«

Nadja nickte mit weit geöffneten Augen. »Manchmal wünsche ich mir zu sterben.«

Sophie schwieg eine Weile, dann sagte sie ruhig. »Bei großen Wünschen sollte man sich Zeit lassen. Man sollte wenigstens zwanzig sein, bevor sich große Wünsche erfüllen.«

»Ich will aber jetzt sterben.«

»Es gibt auch viele Menschen, die wollen jetzt reich sein, einfach so, ohne was dafür zu tun. Du solltest erst einmal ein bisschen leben, meinst du nicht?«

»Aber …«

Sophie hörte hinter sich das Knacken der Türklinke. Monika streckte den Kopf in die Küche. Noch jemand, der sich um Nadjas Wanderschaften sorgt, dachte Sophie.

»Was macht ihr denn hier? Nadja, weißt du, wie spät es ist?«

»Ich habe doch Ferien. Ich kann morgen ausschlafen.«

Monika kam ganz herein. »Aber Frau Benrath nicht. Außerdem holst du dir den Tod, so wie du hier herumsitzt. Du hast ja nicht einmal was an den Füßen.«

Nadja sprang auf. »Dann hole ich mir eben den Tod. Das habt ihr dann davon!« Sie warf fast das Glas um und stürzte aus der Küche.

Monika ließ sich ratlos auf den Stuhl sinken. Sie trug einen flauschigen Bademantel und Pantoffeln mit Fellbesatz. Die schmale Brille war zu dieser Stunde das einzig Scharfkantige an ihr.

»Und wieder habe ich das Falsche gesagt«, seufzte sie.

»Fünfzehnjährige Töchter sind schwierig.«

Monika ergriff das Milchglas, leerte den Rest in die Spüle und wusch es aus. »Stellen Sie sich vor, Frau Benrath, meine Schwiegermutter nimmt mich heute beiseite und meint: ›Du musst dich mehr um deine Tochter kümmern.‹ Ich frage sie, ob sie dasselbe auch zu ihrem Sohn gesagt hat.«

»Natürlich nicht.« Sophie lachte.

Monika lächelte bitter. »Haben Sie auch Kinder?«

»Nein.«

»Sehen Sie, alle reden von Gleichberechtigung. Frauen sollen ruhig einen Beruf haben. Aber wenn es in der Familie kriselt, dann müssen sie alles stehen und liegen lassen und nach Hause eilen. Ich habe einen guten Job, der mir Spaß macht. Ich verdiene gutes Geld. Ohne dieses Geld kämen wir gar nicht über die Runden. So ein Haushalt ist nicht billig. Auch das, was Sie hier machen, bezahle ich von meinem Geld. Mathias will das jedoch nicht sehen.«

Sophie schwieg. Monika setzte sich wieder.

»Sicherlich haben wir beide, mein Mann und ich, uns nicht genügend um Nadja gekümmert. Sie hatte nie Probleme in der Schule. Und als sie mit diesen schwarzen Gewändern anfing, dachte ich, das ist halt so eine Mode. Aber es steckt viel mehr dahinter. Und jetzt fahre ich schon nachts aus dem Schlaf und denke: Wo ist Nadja? Ist ihr Bett leer, renne ich durchs Haus, voller Angst, sie an einem Balken aufgeknüpft zu finden. Das ist doch irre. Was geht in diesem Kind vor?«

»Hat Nadja denn keinen Freund?«

»Nicht dass ich wüsste. Sie geht ja seit einem halben Jahr nicht mehr aus dem Haus, außer zur Schule natürlich.«

»Vielleicht sollten Sie sich mal an einen Psychologen wenden.«

»Das hat die Krankenhauspsychologin ebenfalls gesagt.

Sie hat uns auch einen Psychologen empfohlen. Aber der ist bis Mitte Januar in Urlaub.«

»Dann gehen Sie mit Nadja wenigstens zu einem Arzt. Er soll ihr was gegen Depressionen verschreiben. Nadja hat eine typische Teenagerdepression, nur etwas extrem.«

»Was soll das denn sein?«

»Waren Sie immer rundum glücklich, als Sie fünfzehn oder sechzehn waren?«

»Oje«, Monika lachte, »das war eine grässliche Zeit. Ich sah aus wie eine Kartoffel, hatte Liebeskummer und wollte davonlaufen. Mein Vater ist der Geschäftsführer vom Yachthafen in Lindau,und meine Mutter war lange Zeit Segellehrerin.«

»Meine Eltern sind Hoteliers«, sagte Sophie.

»Also auch Fremdenverkehr. Man hat die Eltern nie für sich. Ich habe zwar nicht kochen gelernt, aber dafür segeln.«

»Und ich konnte schon mit vierzehn perfekt den Paso doble tanzen. Denn einmal die Woche versammelten sich kuriose Damen und Herren bei uns im Großen Saal, um diesen Tanz zu kultivieren.«

Sie saßen bis morgens um drei zusammen und redeten.

Als sie endlich wieder in ihrem Zimmer war, stellte Sophie den Wecker in ihrem Handy auf neun Uhr und sank überdreht und übermüdet in ihr Bett. Aber sie hätte den Wecker nicht stellen müssen, denn um Viertel nach acht rief Barbara an.

»Oh, habe ich dich etwa geweckt?«, plauderte sie drauflos. »Das tut mir Leid. Aber du hast schließlich behauptet, du stündest um acht auf, um bis Mitternacht zu malen.«

»Ist schon okay.«

»Was den Prozess betrifft«, sagte Barbara, »das war leichter, als ich gedacht habe. Georg erinnerte sich dunkel an die

Geschichte und hat gestern noch einen älteren Kollegen angerufen. Der Fall hat damals ziemliches Aufsehen erregt. Eine aufgebrachte Dorfbevölkerung soll den später Angeklagten fast gelyncht haben, und auch die Polizei hat wohl verschiedentlich zugeschlagen. Eine ganz miese Geschichte. Ein reiner Indizienprozess. Das Urteil wäre nicht haltbar gewesen, wenn dieser Rohenfels in die Berufung gegangen wäre. Ein Freispruch aus Mangel an Beweisen wäre durchaus drin gewesen. Wenigstens verminderte Schuldfähigkeit. Dieser Rohenfels muss geistig etwas zurückgeblieben sein, um es vorsichtig auszudrücken. Aber ich geb dir mal Georg. Der kann dir das genauer erzählen. Dir geht es gut, ja?«

»Ja, alles bestens«, sagte Sophie. Der Tag, der draußen heraufzog, war nicht so sonnig wie der gestrige.

»Gut, dann geb ich dir jetzt Georg.«

Sophie hörte Geflüster, und gleich darauf war Barbaras Mann dran. »Hallo, Sophie. Du scheinst ja unter die Detektivinnen gegangen zu sein.«

»Eigentlich nicht. Ich habe nur ein paar dunkle Andeutungen gehört und bin neugierig geworden, mehr nicht.« Inzwischen war sie allerdings überhaupt nicht mehr neugierig nach dem Schock, den ihr Josef gestern versetzt hatte.

»Deine Neugierde kann ich befriedigen«, erklärte Georg mit dem etwas anzüglichen Unterton, den Sophie an ihm nicht mochte. »Aber eine nette Geschichte ist das nicht, das sage ich dir gleich, nichts für zarte Seelen.«

»Leg los!«

»Na gut. Neujahr vor genau achtzehn Jahren fand ein Förster im Wald zwischen Oberriedgarten und Kißlegg eine Tote, eine gewisse Marie, zweiundzwanzig und kein Kind von Traurigkeit, wie man so schön sagt. Eine von denen, die auf jedem Dorftanz jedem Burschen schöne Augen macht. Du weißt schon.«

Sophie unterdrückte ihren Unwillen. »Hm.«

»Sie war vergewaltigt worden und an einem Genickbruch gestorben. Bei der Verhandlung spielte die Frage eine große Rolle, ob sie ermordet wurde oder der Tod infolge eines unglücklichen Unfalls eingetreten war. Zwei Gutachter kamen zu dem Schluss, dass sie mit dem Genick auf einen Stein aufgeschlagen war und der Täter dies nicht gezielt und absichtlich hätte bewerkstelligen können. Doch ganz egal, wie das Opfer letztlich zu Tode kommt, auf Vergewaltigung mit Todesfolge steht in jedem Fall die Höchststrafe, lebenslänglich bei Erwachsenen und zehn Jahre nach Jugendstrafrecht. Josef von Rohenfels wurde nach Jugendstrafrecht verurteilt, denn er war erst siebzehn Jahre alt.«

»Aber ein Geständnis gab es nicht.«

»Nein, obgleich ein paar Polizisten wohl versucht haben, es aus ihm herauszuprügeln. Das wichtigste Indiz gegen ihn war ein Blutfleck auf seiner Lederjacke. Das Blut hatte dieselbe Blutgruppe wie Maries, eine seltene Blutgruppe übrigens. Du wirst dich jetzt vielleicht fragen, ob es keine anderen Beweise gab, Hautpartikel unter den Fingernägeln des Opfers zum Beispiel. Wenn es die gab, so sind sie nicht untersucht worden. Damals wusste man praktisch noch nichts vom genetischen Fingerabdruck. Außerdem ist die Genanalyse vor Gericht erst seit ein paar Jahren zugelassen. Aber Josef hatte ein gutes Motiv. Es gab einen Streit bei einem Silvestertanz in Oberriedgarten. Marie hat ihn abblitzen lassen. Hörst du noch zu?«

»Hm.«

»Es stand praktisch innerhalb von Stunden fest, dass Josef der Täter war. Die Polizei kam gerade noch rechtzeitig, um ihn festzunehmen, bevor ihn ein paar aufgebrachte Burschen aus Maries Dorf zu Tode prügelten. Er trug die Lederjacke, an der man den Blutfleck entdeckte. Der Prozess fand ein halbes Jahr später statt und dauerte nur einen Tag. Josef schwieg die ganze Verhandlung über. Er brachte nicht einmal ein ›nicht schuldig‹ heraus. Ein Gutachten bescheinigte ihm eine niedrige Intelligenz und zurückgebliebene Emotionalität. Er sei extrem gehemmt, sprachgestört und nur eingeschränkt für seine Handlungen verantwortlich. Der Richter ließ jedoch durchblicken, dass Typen wie Josef eigentlich an die Wand gestellt gehörten. Seine Beisitzer haben ihm dann wohl bei der Festlegung des Strafmaßes klar gemacht, dass er das psychologische Gutachten nicht außer Acht lassen kann, und so wurde Josef zu knapp neun Jahren Haft verurteilt. Warum sein Anwalt nicht in die Revision gegangen ist, ist mir schleierhaft.«

»Und was meinst du?«, erkundigte sich Sophie. »War er's?«

»Tja, schwer zu sagen. Aber vielleicht ist er ja aus gutem Grund nicht in die Revision gegangen. Nach Verbüßen von zwei Dritteln der Haftstrafe wurde er wie üblich begnadigt.«

6

Josef packte die Mistgabel fester. Nach nur ein paar Stunden Schlaf hatte die gequetschte Hand am meisten Mühe, aufzuwachen. Morgens war der Schmerz immer am schlimmsten. Doch die Arbeit musste gemacht werden. Pferde konnten nicht warten. Der alte Rappe Zorro biss ihm aufmunternd in die Schulter und schnaubte. Die Tiere hatten Hunger.

Josef war in seiner Jugend nicht unbedingt ein großer Tierfreund gewesen. Pferde hatten ihn nicht sonderlich interessiert, aber er hatte zusammen mit Mathias immerhin reiten gelernt und nach der Schule nicht ungern die Ausbildung zum Pferdewirt und Reitlehrer begonnen. Nachdem man ihn als Vergewaltiger durch die Dörfer gejagt, eingesperrt und verurteilt hatte und ihm bis heute aus dem Weg ging, hatte er die Vorurteilslosigkeit der Pferde schätzen gelernt. Dem Rappen Zorro war es egal, was man ihm nachsagte und ob er stotterte oder stammelte. Die alte Stute Alma gab manchmal sogar das röchelnde Wiehern von sich, mit dem Stuten ihre Fohlen begrüßten, wenn Josef den Stall betrat.

Sophie war nach langen Jahren das erste lächelnde Gesicht, das sich ihm zugewandt hatte. Aber an Sophie wollte er nicht denken.

Als der Major kam, der Rentner Hansmann, war Josef mit dem Stall noch nicht ganz fertig. Das trug ihm sofort den Tadel des Majors ein. »Na, waren Morpheus' Arme wieder mal stärker als die Pflichten? Will sagen, sind Sie heute früh nicht aus den warmen Federn gekommen?«

Der Major ließ es sich nie nehmen, Josef zu zeigen, dass er das Gefühl hatte, man müsse auf ihn ein strenges Auge haben.

»Ah, Sie haben die Wasserleitung repariert. Aber das Leitungswasser ist zu kalt bei diesen Außentemperaturen, fürchte ich. Es wäre besser, Sie würden den Pferden angewärmtes Wasser in die Boxen stellen.«

Josef widersprach dem Major nie. Er war einst Lehrer gewesen und einer der wenigen, die sich noch an den Prozess erinnerten und trotzdem ihr Pferd bei Josef unterstellten. Josefs Vorteil war, dass seine Stallmiete niedriger war als die der Bauern der Umgebung und dass er mehr dafür tat – ausmisten, füttern, die Tiere auf die Weide stellen, sie bewegen, wenn ihre Reiter nicht kamen, und sie während des Urlaubs ihrer Besitzer regelmäßig reiten. Gespartes Geld war ein gutes Argument für viele, sich zu sagen, dass eine jugendliche Verfehlung, auch wenn sie schwer wog, einmal gesühnt sein müsse.

Unter den gestrengen Augen des Majors begann Josef den Stallgang zu fegen. Als der Mann sein Pferd gesattelt und auf die Reitbahn geführt hatte, stellte Josef den Besen beiseite. Um neun kamen Franz und Peter, denen er es überlassen konnte, die schwere Schubkarre auf den Misthaufen zu fahren und den Gang zu Ende zu fegen. Da noch Ferien waren, hatte Josef sich mit seinen jugendlichen Reitschülern für heute um zehn zu einem längeren Ausritt verabredet. Es waren genau fünf. Franz und Peter, Moni, Sabrina und Renate. Sie waren allesamt zu jung, um sich für Geschehnisse zu interessieren, über die man sich in der Gegend vor fast zwanzig Jahren aufgeregt hatte. Moni war überdies die Tochter von Zugereisten und lebte in Kißlegg, und Sabrina gehörte zu den Kindern, um die sich ohnehin niemand richtig kümmerte. Sie war vierzehn, klein und dick und würde nie richtig reiten lernen. Wenn sie kein Geld für die Reitstunde hatte, ließ Josef sie irgendeine kleine Arbeit im Stall verrichten.

Josef hatte seine Ausbildung während der Haft beendet. Danach hatte Mathias ihm den Talhof überlassen, ein relativ großes Anwesen, das über zehn Jahre nicht bewirtschaftet worden war. Josef renovierte zunächst das Wohnhaus und den Stall. Nach zwei Jahren war das Geschäft mit dem Vermieten von Boxen an Privatpferdehalter langsam angelaufen. Mittlerweile hatte Josef die Hypothek abbezahlt, die er am Anfang aufgenommen hatte, und konnte davon leben, wenn er hart arbeitete und keine großen Ansprüche stellte. Sieben Privatpferde standen bei ihm zur Miete. Sechs ausgedienten Schulpferden gab er selbst das Gnadenbrot. Sie nutzte er für seinen kleinen Reitbetrieb, den sich die Jugendlichen aus Edenweiler und Wiggenreute leisten konnten.

Die Tagesausritte in den Ferien waren immer große Ereignisse. Den heutigen Ritt abzusagen, nur weil ihm eine Hand wehtat, das hätte Josef den Jugendlichen nicht antun können. Außerdem war das Wetter schön, nicht so sonnig wie gestern, aber beständig. Die Augen der beiden in Schals und Jacken eingemummelten Mädchen, die auf Fahrrädern ankamen, und des dritten, das die Eltern aus Kißlegg mit dem Auto brachten, leuchteten vor Abenteuerlust. Franz half ihnen beim Satteln, und Peter half Josef, den Rappen Zorro aufzuzäumen. Es war eine vergnügte und lustige Gruppe, die dann an diesem lichten Wintertag das Edental hinauf aufbrach. Josef ritt auf seinem Rappen vorneweg, dem die nachfolgenden Pferde mehr vertrauten als den Kommandos ihrer Reiterinnen und Reiter. Wolf tobte leichtfüßig um die Gruppe herum.

Eine kleine Sonnenscheibe bohrte sich über ihnen durch den Hochnebel. Sie gewann kaum Farbe. Die Linien der Anhöhen verschwammen in einem bleiernen Grau, aber es war nichts Düsteres in diesem Licht. Josef erinnerte sich wieder, warum er nach seiner Haftentlassung hier geblieben war. Er hätte sich seiner Seele beraubt, wenn er sich sein Erbteil hätte auszahlen lassen und die Gegend verlassen hätte, die er seit seiner Kindheit meist zu Fuß durchstreift hatte auf der Suche nach der Schönheit des Horizonts, eines Gebäudes zwischen alten Bäumen, eines Dorfs auf einer Kuppe. Später hatte er dann die Kleinodien entdeckt, die hier in unauffälligen Dörfern standen, mächtige Kirchen mit herrlichen Innenräumen, Bögen und Gewölben. Warum ihn all das faszinierte, was sich formte, in den Raum griff oder Raum bildete, das wusste er nicht. Er hatte mit niemandem darüber reden können.

Über Wiggenreute, Brunnen und Alttann führte Josef seinen Trupp an der Bahnlinie entlang ins Achtal nach Wolfegg. Der Ort thronte weiß auf weißem Hügel. Das Schloss, das sich bis heute im Besitz der Familie Waldburg-Zeil befand, verschwand mit seinen vier Trutztürmen zwischen den barocken Bürger- und Verwaltungshäusern, überragt vom neueren Barockturm des Chorherrenstifts. Langsam zog die Pferdekarawane den Berg hinauf. Josef weidete sich am Anblick des Tals und der verschlafenen Einsamkeit von Baumgruppen und Gehöften unterhalb des Fürstensitzes. Sehen war für ihn immer der Weg zurück zu sich selbst gewesen.

Einem spontanen Bedürfnis folgend, ritt er mit seinem Trupp mitten hinein in den Gebäudekomplex rund um das Schloss und hinab auf die Wiese am Brunnen unterhalb des alten Wehrgangs. Dort ließ er seine Reitschüler die Pferde an der alten Eiche anbinden und gab dem Hund ein Zeichen, Wache zu halten. Dann wandte er sich mit den Jugendlichen im Gefolge, die das Automuseum vermutlich reizvoller gefunden hätten, der Kirche zu. Ins Schloss selbst kam man schon seit über siebzehn Jahren nicht mehr hinein, nachdem dort einst die Waffenkammer ausgeraubt worden war. Der ältere der beiden Kirchtürme wuchs an der Auffahrt aus dem Chor empor. In einer Nische stand die heilige Katharina, eine der vierzehn Nothelferinnen. Man rief Santa Katharina an gegen Leiden der Zunge und der schweren Sprache.

Josef betrat mit seinem gestiefelten Trupp die lichte Hallenkirche und erzählte, dass der Baumeister nicht nur diese, sondern auch die Kirche in Kißlegg gebaut habe. Beredt, wie sie ihn nie erlebt hatten, und mit einfachen Worten richtete er das Augenmerk der Jugendlichen auf die Weite der Halle, die filigranen Kapitelle an den viereckigen Pfeilern und die schönen Rundbögen, bevor sie alle die Köpfe in den Nacken legten, um das in Orange- und Gelbtönen flammende Deckengemälde zu besichtigen.

»Dort über der Orgel«, sagte Josef, »reitet Graf Johannes von Sonnenberg gegen Antonio, den Ritter aus Venedig. Die Heere stehen einander gegenüber, aber sie wollen ihre gute Position in den Hügeln nicht aufgeben. Also beschließt man, dass Graf Johannes und Antonio einen Zweikampf austragen. Wer zuerst die heilige Katharina anruft, hat verloren. Als aber Graf Johannes gegen Antonio losstürmen will, scheut sein Pferd und steigt. Und er fällt hinunter.«

Die Jugendlichen lachten.

»Und dort, über dem Chorbogen, seht ihr, da geht der Zweikampf nun zu Fuß weiter. Er dauert endlos. Die beiden Recken sind so erschöpft, dass sie kaum noch die Schwerter heben können. Sie stehen voreinander und ringen nach Luft. Als Antonio mal nicht aufpasst, hebt Graf Johannes ihm das Hemd hoch und kneift ihn in den Bauch. Antonio erschrickt derartig, dass er ›Katharina‹ schreit. Und damit hat er den Kampf verloren. Zum Dank hat Graf Johannes das Kloster Wolfegg gegründet.«

Josefs schwarze Augen verfingen sich in dem feinen pastellfarbenen Stuck, der die schneeweißen Arkaden füllte, Bandwerk, Akanthusblätter, Muscheln mit Rosetten, Blumengehängen und Engelkopfwölkchen. Er ließ sich entführen in Linien und Schnörkel und sah auf einmal wieder den Kamin in Schloss Rohenfels vor sich, über dessen Sims sich genau so ein muschelartiges Akanthusblatt wölbte, wie es hier die Kapitelle der Pfeiler schmückte. Deshalb also hatte es ihn heute in diese Kirche gezogen. Es war ja nicht das erste Mal, dass er den Stuck von St. Katharina betrachtete, diesen Muschelakanthus, den Sophie für ihre Kaminsimsdekoration kopiert hatte. Sophie … Er wollte doch nicht an sie denken.

Nadja zog den Kopfhörer von den Ohren und lauschte ins Haus. Es war absolut still. Am Morgen war ihre Mutter in ihr Zimmer gekommen und hatte ihr mitgeteilt, dass sie nach Wangen fahre, ein paar Besorgungen machen, ob sie mitkommen wolle.

»Was soll ich denn da?«, hatte Nadja zurückgefragt. Dabei hatte sie noch bis vor kurzem der Gedanke sofort belebt, einen Ausflug nach Wangen zu machen. Seit ihrer Kindheit kehrte man von dort immer mit etwas Neuem heim, einer neuen Bluse, einem neuen Rock, einem Buch. Da gab es Leute, Läden und einen Markt, Kleiderstangen vor den Ladentüren und Schaufenster mit Silberschmuck, vor dem Nadja stehen bleiben und ihre Mutter so lange anbetteln konnte, bis sie hineingingen. Ihre Mutter war spendabel, da sie so selten gemeinsame Ausflüge machten. Aber der Reiz, den Wangen sonst immer gehabt hatte, wirkte nicht mehr. Was gab es dort schon, das sie nicht in- und auswendig kannte?

Was gab es überhaupt, das sie nicht bis zum Überdruss

kannte? In ein paar Tagen fing die Schule wieder an. Dann würde sie im Gymnasium von Kißlegg all die dummen Gesichter wiedersehen. Ihre Mitschülerinnen fanden sie doof, die Französischlehrerin hatte Schiss vor ihr, der Rektor, den sie in Deutsch hatte, reagierte immer hilflos, wenn sie alles in Frage stellte. Sie war allen überlegen. Niemand hatte ihr was Neues zu sagen. Jeden Morgen brachte ihr Vater sie mit dem Wagen in die Schule, mittags das Gerammel im Bus, der ewig über die Dörfer fuhr, ehe er in Edenweiler Halt machte, und dann die halbe Stunde Fußmarsch nach Hause. Es war immer das Gleiche, nichts veränderte sich, und nichts würde sich verändern. Nadja brauchte nicht viel Zeit zum Lernen. Sie würde nachmittags stundenlang malen und die Musik von *Enigma* hören, die sie in Trance versetzte, und an ihren Klamotten herumnähen.

Papa und Mama würden wohl versuchen sie zu einem Psychologen zu schaffen. Nadja hatte gestern Abend ein Geflüster zwischen beiden belauscht. Aber sie würde sich von einem Psychologen auch nicht ausreden lassen, was eine Realität war, nämlich dass sie in die falsche Zeit geboren war und in diesem Leben nichts zu suchen hatte. Sie würde weder Juristin noch Ärztin werden. Sie würde nie wie ihre Mutter in grauen Kostümen herumlaufen. Und wenn ihre Zukunft eine solche Ehe war, wie sie ihre Eltern führten, dann würde sie sich auch nie verlieben.

An diesem Tag hatte Nadja nichts zu tun, und ihr Leben erschien ihr wie dieser Tag. Sie raffte die Röcke, stieg die Treppe hinab, klopfte bei ihrer Großmutter an und betrat diese Klause der Erinnerungen, wie sie es immer nannte. Oma war an diesem Tag schlecht drauf, wie oft. Sie hatte Schmerzen in der Hüfte und Kreislaufprobleme.

»Ich will nicht mehr«, klagte Hortense von Rohenfels. »Irgendwann muss es auch genug sein.«

Nadja merkte auf einmal, dass ihre Großmutter es nicht so meinte, wie sie es sagte. Sterben war so leicht, fand Nadja. Wenn man es wollte, brauchte man es bloß zu tun. Sie hätte vor zwei Tagen nur ein bisschen weiter und tiefer schneiden müssen. Es war wirklich leicht. Seit sie das wusste, fühlte sie sich freier. Ihre Großmutter hatte im Grunde eben doch Angst vor dem Sterben. Aber sie nicht. Sie wusste, wie es ging. Das gab ihr ein Gefühl von Macht und Überlegenheit. Sie hätte ihrer Großmutter einen Tipp geben können, aber die alte Dame war innerlich eben doch noch nicht so weit. Sie kokettierte nur.

Später ging Nadja in die Halle hinunter. Sophie lächelte, als sie kam, aber sie hatte zu tun. Das sah Nadja. Eine Weile schaute sie zu, wie Sophie die Säulen und ihre Basen modellierte. Dann begab sie sich in die Küche. In der überdimensionierten Speisekammer lagerten auch die Werkzeuge, Nägel, Schrauben, der Bohrer, Kabel. Nadja suchte eine Glühbirne, um die ihrer Schreibtischlampe zu ersetzen. Eine Rolle Elektrokabel fiel ihr in die Hand. Es war ein weiches, relativ dünnes Kabel, mehrere Meter lang.

Die meisten Erhenkten starben an Genickbruch, hatte sie mal gelesen. Es ging schnell. Und wenn nicht, dann war Ersticken ein schöner Tod. Auch das hatte sie irgendwo gelesen, denn sie las alles, was irgendwie mit dem Tod zu tun hatte. Wenn man erstickte, dann setzte der Sauerstoffmangel im Hirn Glückshormone frei. Über Menschen hatte sie gelesen, die wieder zurückgeholt worden waren und davon berichteten, wie glücklich sie gewesen waren, als sie starben. Sie hatten sich von oben gesehen. Sie waren einem hellen Licht entgegengestiegen, waren geliebten Menschen begegnet, die vor ihnen gestorben waren.

Mit der Glühbirne und der Rolle Kabel ging Nadja wieder in ihr Zimmer hinauf. Am frühen Nachmittag kam ihre Mutter zurück. Sie klopfte, steckte den Kopf in ihr Zimmer und sagte: »Ich bin wieder da.«

Nadja nahm es schweigend zur Kenntnis. Seit gestern schaute ihre Mutter beinahe alle zwei Stunden nach ihr. Sie hatte Angst. Aber sie war auch wieder zu feige, mit ihr zu reden. Alles was Mama konnte, war, sie zurechtzuweisen, wenn sie wie gestern Nacht barfuß in der Küche saß. Sie war ihr doch bloß lästig. Mama war nur glücklich, wenn sie nach München fahren konnte, für den Fotografen Antonio die Requisiten beschaffen, seine fleißige Assistentin sein. Und wenn Mama auf Rohenfels war, war sie dennoch mit ihren Gedanken bei ihm in München, bei einem Leuchter oder einer preußischen Pickelhaube, die sie besorgen musste. Dann telefonierte sie stundenlang einer Biedermeierkommode hinterher, die Antonio für eine seiner Modeserien brauchte. Auch Mama war nicht glücklich. Aber sie schien es nicht einmal zu merken. Sie deckte es mit Aktivitäten zu, mit Stress und Geschäftigkeit. Und wenn sie die Kommode aufgetrieben hatte, dann lächelte sie glücklich, als ob das etwas ganz Großes wäre, das sie da erreicht hatte. Doch was war das schon? Es war nichts wirklich Kreatives. Sie besorgte nur Dinge, damit Antonio eine seiner gefeierten Fotoserien herstellen konnte.

Das alles wollte Nadja nicht. Sie wollte nichts zudecken. Sie wollte kreativ oder gar nichts sein. Sie wollte nicht materiellen Dingen hinterher jagen. Sie wollte nicht einmal genauso wie Mama neben einem Mann herleben. Dann lieber sterben. Nicht diese Lebenslügen aufrechterhalten, sondern ehrlich sein und sterben.

Nadja brach den Gedanken ab. Wie immer, wenn ihr Blick in die Zukunft sich in einen Blick ins offene Grab verwandelte, in ihr Grab, stellte sie das Denken ab und überließ sich diesen Halbgedanken, die nie ganz an die Oberfläche kamen, weil sie zu gefährlich waren. Sie stand auf und zog sich den langen Wintermantel an, der in der Hüfte gefältelt war und zusammen mit den Röcken wunderbar wallte. Die Rolle Kabel steckte sie in den Ärmel. Sie fühlte sich halb als Gespenst, halb als Burgfräulein, das aus einem Kerker floh, als sie über das Badfenster und den hinten am Haus angebauten Holzschuppen ins Freie stieg.

Es war drei Uhr durch, als die Pferde wieder im Stall standen, gestriegelt und gebürstet und Heu kauend. Peter und Franz waren die Letzten, die sich verabschiedeten und auf die Fahrräder schwangen. Josef hob eine Gerte auf, die Sabrina neben der Boxtür liegen gelassen hatte, und lehnte sie neben die Tür zur Sattelkammer, wo auch die Mistgabel stand. Er vergewisserte sich, dass die Sättel alle auf den richtigen Holmen lagen und ihre Steigbügel hochgezogen waren, ordnete die Riemen einer falsch aufgehängten Trense und schuf Ordnung in den Kästen mit dem Putzzeug.

Wolf hatte sich grunzend auf die kalten Steine im Stallgang gelegt und verfolgte Josefs Wege und Bewegungen nur mit den Ohren.

Die plötzliche Stille machte Josef zu schaffen. Er hatte sich seit gestern Abend gezwungen, nicht an Sophie und den Kuss zu denken. Oder vielmehr, er hatte die Fragen auf Distanz gehalten, die sich ihm aufdrängten. Wieso sagte sie ihm, dass sie verheiratet war? Wieso suchte sie ihn, legte es auf ein zufälliges Treffen mit ihm an, um ihm das mitzuteilen? Hatte Bedauern dabei durchgeklungen, dass sie gebunden war? Tat es ihr Leid um ihrer selbst willen?

Wohl eher nicht. Wahrscheinlich hatte sie es nur mit der Angst zu tun bekommen, dass einer wie er, ein finsterer Geselle von schwerfälligem Geblüt, sich in sie verliebte, dass er lästig wurde, aufdringlich, Ansprüche stellte und Hoffnungen einklagte, die sie ihm eingeflößt hatte, womöglich am Ende sogar mit Gewalt. Nach der Panne mit dem Kuss hatte sie ihm gleich zu verstehen geben wollen, dass er als Mann für sie überhaupt nicht in Frage kam, dass er ihr unverbindliches Interesse an ihm und seinem Problem mit dem Sprechen nicht missverstehen durfte. Und sie hatte sich umso mehr damit beeilt, ihm seine Grenzen aufzuzeigen, als sie erfahren hatte, dass er wegen einer Gewalttat im Gefängnis gesessen hatte. Für ihn sollte sie tabu bleiben. Das war es, was sie ihm hatte sagen wollen.

Und nun hatte sie vermutlich sogar Angst, dass er es nicht akzeptieren könnte, dass er wieder ausrastete, dass bei ihm die Sicherung durchknallte, dass er seine Begierden und Triebe nicht würde zügeln können. Für sie war er eine Bedrohung.

Josef stieg die steile Treppe in die Scheune hinauf, die den größten Teil des Stallgebäudes ausmachte. Stroh- und Heuballen reichten fast bis unters Dach. Sie waren wie eine feste Wand aufgeschichtet. Josef hatte vorhin bemerkt, dass das Stroh ausging, das am Boden in erreichbarer Höhe lag. Also stieg er über die Seiten unters Dach hinauf und stieß die oberste Reihe Strohballen hinunter. Unten schob er die Ballen so zusammen, dass es ordentlich aussah. Eigentlich hätte er auch fegen müssen – körperliche Arbeit war immer gut, um sich vom Denken abzuhalten – aber seine verletzte Linke verdammte ihn zur Untätigkeit.

Wenn er und Sophie sich das nächste Mal zufällig sehen würden, falls überhaupt noch einmal, dann würde sie ihm kühl begegnen, desinteressiert, abweisend, vorsichtig, damit er sich keine falschen Hoffnungen machte, damit er sich nicht in Wünsche verrannte, die nicht erfüllt werden konnten.

Josef sank auf einen Strohballen.

Er liebte Sophie. Darüber brauchte er gar nicht nachzudenken. Das war so selbstverständlich wie die Tatsache, dass er atmete, um zu leben. Sie hatte ihm auf den ersten Blick gefallen. Aber sie gefiel nicht nur seinem Auge. Die Art, wie sie mit ihm redete, hatte in ihm etwas zum Klingen gebracht, das er für stumm gehalten hatte.

Sie hatte ihn nicht von vornherein abgewehrt, sondern ihn offen angeblickt. Nur, jetzt war es wieder genauso wie damals mit Marie. Er hatte keine Chance mehr. Er war wieder bloß der geistig minderbemittelte Halbbruder von Mathias von Rohenfels. Das war er damals auch für Marie gewesen.

Marie. Er hatte schon ewig nicht mehr an sie gedacht, hatte das alles zu verdrängen versucht. Er war zu jung gewesen, um zu begreifen, was da passierte. Marie war eine Bauerntochter gewesen. Sie hätte zu ihm gepasst. Aber sie hatte ihn abgewiesen, denn sie hatte es sich in den Kopf gesetzt, den älteren Rohenfels zu kriegen, den Haupterben, den Schlossherrn. Dabei hatte Mathias damals doch schon seine Braut in Lindau gehabt, Monika, die gut erzogene und gebildete Tochter aus Yachtclubkreisen. Er dachte gar nicht daran, die hübsche, handfeste und dralle Marie zu heiraten. Er hatte es nie auch nur erwogen. Josef war das damals als Betrug an Marie erschienen, und ein ungeheurer Zorn hatte ihn umgetrieben. Wie konnte Mathias das Mädchen so täuschen? Wieso begriff Marie nicht, dass sie für Mathias nur die letzte Gelegenheit war, über die Stränge zu schlagen? Josef hatte versucht es ihr zu sagen, stammelnd wie üblich. Er hatte ihr sagen wollen, dass er sie liebe, sie auf Händen tragen würde, wenn sie seine Frau würde. Sie hatte ihn ausgelacht. Ins Gesicht hinein hatte sie ihn einen Deppen genannt, den Dorftrottel. Sie nehme doch nicht den Pferdeknecht, wenn sie den Herrn bekommen könne. Was er sich denn einbilde? Er solle sie gefälligst in Ruhe lassen. Sie habe seinen Hundeblick satt. Das hatte sie ihm vor allen Leuten gesagt, damals auf dem Silvestertanz im *Hirschen* in Oberriedgarten.

Josef schlug die Hände vors Gesicht.

Er hatte sich so ohnmächtig gefühlt in seiner Unfähigkeit, sich auszudrücken. Es war wie ein Fluch, dass er wie ein Idiot wirkte, wenn er erregt war und vernünftig reden wollte.

Im Prozess hatte man ihm einen geringen Intelligenzquotienten, emotionale Unreife und mangelnde Triebkontrolle vorgeworfen. Wie ein Kind habe er das Spielzeug seines Halbbruders begehrt und es zu zerstören getrachtet, indem er Marie vergewaltigte und tötete.

Als ob er jemals so gedacht hätte. Zu keiner Zeit hatte er Mathias um irgendetwas beneidet. Es war für ihn immer selbstverständlich gewesen, dass Mathias im Haus Rohenfels an erster Stelle stand, vor allem, nachdem ihr gemeinsamer Vater gestorben war. Obgleich Mathias' Mutter sich große Mühe gab, ihn nicht spüren zu lassen, wie sehr seine Existenz ihre Gefühle als Ehefrau kränken musste, hatte Josef sich eher wie ein Hund oder Pferd gefühlt, das das Gnadenbrot bekam. Für ihn war es selbstverständlich gewesen, dass er seinen neun Jahre älteren Halbbruder wie einen Vater respektierte. Er mochte Mathias sogar, aber er kam nie richtig an ihn ran. Mathias war niemals unfreundlich gewesen, doch es war offensichtlich, dass der jüngere, so andersartige Bruder ihm fremd blieb. Und dann hatte es diesen fürchterlichen Streit über Marie gegeben. Josef hatte kein einziges seiner Argumente, die er sich vorher genauestens überlegt und immer wieder vorgesagt hatte, ordentlich vorbringen können. Am Ende hatte er in seiner Verzweiflung und Wut eine Vase zerschlagen.

Und seitdem wichen alle Menschen vor ihm zurück. Und nun auch Sophie.

Josef sprang erregt auf.

Der vierstündige Ausritt hatte ihn nicht ermüdet, genauso wenig wie die Wanderung in der vergangenen Nacht. Und auch die Wanderung, die er jetzt unternehmen würde, würde ihn nicht müde machen. Das fragile innere Gleichgewicht der letzten Jahre drohte zu kippen. Da war sie wieder, diese quälende Unruhe, dieses Bedürfnis, die Hände nach seinem Glück ausstrecken zu dürfen, gestoppt von der bitteren Erkenntnis, dass er keine Chance hatte.

Josef schüttelte sich und entkrampfte seine geballten Fäuste. Er durchquerte den Heuboden zur Stiege, die in den Stallgang hinabführte. An der obersten Stufe angelangt, hörte er ein Geräusch, das nicht von den Pferden kam, das kurze Klirren von Zinken der Mistgabel auf dem Steinboden, als ob sie jemand im Vorbeigehen gestreift hätte. Wer konnte das sein? Die Reiter waren alle weg.

Wer also? Sophie? Josefs Herz machte einen Satz. Er hielt sich am rauen Holz der Stiegentür fest. Jetzt nicht! Er war nicht in der Verfassung, Sophie leidenschaftslos gegenüberzutreten. Dennoch gierte er mit jeder Faser seines Körpers danach, sie nahe zu fühlen. Der Gedanke, dass sie wieder ging, wenn sie ihn nicht fand, war ihm unerträglich.

Leise stieg er die Treppe hinunter und trat in den Stallgang. Die Boxen reihten sich links und rechts des Kopfsteinpflasters auf. Pferdebäuche glucksten. Leises Rascheln von Stroh und Heu. Am Ende des Gangs eine überschlanke schwarze Gestalt in weiten Röcken und wallendem Mantel neben der Haferkiste. Es war Nadja. Sie hatte ihre Hand an den Holzpfeiler gelegt, der das Dach stützte, und blickte zum V-Träger hinauf. Das Mädchen wandte Josef den Rücken zu. Wolf stand vor ihr und blickte ebenfalls in die Höhe.

Josef verhielt sich still.

Er hatte kaum je ein Wort mit Nadja gewechselt. Lange Zeit hatte ihn das Mädchen überhaupt nicht beachtet. Einmal war er zufällig in Kißlegg an der Bushaltestelle vorbeigekommen, als Schulschluss war. Unter den Wartenden befand sich auch Nadja. Sie wandte sich ihren Kameradinnen zu und sagte irgendetwas, woraufhin sie zu lachen und zu kichern anfingen und ihn mit den Blicken maßen, die er so gut kannte, dieser Mischung aus Abscheu und Neugierde. Ab da hatte es Josef vermieden, zu dieser Stunde in Kißlegg zu sein. Aber weil er um die Mittagszeit am ehesten vom Stall wegkonnte, um in der Gegend das für ihn Nötigste einzukaufen, ließ es sich nicht immer vermeiden, dass er auf der Straße war, wenn Nadja von der Schule heimkam und in Edenweiler ausstieg.

In letzter Zeit nun war ihm aufgefallen, dass sie ihn auf andere Art ansah als früher. Sie schaute ihn an, musterte ihn, und manchmal lag ein Lächeln auf ihren Lippen, halb verächtlich, halb Aufforderung an ihn, etwas zu sagen oder zu tun, zumindest zu reagieren. Es war ein Teenagerblick, der Blick eines jungen Mädchens, das sich für Männer zu interessieren begann und sich fragte, welcher Art er war. Ein Mädchen auf der Suche nach Liebe.

Jetzt raffte Nadja ihre Röcke und setzte den mit spitzem Schuh bekleideten Fuß auf den Deckel der Haferkiste. Josef sah unbewegt zu, wie sie den Arm nach dem Gitter ausstreckte, an dessen Box die Futterkiste stand, und sich hochzog. Die Röcke waren ihr dabei ziemlich im Weg. Auf der Kiste stehend, reichte Nadja mit der ausgestreckten Hand gerade unten an den V-Träger. Josef beobachtete, wie sie nun aus ihrem Ärmel ein weißes Kabel zog.

Er bewegte sich langsam den Gang entlang, während Nadja damit beschäftigt war, das Kabel über den Balken zu werfen. Sein Hund blickte ihn an, aber Nadja war viel zu sehr darauf konzentriert, ein Kabelende über den Balken zu werfen, um Josef zu hören. Beim dritten Versuch schaffte sie es. Jetzt hielt sie beide Kabelenden in der Hand und schien zu überlegen, wie sie sie zu einer Schlinge knüpfen konnte.

»So geht das nicht, Nadja«, sagte Josef.

Das Mädchen fuhr herum. Die langen schwarzen Haare fielen ihr übers Gesicht. Sie stieß einen Schrei aus. Ihr Fuß rutschte an der Kante der Futterkiste ab.

Josef machte einen Satz nach vorn.

Nein!, dachte Sophie und steckte den Pinsel in den Wasserbecher. Nein, darüber konnte man nicht einfach hinwegsehen, auch wenn eine solche Tat fast zwanzig Jahre zurücklag und der Täter siebzehn Jahre alt gewesen war, als er sich von einer Frau das holte, von dem er meinte, dass es ihm zustehe, und sie dabei tötete. Auch wenn er dafür im Gefängnis gesessen und gesühnt hatte, auch wenn man jedem Menschen zubilligen musste, dass er sich änderte. Auch wenn sie es ganz persönlich zubilligte. Auch wenn sie sich im Grunde gar nicht vorstellen konnte, dass dieser zurückhaltende und feinfühlige Mann, den sie kennen gelernt hatte, zu so einer brutalen Tat jemals fähig gewesen war. Aber Gewalt bereitete Sophie Unbehagen. Schon der bloße Gedanke daran, dass sie oder eine andere Frau extremster männlicher Willkür zum Opfer fiel, war ihr außerordentlich unbehaglich. So sehr glaubte sie daran, dass jeder Mensch ein Recht darauf hatte, dass man ihn respektierte. Mit genau diesem Respekt war sie Josef begegnet, vorurteilsfrei und freundlich. Vielleicht hatte er das heute auch verdient, aber Sophie konnte nicht anders als mit Schaudern an das zu denken, was er einst getan hatte. Davon würde sie nie absehen können. Fast kam es ihr wie ein Betrug vor, dass sie für Josef so viel Sympathie empfunden hatte und sogar mehr als das, eine Zuneigung, die ihrer Ehe gefährlich hätte werden können. Sie schüttelte sich, wenn sie daran dachte, wie nahe sie daran gewesen war, wegen dieses dunkeläugigen und so sanft wirkenden Mannes ihr Lebenskonzept in Frage zu stellen. Fürchterlich nahe.

Diese Erkenntnisse kamen schlagartig, als sie dem gusseisernen Kamingitter den letzten Schimmer gab. Sieben Stunden lang hatte Georgs Bericht über Josefs Prozess unterhalb der Bewusstseinsschwelle in ihrem Kopf gearbeitet. Bis jetzt hatte sie beiseite geschoben, was sie am Morgen gehört hatte. Sie hatte gemalt und gemalt und war schneller vorangekommen, als sie zu hoffen gewagt hatte. An diesem Kamin gelang ihr einfach alles, jeder Pinselstrich saß, sie musste kaum darüber nachdenken, was sie tat und wie sie die Farben mischte. Auf dem Kaminsims blühten inzwischen auch schon die Rosen in der grünen Porzellanvase. Eine von ihnen welkte und hatte ein tiefrotes samtiges Blatt auf den weißen Marmor des Simses fallen lassen.

Monika war gegen Mittag aus Wangen zurückgekommen und bei ihr stehen geblieben. »Sie sind ja wirklich gut«, hatte sie gesagt. »Und so schnell. Ich hätte nie gedacht, dass Sie das bis zum Termin schaffen. Und jetzt sind Sie fast fertig, und mein Geburtstag ist erst übermorgen. Übrigens, Sie bleiben doch, Sie kommen doch auch zu meiner Feier?«

»Oh, darauf bin ich nicht vorbereitet. Ich habe nicht die entsprechende Garderobe dabei.«

»Dann fahren Sie morgen heim und kehren am Samstag zurück. Und bringen Sie Ihren Mann mit.«

»Ich weiß nicht.«

Aber Monika lächelte ausgesprochen herzlich. »Und wissen Sie was. Ich würde Ihnen auch gern den Auftrag geben, unser Bad oben auszumalen. Ich habe immer gefunden, dass die Wand in den beiden Bögen hässlich ist. Da möchte man eigentlich in eine weite Landschaft blicken. Hätten Sie nicht Lust dazu? Würden Sie das machen?«

»Aber gern, natürlich!«

Was wird Dieter dazu sagen, hatte Sophie sofort gedacht. Wie brachte sie ihm bei, dass sie, kaum heimgekehrt, gleich wieder ins Allgäu fuhr, um diesmal für drei oder vier Wochen wegzubleiben? Aber nur wegen Dieter nicht gleich zuzusagen, wenn sie so einen Auftrag bekam, das ging wirklich nicht. Es war ihr Leben, ihre Arbeit.

Auch dieser Gedanke kam ihr jetzt erneut mit der Heftigkeit einer grundsätzlichen Erkenntnis. Es war ihr Leben. Dieter durfte sie nicht daran hindern, ihren Weg zu suchen und das zu tun, was ihr Spaß machte und was sie gut konnte. Er durfte ihr mit seiner Eifersucht auf ihre Arbeit nicht mehr dazwischenfunken. Er musste aufhören sie zu verunsichern, indem er ihr einredete, sie tauge für das harte Geschäft mit der Kunst nicht und habe es außerdem nicht nötig. Er wollte sie ja nicht vor Misserfolg und Enttäuschung schützen, sondern er wollte sie für sich haben, wollte, dass sie von ihm abhängig war, immer verfügbar, wenn er seine Geschäftsfreunde einlud, unauffällige Managerin seines Haushalts, bedürfnislose Bewunderin des großen Architekten, ruhender Pol, wenn er in seine künstlerischen Krisen geriet.

Aber sie gehörte ihm nicht. Sie gehörte sich selbst.

Auf einmal wurde Sophie klar, was Dieter von ihr erwartete. Er hatte eine desorientierte abgebrochene Studentin ohne Selbstbewusstsein geheiratet, eine, der er die Perspektive geben konnte. Er brauchte eine innerlich gebrochene Frau, weil er der Starke sein wollte, der, der ihr ein Leben bot, eine Aufgabe gab, sie lenkte. Sie sollte von seinem Geld abhängig sein, seiner sozialen Stellung, seinem Ruhm. Auch das war eine Art Vergewaltigung.

Wie gut ihr der Zorn tat, den sie seit dem Morgen empfand, merkte Sophie erst jetzt. Den ganzen Tag hatte sie den Pinsel mit Verve und ohne Zaudern geführt. Nie zuvor hatte sie sich so sicher gefühlt, so sehr auf dem richtigen Weg. Und von diesem Weg hatte Dieter sie abzuhalten versucht. Mochte ja sein, dass sie keine Künstlerin war, aber sie war begabt. Das hier, das konnte sie. Sie war eine Illusions-Malerin. Das konnte ihr so schnell keiner nachmachen.

Auf einmal war Sophie froh, dass Dieter und sie keine Kinder hatten.

Sie richtete sich auf und streckte den Rücken. In dem Ostfenster der Halle stand ein grauer Nachmittag auf der Kippe zur Dämmerung. Ein Kaffee würde ihr jetzt wahrscheinlich gut tun. Sophie wandte sich gerade der Küche zu, als sie oben auf der Treppe hastige Schritte hörte. Monika war immer flink, aber diesmal war sie noch hektischer.

»Haben Sie Nadja gesehen?«

»Nein.«

»Sie ist nicht auf ihrem Zimmer.« Hinter Monikas Brillengläsern blitzte Panik auf.

»Vielleicht macht sie einen Spaziergang«, entgegnete Sophie.

»Nadja macht keine Spaziergänge. Dazu müsste sie nämlich andere Schuhe anziehen als ihre spitzen Schnabelschuhe. Bei meiner Schwiegermutter ist sie auch nicht. Ich habe oben schon alle Zimmer durchsucht.«

Monika riss, während sie das sagte, die Tür zum Salon auf.

In Sophie kam leichte Unruhe auf. Es konnte ja sein, dass sie, während sie malte, gar nicht mitbekommen hatte, dass

Nadja an ihr vorbei in die Küche und von dort ins Freie gegangen war.

Aber wohin?

»Hier ist sie auch nicht«, sagte Monika und stürzte an Sophie vorbei zur Küche. Dort scheuchten sie beide Erna auf.

»War Nadja hier?«

»I henn se jedenfalls 'ett g'sähe.«

»Hören Sie«, sagte Sophie, »ich muss sowieso nach Kißlegg, etwas besorgen. Da kann ich gleich ein bisschen Ausschau halten, ob ich Nadja irgendwo draußen sehe. Gibt es in Kißlegg ein Café, wo sie manchmal hingeht?«

Monika sah völlig ratlos aus.

Sophie öffnete ihre Zimmertür, wechselte ihre Schuhe gegen Stiefel aus und nahm Jacke und Handy. »Wissen Sie, zu welchen Freundinnen Nadja gegangen sein könnte? Haben Sie Telefonnummern von ihren Schulfreundinnen?«

Monika fing sich sofort. »Ein paar Nummern habe ich.«

Sophie gab ihr auch noch ihre Handynummer und trat zum Vordereingang hinaus. Sie atmete tief die kalte Luft ein. Zum ersten Mal an diesem Tag nahm sie das Wetter wahr. Es war feuchter als gestern und wirkte kälter. Der Schnee knirschte unter ihren Füßen, als sie zu ihrem Auto ging. Ihr Blick fiel ins Tal auf das ruhige kleine Anwesen.

Als sie kurz vor Edenweiler an die Weggablung gelangte, wo man sich links halten musste, um zu Schloss Rohenfels hinaufzukommen, stoppte sie und dachte noch einmal an den Talhof. Vielleicht war Nadja dort. Und vermutlich führte dieser Weg im Tal entlang dorthin. Sophie schlug den Lenker ein und bog ab. Unter dem Schnee war der Weg uneben, vermutlich nur ein Feldweg. Alsbald erschienen die Gebäude des Talhofs vor ihr. Der Corsa schlug mit dem Bodenblech auf den Mittelstreifen. Sophie drosselte das Tempo. Als vor ihr eine kleine Steigung auftauchte – nicht mehr als anderthalb Meter, aber ziemlich abrupt und glatt, denn der Talhof befand sich in dem Tal auf einer Art Plateau –, stoppte sie den Wagen und stieg aus. Zu Fuß erklomm sie die kurze Steigung. Zum Gehöft waren es vielleicht noch fünfzig Meter.

Sie dachte nicht weiter darüber nach, warum ihr zuerst Josef in den Sinn gekommen war, als sie hörte, dass ein Mädchen verschwunden war. Aber sie spürte eine undeutliche Angst in sich. Ein bisschen schäbig kam sie sich dabei schon vor. Was würde er sagen, wenn ihm schlagartig klar wurde, warum sie auf seinem Hof stand und ihn mit allen Zeichen der Besorgnis fragte, ob er Nadja gesehen habe?

Der Hof lag im Zwielicht zwischen Tag und Nacht. Durch die große Schiebetür am Stall fiel gelbes Licht auf den Schnee. Sophie passierte die Reitbahn und hielt auf die Tür und das Licht zu. Erst sah sie nur die Boxen, die Schubkarre neben der Tür, die schönen alten Balken, auf die sich das Dach stützte. Doch einen Atemzug später erkannte sie das Ungeheuerliche.

Da hinten am Ende des Gangs kniete der Mann über einer Person, die am Boden lag, einer schwarz gekleideten Person in Röcken, die sich wehrte. Es war Nadja, die japsend Josef ihre Hände entzog. Sophie huschte den Gang entlang. Josef hätte sie hören müssen, aber er war offensichtlich so darauf konzentriert, Nadjas Hände festzuhalten, dass er nichts anderes wahrnahm. Er bemerkte auch nicht, dass sein Hund den Kopf gehoben hatte. Er bekam überhaupt nichts mehr mit.

Ungeheure Erbitterung erfasste Sophie, furchtbarer Hass auf Dieter und dann auf Georg, der Marie als Dorfnutte eine Mitschuld an ihrem Schicksal gegeben hatte, und auf diesen Mann dort, auf all das Männliche, Besitzergreifende, Herrschsüchtige und Gewalttätige.

Erst wollte sie die Mistgabel ergreifen, die neben der Sattelkammer lehnte, doch dann fiel ihr eine Gerte in die Hand, die sich ebenfalls neben der Tür befand.

Es war eine Sache von Sekunden. Zwei Schritte. Sophie hob den Arm. Sie sah, dass Josef seine Jacke ausgezogen hatte, sah den blauen Pullover, die breiten Schultern, und hieb ihm die Gerte mit der Kraft blanker Wut über den Rücken.

Josef fuhr herum. Sie sah das Weiße in seinen Augen, sah seine Zähne blitzen, sah sich schon gepackt, war praktisch tot. Im selben Moment schoss eine knurrende Bestie mit aufgerissenem Rachen auf sie zu. Josef warf sich auf seinen Hund und krallte sich in dessen Nackenfell. Wolfs Zähne krachten nur Millimeter von Sophies Hand entfernt aufeinander. Der Hund knurrte wütend und schnappte in seiner Erregung sogar nach seinem Herrn.

Sophie taumelte rückwärts und warf die Gerte weg.

Es war sicherlich einer der schlimmsten Momente in ihrem bis dahin friedlichen Leben. Nie hätte sie von sich gedacht, dass sie so zuschlagen konnte. Und nie hatte sie sich gefragt, was danach kam, nach einem solchen Ausbruch von Wut und Enttäuschung.

Gelähmt und sprachlos vor Entsetzen starrte sie auf Josef hinab, der seine Hände langsam aus dem Nackenfell seines Hundes löste. Wolf entwischte ihm und verzog sich mit eingeklemmtem Schwanz in eine dunkle Ecke. Josef aber kam erst beim zweiten Versuch auf die Füße und taumelte gegen die Boxwand. Unfähig, einen Ton herauszubringen, streckte er die Hand zu Nadja aus, die sich mit beiden Händen den Kopf hielt und stöhnte. Er schien etwas sagen zu wollen, konnte es aber nicht und gab auf. Dieses Aufgeben war die fürchterlichste Form von Verzweiflung, die Sophie je auf einem menschlichen Gesicht gesehen hatte.

Alles Blut, jedes Leben, jeder Ausdruck wich aus seinen Gesichtszügen, seine Augen wurden in Sekundenschnelle stumpf.

Doch da stöhnte Nadja erneut, und Sophie ließ sich vor ihr auf die Knie nieder. Der Boden war eiskalt. Josefs Filzjacke lag neben ihrem Kopf auf der Erde. Sophie sah vor ihrem inneren Auge einen Mann, der die Schreie eines Mädchens mit einer Jacke zu ersticken versuchte. Eiskalt im Herzen, kämpfte sie gegen dieses Bild an. Das durfte nicht sein.

»Josef!«

Aber er war nicht mehr da. Sie war allein im Stall mit dem Mädchen, das sich immer noch wehrte, auch gegen sie.

»Komm zu dir, Nadja«, sagte sie. »Ich bin's, Sophie. Hörst du mich? Was ist passiert? Schau mich an. Lass dir helfen!«

Es gelang Sophie, Nadjas Hände zu fassen. Sie hatte keine sichtbaren Verletzungen.

»Was ist passiert?«

»Ich weiß nicht. Mein Kopf! Ich bin gefallen. Er hat … Josef hat … Mein Kopf!«

Sophie zog ihr Handy heraus, während sie die Futterkiste musterte und den alten Holzpfeiler mit dem schrägen Balken, über dem ein weißes Elektrokabel hing, über das sie jedoch nicht weiter nachdachte.

»Sag Mama nichts! Bitte!«

»Aber Nadja, ich muss ihr doch sagen, dass ich dich gefunden habe. Sie macht sich Sorgen. Außerdem hast du wahrscheinlich eine Gehirnerschütterung. Und dass es nichts Schlimmeres ist, sollte ein Arzt feststellen. Kannst du aufstehen? Wir sollten hier schleunigst verschwinden.«

Nadja kämpfte mit den Röcken und ließ sich von Sophie auf die Füße helfen. Während Sophie sie hielt, rief sie Monika an, um ihr mitzuteilen, dass sie Nadja gefunden habe und mit ihr nach Hause komme.

»Sie ist gestürzt. Aber sie steht schon wieder.«

»Gott sei Dank!«, seufzte Monika aus tiefster Seele. Doch selbst das klang irgendwie hastig. Nicht einmal zum Seufzen schien sich diese Frau richtig Zeit zu nehmen.

Sophie steckte das Handy in ihre Jackentasche zurück und fasste Nadja um die Taille. »Wir gehen jetzt zu meinem Auto. Es steht draußen auf dem Weg. Schaffst du das?«

Nadja nickte. Als ihr draußen im Schnee gleich erst einmal die Füße wegrutschten, fragte Sophie sich, wie Nadja es auf den Ledersohlen dieser denkbar ungeeigneten tütenhaften Schuhe überhaupt bis hier runter geschafft hatte.

»Was hast du eigentlich im Stall gesucht?«

»Nichts.«

Sophie hielt es Nadja zugute, dass sie verwirrt war und geschockt, um Sinnvolles zu erzählen. Noch einmal sah sie Josef herumfahren, sah ihn seinen Hund festhalten. Mit unbegreiflicher Geistesgegenwart hatte er sie vor einer schweren Verletzung bewahrt. Wie passte das zu dem, was er allem Anschein nach vorgehabt hatte? Hatte er Nadja wirklich etwas antun wollen? Alles in Sophie wehrte sich gegen diesen Gedanken.

»Was ist passiert?«, fragte sie noch einmal, als sie beide in ihrem Auto saßen. »Du musst mir sagen, was passiert ist.«

Und verdammt, dachte sie, wie komme ich von diesem verschneiten Feldweg wieder auf die Straße. Sie konnte nicht wenden, sie musste rückwärts ins rötliche Dunkel von Rücklichtern stoßen.

»Bitte erzähl Mama und Papa nichts«, sagte Nadja kläglich.

»Aber wenn Josef dich doch ...« Sophie schaffte es nicht, es auszusprechen. Außerdem erblickte sie in diesem Moment so etwas wie einen Seitenweg zwischen zwei Koppelzäunen und stieß rückwärts hinein, um zu wenden. Im

Scheinwerferlicht sah der Feldweg gleich wesentlich befahrbarer aus.

»Ich weiß nicht, was Josef wollte«, sagte Nadja. »Ich war total erschrocken, als er plötzlich hinter mir stand. Ich bin … ich bin abgerutscht. Und dann hat er … ich weiß nicht … Und dann warst du plötzlich da.«

Sophie versuchte gar nicht erst zu durchschauen, warum Nadja von Abrutschen statt Ausrutschen sprach.

»Was um alles in der Welt wolltest du denn in diesem Stall?«, fragte Sophie noch einmal, verzweifelt auf der Suche nach einem Weg, etwas mehr Klarheit in Nadjas Geschichte zu bringen.

Das Mädchen hielt sich den Kopf. »Ich will nicht sterben. Das habe ich plötzlich gemerkt, als ich auf dem Boden lag. Ich will nicht sterben.«

Sophie kam der absurde Gedanke, dass Nadja Josefs Angriff hatte provozieren wollen. Als Selbstmord durch einen bekannten Mörder. Die Gedankengänge des fünfzehnjährigen Mädchens erschienen ihr auf einmal fremd und unheimlich. Plötzlich konnte sie verstehen, warum für Monika ihre Tochter so ein erschreckendes Rätsel war.

Sie fuhr die Spitzkehre auf die Straße zu Schloss Rohenfels.

»Bitte versuch es mir zu erklären, Nadja. Es ist wichtig.«

»Wenn Josef nicht gekommen wäre … Ich habe es nicht tun wollen. Glaub mir.«

»Was, Nadja? Was?«

»Ich will nicht sterben! Ich dachte immer, dass ich sterben will. Aber jetzt weiß ich, ich will leben. Als ich fiel, da … ich dachte, das ist also das Ende. Aber ich will leben. Ich will leben!« Nadja brach plötzlich in Tränen aus.

Sophie stoppte das Auto und zog das Mädchen in ihre Arme. Nadja schluchzte die angestaute Trauer dieses fürchterlichen Winters aus sich heraus. Sophie verstand immerhin, dass Nadja einen heilsamen Schock erlitten hatte. Sie hatte sich in die Vorstellung verrannt, dass sie sich umbringen musste, um diesem Stillstand aller Gefühle in ihrem Gefängnis, dem inneren und äußeren von Schloss Rohenfels, der absoluten Ereignislosigkeit und dem Einerlei von Schule, Essen, Hausaufgaben, Musik hören, nichts zu tun haben und nicht wissen, wozu sie auf der Welt war, ein Ende zu bereiten. Sophie verstand, dass man in solche Depressionen geraten konnte. Sie selbst hatte damals, als es für sie nicht mehr weiterging, angefangen Küchenbilder zu malen. Nadja hatte nun die nackte Todesangst aus der inneren Lähmung gerissen, ein Ereignis, das Sophie allerdings bislang nur unvollkommen durchschaute.

7

Es war zehn Uhr abends. Mathias saß an seinem großen Schreibtisch in seinem Arbeitszimmer. Es war ein dramatischer Nachmittag gewesen. Monika hatte ihn in Wangen angerufen und mit der Nachricht aufgescheucht, sie glaube, dass Josef versucht habe, Nadja etwas anzutun. Er hatte sich in sein Auto geworfen und war losgefahren. Als er auf Schloss Rohenfels ankam, war der Hausarzt gerade im Aufbruch. Nadja habe eine Gehirnerschütterung und müsse mindestens eine Woche im Bett bleiben. Sie brauche unbedingte Ruhe.

Monika hatte auf ihn eingeredet, hastig und eilfertig in ihrem Urteil. »Dein Bruder hat Nadja fast umgebracht! Du musst etwas unternehmen. So geht das nicht weiter. Seit zwölf Jahren, seit Josefs Haftentlassung, lebe ich in der ständigen Angst, dass er rückfällig wird. Und nun ist es passiert.«

Mathias hatte versucht sie zu beruhigen. »Sagt Nadja denn, dass Josef sie angefasst hat?«

»Das Mädchen hat einen Schock.«

Eingedenk der Mahnung des Arztes, Nadja unbedingte Ruhe zu gönnen, war er nicht in sie gedrungen. Was sie erzählte, blieb vage. Josef hatte sie irgendwie erschreckt. Aber warum, wieso und wobei, das hatte Mathias nicht herausbekommen. Sophie hatte zur Aufklärung der Vorgänge im Stall auch nicht viel beitragen können. Sie hatte auf ihn eigenartig verstört gewirkt, so als würde sie etwas verheimlichen. Sie habe Nadja auf dem Boden liegend vorgefunden. Josef sei auch da gewesen. Mehr hatte er aus ihr nicht herausgekriegt.

»Wir dürfen Josef nicht vorverurteilen«, hatte Mathias daraufhin zu Monika gesagt. »Er muss die Chance haben, seine Version darzustellen, bevor wir …«

»Ja, glaubst du denn, der sagt dir was?«, schrie Monika. »Was wird der dir denn sagen, vorausgesetzt, er bringt überhaupt ein Wort heraus?«

Mathias fühlte sich hilfloser und ratloser als damals nach Josefs Verhaftung. Er konnte und wollte nicht glauben, dass Josef als erwachsener Mann eine Tat wiederholte, die Mathias immer für ein Unglück infolge jugendlicher Verblendung gehalten hatte. Josef hatte Marie als seine Freundin betrachtet. Vermutlich hatten sie auch miteinander geschlafen. Sicherlich sogar. Und als Marie ihn dann abblitzen ließ, hatte Josef sie einfach zu hart angefasst, hatte jedes Maß verloren. So jedenfalls sah Mathias die Geschichte. Aber ein Überfall auf seine Tochter … nein, das konnte er nicht glauben. Doch sicher war er sich eben nicht. Wer vermochte schon hundertprozentig sicher zu sein, vor allem bei einem undurchsichtigen Burschen wie Josef?

Das Telefon unterbrach ihn in seinen Gedanken. Mathias hob ab. »Rohenfels.«

»Hallo, Mathias. Na, erkennst du meine Stimme noch? Es ist lange her.«

Mathias hasste es, wenn die Leute voraussetzten, dass er sie kannte. Aber diese immer etwas lauernde Stimme erkannte er tatsächlich.

»Hallo, Dieter. Wie geht's?«

»Ausgezeichnet. Und dir? Was macht deine Tochter? Sie muss inzwischen erwachsen sein.«

»Sie ist fünfzehn.«

»Ich konnte ja damals nicht zur Taufe kommen …«

Mathias hatte ihn auch gar nicht eingeladen. Aber er war ein friedliebender Mensch, und wozu einen alten Streit wieder aufkochen.

»Was machen die Geschäfte? Du bist ja ein ziemlich erfolgreicher Makler geworden. Deshalb rufe ich dich nämlich an. Ich habe einen Kunden für dich. Du kennst doch den alten Grafen Anselm. Der hat seit neuestem einen Sohn mit Namen Balduin. Und wie das bei diesen Söhnen so ist, sucht er einen angemessenen Familiensitz. Und wie ich höre, bist du die Adresse, wenn es um Schlösser geht.«

»Hm.«

»Ich habe ihm deine Telefonnummer gegeben. Er wird dich, denke ich, heute oder morgen anrufen. Er hat wirklich Geld. Also, du kannst durchaus was von ihm verlangen. Er hat auch schon sein Schlösschen ausgeguckt, eher wohl eine Burg. Jedenfalls nennt er das Anwesen bereits ›seine Ritterburg‹. Es heißt Segberg.«

»Oh!«, sagte Mathias. »Segberg war im Besitz eines Hamburger Privatmannes, und jetzt gehört es der Bank. Es wird nächste Woche versteigert.«

»Ich weiß. Ich habe natürlich versucht herauszubekommen, wem Segberg gehört. Im Internet habe ich dann den Versteigerungstermin gesehen. Jetzt gibt es aber folgendes Problem: Der junge Graf ist ein wenig eigen oder besser, er ist eifrig damit beschäftigt, sich in die Welt hineinzudenken, in die er sich eingekauft hat. Er will nur ein Anwesen aus langjährigem Adelsbesitz. Zumindest will er von einem ›von‹ kaufen. Und das solltest du wissen, bevor du mit ihm sprichst. Er muss den Eindruck haben, Segberg gehört seit Jahrhunderten deiner Familie.«

»Das heißt, ich müsste das Ding ersteigern«, sagte Mathias mehr zu sich als zu Dieter. »Wie viel will Anselm denn anlegen?«

»So anderthalb Millionen.«

Mathias pfiff durch die Zähne. Das hatte er seit seiner Jugend nicht mehr gemacht. »Segberg ist höchstens, allerhöchstens vierhunderttausend Euro wert. Hat der junge Mann denn das Gemäuer auch von innen gesehen?«

»Keine Ahnung. Da musst du ihn selber fragen. Aber nur keine Hemmungen, Mathias. Sei nicht so schrecklich anständig. Übrigens, wie geht es meiner Frau?«

»Gut. Sie malt ununterbrochen, und sie versteht ihr Handwerk, das muss man ihr lassen. Sie ist hier praktisch fertig. Morgen Mittag will sie nach Stuttgart fahren, scheint Sehnsucht nach dir zu haben. Mit ihr hast du wirklich das große Los gezogen, Dieter. Ich hoffe, du weißt, was du an ihr hast.«

»Wie sollte ich das nicht wissen?«, erwiderte Dieter beinahe entrüstet. »Glaub mir, für Sophie bin ich häuslich und brav geworden. Für sie tue ich alles.«

Mathias lief es kalt den Rücken runter. »Übrigens, meine Frau hat sie zu ihrem Geburtstagsball übermorgen eingeladen. Du bist natürlich auch eingeladen.«

»Oh!« Dieter lachte auf diese kurze, harte Weise, die Mathias an ihm kannte. »Dann ist mein Hausverbot also aufgehoben.«

»Ich glaube nicht, dass ich dir je eines erteilt habe«, sagte Mathias in seiner versöhnlichen Art. »Du weißt doch, damals wurde Josef verhaftet. Ich war etwas neben der Kappe.«

»Und ich war betrunken. Also Schwamm drüber. Vergeben und vergessen.«

Mathias war sich nicht sicher, ob er Silvester und Neujahr vor achtzehn Jahren je würde vergessen können. Erst platzte Dieter in seine Silvesterfeier, verspätet, betrunken und aufgekratzt, machte seine Braut Monika an, beleidigte seine Gäste, fiel unter den Tisch und musste ins Bett geschleppt werden. Dann wurde wenige Stunden später Josef verhaftet. Seine Mutter war dem Nervenzusammenbruch nahe. Dieter reagierte nicht auf seine Andeutungen, dass die Familie in ihrem Unglück allein sein wollte, sondern machte Anstalten, eine zweite Nacht zu bleiben, um seinen Kater auszukurieren. Also hatte er ihn regelrecht rausschmeißen müssen.

»Also dann bis Samstag«, sagte Dieter jetzt. »Und zock den Grafen ordentlich ab, hörst du?«

»Danke für den Tipp«, erwiderte Mathias. Er legte das Gespräch und die Aussicht auf einen Millionenhandel mit dem adoptierten Graf in der hinteren Abteilung seines Gehirns ab und begab sich zu seiner Mutter hinüber. Von ihrem Ostfenster aus konnte er ins Tal blicken und sehen, dass in Josefs Häuschen kein Licht brannte. Die verbissene Art, in der seine Mutter ein Spitzendeckchen häkelte und dabei ein Konzert im Radio hörte, ließ ihn erkennen, dass Monika mit ihr gesprochen hatte. Seit Josefs Verurteilung weigerte sich seine Mutter, mit ihm über Josef zu reden. Mathias konnte sich nicht erinnern, dass sein Name seit damals wieder über ihre Lippen gekommen wäre. Erst die Kränkung, dass ihr Mann noch mit einer anderen Frau einen Sohn hatte, und dann war dieser Bankert, den sie so großzügig aufgezogen hatte, auch noch ein Verbrecher. Das war mehr, als sie verkraften konnte oder wollte. Mathias hielt es für eine aussichtslose Hoffnung, dass sie jetzt ein Ohr für seine Skrupel hatte, Josef einer erneuten Untat zu verdächtigen. Er saß fast eine Stunde still bei seiner Mutter, hörte dem Konzert zu und schaute hin und wieder unauffällig aus dem Fenster, um zu sehen, ob sich inzwischen Licht in Josefs Haus zeigte. Aber es blieb alles dunkel da unten.

Gegen Mitternacht beendete Sophie ihre Arbeit an dem Kamin. Er war fertig. Aber es gelang ihr kaum, Stolz zu empfinden. Und der innere Jubel über dieses Glanzstück, das sie dort aus dem Nichts geschaffen hatte, wo vordem nur eine weiße Wand gewesen war, blieb ganz aus.

Sie schob die Geräte und Utensilien zusammen. Aufräumen würde sie morgen. Und dann so schnell wie möglich weg, nach Hause. Heim zu Dieter. Je eher, desto besser.

Als sie in ihr Zimmer kam, konnte sie es nicht verhindern, dass sie ins Tal blickte. Kein Licht unten auf dem Talhof. Kein Zeichen, dass Josef auf seinen Hof zurückgekehrt war. Um neun hatte sie eine Farbflasche aus ihrem Zimmer geholt, und auch da war es unten dunkel gewesen.

Wie hatte sie nur so zuschlagen können? Warum hatte sie ihn nicht einfach angesprochen, bevor sie die Gerte gegen ihn erhob. Ein einfaches »He, was machst du da?« hätte sie und ihn vor dieser entsetzlichen Szene bewahrt. Aber sie war beschämend sicher gewesen, dass es für sein Tun nur eine Erklärung gab, nur die schlimmste. Doch vielleicht war da noch eine andere. Nadja hatte nicht direkt gesagt, dass sie sich von ihm angegriffen gefühlt hatte. Womöglich hatte er ihr nur helfen wollen. Nadja war aus irgendeinem Grund gefallen, und er war ihr wie jeder normale Mensch zu Hilfe gekommen.

Als Sophie um eins noch nicht schlafen konnte und sich im Bett aufrichtete, war der Talhof immer noch dunkel.

Josef kehrte erst gegen drei Uhr nachts zurück. Getrieben von Schmerzen, mehr seelischen als körperlichen, war er nach dem Schlag, den Sophie ihm versetzt hatte, hinaus in den Schnee und die einfallende Nacht gelaufen. Als er wieder denken konnte, hatte er erst einmal seinen Hund getröstet, der ihm mit hängendem Schwanz hinterherschlich. Er hatte Wolf schweres Unrecht getan, als er ihn im Nackenfell packte, um ihn an dem zu hindern, was der Hund für richtig und gerecht hielt. Dass er dabei auch nach ihm geschnappt hatte, verzieh Josef seinem Hund, aber Wolf offenbar sich selbst nicht. Mit Worten konnte Josef sich bei dem Tier nicht entschuldigen, doch er kniete nieder, zog Wolf an sich, kraulte ihn hinter den Ohren und streichelte ihn, bis er den Schwanz wieder hob und mit neuem Selbstvertrauen vor ihm herlief. Der Hund konnte die Schmach abschütteln.

Aber Josef brannte der Schlag auf der Schulter. Und was noch schlimmer war, ihm brannte in der Seele, dass Sophie so selbstverständlich angenommen hatte, dass er im Begriff gewesen war, an Nadja zum Verbrecher zu werden. Sie hatte ihm keine Chance gegeben, alles zu erklären. Sie hatte eine Gerte genommen und zugeschlagen, ohne Warnung, ohne den geringsten Zweifel, dass er ein Tier war, das seine Triebe nicht beherrschen konnte. Nicht eine Sekunde lang hatte es für sie Zweifel an dem Urteil gegeben, das man vor achtzehn Jahren über ihn gesprochen hatte. Und das war es, was ihn eigentlich schmerzte.

Bis Kißlegg lief Josef, immer den hechelnden Hund an seiner Seite. Beim Viehdoktor in der Garage, die ihm als Praxis diente, sah er Licht und stolperte hinein. Dr. Tränker und seine Assistentin waren gerade dabei, einem Pony das Leben zu retten, das eine Kolik hatte. Das Islandpony stand zitternd vor Schmerzen an der Wand. Der Doktor spritzte ihm ein Kreislaufmittel und erläuterte Josef, dass sie es operieren müssten, sobald es Anzeichen für eine Darmverschlingung gab. Mit klugen Augen musterte der Tierarzt dann den verstörten jungen Mann, der da bei ihm ohne Jacke und mit einem offensichtlich gesunden Hund hereingeschneit war.

Dr. Tränker war nie der Meinung gewesen, dass Josef dumm war. Auch wenn er nicht viel redete, so war die Art, wie er seine Pferde hielt, verständig. Sie hatten deutlich seltener die typischen Stallkrankheiten und schlugen sich nicht die Gelenke an den Stallwänden auf, weil sie unter Bewegungsmangel litten. Außerdem hatte Josef eine ruhige Hand mit den Tieren. Sie vertrauten ihm. Kein Pferd machte je Theater, wenn er als Tierarzt eine Spritze geben musste, solange Josef dabei war. Dies alles hatte dem Doktor Achtung vor dem Außenseiter eingeflößt. Und wie bei jedem Tier verrieten auch bei einem Menschen die Augen, dass er Schmerzen hatte.

»Zeig mal her«, sagte Tränker. »Zieh deinen Pullover aus. Oje! Das sieht hässlich aus. Leg dich auf den Tisch da. Das muss man nähen.«

Josef legte sich bäuchlings auf den kalten Stahltisch, auf dem normalerweise Hunde und Katzen behandelt wurden. Tränker fragte nicht, woher er den Striemen hatte, der sich von der linken Schulter bis zur Wirbelsäule hinzog. Aber er wusste, dass Gerten einem Menschen das Fleisch bis auf die Knochen durchhauen konnten. Ganz so schlimm war es bei Josef nicht, doch eine sechs Zentimeter lange Wunde auf dem Schulterblatt bedurfte der Behandlung. Tränker nähte sie mit sechs Stichen. Auf die örtliche Betäubung verzichtete Josef. Er spürte ohnehin die Einstiche nicht, denn in seinem Blut floss das Anästhetikum von Wut und Kränkung.

Auch die Assistentin hatte längst gelernt, dass man bei manchen Dingen, die auf den Dörfern vorkamen, nicht so genau nachfragte. Mit einer gewissen Bewunderung musterte sie Josefs entblößten Oberkörper, der nur aus Muskeln bestand. Zunächst kam ihr das alles ein bisschen unheimlich vor, aber der finstere und wortkarge Mann erwies sich im Verlauf der weiteren Nacht dann als freundlicher und ungemein hilfsbereiter Mensch. Denn kaum hatte Tränker ihn verbunden und ihm eine Tetanusspritze gegeben, brach das Pony in Krämpfen zusammen. Wenn ein Pferd mit einer Kolik auf dem Boden lag und nicht mehr hochkam, dann starb es. Sie und der Doktor hätten das Pony alleine nicht auf die Beine stellen können, aber Josef besaß nicht nur genug Kraft, sondern auch genügend Sensibilität, um das erschöpfte Tier zum Aufstehen zu bewegen und ihm dabei zu helfen. Und immer wenn das Pony wankte und aufzugeben drohte, war er zur Stelle und animierte es, weiterzukämpfen. Die ganze Zeit über lag sein Hund ruhig in einer Ecke und beobachtete das Geschehen.

Gegen zwei Uhr morgens äpfelte das Pony wieder, und die Krise war überstanden. Auch Josef hatte sein inneres Gleichgewicht so weit wiederhergestellt, dass er Dr. Tränker danken konnte.

»Nein, ich habe zu danken«, entgegnete Tränker. »Soll ich dich schnell heimfahren?«

Josef sah, wie müde der alte Viehdoktor ausschaute, und lehnte ab. Er marschierte die stille Landstraße entlang die fünf Kilometer nach Edenweiler. Der Schnee knirschte unter seinen Stiefeln. Am schwarzen Himmel flackerten Sterne. Im Süden stand groß und deutlich der Orion. Ein paar Rehe waren aus dem Wäldchen gekommen und scharrten im Schnee nach Äsung. Endlich begann Josef auch wieder die Kälte zu fühlen, seine Trauer, seine Erschöpfung.

Den Stall fand er vor, wie er ihn verlassen hatte. Seine graue Filzjacke, die er Nadja unter den Kopf zu schieben versucht hatte, lag auf dem Boden. Die Pferde schnaubten. Sie hatten Hunger. Das weiße Elektrokabel hing immer noch über dem alten Balken.

Wie gern hätte er Sophie diese Szene erspart.

Josef verteilte Heu an die Pferde, schaute nach, dass alles in Ordnung war, und begab sich dann in sein Haus. Der Ofen in der Küche war kalt. Er füllte ihn mit Zeitungspapier und Holz und feuerte ihn an. Er sollte etwas essen, dachte er, aber das Anfeuern hatte ihm solche Stiche durch die Schulter gejagt, dass er sich erst einmal auf dem Sofa ausstrecken musste. Jede weitere Bewegung wollte gut überlegt sein. Das Sofa taugte eigentlich nicht zum Schlafen, aber Josefs Entschlusskraft reichte nicht mehr, um sich hinauf in sein ungeheiztes Schlafzimmer zu begeben. Außerdem fröstelte er wegen der Schmerzen sogar in der geheizten Küche. Kaum, dass er dann endlich eingeschlafen war, weckte ihn sein Hund schon wieder, denn es war Zeit, aufzustehen und den Stall zu machen.

Er konnte nur mit Mühe die Mistgabel führen. Den linken Arm bekam er nicht hoch, ohne das Gefühl zu haben, jemand jage ihm die Zinken einer Mistgabel ins Schulterblatt. Dann glitt ihm der Griff der schweren Schubkarre aus der plötzlich kraftlosen Hand und kippte um. Mist und Stroh ergossen sich in den Stallgang. Josef wurde schwarz vor Augen. Er musste sich gegen eine Boxwand lehnen, damit sein Kreislauf sich wieder aufrappelte. Der kalte Schweiß stand ihm auf der Stirn. So erledigt hatte er sich noch nie in seinem Leben gefühlt, so allein gelassen und am Ende seiner Kräfte. Aber Wolf stupste ihm die Schnauze unter die Hand, und irgendwie ging es dann doch. Josef richtete die Schubkarre wieder auf und lud den Mist erneut ein, langsam und mit vielen Pausen. Dann verteilte er frisches Stroh und Heu und verfütterte die Morgenration Hafer.

»Na, vom Pferd gefallen?«, spottete der Major, als er kurz nach Sonnenaufgang eintraf und der völlig verkrampfte Josef im Stall noch nicht fertig war. »Übrigens hatte ich Ihnen doch schon gestern gesagt, dass Sie den Pferden angewärmtes Wasser hinstellen sollen.«

Josef biss die Zähne zusammen. Seit jeher war er es gewohnt, seinen Ärger zu hinunterzuschlucken, da er ihn nicht ausdrücken konnte. Aber diesmal war es anders. Josef wandte sich dem Major zu. »Ich hätte Ihnen schon gestern sagen sollen, dass den Pferden das kalte Leitungswasser nicht schadet. Keines meiner Pferde hustet. Aber wenn Sie meinen, Ihr Hannoveraner sollte warmes Wasser bekommen, dann können Sie sich gern einen Eimer nehmen und bei mir in der Küche warmes Wasser holen.«

Josef sprach leise, aber mit Nachdruck.

Der Major blickte ihn erschrocken an. »Ich meinte ja nur … Aber Sie sollten wohl lieber ins Bett gehen. Sie sehen krank aus. Brauchen Sie einen Arzt?«

»Nein danke.«

Als Franz und Peter mit den Fahrrädern kamen, überließ Josef ihnen die liegen gebliebenen Arbeiten im Stall und ging ins Haus. Er gab Wolf zu fressen, stellte den Wasserkessel auf den Herd, legte Kohle im Ofen nach und füllte den Kaffeefilter.

Schloss Rohenfels war in ein zartes Morgenlicht gehüllt. Die sonnigen Tage und der Frost der Nächte hatten den Schnee glasiert und die Konturen der Anhöhen und Senken geschärft. Ein kalter Glanz lag auf allem.

Wann, fragte Josef sich, während er den Kaffee filterte, würde die Polizei bei ihm auftauchen? Oder würde Mathias erst mit ihm reden, um ihm Gelegenheit zu geben, das gestrige Geschehen zu erklären, und würde er es erklären können? Nadja hatte ihren Eltern doch sicherlich nicht gebeichtet, bei welchem Tun er sie erwischt hatte. Um ihren Sturz zu erklären, hatte sie vermutlich eine andere Geschichte erzählt, hatte wahrscheinlich gesagt, sie habe sich vor ihm erschreckt. Womöglich schilderte sie sein Verhalten so missverständlich, wie es auch Sophie vorgekommen war. Selbst wenn man ihm die schändliche Absicht nicht beweisen konnte, würde Mathias sicherlich meinen, er müsse Maßnahmen ergreifen, um seine Tochter künftig vor ihm zu schützen.

Wahrscheinlich glaubte auch Sophie, was Nadja erzählte, eine im besten Fall unklare, wirre Geschichte und im schlimmsten Fall eine, die ihn zu dem machte, was er ohnehin in den Augen derer war, die sich an seinen Prozess erinnerten.

Am späten Vormittag beobachtete er vom Küchenfenster aus, dass Sophie ihr Auto einräumte. Der kleine violette Corsa stand, soweit er das erkennen konnte, eine Weile mit geöffnetem Kofferraum dort oben, und die kleine Gestalt in der hellblauen Jacke ging zwischen dem Auto und der Haustür hin und her. Sophie bereitete sich zur Abfahrt vor. Ehe das Auto den Berg hinunterfuhr, hatte Josef seine Jacke vom Bügel über dem Ofen gerissen, schnalzte nach dem Hund und verließ das Haus. In Richtung Norden machte er sich über die Weiden davon. Ganz egal, ob Sophie den Versuch unternehmen würde, noch einmal mit ihm zu reden, oder nicht, beidem fühlte er sich nicht gewachsen. Sophies helle Augen hatten ihn gestern mit so viel Abscheu angeblickt, gegen diese Abscheu kam er nicht an.

Er würde Sophie nie wiedersehen. Und wozu sollte sie ihm auch Gerechtigkeit widerfahren lassen, wenn es doch für sie beide keine Zukunft gab. Sie war verheiratet. Für sie war es besser, dass sie fuhr, ohne ihr Bild von ihm zu korrigieren. Es ersparte ihr viel Verwirrung.

Er hatte keine andere Wahl gehabt, als sich in sie zu verlieben, in diese schöne Frau, die ihn nicht von vornherein für einen Idioten gehalten und ihm damit irgendwie eine

Sprache gegeben hatte. In ihrem Kuss vor der Illusion des Kamins in der Halle hatte er eine zärtliche Begierde gespürt, die ihm neu gewesen war und ihn beglückte. Aber sie war nicht einsam wie er. Sie hatte einen Mann, ein ausgefülltes Leben. Sie musste sich nicht in ihn verlieben. Es war sogar besser für sie, wenn sie es nicht tat. Viel besser.

Deshalb war er auch nicht zu Hause, als Mathias auf seinen Hof fuhr. Mathias fand nur zwei Jungs aus dem Dorf vor, die nicht wussten, wo Josef war. Irgendwie war es ihm sogar ganz recht. Seine Gespräche mit seinem Halbbruder waren immer sehr einseitig verlaufen, hatten im Grunde nichts gebracht. Josef war verstockt. Er schien nicht zu wissen, wer es gut mit ihm meinte, denn er, Mathias, hatte es doch immer gut mit ihm gemeint. Auch jetzt.

8

Mehltau legte sich auf Sophies Seele, als sie die Tür zur Villa auf dem Stuttgarter Killesberg aufschloss. Das vertraute Designerambiente mit seiner Symphonie in Grau, Violett und Glas kam ihr auf einmal kalt und steril vor. Keine knarrenden Dielen, kein Stuck, nur Veloursteppiche und rechte Winkel. Wie hatte sie sich darin nur je zu Hause fühlen können. Sophie kam sich vor, als würde sie in eine Fremde zurückkehren, die fünf Jahre lang ihre Heimat gewesen war. Selbst ihr Atelier, in das sie die Kisten mit Farben, Pinseln und Materialien trug, kam ihr falsch vor. Auf der Staffelei stand ein Bild, das sie vor Neujahr angefangen hatte. Aber ihr Metier waren nicht diese Bilder auf der Staffelei, sondern Wände, Winkel und Raumillusionen. Das wusste sie jetzt.

Sophie ging in die Küche. Sie hatte am Morgen Dieter im Büro angerufen, ihm mitgeteilt, dass sie am Nachmittag wieder zu Hause sein würde, und ihm ein Abendessen versprochen. In den vier Tagen ihrer Abwesenheit hatte Dieter eine ziemliche Unordnung hergestellt. Teller und Tassen stapelten sich in der Spüle, auf den Küchenflächen befanden sich eingetrocknete Flecke. Er hatte nicht nur hier, sondern auch im Bad und Schlafzimmer alle Schubladen und Türen offen stehen lassen, die er einmal geöffnet hatte, wie zur Demonstration dessen, was er alles selber hatte tun müssen, weil sie nicht da war. In seinem Büro ließ er nie Schranktüren oder gar seinen Schreibtisch offen.

Nachdem sie die Ordnung, die Dieter so schätzte, wiederhergestellt und ihren Koffer ausgepackt hatte, setzte sie sich ins Auto und fuhr einkaufen. Es fiel ihr schwer, ihre Gedanken auf ein Abendessen zu richten, so fern waren in diesen wenigen Tagen intensiver Arbeit die alten Pflichten gerückt, mit denen sie zuvor doch nie gehadert hatte. Sie führte gern einen Haushalt, und sie machte es gut. Sie war schnell und routiniert.

Die vertrauten Handgriffe in der Küche beim Schneiden von Zwiebeln und Tomaten halfen ihr wieder etwas, die richtige Perspektive zu finden. Aber ihr wurde auf einmal klar, dass die fast pedantische Sorgfalt, die sie bislang immer den meist mehrgängigen Abendessen hatte angedeihen lassen, eigentlich eine Ersatzhandlung gewesen war. Sie hatte vier Tage lang akribisch und wie besessen gemalt, und nun hatte sie schlichtweg keine Lust, aus dem Salat mit Nüssen und Rukola ein Kunstwerk zu machen. Das war nicht mehr wichtig.

Aber was hatte sich denn wirklich verändert? Sie hatte doch nicht ernsthaft mit dem Gedanken gespielt, dieses Zuhause hier und ihre Ehe für jemanden wie Josef aufzugeben. Sie hatte nicht einmal an ein Abenteuer gedacht, selbst in der kurzen Zeit nicht, da Josef sich ihr noch einfach nur als Mann präsentierte, in dem sehr viel mehr steckte, als er auf den ersten Blick erkennen ließ, sehr viel Sensibilität und Klugheit, Zärtlichkeit und respektvolle Zurückhaltung. Es stimmte, er hatte etwas in ihr geweckt, das zu diesem Kuss geführt hatte, etwas, das Sophie beunruhigte, etwas, das sich wie Liebe anfühlte. Aber auch wenn er ein Rohenfels war und ein Gut mit Ländereien von beträchtlichem Wert besaß, so hatte sie doch vernünftigerweise keinen Moment erwogen, wegen eines Mannes, der seinen kärglichen Lebensunterhalt mit Pferdepflege verdiente, das Haus auf dem Killesberg und das Leben mit Dieter zu riskieren. Nicht dass Sophie auf Geld oder materielle Sicherheit viel Wert legte, aber der Talhof, das Landleben, ein Bauernhof, das war im Grunde nicht ihre Welt.

Und dann ein vorbestrafter Gewalttäter. Ein Mann, in dessen Kopf die Dinge anders liefen als bei anderen Menschen. Einer, bei dem man nie wusste, was er tat, wenn er nicht erhielt, was er wollte, zum Beispiel wenn er eine Frau nicht bekam.

Es war doch nur ein Aufzucken ihres Ehefrusts gewesen. Sie hatte sich in einer Ausnahmesituation befunden, in einer Art Freiheitstaumel vielleicht, weil sie zum ersten Mal in ihrem Leben einen großen künstlerischen Auftrag ausführte, den sie sich erkämpft hatte, und weil sie merkte, dass sie die Aufgabe mit Bravour bewältigte. In ihrem Schaffensglück hatte sie einfach alles lieb gewonnen, was ihr begegnete, das Schloss, die Leute und diesen Mann, der ihren Wagen aus dem Graben gezogen hatte. Und nun war das Abenteuer vorbei. Ob sie den Auftrag für das Badezimmer noch annehmen würde, schien ihr nicht mehr so sicher. Es hing auch davon ab, wie sich Dieter verhalten würde.

Jetzt war sie fast erleichtert, dass sie Josef nicht auf seinem Gut angetroffen hatte, als sie nach ihrer Abfahrt von Schloss Rohenfels dort vorbeifuhr. Da waren nur ein paar Jungs gewesen, die ihr nicht hatten sagen können, wo Josef war. Sie hatte sie nicht gebeten, Josef auszurichten, dass sie nach ihm gefragt hatte. Jede weitere Begegnung mit ihm musste für sie beide peinlich und quälend werden. Darum würde Dieter vermutlich offene Türen einrennen, wenn er dagegen argumentierte, dass sie auf Schloss Rohenfels das Bad ausmalte. Stattdessen würde sie sich um neue Kunden kümmern, von denen sie auch ein höheres Honorar fordern konnte, als Monika bereit war für drei Wochen Arbeit zu bezahlen.

Nur um Nadja tat es ihr wirklich Leid.

Sophie hatte sie vor der Abfahrt in ihrem Zimmer besucht und ein ernstes Gespräch mit ihr geführt. »Ist dir klar«, hatte sie zu ihr gesagt, »dass Josef in einem ziemlich schiefen Licht dasteht?«

Nadja hatte sich alarmiert in ihrem Bett aufgerichtet, war aber wegen der Kopfschmerzen wieder zurückgesunken. »Das wollte ich nicht.«

»Was wolltest du dann? Aufmerksamkeit?«

»Nein. Ich wollte doch nur ... aber du darfst es Mama und Papa nicht sagen, bitte. Ich habe mich wirklich nur erschreckt, als Josef plötzlich hinter mir stand und sagte: ›So geht das nicht, Nadja.‹ Ich wusste nicht, dass er überhaupt einen ganzen Satz sagen kann. Da bin ich abgerutscht und von der Futterkiste gefallen. Josef wollte mir nur helfen. Aber ich habe mich so sehr geschämt, dass ich ihn fortgestoßen habe.«

Sophie seufzte lautlos. »Und was wolltest du eigentlich auf der Futterkiste im Stall?« Plötzlich fiel ihr ein, was sie gestern nur am Rande wahrgenommen hatte – das weiße Kabel über dem Balken. »Mein Gott, Nadja!«

»Aber ich wollte es nicht tut, nicht wirklich. Ich wollte bloß mal ausprobieren – rein theoretisch –, wie das geht.«

»Nadja! Komm zur Vernunft. Irgendwann ist nicht mehr Generalprobe, dann ist Premierenabend. Und danach hast du keine Vorstellung mehr auf der Welt.«

»Aber es wär doch gar nicht gegangen. Ich hab ja nicht mal gewusst, was ich für einen Knoten knüpfen muss. Bitte sag meinen Eltern nichts davon. Bitte. Ich tue es auch nie, nie wieder.«

Sophie seufzte noch einmal. »Ist dir klar, welche Verantwortung ich damit übernehme? Wenn du mit deinen Experimenten so weitermachst, dann werden deine Eltern mich fragen, warum ich ihnen nichts gesagt habe. Nur dann hätten sie die Chance gehabt, dich in die Psychiatrie zu stecken oder so lange zu überwachen, bis du diese Phase überwunden hast. Ist dir das klar?«

Nadja nickte.

»Denn, Nadja, dein Leben ist nicht allein deine Sache. Hast du schon einmal mit Eltern von Kindern gesprochen, die sich umgebracht haben oder bei einem Unfall ums Leben gekommen sind? Sie erholen sich nie mehr davon. Sie hören nie auf, sich Vorwürfe zu machen. Ihr Leben ist zerstört. Deine Mutter würde immer denken, sie habe Schuld, weil sie darauf bestanden hat, einen Job zu haben und nicht immer zu Hause zu sein. Und dein Vater wäre einfach ein gebrochener Mann, denn du bist seine einzige Tochter. Fünfzehn Jahre lang haben sie mit dir gelebt, sich mit dir gefreut und sich Sorgen gemacht, wenn es dir schlecht ging. Und dann bringst du dich um, und sie fragen sich verzweifelt: Warum? Warum hast du ihnen keine Chance gegeben zu erfahren, was dir das Leben so wenig lebenswert erscheinen lässt? Warum haben sie es nicht verhindern können?«

Nadja lag ganz still in ihrem Bett. Zum ersten Mal in ihrem Leben begriff sie, was sie anrichtete, wenn sie nicht nur ihre Eltern, sondern am Ende sogar Sophie mit der großen Frage alleine ließ, warum sie sie hatten verlieren müssen. »Ich verspreche, dass ich nie wieder so was mache.«

»Kannst du das denn wirklich versprechen?«

»Ja, ich glaube ja. Weißt du, als ich da im Stall auf der Futterkiste stand und Josef hinter mir plötzlich sagte: ›So geht das nicht, Nadja‹, da kam ich mir wirklich lächerlich vor. Josef hat es in seinem Leben so schwer gehabt. Er hätte vielleicht hundertmal einen Grund gehabt, es zu tun, und ich … ich habe doch alle Möglichkeiten und die ganze Zukunft noch vor mir. Ich will leben und einen Freund haben und studieren. Ja, das will ich. Ich höre auf mit dem Gothic-Scheiß.«

»Und Josef?«

Nadja biss sich auf die Lippe. »Aber ich habe doch nicht gesagt, dass er mich überfallen hat.«

»Doch deine Mutter und dein Vater glauben das.«

Nadja hob die Hände an den Kopf. »Ich werde … ich werde mit ihnen reden. Morgen … ich denk mir was aus. Ich bringe das in Ordnung. Das verspreche ich.«

»Gut. Ich verlasse mich auf dich«, sagte Sophie. »Und wenn du mal jemanden zum Reden brauchst, dann ruf mich einfach an.«

Aber im Grunde wäre sie lieber nicht weggefahren. Sie ließ Menschen, die sie in den paar Tagen lieb gewonnen hatte, in einer ungeklärten Situation zurück. Auch Josef, dem sie diesmal Unrecht getan hatte. Und gerade darum musste sie schleunigst weg. Zu sehr mochte sie den stillen, dunkeläugigen Mann und verabscheute die Tat, die er einst begangen hatte. Das ließ sich nicht kitten, weder im Herzen noch im Kopf. Nein, sie würde nie wieder nach Rohenfels zurückkehren.

»Solltest du mir nicht eigentlich noch eine Kleinigkeit sagen?«, fragte Dieter. Er lehnte mit einem Drink am Küchentisch und sah Sophie zu, wie sie den Salat auf den Tellern in ein Kunstwerk verwandelte.

»Was denn?«, fragte Sophie völlig unschuldig zurück.

»Zum Beispiel, dass Mathias' Frau uns zu ihrer Geburtstagsfeier morgen eingeladen hat.«

Sophie blickte ihren Mann überrascht an. »Das hatte ich total vergessen.«

Dieter lächelte. »Zum Glück hat Mathias mich und dich noch einmal extra eingeladen.«

»Du hast doch nicht etwa vor, da hinzugehen?«

»Warum denn nicht? Ich habe Mathias seit fast zwanzig Jahren nicht mehr gesehen. Seine Frau kenne ich kaum und seine Tochter gar nicht. Natürlich fahren wir hin.«

»Ohne mich.« Sophie spürte sofort, dass sie eine Erklärung nachliefern musste und ergänzte eilig: »Ich habe genug von der Fahrerei. Ich will morgen nicht schon wieder stundenlang im Auto sitzen. Außerdem ist Ferienende, da ist die Autobahn ohnehin dicht.«

»Aber Sophie, du musst ja nicht fahren. Das tue ich, und du kannst in aller Ruhe deinen Gedanken nachhängen. Und die Staus gibt es nur in der Gegenrichtung, weil die Skifahrer aus den Alpen heimkommen.«

Sophie ahnte, dass Dieter keine Ausrede akzeptieren würde. »Ich werde trotzdem nicht mitfahren.«

»Und warum nicht, wenn ich fragen darf?«

Sophie nahm die Salatteller, um sie ins Esszimmer nebenan zu tragen. Dort war der Tisch bereits sorgfältig gedeckt. »Weil ich da nicht mehr hinwill.«

Sophie ging ins Esszimmer und stellte die Teller auf die Plätze. Dieter folgte ihr, den Drink in der Hand, blieb aber in der Tür stehen. »Und warum nicht?«

»Die Leute sind mir nicht sympathisch. Was glaubst du denn, warum ich mich mit meiner Arbeit so beeilt habe? Ich bin einen Tag früher fertig geworden als geplant.«

»Das ist ja sehr schön«, erwiderte Dieter mit einem leichten Lauern in der Stimme, »aber du hast mich dadurch des Vergnügens beraubt, dich zum Wochenende da unten zu überraschen und dein Kunstwerk zu bewundern. Und das will ich nun nachholen. Ich möchte doch sehen, was du dort gemacht hast. Habe ich kein Recht darauf, hm?«

Sophie setzte sich. Dieter stellte den Drink in die Küche und nahm ihr gegenüber Platz.

»Dann fahr doch«, sagte Sophie. »Ich hindere dich nicht daran. Herr von Rohenfels ist dein Freund, nicht meiner. Ich muss nicht dabei sein.«

»Das sind ja ganz neue Töne. So kenne ich dich gar nicht, Sophie. Was ist denn vorgefallen?«

»Nichts.« Sophie nahm die Serviette.

»Das glaube ich nicht«, sagte Dieter. »Weißt du, was ich glaube?«

Das war eine Frage, auf die er keine Antwort erwartete. Sie musste ihn nur anblicken. Nie war ihr aufgefallen, wie gerissen und schlau Dieter aussehen konnte. Sie hatte das Gefühl, dass er im Moment ein Gegner war, der sie in der Hand hatte.

»Ich glaube«, sagte Dieter und spießte Salatblätter auf seine Gabel, »dass du was mit Mathias hast.«

Sophie hielt verblüfft inne. »Das ist ja absurd!«

»Nein, überhaupt nicht. Mathias hat am Telefon deine malerischen Qualitäten über die Maßen gelobt. Du hast ihn sehr beeindruckt. Aber er sagte kein Wort über deine körperlichen Reize. Und die sind doch mindestens ebenso beeindruckend wie deine Pinselei, wenn nicht für einen Mann hundertmal beeindruckender.«

»Siehst du!«

Dieter lachte. »Du verstehst nichts von männlicher Psychologie. Ein Mann, der eine schöne Frau nicht schön nennt, der will nicht durchblicken lassen, dass er sich in sie verknallt hat. Und dann kommst du völlig überstürzt von Schloss Rohenfels zurück und reagierst genauso verdruckt wie Mathias, nennst ihn sogar ›Herrn von Rohenfels‹. Für wie blöd haltet ihr beide mich denn eigentlich?«

Dieter stopfte sich den Salat in den Mund. Sophie ließ die Gabel sinken. Das durfte doch nicht wahr sein!

»Aber ich sag dir was«, fuhr Dieter fort. »Ich habe ja Verständnis dafür, dass so was passiert. Es spricht für dich, dass du zurückgekommen bist und auf keinen Fall wieder dorthin willst. Offensichtlich liegt dir doch noch ein bisschen was an mir.«

Sophie legte die Serviette auf den Tisch. »Dieter, das ist eine Geisterdiskussion, die du hier führst. Ich habe nichts mit Mathias.«

»Aha, nun ist er doch Mathias und nicht mehr Herr von Rohenfels. Und wahrscheinlich bist du nur verbittert, weil er dir klipp und klar gesagt hat, dass er nicht daran denkt, sich von Monika scheiden zu lassen. Ja, so ist er. Er hat nie ein Angebot ausgelassen, aber er hat immer an Monika festgehalten. Darin schlägt Mathias seinem Vater nach, vögelt alles, was die Beine breit macht, aber die äußere Fassade bleibt, wie sie ist.«

»Nimm dich zusammen, Dieter! Du wirst beleidigend.«

Dieter legte die Gabel weg. »Ja glaubst du denn, mir macht es Vergnügen, erkennen zu müssen, dass meine eigene Frau zu denen gehört, deren Angebot Mathias nicht ausschlagen konnte? Glaubst du, das ist lustig? Aber gut. Das kann vorkommen. Nur, wenn du mir schon Hörner aufsetzt, dann will ich wenigstens die Wahrheit hören. Dann solltest du auch den Mut haben, es mir ins Gesicht zu sagen. Ich denke, darauf habe ich ein Recht.«

Sophie sprang auf. »Das höre ich mir nicht länger an. Komm erst mal zur Vernunft. Dann reden wir weiter.«

Sie ließ ihn sitzen und ging in ihr Atelier hinauf. Dort blieb sie nicht lange allein. Es wurde die schlimmste Nacht ihrer Ehe.

»Ich weiß doch, dass es dir hier bei mir nicht mehr gefällt«, sagte Dieter. »Deine Malerei ist ein Symptom dafür, dass dir das Leben an meiner Seite nicht mehr genügt. Mach mir doch nichts vor, Sophie. Du langweilst dich mit mir.«

Sophie versuchte ihm zu erklären, dass sie eine Begabung habe, die sie einsetzen und nutzen wolle. Er habe seine Architektur, die ihm Erfüllung verschaffe, und sie habe eben die Malerei. Das habe mit ihm nichts zu tun. Außerdem komme es der Ehe zugute, wenn sie ausgefüllter und zufriedener sei.

»Also gibst du zu, dass du dich mit mir langweilst«, resümierte er mit seiner paranoiden Schlauheit.

»Du langweilst dich mit mir doch auch«, sagte Sophie verärgert. »Jeden Tag um neun gehst du aus dem Haus und kommst erst abends um neun wieder heim.«

»Das ist mein Beruf!«, fuhr Dieter auf. »Damit verdiene ich das Geld, das du mit vollen Händen ausgibst. Davon bezahlst du dein Auto und deine Farben.«

»Und genau darum will ich selber Geld verdienen!«

Vom Atelier über den Flur, die Treppe hinab, durchs Wohn- und Esszimmer hindurch bis in die Küche stritten sie weiter. Sophie warf das Essen in den Müll. Dieter goss sich das Whiskeyglas randvoll.

Er appellierte an ihre Vernunft. Wie sie sich das denn vorstelle? Immer auf Reisen, immer in fremden Häusern malen wie eine Sklavin. Was solle denn aus ihrer Ehe werden. Mehr als ein Taschengeld könne sie doch mit ihrer Malerei nie verdienen. »Wer zahlt denn schon für so einen Kitsch wirklich Geld? Und dafür willst du deine Ehe aufs Spiel setzen?«

»Du stellst unsere Ehe ständig in Frage, nicht ich!«, schrie Sophie außer sich. »Du bist eifersüchtig auf meine Arbeit, auf alles, was du nicht unter Kontrolle hast. Und jetzt fängst du auch noch an, eine völlig absurde Geschichte zu konstruieren, die ich angeblich mit Mathias habe. Wo soll denn das hinführen?«

Gegen Mitternacht ging es dann nicht mehr darum, dass

Sophie um ihre Eigenständigkeit kämpfte, sondern nur noch darum, dass Dieter überzeugt werden wollte, dass sie nichts mit Mathias hatte.

»Ich liebe dich doch, Sophie«, sagte er. »Da darf ein Mann wohl ein bisschen eifersüchtig sein. Das habt ihr Frauen doch auch ganz gern.«

Als Sophie erschöpft schwieg, weil sie nicht mehr wusste, wie sie ihm begreiflich machen sollte, dass sie nicht jedes Mal solche Diskussionen haben wollte, wenn sie von einer Malreise zurückkam, glaubte Dieter bereits, sie hätten alles besprochen, geklärt und sich versöhnt. Als sie sich im Schlafzimmer auszogen, hatte er das Empfinden, Sophie wieder eingefangen zu haben, und versuchte sie zu umarmen. Sie konnte sich ihm entziehen und mit Kopfschmerzen und Erschöpfung argumentieren. Sie begriff ihre eigenen Gefühle kaum, aber sie wusste auf einmal, es war mehr als nur Unbehagen darüber, dass er sie nicht verstehen wollte, nicht zuhörte und sich immer durchsetzte. Es war ihre Niederlage auf ganzer Linie. Er würde nie begreifen, dass sie nicht seine Sophie war, die nach einem Abend Streitereien und Diskussionen und einer Nacht, in der sie kalt nebeneinander lagen, wieder normal wurde und mit ihm zur Geburtstagsparty ins Allgäu fuhr.

Oder vielmehr, sie war genau diese, seine Sophie, die am Ende eben doch nicht alles aufs Spiel setzte, nur weil sie sich in den Gedanken verliebt hatte, als *Trompe-l'œil*-Malerin mehr als nur ein Taschengeld dazuzuverdienen.

Am nächsten Tag diskutierten sie nicht mehr.

Den Vormittag verbrachte Sophie in ihrem Atelier und dachte darüber nach, wie sie das Badezimmer von Rohenfels ausmalen würde, wenn sie den Auftrag annähme. Dieses Badezimmer war wohl einst eine Wohnstube gewesen. Es war groß und verriet noch, dass Schloss Rohenfels ursprünglich eine mittelalterliche Burg gewesen war. Die Wand, um die es ging, lag über der Badewanne und wurde von drei Halbsäulen und zwei gotischen Arkaden gegliedert. Also gab es zwei Flächen. Sophie entwarf eine Landschaft nach van Dyck. Gegen Mittag kam Dieter herauf, um mit ihr zu besprechen, wann sie losfahren mussten. Am Nachmittag befanden sie sich in Dieters Mercedes auf der Autobahn.

Sophie fühlte sich innerlich wie tot und war zugleich zum Zerreißen gespannt.

Im katholisch geprägten Süddeutschland war der 6. Januar ein Feiertag. Als Monika noch Kind war, hatte sie damit gehadert, dass ihr Geburtstag immer auf einen Feiertag fiel und überdies in den Ferien lag. Sie hatte nie Klassenkameradinnen einladen können. Im Yachthafen war nicht viel los, und meist fuhr man über die Feiertage in die Berge nach Österreich. Aber jetzt, da sie und ihr Mann berufstätig waren und Nadja zur Schule ging, schätzte sie es, dass an diesem Tag alle zu Hause waren. In den vergangenen Jahren hatten Mathias und Nadja sie stets an einen schön gedeckten Frühstückstisch geführt, und sie hatten alle zusammen ausgiebig gefrühstückt. Dann machten sie einen Spaziergang. Abends kamen die Gäste.

Aber in diesem Jahr war alles anders. In Monika nagte die Sorge um ihre Tochter, die mit einer Gehirnerschütterung im Bett lag, nachdem sie sich zwei Tage zuvor die Pulsader verletzt hatte, aus Versehen, wie sie behauptete. Dass das ein Versehen war, bezweifelte Monika, obgleich sie wirklich nicht dazu neigte zu hinterfragen, was man ihr erzählte. Sie gehörte zu den Menschen, die es unkompliziert und klar mochten und lieber nur die Oberfläche sahen.

Genauso wenig dachte sie sich viel dabei, wenn Mathias

wortkarg war und von Kopfschmerzen sprach. Sie nahm an, dass es in seinem Geschäft nicht besonders gut lief. Aber sie war weit davon entfernt zu vermuten, dass Mathias ernsthafte Sorgen hatte. Die würde er ihr schon mitteilen, dachte sie. Er war ein beständiger Ehemann, ruhig, aber dabei gleichbleibend zärtlich und relativ aufmerksam. Im Grunde war es ihr ganz recht, dass er zu den Männern gehörte, die meinten vorübergehende Schwierigkeiten mit sich alleine abmachen zu müssen. Monika hätte ihm kaum mit irgendeinem Rat helfen können, wenn er ihr von finanziellen Problemen erzählt hätte. Sie wusste von sich, dass sie nicht sonderlich sensibel war. Aber dieses seltsame Problem, das Nadja hatte, beeinträchtigte ganz entschieden auch ihr Wohlbefinden. Nadja hatte keinen Grund, unglücklich zu sein, und war es doch. Sophie hatte versucht ihr zu erklären, dass Nadja eine Aufgabe fehlte, ein Ziel, ein Problem, das sie mit Engagement und Zähigkeit lösen konnte. Monika fand das schwer verständlich. Ihr wäre es lieber, wenn ihr Leben etwas einfacher gewesen wäre. Nicht immer diese weiten Fahrten nach München zum Beispiel.

Als sie noch ein junges Mädchen gewesen war und Mathias von Rohenfels um sie warb, hatte sie sich darauf gefreut, auf einem Schloss zu leben. Ein Gutteil von Mathias' Charme hatte darin bestanden, dass er nicht nur einen Adelstitel hatte, sondern auch einen Familiensitz. Doch Schloss Rohenfels hatte schnell an Reiz eingebüßt, als Monika merkte, dass man wegen jeder Tüte Milch ins Auto steigen und kilometerweit nach Kißlegg fahren musste. Weder Kino noch Theater waren in bequem erreichbarer Nähe, zur Oper und fürs Ballett fuhr man nach Stuttgart, und die Welt, in der sie ihren Job als Stylistin ausüben konnte, lag in München.

Aber natürlich hing Mathias an Schloss Rohenfels. Und

solange seine Mutter lebte, war auch gar nicht daran zu denken, wenigstens im Winter eine Wohnung in München zu bewohnen.

Dabei wäre es auch wegen Josef besser gewesen. Immer schlich er um ihr Haus. Und jetzt lag Nadja mit Gehirnerschütterung im Bett und wollte nicht mit der Sprache heraus. Das ging so nicht weiter. Mathias hatte gestern ihre Frage, ob er mit Josef geredet habe, ungewöhnlich schroff abgewehrt. Er müsse sich gelegentlich auch mal um seine Geschäfte kümmern. Außerdem solle Nadja sich erst einmal überlegen, was sie für eine Geschichte erzählen wolle. Und was sie denn glaube, was er aus Josef herauskriege.

»Aber das kann man doch nicht einfach auf sich beruhen lassen«, hatte sie widersprochen. Sie hatten sich regelrecht gestritten.

Monika blickte sich im Spiegel ihres Schminktischs an. Ohne Brille sah sie von sich immer nur einen lupenkleinen Ausschnitt im Vergrößerungsspiegel. Sie setzte die Brille auf und schaute zum Bett zurück. Mathias war schon vor einer Weile aufgestanden, um unten die Dinge zu richten, die er anlässlich ihres Geburtstags zu richten für notwendig hielt. Er war so ungeheuer versöhnlich, so friedliebend, fast phlegmatisch. Er besitzt eine dehnbare Seele, dachte sie manchmal. Sie konnte sicher sein, dass er ihr den Streit nicht nachtrug, dass er sie, wenn sie herunterkam, liebevoll küssen würde, entschlossen, den Tag so zu feiern, wie sie ihn immer feierten. Und wieder wurde nichts richtig besprochen. Und am Nachmittag ging dann der Trubel los. Die Catering-Firma kam, die ersten Gäste trafen ein.

Monika stand auf und blickte zum Fenster hinaus. Draußen rieselten Flocken vom Himmel herab. Unten im Tal lag das kleine Haus mit dem Stall, dessen Dach schon fast wieder zugeschneit war. Aus dem Schornstein von Josefs Haus stieg Rauch auf – ein Bild des Friedens. In Monikas Kopf formierten sich ein Gedanke und ein Entschluss.

Sie stieg die Treppe hinab. Mathias empfing sie mit einem Kuss an der Salontür. Auch Nadja war aufgestanden und hatte sich ins Sofa gekuschelt, den Kopf auf ein Kissen gelegt und mit einer Wolldecke zugedeckt. Sie schlang die Arme herzlich um Monika, als sie sich hinabbeugte, um von ihrer Tochter die Glückwünsche entgegenzunehmen.

Ihre Schwiegermutter saß klein und zerbrechlich im Sessel. Auch zu diesem Anlass erhob sie sich nicht. Monika hatte es noch nie erlebt, dass die alte Dame das für irgendjemanden tat. Aber sie lächelte.

Auf dem Tisch hatten die drei Geschenke aufgebaut. Mode- und Kunstbücher, eine Vase und von Nadja eine alte Granatbrosche, die zufällig wunderbar zu Monikas grauer Jacke passte. Sie freute sich angemessen, küsste ihren Mann, umarmte ihre Schwiegermutter und setzte sich zu Nadja aufs Sofa und strich ihr über die Haare.

Immer hatte Monika sich an ihrem Geburtstag im Grunde einsam gefühlt. Nie bedankte man sich so oft wie am Geburtstag, und jeder, der ihr alles Gute wünschte und sie beschenkte, erlangte das Recht, mit ihrem Lächeln und ihrer Zuneigung ausgezeichnet zu werden. Geburtstage waren immer nur für andere da.

Aber Monika neigte nicht dazu zu hadern, außer vielleicht an ihrem Geburtstag, und so fing sie sich schnell. Das war ihr Tag. Also durfte sie bestimmen, was geschehen sollte.

»Hört mal«, sagte sie, »ich habe mir Folgendes überlegt. Ich finde, mit Josef, das geht so nicht mehr weiter.«

Mathias schrak förmlich zusammen und blickte seine Mutter an.

»Ich gehe heute runter und rede mit ihm. Und ich werde herauskriegen, was mit ihm los ist.«

»Wenn du meinst, dass du mehr Glück hast als ich«, bemerkte Mathias, »dann versuch's. Aber er wird dir nichts sagen.«

»Vielleicht muss man es nur diplomatisch anstellen. Er darf nicht immer das Gefühl haben, sich in einer Verteidigungshaltung zu befinden.«

Mathias lachte müde. Seine Monika und Diplomatie passten nicht zusammen.

»Wir behandeln ihn doch wie einen Aussätzigen«, fuhr Monika fort. »Wir wollen gar nicht wissen, wie er lebt und was er denkt. Er ist ein Fremder, vor dem wir Angst haben. Das ist doch die Wahrheit. Aber wenn ich ihn heute Abend zu meiner Geburtstagsfeier einlade …«

»Aber Monika! Was ist denn das für eine Idee? Gestern noch sagtest du, ich solle ihm die Polizei auf den Hals hetzen, und jetzt willst du ihn einladen.«

»Ich meine ja nur. Wir müssen die Strategie ändern. Ich will endlich wissen, was mit ihm los ist. Und damit er nicht den Eindruck hat, dass ich ihn zur Rede stelle, werde ich ihn einladen.«

»Er wird nicht kommen.«

»Um so besser. Was regst du dich dann auf?«

»Ich rege mich doch gar nicht auf. Die ganze Zeit versuche ich, dich davon zu überzeugen, dass wir ihn nicht vorschnell verdächtigen sollten, etwas Unrechtes getan zu haben.«

Mathias blickte skeptisch zu seiner Tochter, die sich in ihren Kissen aufgerichtet hatte und mit klaren und glänzenden Augen das Gespräch verfolgte.

»Ich bin auch dafür, dass wir ihn einladen«, meldete sich Nadja jetzt. »Er hat nichts Unrechtes getan. Er hat immer auf mich aufgepasst, und vorgestern hat er …« Sie holte tief Luft. »Er hat mir das Leben gerettet.«

»Wie bitte?«, sagte Mathias. »Könntest du das ein bisschen genauer erklären, Nadja?«

Sie schien nun doch in ihrem Kissen verschwinden zu wollen. »Nun ja, vorgestern im Stall … also da hätte ich eine Dummheit gemacht, wenn er nicht gekommen wäre und mir gesagt hätte …«

Mathias runzelte die Stirn. »Was soll er denn gesagt haben?«

»Du bist unfair, Papa. Du lässt ihn ja nur nie zu Wort kommen. Mama hat völlig Recht. Du drängst ihn in die Verteidigungsecke und fährst ihn immer gleich an. Aber Josef ist nicht so dumm, wie du ihn immer hinstellst.«

Nadja rollten die Tränen über die Wangen, und Monika zog sie an sich. »Ist ja gut, Nadja. Was hat Josef denn nun gesagt?«

»Ach, nichts Besonderes. Er hat nur gesagt: ›So geht das nicht, Nadja.‹ Aber das war genau das Richtige.«

Ihre Eltern sahen sich etwas ratlos an.

»Da habe ich erst begriffen, was ich für kindische Dummheiten mache. Versteht ihr? Ich wollte mich aufhängen. Ich wollte mich im Stall aufhängen. Wenn Josef nicht gewesen wäre, hätte ich es wahrscheinlich getan.«

Monika drückte ihr Kind erschrocken an sich. Nadja schlang die Arme um ihren Hals und schluchzte. »Ich bin so traurig.«

Mathias fuhr sich über die Haare und stand auf, um ans Fenster zu treten. Hortense von Rohenfels wurde noch etwas kleiner in ihrem Sessel und nagte mit unruhigen Augen an ihrer Oberlippe. Das alles hatte Monika gar nicht auslösen wollen, aber zum ersten Mal seit langem hatte sie das befreiende Gefühl, dass sich wieder etwas bewegte.

Als die Sonne am späten Vormittag durch die Wolken brach, stapfte Monika in ihren Webpelz gehüllt die Stiege zum Talhof hinunter. Die kalte Luft kühlte ihr von der Aussprache im Salon erhitztes Gemüt. Nadja hatte ihren Eltern die Verwirrungen des letzten halben Jahres gestanden. Sophies Erwähnung der Teenagerdepression fiel Monika wieder ein und milderte etwas ihre Schuldgefühle. Aber so ganz konnte sie den Vorwurf nicht abschütteln, sich zu wenig um Nadja gekümmert zu haben oder eine schlechte Mutter zu sein.

Eigentlich ganz schön, die Gegend, dachte sie, um diese Gedanken abzuschütteln. Sie ging viel zu wenig spazieren. Zu selten gönnte sie sich die Schönheit und Ruhe der Landschaft. Normalerweise brauste sie nur mit dem Roadster durchs Allgäu auf dem Weg zum Supermarkt oder nach München oder nach Wangen. Sie war am Bodensee aufgewachsen unter der Kulisse der Alpen. Das sanft gewellte Voralpenland war nie so recht ihre Heimat geworden.

Vor Jahren, als der Talhof noch nicht bewirtschaftet wurde, war Monika einmal hier unten gewesen. Das musste mehr als zwölf Jahre her sein. Damals standen hier zwei graue Gebäude und ein halb verfallener Schuppen ohne jedes Leben. Aber jetzt war das ein belebter Hof. Im Schuppen war ein Traktor. Im Stall kauten Pferde Heu. Der Stallgang war blitzblank gefegt. Das Haus war verputzt und gelblich gestrichen, die Fachwerkbalken leuchteten tiefbraun. Die Fensterläden und die Haustür waren frisch lackiert, die ausgetretene Steinstufe war gefegt.

Monika blieb einen Moment stehen. Sie war sich sicher, dass Josef sie längst gesehen hatte. Sie war zwar kein Kind vom Land, aber sie wusste, dass man auf diesen Höfen nie unbemerkt blieb und darum wartete, bis sich der Bauer zeigte und fragte, was man wolle.

Als Monika auf die Haustür zuging, öffnete sie sich.

»Hallo, Josef«, sagte sie.

Er sah müde aus, irgendwie völlig fertig. Zu einem Lächeln schien er kaum im Stande. Da Monika ohnehin nicht damit rechnete, dass Josef ein Wort herausbrachte, fuhr sie fort: »Ich würde gern mit dir reden.«

Josef trat zurück. Während Monika ihre Schuhe auf einem Putzlappen abstrich, der im Gang lag, öffnete Josef die Tür zur Küche. Der Hund setzte sich vor dem Ofen auf. Aber Josef bedeutete ihm mit der Hand, dort zu bleiben, wo er war. Die Küche, in die Monika eintrat, war ebenfalls ordentlich und sauber. Auf dem hellen Holztisch in der Mitte stand ein Glas Tee, davor sah sie ein aufgeschlagenes Buch.

Wolf legte sich wieder vor den Ofen und blinzelte mit seinen gelben Augen.

Monika drehte sich um. Josef war in der Tür stehen geblieben. Es gab Gesten und Haltungen, die waren eindeutig, wenn man die normale Abfolge eines Besuchs bedachte. Monika zog ihren Mantel aus. Er nahm ihn entgegen und hängte ihn draußen im Flur an ein Holzbrett mit Haken. Erst dann kam er herein und schloss die Tür.

»Mö… möchtest du einen Tee?«

»O ja, das wäre schön. Ja, gern.« Monika spürte, dass sie viel zu viele Worte machte, um ihre Verlegenheit und Anspannung zu überspielen. Es war angenehm warm in der Küche. Aber für Josef, der sich die meiste Zeit draußen herumtrieb, schien es viel zu warm zu sein. Er trug lediglich ein weißes T-Shirt und seine üblichen abgewetzten Jeans. Ihr fiel nicht nur auf, wie muskulös seine Arme waren, sondern auch, wie gut er aussah, schlank und kräftig, wie er war, da er viel körperlich arbeitete. Seine Haut war auch im Winter deutlich dunkler als in dieser Gegend üblich. In seiner Haltung lag eine leise Selbstsicherheit. Sie sah ihm zu, wie er erst ein Teeglas aus dem alten Bauernschrank nahm und dann die Kanne vom Stövchen hob, um einzuschenken, alles mit der rechten Hand. Die linke Hand hatte er in die Hosentasche gesteckt.

»Setz dich, Monika«, sagte er nun, als er sich umdrehte und das Teeglas auf den Tisch stellte. »Du hast heute Geburtstag. Darf ich dir gratulieren und alles Gute wünschen?«

»Danke. Vielen Dank.«

Monika setzte sich. Sie konnte ihr Erstaunen kaum verbergen, ihn so flüssig reden zu hören. Er hatte eine angenehm tiefe, aber leise Stimme. Als er jetzt ihr gegenüber Platz nahm, schaute er schon sehr viel weniger müde und verbittert aus, auch wenn sie seine Augen wenigstens einmal wie vor Schmerzen zucken sah, als er den linken Arm auf den Tisch legte. Mit der rechten Hand klappte er das Buch zu und warf es auf das grüne Sofa. Monika konnte erkennen, dass es sich um Dramen von Tschechow handelte, während Josef seine Hände um sein Teeglas schloss.

Nun war es an ihr, etwas verwirrt zu stammeln: »Ja … äh … Josef, warum ich hier bin … Du weißt ja, dass ich heute Geburtstag habe …«

Josef nickte.

»Na ja, und da habe ich gedacht … also, ich lade ja abends immer ein paar Gäste ein. Und da dachte ich … kurzum, ich wollte auch dich einladen. Also, ich würde mich sehr freuen, wenn du kämst.«

Josef öffnete die Lippen, sagte aber nichts. Er blickte ziemlich ungläubig drein.

»Mathias und Nadja wollen es auch«, fuhr Monika hastig fort. »Und deine Stiefmutter ist ebenfalls nicht dagegen. Wir haben uns gründlich ausgesprochen heute. Nadja hat uns erzählt, dass du sie vorgestern im Stall von einer großen Dummheit, wie sie das nennt, abgehalten hast.«

»Das ist … das ist nicht …«

»Es stimmt doch, Josef? Oder?«

Er atmete aus und setzte noch einmal an. »Ich glaube nicht, dass sie es wirklich getan hätte. Es wäre so auch gar nicht gegangen. Sie hat es sich nicht wirklich überlegt. Ich glaube nicht, dass ihr Angst haben müsst, dass sie sich tatsächlich etwas antut. Sie fiel von der Futterkiste, als ich sie überraschte. Und wenn ich nicht gekommen wäre, wäre das vielleicht nicht passiert. Wie … wie geht es ihr denn?«

»Sie hat eine Gehirnerschütterung. Und sie ist ziemlich durcheinander. Aber ich glaube auch, dass ihr das irgendwie eine Lehre war. Sie hat angedeutet, dass du auf sie aufpasst oder aufgepasst hast. Was hat sie damit gemeint?«

Josef senkte die Augen.

»Du musst dich nicht rechtfertigen«, sagte Monika schnell. »Ich bin nicht gekommen, um dich zur Rede zu stellen.«

Auf Josefs Lippen erschien ein kleines Lächeln. »Es ist so: Im Sommer ist Nadja manchmal bei Vollmond übers Badezimmer und den Holzschuppen hinten aus dem Haus geklettert, um den alten Friedhof von Edenweiler zu besuchen. Ich … ich bin ihr gefolgt. Einmal hat sie mich entdeckt.«

Monika schlug das Herz bis zum Hals.

»Ich glaube, es war ihr ganz recht, mich in der Nähe zu wissen. Friedhöfe sind nachts ein bisschen unheimlich.«

»Ah, so ist das.«

»Ja, so ist das.«

»Dann schulden wir dir also Dank dafür, dass du …«

Josef schüttelte den Kopf. »Seien wir ehrlich, Monika, es ist dir nicht geheuer, dass ich … dass ich ein Auge auf deine

Tochter habe. Das ist mir klar. Aber ich konnte sie nicht alleine nachts auf Friedhöfen herumgeistern lassen.«

Monika senkte verwirrt und verlegen den Blick und nippte an ihrem Tee. »Oh, der ist gut. Der ist ja wirklich gut.«

Josef lächelte, wie sie ihn noch nie hatte lächeln sehen.

»Wir unterschätzen dich immer, gell?«, sagte sie. »Wie ich sehe, liest du Tschechow.«

Jetzt schaute er verlegen aus. Sein Gesicht hatte sich in den zehn Minuten, die sie hier war, völlig verändert. Mit verschlossener, verkrampfter und finsterer Miene hatte er ihr die Tür aufgemacht. Nun aber waren seine Züge entspannt und offen und verrieten eine stille Intelligenz und zurückhaltende Klugheit, die Monika nie an ihm bemerkt hatte.

»Und, wirst du heute Abend kommen?«

Josef schwieg.

»Mir läge daran. Wirklich.«

»Vielen Dank, aber …«

»Lass mich nicht hängen, Josef. Mathias meinte, du würdest nicht kommen. Aber ich möchte, dass du kommst.«

»Es könnte etliche Leute geben, die das nicht verstehen.«

»Na und?« Monikas Augen blitzten herausfordernd hinter den Brillengläsern. »Wer das nicht versteht, der kann ja wieder gehen.«

»Erzwing es nicht, Monika. Ich kann damit leben, aber ihr nicht. Mathias ist auf seinen guten Ruf angewiesen.«

»Aber er ist ausdrücklich einverstanden.«

»Weil er nicht damit rechnet, dass ich so unverfroren sein könnte, mich unter seine Freunde und Geschäftspartner zu mischen.«

»Na gut«, sagte sie und stand auf. »Ich will dich nicht drängen. Du musst selber wissen, was für dich gut ist. Aber bitte überleg es dir noch einmal. Wirst du das tun?«

Josef nickte und erhob sich ebenfalls.

»Vor allem Nadja würde sich sehr freuen. Sie hat uns bittere Vorwürfe gemacht, dass sie ihren Onkel nie hat kennen lernen dürfen.«

In Josefs Mundwinkeln zuckte ein schmerzliches Lächeln. Monika war sich auf einmal sicher, dass sie diesmal ausnahmsweise die richtigen Worte gefunden hatte. Josef würde kommen. Zum ersten Mal in ihrer beider Leben gaben sie sich die Hand. Josefs war kräftig, warm und ruhig, Monikas ein wenig kantig, kühl und hektisch. Aber sie stapfte dann durch leichtes Schneetreiben nach Hause mit dem Gefühl, eine wichtige Sache erfolgreich gemeistert zu haben, und war seit langem mal wieder rundherum zufrieden mit sich.

Josef kraulte seinen Hund, der darüber ziemlich überrascht war, denn sein Herr neigte nicht zu unmotivierten Zärtlichkeiten.

Mit allem hatte Josef gerechnet, nur nicht damit, dass er eine feierliche Einladung nach Rohenfels erhielt. Seit gestern wartete er darauf, dass Mathias ihn zur Rede stellte. Als er nun endlich Monika auf dem Hof hatte erscheinen sehen, hatte er mit einem ziemlich unangenehmen Gespräch gerechnet, das wohl damit enden würde, dass Monika ihn warnte, sich noch einmal ihrer Tochter zu nähern. Er hatte befürchtet, dass er sich gegen Vorwürfe verteidigen musste, die sich aus Nadjas Darstellung des Vorfalls im Stall ergaben, unterstützt vielleicht sogar von Sophies Beobachtungen und ihrem Missverständnis.

Aber offenbar hatte er zu resigniert über seine Mitmenschen gedacht. Nadja hatte ihren Eltern keine Lüge aufgetischt, um ihren Selbstmordversuch zu vertuschen, sondern sie hatte die Wahrheit erzählt. Völlig unerwartet war ihm Gerechtigkeit widerfahren. Er hatte sich am Ende geglaubt, hatte kaum gewusst, wohin mit seiner Verzweiflung und seinen seelischen und körperlichen Schmerzen, und auf einmal saß Monika in seiner Küche und wollte ihn in den Kreis der Familie da oben auf dem Schloss zurückholen. Den verlorenen Sohn. Nadja hatte die Wahrheit gesagt. Zwar erst heute, nachdem Sophie abgereist war, aber immerhin. Sophie würde vielleicht nie erfahren, dass sie ihm Unrecht getan hatte. Aber das war für ihren Seelenfrieden sicherlich sogar besser. Auf seinen Seelenfrieden kam es nicht an. Für ihn gab es hier in diesem Tal auf einmal einen Silberstreifen am Horizont. Er durfte den Berg wieder hinaufsteigen und das Schloss betreten, ohne wie ein Hund fortgescheucht zu werden.

Das war mehr, als er hatte hoffen dürfen. Sie waren bereit, ihm eine Chance zu geben, und vielleicht war er eines Tages im Stande, sie zu nutzen und sich Gerechtigkeit zu verschaffen.

Nur fehlte ihm der Anzug, um heute Abend an einem feierlichen Büfett und Tanz teilzunehmen. Wenn er die Gäste nicht zusätzlich indignieren wollte, dann musste er vor allem anständig angezogen sein. Leider war Feiertag. Die Kaufhäuser hatten geschlossen. Mathias oder Monika zu fragen, ob er sich einen der Anzüge seines Halbbruders leihen könnte, hatte keinen Sinn. Mathias und Josef waren von völlig verschiedener Statur.

Und wieder einmal zog sich Josef die Schäferstiefel an, nahm die Jacke vom Bügel über dem Ofen, schnalzte mit der Zunge, damit Wolf aufstand, und machte sich auf den Weg in den Winternachmittag.

9

Jedes Fenster von Schloss Rohenfels war hell erleuchtet. In der Auffahrt parkten schwere Wagen. Die Catering-Firma aus Wangen hatte ihre Transporter hinters Haus an den Kücheneingang gestellt. Im Salon war ein großes Büfett aufgebaut. Eine Band blies sich ein.

Monika trug ein rotes Schlauchkleid, das ihre überschlanke Figur gut zur Geltung brachte. An ihren Ohrläppchen blitzten Diamanten. Dazu hatte sie das Collier aus Rubinen und Brillanten der Familie Rohenfels angelegt. Am Kamin stehend, empfing sie die Gäste. Alle fielen sie auf die Illusion herein. Die Porzellanvase mit dem Rosenstrauß auf dem Kaminsims reflektierte auf frappierende Weise den Lichterkranz des Kronleuchters, der von der Stuckdecke herabhing.

»Die Künstlerin wird heute auch anwesend sein«, sagte Monika jedes Mal.

Die Künstlerin zog sich gerade um. Monika hatte Dieter und Sophie das Zimmer im Gang zur Küche zugewiesen, das bis vorgestern Sophies Zimmer gewesen war. Dieter kämpfte mit der Bauchbinde des Smokings. Sophie steckte bereits in einem dunkelblauen Seidenkleid, das ihr oben eng anlag und in sanftem Schwung von den Hüften fiel. Ihre Schultern ließ es frei. Im Kontrast zu dem dunklen Blau wirkte ihr Teint noch zarter und auf geheimnisvolle Weise lebendig. Im künstlichen Licht leuchtete ihr Haar kupferrot. Sie hatte es zu einem lockeren Knoten zusammengesteckt, aus dem die Strähnen schwer auf ihren Rücken fielen. Außer einem Paar Ohrstecker aus Lapislazuli trug sie wie immer keinerlei Schmuck, nicht einmal einen Ehering. Sie fügte ihrem Gesicht auch keine Farbe hinzu, sondern unterstrich lediglich das dunkle Braun ihrer Brauen und Wimpern.

»Ich habe doch die schönste Frau von allen«, bemerkte Dieter und küsste sie auf die Schulter. »Kannst du mir helfen, ich kriege den Kragenknopf nicht zu.«

Sophie half ihm. Sie hatte sich inzwischen nicht nur damit abgefunden, dass sie sich wieder nicht gegen Dieter durchgesetzt hatte, sondern sogar damit versöhnt, dass sie hier waren. Dieter hatte sich gleich nach ihrer Ankunft mit Mathias zu einem Gespräch zurückgezogen. Mathias' höfliches Desinteresse an ihr war so überdeutlich gewesen, dass Sophie hoffte, dass dies Dieter überzeugte, dass zwischen ihr und Mathias absolut nichts knisterte. Wenn sie ihm an diesem Abend Gelegenheit gab, mit Argusaugen zu beobachten, ob Mathias ihre Gesellschaft suchte, dann würde er vielleicht begreifen, dass seine Eifersucht lächerlich war, und sich nicht mehr sperren, sie gelegentlich in fremden Häusern malen zu lassen. Insofern hatte dieser Besuch wohl sein Gutes.

»Und wie sehe ich aus?«, erkundigte sich Dieter.

»Stattlich.«

»Nicht gut? Nur stattlich?«

»Dann eben attraktiv«, sagte Sophie.

Dieter zog die Brauen zusammen. Sophie neigte sonst nicht zu einem spöttischen Unterton. Attraktiv war er nicht, das wusste er, trotz seiner Eitelkeit. Attraktiv war an ihm nur Erfolg und Geld, die er verkörperte. Sophie wandte sich dem Fenster zu und nestelte an ihrem Haar herum. Es waren die letzten Sekunden vor dem großen Lächeln, wie Sophie den Auftritt und die anschließenden Stunden gesellschaftlicher Vergnügungen und Pflichten immer bei sich nannte. Sie sah ihr Spiegelbild in der dunklen Scheibe. Über ihrer Schulter gab es einen Lichtreflex, nicht größer als ein Würfel. Sophie schaute genauer hin. Nein, es war kein Reflex, es war ein Licht von draußen, von tief unten. Es war ein Fenster im Talhaus.

»Kommst du?«, sagte Dieter hinter ihr.

Als sie sich eben anschickte, die Augen von dem kleinen gelben Licht inmitten der Finsternis draußen loszureißen, verlosch es.

An Dieters Arm begab sie sich in die Eingangshalle. Mathias und Monika begrüßten eben Bankdirektor Preising mit Gattin aus Wangen. Beide waren klein und rundlich. Er trug einen Smoking, sie ein langes schwarzes Kleid mit glitzernden Pailletten. Sie hielten sich vor dem Kamin auf.

»Ah, da ist sie ja, die Künstlerin!«, rief Monika. »Das ist Frau Benrath … und das ist ihr Mann, Dieter Benrath.«

Das große Lächeln begann. Es gefiel Dieter durchaus, dass seine Frau zunächst im Mittelpunkt des Interesses stand, das er sehr schnell auf sich als den berühmten Architekten zu lenken wusste, der seinerzeit in Wangen die Schule gebaut hatte und dessen Bauten inzwischen überall in der Welt Aufsehen erregten.

»Darf ich Sie nun in den Salon bitten«, sagte Monika schließlich. Mathias ging voran und drehte sich in der Tür um. Sein Blick schärfte sich. Sophie bemerkte, dass auch Monikas Aufmerksamkeit sich auf einen weiteren Gast richtete, und wandte sich ohne allzu große Neugierde um. Gut, dass sie in diesem Moment nicht an Dieters Arm ging. Er hätte ihr Zusammenschrecken sofort gespürt.

Josef war wieder nicht zum Vordereingang hereingekommen, sondern durch die Küche. Da stand er nun in einem überraschend eleganten schwarzen Anzug mit dunkelblauer Satinkrawatte. Das dichte schwarze Haar hatte er nach hinten gebändigt. Er war ernst und blass.

Sophie blickte Monika an. Würde sie eine Szene riskieren und ihn rausschmeißen? Aber zu Sophies Verblüffung lächelte Monika, löste sich aus der Gruppe, die sich vor der Tür zum Salon staute, und ging mit ausgestreckter Hand auf Josef zu.

Da hatte sich etwas grundlegend verändert.

Josef trat Monika entgegen. Auch er kam nicht an dem Kamin vorbei, ohne stehen zu bleiben. Dann, als würde es ihn Überwindung kosten, löste er den Blick von der Illusion und hob ihn, nur um ihn unvermeidlich in Sophies Augen zu tauchen. Er hatte sie sofort gesehen. Und er war darüber nicht minder erschrocken als Sophie, ihn zu sehen.

»Euch brauche ich einander ja nicht vorzustellen«, sagte Monika lachend.

Aber der Mann neben Sophie drehte sich sofort um, ein schwerer Mensch mit rundem Schädel, Doppelkinn und Dreitagebart. Josef wusste, wer er war, ehe Monika ihn vorstellte.

»Das ist Dieter Benrath. Und das ist mein Schwager Josef von Rohenfels.«

Sophie sah, wie sich Dieters Augen prüfend zu Schlitzen verengten. Josefs Blick dagegen war dunkel und scharf.

»Auch wir kennen uns«, sagte Josef auf seine leise und etwas stockende Art, aber so sicher, als hätte er nie in seinem Leben gestottert und gestammelt.

Dieter hatte die Hand nur halb erhoben und ließ sie wieder sinken. »Nicht dass ich wüsste. Sie wurden doch gerade verhaftet, als ich bei Mathias zu Besuch war. Übrigens, zu wie viel Jahren hat man Sie denn damals verurteilt?«

»Zu neun Jahren.«

»Na, jetzt sind Sie ja wieder obenauf.« Dieter grinste, ließ Josef stehen und wandte sich dem Salon zu.

Sophie hatte das Bedürfnis, unverzüglich in Ohnmacht zu fallen, aber leider besaß sie einen sehr stabilen Kreislauf. Monika hätte ihr unbedingt sagen müssen, dass Josef eingeladen war, denn dann hätten sie keine zehn Pferde und keine List und Tücke ihres Mannes dazu bringen können, hierher zu kommen. Aber woher hätte Monika wiederum wissen sollen, in was für eine Lage sie Sophie damit brachte – einerseits bewacht von einem eifersüchtigen Ehemann, der auf nichts anderes aus war, als den Mann zu identifizieren, der ihn hörnte, und andererseits verpflichtet, sich bei Josef mit der Wärme echter Reue für ein fürchterliches Missverständnis zu entschuldigen. Doch in diesem Ambiente des großen Lächelns war sie zu freundlicher Kälte verdammt.

Josef ließ allen den Vortritt und betrat als letzter den Salon, der in festlichem Glanz erstrahlte. Die Lüster an der Decke tauchten das üppige Büfett unter den schweren alten Bildern in Goldrahmen, das schimmernde rotbraune Holz einer Anrichte mit Intarsien, auf der sich Porzellan mit Goldrand stapelte, und die kleinen Tische und grünsamtenen Rokokostühle und schweren Sessel am Fenster in ein fremdartiges Licht.

Sophie sah, wie Mathias Josef zu einer ein wenig linkischen brüderlichen Begrüßung die Hand auf die Schulter legte und wie Josefs Gesicht vor Schmerzen zuckte. Es fuhr ihr wie ein Messer in die eigene Seele. Sie zwang sich, den Blick abzuwenden. Auf keinen Fall durfte sie Josef den ganzen Abend beobachten. Doch kaum hatte sie das beschlossen, fanden ihre Augen erneut den Weg durch die Menschen, die sich im Salon drängten, und sie sah, wie er sich der alten Hortense von Rohenfels näherte, die in einem langen weinroten Kleid bei den Fenstern der Ecke im Salon saß und sich von den Herren die Hand küssen ließ.

»Ob das gut geht?«, hörte Sophie auf einmal Monika neben sich seufzen. Sophie erinnerte sich daran, wie die alte Dame hoch aufgereckt den unehelichen Sohn ihres Gatten aus dem Haus warf und sie dann vor ihm warnte. Mit angehaltenem Atem starrten die beiden Frauen auf das, was sich am anderen Ende des Festsaals, von den meisten unbemerkt, ereignete. Mathias war der Dritte, der vom Büfett aus dorthin blickte, regungslos und mit einem Teller in der Hand.

Die alte Dame hatte sich für niemanden erhoben und erhob sich auch jetzt nicht. Monika und Sophie sahen Josef mit allen Anzeichen der Ehrerbietung bei ihr anlangen. Er streckte die Hand aus. Einen Moment lang schaute es so aus, als würde Hortense von Rohenfels ihm die ihre verweigern, doch dann streckte sie sie ebenfalls aus, zögernd und etwas bockig. Josef ergriff ihre Hand und beugte sich nicht nur hinab, sondern sank sogar aufs Knie. Da fuhr die alte Dame ihm mit der anderen Hand einmal rasch über den Kopf.

»Mein Gott!«, stöhnte Monika. »Ich werde ohnmächtig. Dieser Teufelskerl. Auf einmal versteht er es, Herzen zu gewinnen.« Sie lachte plötzlich und umarmte Sophie. »Ich bin so glücklich. Wie schön, dass du … dass Sie gekommen sind, Sophie. Ach, lass uns duzen, ja? Sie … äh … du gehörst doch inzwischen schon fast zur Familie. Und wenn du unser Bad ausmalst, dann wirst du ja wochenlang hier wohnen. Ich freue mich darauf, wirklich!«

Sophie blickte sich nach Dieter um, aber er konnte Monika nicht gehört haben. Er stand in einer Gruppe um den Bankier Preising.

Darüber reden wir noch, wollte Sophie zu Monika sagen,

aber die Gastgeberin hatte sich bereits hastig anderen Leuten zugewandt.

Im Gegensatz zu Sophie musste Josef sich keinen Zwang antun, sie nicht ständig anzustarren. Er tat es unauffällig und vom Hintergrund aus, in dem er sich aufhielt, meistens schweigend und von den Gästen, die sich alle untereinander kannten und darum angeregt unterhielten, weitgehend unbeachtet. Wenn Sophie seinem Blick entschwand – und sie schien genau darauf großen Wert zu legen, weshalb er sich Mühe gab, stets den größtmöglichen Abstand zu ihr zu wahren –, dann musterte er diesen Mann, diesen Dieter Benrath. Ausgerechnet der war ihr Ehemann. Hatte Benrath ihn wirklich nicht erkannt? Konnte er ihn vergessen haben? Fast wäre Josef an sich irre geworden. Dieser Mann hatte nicht immer dieses Gewicht gehabt und dieses Doppelkinn und die angegrauten Stoppelhaare auf dem runden Schädel. Aber er war es. Josef hatte, als sie sich begegneten, auch nicht gewusst, dass er Dieter Benrath hieß. Sein Prozess wäre vielleicht anders verlaufen, wenn er damals diesen Mann als Zeugen hätte benennen können.

Und nun, nach all den Jahren, lief er ihm wieder über den Weg, ausgerechnet als Ehemann der Frau, die Josef mehr liebte als sein Leben, sein Glück oder die Gerechtigkeit.

»Na, unterhältst du dich gut?«, sprach ihn plötzlich Mathias von der Seite an.

Josef lächelte über den nicht ganz fairen Scherz. Er unterhielt sich überhaupt nicht. Was hätte er auch mit Bankier Preisung zu besprechen gehabt. Und wenn ihn einer stets wegen seiner fehlenden rednerischen Gewandtheit angefahren hatte, dann Mathias. Er schien sich immer geärgert zu haben, dass sein Halbbruder so einen blödsinnigen Eindruck machte.

»Wie geht es Nadja?«, erkundigte sich Josef, nachdem er

sich überlegt hatte, dass er Mathias dieselbe Frage ruhig noch einmal stellen konnte, die er am Vormittag Monika gestellt hatte.

»Ganz gut. Aber sie hat selber eingesehen, dass sie heute Abend doch besser im Bett bleibt. Kopfschmerzen überzeugen schließlich auch ein fünfzehnjähriges Mädchen. Außerdem habe ich den Verdacht, dass sie nicht mehr jung genug ist, um solche Feiern interessant zu finden, und noch nicht alt genug, um Gesprächen mit älteren Herrschaften einen Reiz abzugewinnen.«

»Darf ich ihr etwas vom Büfett hinaufbringen?«, fragte Josef.

»Aber sicher doch. Mach das. Da wird Nadja sich bestimmt freuen. Gute Idee. Übrigens, vielen Dank, Josef. Monika hat mir alles erzählt.«

Darauf zu reagieren, überforderte Josefs Redekünste nun doch. Aber Mathias schien es auch ganz recht zu sein, dass sein Halbbruder nicht immer das letzte Wort haben musste. Er klopfte ihm noch einmal und diesmal noch herzlicher auf die Schulter.

Als der Schmerz nachließ, häufte Josef am Büfett allerlei Köstlichkeiten auf einen Teller und begab sich in die Halle und durch das stille, hell erleuchtete Haus nach oben bis unters Dach zu dem Zimmer, das einst einmal seines gewesen war.

Er klopfte, Nadja antwortete, und er trat ein.

»He!« Das Mädchen richtete sich in den Kissen auf. »Du bist's. Ich dachte schon, ihr habt mich alle vergessen. Hm, das sieht lecker aus.«

Josef reichte ihr Teller, Serviette und Gabel und setzte sich auf die Bettkante. Nur die Nachttischlampe brannte. Die Düsterheit der schwarzvioletten Wände tat seinen Augen weh, aber die echte Freude auf Nadjas Gesicht, die tat ihm wohl. Er bezwang seine Dankbarkeit dafür, dass Nadja ihm mit ihrer Ehrlichkeit zu einer gewissen Rehabilitation verholfen hatte. Er musste Nadja nicht jetzt mit seinen Gefühlen erschrecken. Aber was sollte er sagen?

Nadja nahm ihm die Überlegungen ab.

»Und, wie ist das Fest?«, erkundigte sie sich.

Josef dachte unwillkürlich an Sophies Tipp: Lügen! »Schön«, antwortete er. »Die Herren sind fast alle im Smoking, die Damen glitzern und duften.«

»Und wer ist die Schönste?«

»Sophie!«, sagte er völlig ungebremst.

Nadja lachte. »Als artiger Gast und Schwager hättest du allerdings Mama zur Schönsten erklären müssen. Und Vorsicht, Onkel Josef, Sophie ist verheiratet. Ihr Mann soll auch da sein. Sie hat mich ja besucht, als sie ankamen, aber ihn habe ich nicht zu Gesicht gekriegt. Was ist er denn für ein Typ?«

»Das … das kann ich dir nicht sagen.«

»Wieso? Hast du ihn nicht gesehen?«

»Doch. Er ist … ich weiß nicht, wie ich ihn beschreiben soll.«

»Na, groß, klein, dick, dünn, gut aussehend, hässlich, glatzköpfig …« schlug Nadja vor.

Josef schüttelte den Kopf.

»Ist er wenigstens sympathisch?«

»Nein.«

Nadja lachte. »He, Josef, du hast dich doch nicht etwa in Sophie verliebt?«

»Nein.«

»Auch nicht ein kleines bisschen?«

Josef lächelte. »Ich wäre wohl kein Mann, wenn ich mich nicht selbstverständlich ein kleines bisschen in sie verliebt hätte, hm?«

»Warum hast du eigentlich keine Frau?«

»Wer … wer hätte mich denn …« Josef brach ab. »Ich habe eben noch nicht die Richtige gefunden. Bist du nicht ein bisschen zu alt für solche indiskreten Fragen?«

»Na hör mal. Ich weiß fast nichts über dich. Du bist zwar mein Onkel, aber ich habe doch praktisch nie mit dir geredet.« Nadja stopfte sich den Mund mit den Köstlichkeiten voll, die Josef mitgebracht hatte. »Übrigens, du siehst umwerfend aus, Josef. Hat dir das schon jemand gesagt? Steht dir wirklich gut, so ein Anzug. Solltest du öfter tragen.«

»Er gehört mir gar nicht. Ich habe ihn vom Mosegreutbauern geborgt. Es ist sein Originalhochzeitsanzug von vor vierzig Jahren, aber der Enkel meint, der Schnitt sei wieder hochaktuell.«

Nadja lachte vergnügt. Unversehens befanden sie sich in einer Plauderei über Mode, bei der Josef nicht recht mithalten konnte, aber Nadja umso mehr Beredsamkeit entfaltete. Sie hatte einen solchen Sinn für Kurioses und Komisches und verstand es so gut, Menschen und ihr Gebaren zu beschreiben, dass Josef mehrmals laut auflachte.

Schließlich wurde Nadja müde. Josef verabschiedete sich von ihr und nahm den halb leeren Teller mit. Unten drückte er ihn jemandem von der Catering-Firma in die Hand.

Als er wieder in den Salon trat, begann die Kapelle gerade einen Wiener Walzer zu spielen. Sie hatte sich im Esszimmer in den weit geöffneten Schiebetüren aufgebaut. Es fanden sich sofort einige Paare zusammen, die sich auf dem Parkett im Salon drehten. Josef war ein guter Tänzer. Er hatte sich in seiner Jugend auf jedem Dorfschwof blicken lassen. Wenn er tanzte, dann hatte er die Mädchen für sich gewinnen können. Oft hatte er dafür einen Anmarschweg von Stunden in Kauf genommen. Das zu Fuß Unterwegssein war überhaupt ein Wesenszug von ihm, der ihm ja dann auch zum Verhängnis geworden war.

Josef suchte zuallererst mit den Augen nach Sophie. Sie stand neben ihrem Mann, der in der Gruppe offensichtlich das Wort führte. Sie lächelte, aber Josef spürte, wie unwohl sie sich fühlte. Vermutlich lag es daran, dass er hier war. Seine Gegenwart schien Sophie physisch unangenehm zu sein. Er beschloss, sich so bald wie möglich unauffällig zurückzuziehen.

Aber nun bot die Kapelle den Tänzern zur Erholung einen langsamen Walzer an. Josefs Auge fiel auf Hortense von Rohenfels, die Frau, die ihm die Mutter ersetzt hatte und für ihn immer seine Mutter gewesen war. Auch sie schien sich nicht sonderlich gut zu unterhalten. Einem spontanen Impuls folgend, näherte er sich ihr, streckte die Hand aus und verbeugte sich vor ihr. Sie zierte sich erst, wehrte ab, doch dann erwiderte sie Josefs Lächeln und ließ sich von ihm auf die Tanzfläche führen.

Er hielt sie mit großer Vorsicht. Eine Weile waren sie die einzigen auf dem Parkett, die zerbrechliche würdevolle alte Dame in ihrem dunkelroten Samtkleid und der schlanke junge Mann, den keiner persönlich, dessen Geschichte aber jeder kannte, dann führte auch Mathias seine Frau auf die Tanzfläche. Aber für einen echten Walzer war Monikas Schlauchkleid zu eng. Sie überließ ihren Mann der Gattin des Bankiers Preising und gesellte sich zu Sophie, die sich ans Büfett zurück gezogen hatte. Niemand sah Sophie an, mit welchen Gefühlen sie kämpfte. Nicht einmal ihr eifersüchtiger Mann hätte hinter ihrer klaren Stirn und dem Lächeln auf ihren Lippen vermuten können, dass sie im Moment mit jeder Faser ihres Wesens wünschte, sich in Josefs Armen auf der Tanzfläche drehen und sich vergessen zu dürfen. Sie hatte sich in ihn verliebt, das war die schreckliche Wahrheit. Ihr Körper sehnte sich verzweifelt nach seiner Nähe, nach der Wärme seiner Hände, nach seinem Körper, nach dem Gleichtakt ihrer beider Atem, nach seinem Kuss. Und das durfte nicht sein.

»Na, hast du nicht Lust, mit Dieter ein Tänzchen zu wagen?«, fragte Monika.

»Wie?« Sophie fuhr zusammen. »Nein, Dieter tanzt nicht.«

»Ah. Aber es sind ja genug Männer da, die … Mathias!«

»Nein, lass mal«, sagte Sophie rasch. »Ich … äh … du weißt ja, mir liegt eigentlich nur der Paso doble.«

Monika lachte. »Ach ja, der Tanzverein in eurem Hotel.« Sie unterbrach sich, denn soeben langten ihre Schwiegermutter und Josef bei ihr und Sophie an.

Die Äuglein der alten Dame glitzerten, und auf ihren Wangen lag ein Hauch Rot. »Ich kann's doch noch«, sagte sie. »Dabei hab ich seit zwanzig Jahren nicht mehr getanzt. Aber Josef tanzt ganz wie sein Vater.«

In diesem Moment wechselte die Kapelle zum Paso doble.

»Oh!«, rief Monika und wandte sich zu Sophie um, die im Begriff war, sich zu verziehen. »Hier, dein Tanz. Und da ist auch gleich der ideale Partner für dich.«

Auf einmal standen Sophie und Josef voreinander und blickten sich erschrocken an. Aber es gab keinen Ausweg mehr. Im nächsten Moment fühlte Sophie sich von ihm aufs Parkett geführt.

»Du musst nicht mit mir tanzen«, raunte er ihr zu. »Ich werde mir sofort den Fuß verknacksen.«

»Nein«, erwiderte Sophie. »Keine Szene!«

Er sah ernst aus, als sie sich nun einander zuwandten. Vielleicht, dachte Sophie, lehnte auch er prinzipiell jeden weiteren Kontakt mit ihr ab, sehr wahrscheinlich sogar. Er war ihr böse, er musste von ihr bitter enttäuscht sein. Und nur, weil es die äußere Form verlangte, nahm er vor ihr Aufstellung und umfasste sie, mit gesenkten Lidern knapp über ihre Schulter hinwegblickend, wie es sich für diesen Tanz gehörte. Beim Paso doble verkörperte der Tänzer den Torero, der mit seiner Muleta, der Tänzerin, den Stier herausforderte. Sophies blaues Kleid umfloss den schlanken dunkelhaarigen Josef, und ihre kupferrote Mähne sprühte, wenn er sie an sich zog und sich und sie vor dem gedachten angreifenden Stier in Sicherheit brachte.

Alsbald bildeten die Gäste einen weiten Kreis begeisterter Zuschauer. Sophie hatte gelernt, eine Tanzfläche auszunutzen, und Josef merkte schnell, dass er um sich herum mehr Platz zur Verfügung hatte als jemals zuvor auf irgendeinem Bretterboden in der Wiese oder in einem Lokal auf dem Dorf. Sophie lag so leicht in seinem Arm, dass er die Wunde auf seiner Schulter und die Nähte kaum spürte. Oder war es nur das Glück, sie halten und führen zu dürfen, das ihn sich selbst und seine Schmerzen vergessen ließ? Für diese kurzen Minuten durfte sie ihm noch einmal so nahe sein, als wäre sie ein Teil von ihm selbst, sein Leben. Dann musste er sie für immer loslassen. Sie gab sich in seine Hände, als hätten sie von jeher miteinander getanzt. Kleine Unsicherheiten in der Abstimmung fing er ab. Sophie spürte, was für ein sicherer Tänzer er war, sensibel für ihre Impulse und klar in seiner Führung. Sie fühlte sich ihm zum Verzweifeln vertraut. Für diese wenigen Minuten nur dachte sie nicht nach, wollte nichts wissen von dem, was zwischen ihnen stand, genoss die erregende Nähe eines starken, aber sanften Mannes, der sie hielt, auffing, umfing und beim letzten Akkord schließlich sachte aus seinen Armen entließ.

Josef verbeugte sich leicht vor ihr.

Die Umstehenden applaudierten und riefen »Olé!« und »Dacapo!«

Er sah sie an. Auf seinen halb geöffneten Lippen lag ein leichtes Lächeln, das sich schnell verflüchtigte und einem bitteren Ernst Platz machte, als sie kaum merklich den Kopf schüttelte. Er ließ ihre Hand seiner entgleiten und brachte sie zu Monika zurück, wo sofort Mathias um die Ehre bat, mit Sophie einen harmlosen Foxtrott zu tanzen. Eine Bitte, die Sophie ihm nicht gut abschlagen konnte, obgleich Dieter sofort seinen Blick schärfte.

Im Gegensatz zu Josef sah Mathias sie beim Tanzen immer wieder an. Und da er kein sonderlich guter Tänzer war, fasste er sie auch weiter auf den Rücken und enger, als es nötig war.

»Ihr habt euch verraten!«, zischte Dieter ihr nach dem Tanz ins Ohr, als sie an ihm vorbei zum Büfett wollte, um sich etwas zu trinken zu holen.

»Hör doch endlich auf damit!«, entgegnete sie leise.

Da wurde sie aber auch schon von Bankier Preising angesprochen, der sich umständlich lobend über das Gemälde in der Eingangshalle äußerte und sich erkundigte, ob sie wohl auch andere Dinge malen könne, zum Beispiel eine toskanische Landschaft. Er habe in seinem Büro in Wangen eine große weiße Wand, die ihm nie recht gefallen habe.

Sophie antwortete zurückhaltend interessiert und deutete vage an, dass sie natürlich schauen müsse, wann es terminlich für sie machbar sei. Eine Visitenkarte, log sie, habe sie leider nicht hier, aber Frau von Rohenfels sei autorisiert, ihre Telefonnummer weiterzugeben. Kaum hatte Preising das Thema angeschnitten, versammelten sich noch andere um sie, mehr Frauen als Männer, die von Badezimmern, Fluren, Werkstattwänden, stillen Örtchen und Veranden sprachen, auf die sie sich Urlaubsträume und andere Schönheiten der Welt holen wollten. Die toskanischen Landschaften schienen sehr begehrt. Allerdings hatte Sophie keine Ahnung, was diese Landschaft eigentlich vor allen anderen auszeichnete. Später lernte sie, dass man grüne zuckerhutähnliche Berge malte und dann einen breiten Pinsel nahm und zügig alle Täler in nebliges Weiß tauchte.

Die meisten reduzierten ihr Interesse deutlich, als ihnen bewusst wurde, dass toskanische Landschaften in Badezimmern etwas kosteten, obgleich Sophie immer noch den Eindruck hatte, mit ihrem Preis weit unter dem zu bleiben, was als Mindeststundenlohn auf dem Bau gezahlt wurde. Während sie zum wiederholten Mal die neugierige Frage beantwortete, wie sie denn eigentlich auf die Idee gekommen sei, auf den Kamin in der Halle diese wunderbare Vase mit den Rosen zu stellen, wurde ihr klar, dass sie nicht übermorgen und auch nicht in einem halben Jahr als Malerin finanziell auf eigenen Beinen stehen würde.

Irgendwann zu unbestimmter Stunde kam sie dazu, sich zu erinnern, dass sie eigentlich etwas hatte trinken wollen. Die Kapelle war zu einem langsamen Blues übergegangen. Sophie wurde sich bewusst, dass sie die ganze Zeit gegen einen übermächtigen Geräuschpegel angeschrien hatte. Dieter war nicht zu sehen. Aber wahrscheinlich wäre er ohnehin noch nicht zum Gehen zu bewegen gewesen. Es war erst halb zehn, wie Sophie auf der Uhr einer neben ihr stehenden Dame sah. Sie hatte das Bedürfnis nach Luft und Ruhe. Nadja fiel ihr ein. Eine gute Ausrede. Sie konnte Nadja besuchen gehen. Das arme Mädchen.

Sophie schlüpfte in die kühle Eingangshalle. Ihr Kamin sah wirklich täuschend echt aus in dem künstlichen Licht. Sie raffte ihr Kleid und stieg langsam die barocke Treppe hinauf. Eigentlich muss man hier an diese Wände eine Ahnengalerie malen, dachte sie. Schwere Goldrahmen, eingedunkelte Ölbilder. Die Wände im ersten Stock waren wiederum nicht großflächig genug für eine optische Täuschung, aber da drüben in der dunklen Ecke hätte man einen Armleuchter malen können. Es wäre eine echte Herausforderung an die perspektivische Trickkiste gewesen, damit man erst im letzten Moment bemerkte, dass er nicht echt war.

Während sie sich die Ecke besah, fiel Sophie auf, dass die Tür dort eine Handbreit offen stand. In dem Raum dahinter brannte Licht. Sophie tippte die Tür an. Bücherregale reichten vom Boden bis zur Decke. Ein dicker Stuckkranz umgab den Sockel, an dem der Kronleuchter hing. Sophie ließ die Augen die Deckenkanten entlanggleiten. In den Ecken befanden sich Schilde mit Akanthusblättern. Die Bücherregale wurden oben von geschwungenen und geschnörkelten Segmentbögen abgeschlossen und bildeten, eines neben dem anderen, regelrechte Arkaden, die den Raum beherrschten, in dem sonst nur noch ein Tisch und ein Stuhl waren.

Erst als Sophie sich wieder dem Ausgang zuwandte, sah sie Josef, der im Schatten der Tür an einem Regal stand und ein Buch in der Hand hielt.

Er bewegte sich nicht und schwieg.

»Josef ...«, begann sie. Während sie sich räusperte, hob er den Kopf. Es kam Sophie so vor, als wollte er sie warnen oder bitten, ihm nicht noch mehr wehzutun, als sie es ohnehin schon getan hatte.

»Es tut mir Leid, was geschehen ist«, sagte sie. »Ich ... ich habe die Situation im Stall falsch verstanden. Ich wollte dir nicht ...«

»Ich weiß.«

Sophie zog die Brauen zusammen. »Was weißt du?«

»Du ... du wolltest mir nicht unbedingt zu Unrecht eins

überbraten. Aber es hätte ja auch Nadjas einzige Rettung sein können. Das ist das Problem. Das weiß man bei mir nie.«

»Es tut mir wirklich Leid«, sagte sie, betroffen von seinem harten Ton. »Ich habe keine Ahnung, was in mich gefahren ist. Ich hätte … ich hätte nicht einfach … ich hätte dich vorher ansprechen müssen.«

»Es gibt Situationen, da ist es besser, erst zu handeln und dann zu fragen«, entgegnete er rau.

»Was willst du damit sagen?«

Josef schüttelte den Kopf. »Gegen einen … einen … » Er ächzte und wandte sich halb ab. »Gegen einen Vergewaltiger hilft nur äußerste Entschlossenheit. Das Einzige, was sie fürchten, ist, dass eine Frau stärker ist als sie. Du hast also völlig … richtig gehandelt.«

Sophie erschrak. »Aber es war doch ein Missverständnis, oder?«

»Ja, allerdings.«

»Außerdem hast du mich auch noch vor dem Angriff deines Hundes bewahrt, der dich verteidigen wollte.«

Josef richtete seine dunklen Augen forschend auf sie.

»Und ich fürchte, dein Hund hat das alles noch weniger begriffen. Auch das tut mir Leid. Ich verstehe es durchaus, wenn du mir das nicht so ohne weiteres verzeihen kannst.«

»Nein, nein«, sagte er erschrocken. »Entschuldige. Das ist es nicht. Ich versuche nur zu sagen, dass es nichts zu verzeihen gibt.«

Sophie war mehr als verwirrt. Er hätte ihr böse sein müssen, und er war auch irgendwie verbittert, aber er schien ihr nichts vorwerfen zu wollen, nicht einmal, dass sie kopflos gehandelt hatte. Was sollte sie dazu noch sagen? Was erwartete er noch von ihr? Dass sie ihn fragte, ob er auch damals zu Unrecht verurteilt worden war? Aber das konnte sie nicht, denn, so sehr sie auch wollte, warum hätte sie ihm glauben sollen, wenn er beteuerte, die Tat nicht begangen zu haben. Warum war er dann nicht in die Revision gegangen? Auf der anderen Seite wollte sie auch nicht von ihm hören, wie er versuchte seine damalige Untat zu erklären und mit jugendlicher Verwirrung und Dummheit zu entschuldigen. Das hätte sie nicht ertragen. Und so ging es ihr auf einmal so wie sonst immer nur Josef. Ihre Gedanken lähmten sich gegenseitig im Kopf, und sie wusste nicht, wie sie auch nur einen artikulieren sollte.

Eine Bewegung von Josef riss sie aus ihrer inneren Lähmung. Er stellte das Buch, das er in der Hand hielt, ins Regal zurück.

»Eine schöne alte Bibliothek«, bemerkte Sophie in ihrer unendlichen Verlegenheit.

»Ja. Es ist achtzehn Jahre her, dass ich zuletzt hier oben war. Sie stammt noch von meinem ... meinem Vater. Er liebte die russischen Schriftsteller. Wenn es regnete und ich gar nicht raus konnte, habe ich meine Nachmittage hier verbracht.« Josef wandte sich ihr zu. »Als mein Vater starb, war ich zehn Jahre alt. Und diese Bibliothek hier war für mich alles, was mir von ihm blieb. Immer habe ich mich gefragt, was er sich eigentlich dabei gedacht hat, als er mich von meinen Pflegeeltern in Wangen weg auf Schloss Rohenfels holte. Ich hoffte, die Bücher würden mir eine Antwort darauf geben, wie er gedacht hat und woran er glaubte. Ich habe vieles gelesen, das ich gar nicht verstanden habe. Dostojewski, *Der Spieler* und ... und *Schuld und Sühne*.«

Deutlicher hätte er ihr kaum die Frage in den Mund legen können, ob er seine Schuld als gesühnt betrachte. Aber sie blieb stumm.

Die Bewegung hin zum Bücherregel hatte Josef aus dem Schatten der Tür gebracht. Das Licht des Kronleuchters in dem Kranz von Crinners Stuck sprühte metallische Funken in sein pechschwarzes Haar. Er sah sehr elegant aus, so als werde er eines Tages als einer der Noblen in einem goldenen Rahmen in Öl gemalt in der Ahnengalerie von Rohenfels hängen.

»Und wo hast du so gut tanzen gelernt?«, fragte Sophie unwillkürlich und ganz im Bann seiner Erscheinung.

Josefs sensible Brauen zuckten. »Als … als junger Bursche war ich auf jedem Dorftanz. Wenn sie mit mir tanzten, haben die Mädchen vergessen, dass ich nicht vernünftig reden konnte. Aber es hat mir nicht viel genützt. Im Gegenteil. Es wurde mir zum … zum Verhängnis, dass ich …«

»Josef! Nein! Ich will nicht. Ich kann mit dir darüber nicht reden.«

Er senkte betroffen die Lider. »Verzeihung. Ich … ich dachte … aber ich habe dich falsch verstanden. Keine Sorge, ich werde dich nicht damit behelligen. Nie wieder.«

Erneut sah sie diese Resignation in seinem Gesicht, dieses Aufgeben. Es mochte ja sein, dass er bereute, sicherlich sogar. Aber sie hielt das nicht aus, weder den Schmerz in ihrer eigenen Seele noch den in seinem Gesicht, und stürzte zur Tür hinaus auf den Flur. Aufgewühlt, wie sie war, wollte sie sich weder Nadja präsentieren noch unten der lauten Gesellschaft. Ein Schluck kalten Wassers würde ihr vielleicht gut tun. Das Badezimmer war ein stiller Ort. Sophie kühlte sich die Schläfen und setze sich auf den Badewannenrand.

So fand sie Nadja, als sie hereinkam, um sich ein Glas Wasser zu holen. »Was ist?«

»Nichts«, antwortete Sophie. »Was macht dein Kopf?«

»Wenn ich liege, geht's, aber …« Nadja hielt sich am Waschbecken fest.

Sophie sprang auf und hakte sich bei ihr unter. »Komm,

ich bring dich zurück ins Bett.« Sie füllte ein Zahnputzglas mit Wasser, das Nadja in einem Zug austrank.

Als die beiden auf den Flur hinaustraten, kam gerade Dieter mit langen Schritten die Treppe herauf.

»Ah, hier bist du, Sophie. Ich suche schon eine Weile nach dir. Du warst plötzlich verschwunden.« Er blickte das junge Mädchen neugierig an, das da in weißem Gewand mit schwarzem Samtüberwurf, langen teerschwarzen Haaren und einem zarten Feengesicht an Sophies Arm ging. »Und du bist dann wohl Nadja.«

»Nadja von Rohenfels«, sagte Sophie formell. »Und das ist mein Mann.«

»Du bist ja eine richtig hübsche junge Dame geworden«, meinte Dieter. »Ich verstehe nicht, wie Mathias da die Nerven haben kann, seinen Halbbruder ins Haus zu lassen. Also mir wäre das zu riskant.«

Sophie spürte, wie Nadja an ihrer Seite erstarrte.

10

»Musste das sein?«, sagte sie, als Dieter und sie endlich im Auto saßen und durch das nächtlich dunkle Edenweiler rollten. »Musstest du vor Nadja ihren Onkel in ein schiefes Licht rücken? Musstest du ihn zur Begrüßung unbedingt fragen, wie lange er gesessen hat?«

»Musstest du unbedingt mit Mathias tanzen?«

Sie stritten sich auf der ganzen Heimfahrt. Dieter fuhr viel zu schnell.

»Und wie kommt es, dass Monika mir freudestrahlend erzählt, dass du ihr Badezimmer ausmalen wirst?«, verhörte er sie. »Wieso weiß ich nichts davon? Wieso erfahre ich das nicht von meiner eigenen Frau?«

»Weil ich überhaupt nicht vorhabe, es zu machen.«

»Ich hätte es dir auch gar nicht erlaubt.«

»Du hast mir weder etwas zu verbieten noch zu erlauben«, sagte Sophie müde, erschöpft und zornig.

»Aber ich habe sehr wohl das Recht zu verhindern, dass meine Frau mit einem anderen Mann ins Bett geht.« Dieter verstieg sich zu der gewagten Theorie, dass Sophie ihn von seinem Verdacht gegen Mathias habe ablenken wollen, indem sie mit diesem zwielichtigen Halbbruder vom Charme eines Hufschmieds im Sonntagsstaat einen spektakulären Schautanz hinlegte. »Du hast wohl gedacht, dann bemerke ich dein Geschmuse mit Mathias nicht.«

»Komm, lass gut sein. Konzentrier dich lieber auf die Straße.«

Insgeheim hoffte sie, dass sie in eine Alkoholkontrolle gerieten und Dieter seinen Führerschein verlor. Mit einem Mal wurde ihr klar, dass sie ihrem Mann die Pest an den Hals wünschte. In Stuttgart ankommen, Dieter im Wohnzimmer vor der Hausbar stehen lassen, hoch gehen und eine Tür hinter sich verschließen, für immer. Das war der Gedanke, an den sie sich klammerte, um es überhaupt neben ihm, in den Mercedes gesperrt, auszuhalten. Und da ein wütender Mann am Steuer eines schnellen Wagens ein lebensgefährliches Risiko darstellte, widersprach sie ihm auch nicht mehr.

Als Dieter die Haustür aufschloss und Sophie eintreten ließ, roch sie förmlich, dass er wieder einmal glaubte, er habe sie überzeugt oder vielmehr klein geredet, er habe wieder einmal erfolgreich an ihre Vernunft appelliert, mit der sie seit Jahren all diese Konflikte überging. Denn keine Ehe war ideal. Überall gab es Konflikte. Man musste entscheiden, was einem wichtig war – ein kleiner Sieg oder das Große und Ganze, das gemeinsame Leben.

Er hatte sie daran erinnert, was materielle Sicherheit bedeutete, die Bequemlichkeit eines eigenen Hauses, eines eigenen Autos, die Freiheit, sich alles kaufen zu können, was sie für notwendig hielt, die Reisen, die Freunde, die gesellschaftliche Anerkennung.

Aber in Sophies Magen hatte sich ein Klumpen gebildet, ein Kloß von Ekel.

Dieter begriff einfach nicht, dass er mit seinem sie klein Reden diesen Klumpen immer mehr vergrößert hatte. Er kapierte nicht, dass es nicht darum ging, eine eheliche Diskussion zu gewinnen und sie zum Schweigen zu bringen, weil sie nicht mehr wusste, wie sie es ihm erklären sollte. Sie suchte doch nur ein bisschen Anerkennung für ihre Arbeit, damit sie sich ihm gegenüber stark und selbständig fühlen konnte und nicht wieder in diese Winterdepressionen fiel.

Er wollte nicht, dass sie sich stark und selbständig fühlte. Das war der Punkt. Und mit einem Mann, der Wert darauf legte, dass seine Frau Knetmasse in seiner Hand war, konnte sie nicht mehr leben.

Und es war Josef, dem sie diese Erkenntnis verdankte.

Das wurde Sophie schlagartig klar, als sie im Schlafzimmer ihr Festkleid und Dieters Smoking in die Schränke hängte. Erst der Schock über Josefs Vergangenheit hatte ihr die Augen für das geöffnet, was sie auf keinen Fall akzeptieren und tolerieren konnte – jede Form von Gewalt, offener und versteckter. Was Dieter mit ihr tat, erschien ihr auf einmal als eine Art täglicher sozialer Vergewaltigung. Dabei dachte sie nur am Rande an diese nächtlichen Szenen verunglückter Versuche, ihn sexuell zu befriedigen, die ihr manchmal regelrecht Angst gemacht hatten. Immer schien er etwas von ihr zu fordern, und manchmal brach bei ihm eine Ungeduld, eine Wut durch, die sie verschreckte und die sie dadurch in den Griff zu bekommen versuchte, dass sie sich regungslos und abwartend verhielt. Dann verlor er die Lust, und er warf ihr Prüderie und Frigidität vor. Doch worum es ihm eigentlich ging, hatte sie nie verstanden.

Tatsache war: Er wollte bestimmen, er legte fest, was sie glücklich machte. Er glaubte, dass ihr Nein ein Ja sei und dass sie eigentlich genieße, was sie lautstark ablehnte. So hatte er sich nie davon abbringen lassen zu meinen, es sei für sie eine Beglückung, von ihm ausgeführt zu werden, ohne vorher zu wissen, ob sie in einem Zwei-Sterne-Restaurant landeten, in einem Swingerclub oder in einem Fußballstadion. Und je unpassender sie angezogen war, desto mehr Freude hatte er an seiner Überraschung. Er war anscheinend überzeugt davon, dass sie es liebte, in ständiger Unsicherheit zu leben. Sie wusste nie, ob er gut gelaunt ihr Essen loben oder ungehalten die Hälfte stehen lassen würde. Er schien es für die Essenz einer Beziehung zu halten, dass er mit Kritik nicht sparte, damit spärliches Lob und Zuneigung umso dankbarer entgegengenommen würden. Wie eine Geiselhaft ist das, dachte Sophie erbittert, wie eine permanente Freiheitsberaubung.

Sie erschrak bis ins Mark, als Dieter plötzlich ins Schlafzimmer kam und sie von hinten umfing.

»Frieden?«, fragte er, sie auf den Hals küssend.

Sie machte sich los und drehte sich um. »Das kommt ganz auf dich an.«

»Ich verspreche dir, ich werde dir helfen. Ich kenne so viele Leute, die ein Haus kaufen, aber nicht wissen, wie sie es einrichten sollen. Ich werde dich ihnen als Innenarchitektin empfehlen. Du hast Geschmack, und das machst du doch auch gern. Das kannst du gut.«

»Nein, Dieter. Ich möchte nicht, dass du mich vermittelst. Ich möchte mir meinen eigenen Bereich aufbauen. Und darum werde ich zunächst bei den Rohenfels das Badezimmer ausmalen. Und wenn Preising nicht abspringt, dann mache ich sein Büro in der Bank in Wangen. Das ist es, was ich tun möchte, ob du nun willst oder nicht.«

»Das kannst du nicht alleine beschließen.«

»O doch, ich kann.«

Dieter lachte hart. »Dann mach aber gefälligst auch deine eigene Steuererklärung. Bisher hast du dich doch immer nur bar auf die Hand bezahlen lassen. Das ist Schwarzarbeit. Das wird das Finanzamt interessieren.«

Sophie schwieg betroffen.

»Dein Gewerbe ist nicht angemeldet. Du hast keinen Titel. Als Künstlerin hast du kein Zertifikat, und nicht einmal das Studium hast du abgeschlossen. Du wirst immer nur halb legal arbeiten können. Und wenn du eine Steuererklärung machst, dann geht ein Drittel deiner spärlichen Einnahmen ans Finanzamt. Du wirst dich noch umgucken, das sage ich dir. Ohne mich kannst du gar nicht leben. Also stelle ich auch die Bedingungen. Oder willst du zurück ins Hotel deiner Eltern? Aber ob die dir deine Luxusmalreisen finanzieren, das möchte ich bezweifeln.«

»Gut«, sagte Sophie, »dann werde ich das mit meinen Eltern klären.« Sie drehte sich um, zog den Koffer vom Schrank, den sie erst gestern ausgepackt hatte, und legte ihn aufs Bett.

»Was soll denn das werden?«, fragte Dieter.

»Deine Bedingungen sind inakzeptabel. Ich gehe.«

Dieter schnaubte. »Das wirst du bereuen. Das wird dir bitter Leid tun! Du glaubst doch nicht, dass ich das einfach so hinnehme. Meine Frau läuft mir nicht ungestraft davon.«

Sophie, die sich darauf zu konzentrieren versucht hatte, was für Pullover, Hemden, Hosen und Blusen sie einpacken musste, zuckte zusammen und fuhr herum. »Was fällt dir ein, mir zu drohen! Wer bist du denn? Ein orientalischer Patriarch, oder was? Du bist ja völlig durchgeknallt.«

Dieter starrte sie verständnislos an. Eifersucht, das war sein gutes Recht. Es war ein natürliches Gefühl. Wieso begriff sie das nicht? Er konnte seine Frau doch nicht kampflos aufgeben. Wie sah das denn aus? Er würde Spott und Hohn ernten. Das konnte sie ihm doch nicht antun.

»Du bleibst«, sagte er nach einer Schrecksekunde und klappte den Koffer zu.

Die Metallkante knallte Sophie auf den Handrücken. Das tat weh, aber sie gab keinen Laut von sich. Nur ihr Gesicht wurde so steinern, wie er es noch nie gesehen hatte.

Eine falsche Bewegung, dachte Sophie, ein schnippisches Wort von ihr, und er würde sich vergessen. Groß und massig stand der leicht alkoholisierte Mann mit dem Rundschädel vor ihr, starrte sie an und schnaufte. Zu ihrem Entsetzen begriff Sophie, dass es in diesem Augenblick nur von ihr abhing, ob Dieter sie packen, zuschlagen und aufs Bett werfen würde. Und hinterher würde er es Provokation nennen.

In den entscheidenden Sekunden von Schrecken und Angst sah sie sich wieder mit der Gerte in der Hand in Josefs Stall, fühlte wieder diesen ungeheuren Zorn und eine bittere Enttäuschung. Vielleicht half ihr genau diese blitzkurze Erinnerung, eine Haltung anzunehmen, die Dieter zwang, seine glasigen Augen zu senken. Als ob sie zurückgeschlagen hätte. Gewalttätige Männer sind feige, dachte sie, sie fürchten den Schmerz. Sie fürchten, dass eine Frau stärker ist als sie. Hat nicht genau das Josef erst vor wenigen Stunden zu ihr gesagt?

Dieter war doppelt so stark wie sie und von Natur aus unbeherrscht. Aber mit einem einzigen direkten Blick wies sie ihn in die Schranken.

»Das wirst du bereuen!«, sagte er eisig, drehte sich um und verließ das Schlafzimmer.

Sophie hörte, wie er unten die Hausbar aufriss, und packte zitternd den Koffer fertig. Dann ging sie ins Atelier und warf die Malutensilien in vier Kisten. Obenauf legte sie Pass und persönliche Urkunden. Es waren nicht viele persönliche Dinge, die sie mitnahm.

Eine Stunde später durchquerte sie im Auto das Städtchen im Tal zwischen leicht verschneiten Weinbergen. Sie zitterte so, dass sie den Corsa kaum in der Spur halten konnte, ob vor Kälte oder aus Angst oder weil sie jetzt erst der Schock ereilte, konnte sie nicht entscheiden. Sie fuhr über leere Kreuzungen mit abgestellten Ampeln in stillen Vororten in Stuttgarts Süden. Es war drei Uhr durch, als sie ihre Eltern aus dem Schlaf klingelte. Ihre Mutter ließ sie ein. Weil immer mal wieder säumige Gäste klingelten, besaß sie einen gediegenen grünen Hausmantel und die Übung, auch nachts um drei nicht verstört und unwirsch auszusehen. Das kleine Hotel beschäftigte keinen Nachtportier. Am Schlüsselbrett fehlte auch kaum die Hälfte der Schlüssel.

»Ich habe Dieter verlassen«, sagte Sophie.

An ihrer Mutter hatte sie immer geschätzt, dass sie sich blitzschnell auf eine neue Situation einstellen konnte und selten Erstaunen zeigte. Bevor sie über Grundsatzfragen einer Ehekrise diskutierte, dachte sie an die praktischen Folgen. »Dann solltest du aber gleich am Montag auf die Bank gehen und alles abheben, was du kriegen kannst. Dieter ist so einer, der sperrt dir erst mal das Konto.«

Das war der Moment, da Sophie wirklich begriff, dass sie eine endgültige Entscheidung getroffen hatte. Sie setzte sich sofort wieder in ihr Auto und steuerte den nächsten Bankautomaten an. Denn sie hielt es für möglich, dass Dieter sein Konto für sie auch online an einem Sonntag sperren konnte. Tausend Euro rückte der Automat raus.

O Gott, dachte sie, was hatte sie da in Gang gesetzt? Hatte sie Recht, oder hatte sie nur die Nerven verloren? Was war denn wirklich geschehen? Sie hatten sich gestritten, mehr nicht. Oder?

11

Mathias verließ die Bank und schlug den Mantelkragen hoch. Preising hatte noch einmal Ja gesagt, zum letzten Mal, denn die Hypothek auf Rohenfels war damit mehr als ausgereizt. Das Schloss gehörte praktisch der Bank. Morgen Nachmittag würde er die Burg Segberg ersteigern. Wenn er Glück hatte, waren keine ernsthaften Mitbewerber da und er bekam das burgähnliche Schlösschen für dreihunderttausend Euro. Dieser adoptierte Graf Anselm hatte ihn kurz nach Dieters Vorwarnung vor einer Woche angerufen und so viel kopfloses Interesse an »seinem Rittergut« geäußert, dass Mathias fast in Hochstimmung geraten war. Anderthalb Millionen hatte Anselm angeboten, obgleich Mathias vage auf den nicht besonders guten Zustand des Gebäudes hingewiesen hatte. Wenn dieses Geschäft klappte, dann konnte Mathias sich aus seinen schlimmsten Schulden befreien und sich mit einem Schlag sanieren.

Allerdings hätte Mathias gern einen Vorvertrag mit Anselm gemacht. Aber der junge Graf war im Begriff gewesen, eine Reise auf die Malediven anzutreten, und würde erst am Montag wiederkommen. Dass Mathias eine Sicherheit brauchte, ehe er Segberg ersteigerte, hatte er Anselm nicht sagen können. Für ihn musste es ja so aussehen, als werde er das Schlösschen aus dem Familienbesitz derer von Rohenfels kaufen. Mathias konnte nur hoffen, dass Anselm nicht auf die Idee kam, ins Grundbuch schauen zu wollen. Eigentlich pokerte er nicht gern auf diese Weise, aber die Chance, die Hypotheken auf Schloss Rohenfels, die er über die Jahre aufgenommen hatte, mit einem Schlag tilgen zu können, half ihm, seine Skrupel zu ignorieren.

Und wenn Anselm dann doch absprang? Mathias weigerte sich, diesen Gedanken zu denken. Solche Schlösschen in schlechtem Zustand bot man über Jahre in Katalogen und auf Internetseiten an, ohne dass sich jemand für sie interessierte. Obgleich die Reichen nie ausstarben, im Gegenteil, immer mehr wurden, schien die unauffällige Lieblichkeit des Allgäus nicht mehr so hoch im Kurs zu stehen. Man kaufte derzeit billiger und großherrschaftlicher in Ostdeutschland. Die meisten hatten ihr Geld ohnehin vor dem Euroumtausch angelegt, meist Schwarzgeld und darum im Ausland. Mathias hatte sich in den letzten Jahren mit dem An- und Verkauf von Häusern in Frankreich, der Schweiz und Österreich über Wasser gehalten. Aber dieser Boom war mittlerweile auch vorbei. Er saß immer noch auf einigen unverkäuflichen exklusiven Häusern fest, die er hatte kaufen müssen, weil er im Ausland nicht ohne weiteres nur makeln konnte.

Mathias schritt die Braugasse entlang und bog zum Lindauer Tor ein. Der Torturm mit dem heiligen Martin erhob sich in einen grauen Winterhimmel. Mathias betrat den Fidelisbäck in der Paradiesstraße. In Wangen besaß man keine Seele, man kaufte sie beim Bäcker. Seelen nannte man Stangenweißbrot mit Salz und Kümmel auf der Kruste, das sich binnen weniger Stunden nach den Backen in zähen Gummi verwandelte. Seelen konnte man nur frisch essen, und selbst dann beanspruchten sie die Kaumuskeln bis zur Krampfgefahr.

Mathias kaufte vier Stück für einen Kunden, der nachher aus München kommen würde. Den Allgäuer Emmentaler dazu besorgte er in einem Laden am Marktplatz. Dem Kunden würde er erzählen, er habe ihn direkt aus der Käserei in Niederwangen. Man würde den unvergleichlich frischen Geschmack loben. Falls der Kunde überhaupt kam.

Sei nicht so pessimistisch, ermahnte sich Mathias. Mit den Tüten in der Hand wandte er sich dem Saumarkt zu, über dem die Kirche St. Martin thronte, und kehrte beim Italiener ein, um an der Bar einen Espresso zu trinken, der ihn belebte.

Die Weihnachts- und Neujahrstouristen waren nach dem 7. Januar alle schlagartig verschwunden. Mathias mochte Wangen am liebsten in dieser Zeit, wenn der Schnee sich noch überall türmte, aber die Fremden mit ihren bunten Skijacken wieder weg waren. Dann begann ein neues Geschäftsjahr für ihn, ein neues Jahr und neues Glück. Normalerweise fühlte er sich dann optimistisch und kraftvoll. Nur dieses Jahr nicht.

Wahrscheinlich, so dachte er, waren die Probleme mit Nadja doch nicht spurlos an ihm vorübergegangen. Eine Tochter, die sich umbringen wollte, das war nicht gerade das, was einen Vater unberührt ließ. Er musste sich notgedrungen fragen, was er falsch gemacht hatte.

»Ihr habt mich nie geliebt!«, hatte Nadja ihm und Monika vorgeworfen.

Es war nicht gerecht, aber es war Nadjas subjektive und lebensgefährliche Empfindung, mit der er sich auseinandersetzen musste. Monika hatte ihm nach diesem fürchterlichen gemeinsamen Gespräch mit Nadja tränenreich gestanden, dass sie als Mutter versagt habe. Sie sei lieblos und wenig herzlich. Das stimmte so auch nicht, fand Mathias, aber wenn Monika weinte und so hart mit sich ins Gericht ging, dann sah er sich außer Stande, auf einer sachlichen Ebene über die Defizite zu sprechen, die er in ihrem Familienleben sah. Sie lebten mehr nebeneinanderher als miteinander.

Wenn er zu Hause war, dachte er viel zu oft an das, was er im Büro hatte liegen lassen, an Kunden, denen er hätte hinterhertelefonieren müssen, an Immobilien, die er hätte makeln können, wenn er nur mehr Zeit gehabt hätte, jedem Gerücht nachzugehen. Erst kürzlich, an dem Tag, an dem Nadja sich die Pulsader aufschnitt, war ihm ein Millionengeschäft entgangen, weil er nicht der Erste bei dem Bauern gewesen war, der seine Weiden an der Lezenhalde im Westen von Wangen verkaufen wollte, die Bauland geworden waren. Das warf er Nadja nicht vor. Beileibe nicht. Auch Monika warf er nicht vor, dass sie ständig nach München fuhr. Was sie dort verdiente, steckte sie in die laufenden Kosten des Haushalts. Nur waren sie eben alle immer viel zu viel unterwegs. Das Leben auf Schloss Rohenfels brachte es mit sich, dass sie viel in Autos saßen und viel Zeit auf der Straße verbrachten.

Nadja hatte nie Probleme in der Schule gemacht. Darum hatte er einfach angenommen, sie habe keine Probleme. Doch während Monika und er um die Aufrechterhaltung ihres Lebensstandards kämpften, verkümmerte Nadja, igelte sich in Lebenszweifel ein und wurde todessehnsüchtig.

Mathias verstand sehr wohl, dass sie nicht mehr das Kind war, das sich mit Rodeln vergnügte und sich freute, wenn man mit ihm nach Wangen fuhr. Nadja brauchte jetzt andere Unterhaltungen. Das Landleben war nichts für ein Mädchen von fünfzehn Jahren. Jeder Weg zu Freundinnen, zur Klavierstunde, zu einer Bibliothek, ins Kino, in die Disko war umständlich. Entweder sie ließ sich von ihm oder Monika chauffieren, oder sie war stundenlang mit dem Bus unterwegs.

Darüber hätte er sich mit Monika unterhalten müssen. Stattdessen hatte er versucht sie zu trösten, zu beruhigen, ihr die Schuldgefühle auszureden. Doch im Grunde hatte er dabei nur das eigentlich heikle Thema umschifft – ihr Leben auf Schloss Rohenfels. Als Monika und Mathias heirateten, hatte er sich keine Illusionen darüber gemacht, dass Monika, die Yachthafentochter aus Lindau am Bodensee, ihn nahm, weil er Schlossherr von Rohenfels war. Monika hatte ihm damals verzeihen müssen, dass er kurz vor der Hochzeit mit dieser Marie ein Verhältnis hatte. Das hatte der Prozess gegen Josef in die Öffentlichkeit gezerrt. Aber Monika hatte ihm das verziehen und ihn geheiratet, um auf Schloss Rohenfels Herrin zu sein. Mathias unterstellte ihr gar nicht, dass sie ihn nicht liebte, aber sein Adelstitel und das Schloss waren in der Krise, mit der ihre Ehe begonnen hatte, sicherlich ein gewichtiges Argument gewesen. Und da es für sie so bedeutend war, auf einem Schloss zu leben, konnte er nicht damit kommen, Rohenfels aufzugeben und in die Stadt zu ziehen, zum Beispiel nach München, auch wenn das Stadtleben Nadja vermutlich die Anregungen verschafft hätte, die sie jetzt brauchte.

Mathias verstand Nadjas Schwermut besser, als man vielleicht vermutet hätte. Er hatte von seinem Vater die Rohenfelssche Melancholie geerbt. Zumindest behauptete das seine Mutter. »Du wirst deinem Vater von Jahr zu Jahr ähnlicher«, warf sie ihm immer öfter vor. »Du kannst auch nicht mit Geld umgehen.« Damals, nach der Sache mit Marie, hatte sie ihm eine fürchterliche Szene gemacht. Ob er in die Fußstapfen seines Vaters treten wolle. Ob er sich sicher sei, dass er Monika treu sein werde. Und wenn nicht, so hatte sie ihm gedroht, dann werde er keinen Cent von ihr erben, jedenfalls nicht mehr als den Pflichtteil. Vielleicht lag es an dem generellen Misstrauen seiner Mutter, die die Kränkung durch ihren Mann nie überwunden hatte, dass sie auf ihrem Geld saß und es nur zögernd rausrückte, wenn auf Schloss Rohenfels etwas renoviert oder repariert werden musste. Zwar gehörte ihm Schloss Rohenfels, er hatte es von seinem Vater geerbt, aber seine Mutter besaß nicht nur das Wohnrecht, sondern hatte neben den Geißwiesen auch das Hauptvermögen geerbt, das in dieser Familie normalerweise an denjenigen ging, der Rohenfels weiterführte. Derzeit drohte sie ständig damit, dass sie alles an Nadja vererben würde oder an eine wohltätige Einrichtung. Es ärgerte sie offensichtlich, dass ihr leiblicher Sohn kein besserer Geschäftsmann war. Sie hatte ihn immer mit Strenge erzogen, fast so, als wäre sie auch ihm böse für das, was sein Vater angerichtet hatte, als er ihm einen Halbbruder und Konkurrenten ums Erbe bescherte.

Mathias gab sich Mühe, dass Monika und Nadja nicht merkten, welchen erbitterten Kampf er in Wirklichkeit mit seiner Mutter ausfocht. Einen stummen Kampf ums Geld, der in Wirklichkeit ein Ringen um ihr Vertrauen war. Für Monika und Nadja schien der Wohlstand und das Leben auf Schloss Rohenfels das einzig Sichere und Sinngebende in ihrem Leben zu sein. Das war das, was immer bleiben würde. Nur Mathias wusste, auf wie dünnem Eis sie lebten. Er rackerte sich Jahr für Jahr ab, damit sie es nicht merkten. Mit Mitte vierzig musste er sich jedoch allmählich eingestehen, dass er kein wirklich erfolgreicher Geschäftsmann war. Er hätte sich gewünscht, dass Monika in der Branche, in der sie arbeitete, mehr verdient hätte, dass der zeitliche Aufwand, den sie für ihren Job trieb, mehr eingebracht hätte. Aber sie schien ihn eher als Selbstverwirklichung zu betrachten und gab das Geld, das sie verdiente, auch noch für Wandmalereien aus.

Seit drei Tagen malte Sophie nun im Badezimmer. Nicht dass ihm nicht auch ganz gut gefiel, was sie schuf, aber es machte ihn beklommen, wenn er daran dachte, dass er gerade Preising Schloss Rohenfels als Sicherheit überlassen hatte. Vielleicht war er doch ein Spieler wie sein Vater. Sein Vater hatte das Vermögen nicht durchbringen können, doch ihm würde das gelingen. Immer mal wieder hatte er Rohenfels aufs Spiel gesetzt, um einen größeren Coup zu landen. Fast so, als wollte er den endgültigen Ruin provozieren. Dann musste seine Mutter einspringen, wenn sie wollte, dass ihnen Rohenfels erhalten blieb, dann musste sie einmal Stellung beziehen zu ihm, ihrem ungeliebten Sohn. Allerdings wusste er nicht, ob ihr Vermögen eigentlich noch reichte, um Rohenfels nicht nur schuldenfrei zu machen, sondern auch seinen Unterhalt zu bestreiten.

Da kamen ihm diese Wandmalereien wie für eine Ewigkeit geschaffen vor, die er und seine Familie auf Schloss Rohenfels womöglich gar nicht hatten. Wenn sie ihr Heim eines Tages tatsächlich verlassen mussten, weil er sich verspekulierte, konnten sie diese Bilder nicht mitnehmen.

Mathias bezahlte den Kaffee und stellte sich wieder dem kalten Ostwind, der durch die Gassen von Wangen pfiff.

Eigenartig, dachte er, dass Monika Dieters Frau als Malerin an Land gezogen hatte. Nach so langen Jahren Funkstille tauchte Dieter wieder in seinem Leben auf und vermittelte ihm sogar ein gutes Geschäft. Zu Studienzeiten waren sie ungleiche Freunde gewesen. Er der nüchterne Betriebswirtschaftler und Dieter der geniale Künstler. Allerdings hatte Mathias damals nicht gedacht, dass aus dem sprunghaften mageren jungen Mann mit dem unruhigen Blick einmal ein so erfolgreicher Architekt werden würde. Er hatte ihn dazu zwingen müssen, das Architekturstudium zum Abschluss zu bringen. Die Kleinarbeit des Modellbaus und der Konzeption von Reihenhäusern hatte Dieter nicht interessiert. Auch die Schule in Wangen hatte er eigentlich nicht bauen wollen. Aber Mathias hatte ihn überzeugt, dass auch ein Genie klein anfangen musste. Er hatte im Gemeinderat durchgesetzt, dass der Auftrag an Dieter ging, und sich damit nichts als Stress aufgehalst. Dieter hielt keine Frist ein, kümmerte sich nicht um die Bauaufsicht und war kaum dazu zu bewegen gewesen, gelegentlich mal vor Ort zu erscheinen.

So ein Genie wie Dieter brauchte einfach immer jemanden, der ihn auf Kurs hielt und steuerte. Heute war es Sophie, damals war es Mathias gewesen, der sich mit ihm herumstritt. Angenehm war das nicht gewesen. Nach dem Jahr Bauzeit hatte Mathias kaum noch freundschaftliche Gefühle für ihn übrig gehabt. Sein Erscheinen zum Silvesterfest vor achtzehn Jahren hatte das Fass zum Überlaufen gebracht. Er hatte Dieter eingeladen, damit er mit der Lokalprominenz den baldigen Abschluss des Schulbaus feierte. Doch der halb betrunkene Mann, der dann nach Mitternacht ankam, wie immer zu spät, aber bereits mit Starallüren, hatte mehr als nur Befremden ausgelöst. Hinterher war nicht mehr zu entscheiden gewesen, ob Dieters schlechtes Benehmen oder Josefs Verhaftung und Verurteilung Mathias' glänzendem beruflichen Start als Makler und Geschäftsmann den entscheidenden Dämpfer versetzt hatte. Und vielleicht hatte auch er selbst damals eigentlich seinen jugendlichen Optimismus und seine Kraft verloren.

»Sei doch froh, dass du diesen Idioten vom Hals hast«, hatte Dieter damals am Neujahrstag gesagt, als die Nachricht von Josefs Verhaftung kam. »Vielleicht besitzt er sogar so viel Anstand, dass er sich in der Haft die Pulsadern aufschneidet. Und dann bist du ihn für immer los.«

Mathias erinnerte sich gut an seinen Schrecken, seine innere Lähmung, seine Scham. Sein Leben war damals gekippt, dachte er. Aus der Lähmung war er nicht mehr erwacht. Er hatte sein Leben verbracht wie im Wachkoma.

Und es hatte niemals die Chance bestanden, mit Josef ein klärendes Gespräch zu führen. Er hatte ihm nie sagen können, welche Schuld er selbst an Josefs Schicksal hatte. Also hatte Mathias seine Gefühle, Hoffnungen und Wünsche auf Eis gelegt.

12

Nadja steckte den Kopf zur Badezimmertür herein. »Na«, sagte sie, »hättest du nicht Lust auf einen kleinen Ausflug nach Wangen?«

Sophie ließ den Pinsel sinken und drehte sich um. Sie stand in Socken in der Badewanne.

»Du musst doch nicht zu einem bestimmten Termin fertig sein«, sagte Nadja. »Also kannst du auch mal Pause machen. Heute ist Samstag, da fährt man in die Stadt. Ich will endlich mal wieder raus, und ein paar neue Klamotten könnte ich auch gebrauchen, ich habe das ewige Schwarz satt. Aber Papa ist zu einer Auktion gefahren, und Mama ist immer noch in München. Und außerdem brauche ich einen Chauffeur.«

Sophie lachte.

»Natürlich ist Wangen nicht ideal zum Klamotten Kaufen. Aber da ist ein Laden, in den ich gern mal reinschauen würde. Und du suchst doch auch Stiefel, die nicht feucht werden.«

»Schon gut, Nadja, du hast mich ja bereits überzeugt«, sagte Sophie und stellte den Pinsel in das Wasserglas, das auf der Wannenecke stand. »Fahren wir nach Wangen.«

Gegen halb elf saßen sie in Sophies violettem Auto. Nadja redete die ganze Zeit von der Schule, die sie ab Montag wieder besuchen würde. Sophie fiel erneut auf, was für eine satirische Zunge das Mädchen hatte. Ihre Klassenkameradinnen und -kameraden verwandelten sich in eine Horde von

Sonderlingen und Verrückten, wenn Nadja sie beschrieb. An dem Gymnasium in Kißlegg gab es Hip-Hops, Oy-Skins, Lans, Crunchs und Gruftys, die ihre eigenen Kleiderordnungen hatten und ihre eigene Sprache.

»Du solltest Theaterstücke schreiben«, sagte Sophie. »Aber keine Tragödien, sondern Komödien.«

»Das kann ich nicht.«

Sophie lachte. »Das ist doch ein guter Grund, damit anzufangen. Willst du denn dein Leben lang nur das machen, was du schon kannst? Das ist doch langweilig.«

Nadja nagte an ihrer Oberlippe.

Die Straßen schnitten schwarz durch die verschneite Landschaft. Der harsche Ostwind hatte den Schnee auf den Zweigen der Obstbäume gefrieren lassen. Sophie zwang sich, nicht darüber nachzudenken, was nach den drei Wochen sein würde, die sie auf Schloss Rohenfels noch malte. Aber der Gedanke, von dieser Gegend Abschied nehmen zu müssen, beunruhigte sie schon jetzt. Während sie malte, spürte sie ihre innere Unruhe nicht. Aber Nadjas Geplapper lenkte sie weniger gut ab. Eine kurze Schonfrist hatte sie noch, sich über ihr Wünschen und Wollen Gedanken zu machen. Drei Wochen lang genoss sie freie Kost und Logis auf Rohenfels. Danach musste sie entweder den Kampf um den Zugang zu Dieters und ihrem gemeinsamen Konto aufnehmen oder mit den tausend Euro, die sie in der Nacht ihrer Trennung abgehoben hatte, und dem Honorar, das Monika ihr hoffentlich schnell zahlte, irgendwo ein völlig neues Leben anfangen.

Natürlich konnte sie zur Not zu ihren Eltern ins Hotel ziehen und sich dort nützlich machen. Aber lieber sterben als das, dachte sie in diesen Tagen mit der Heftigkeit eines Menschen, dessen Leben gründlich aus den Fugen geraten war.

Noch hatte sie mit niemandem darüber gesprochen, dass ihre Ehe zu Ende war. Sie hatte nicht einmal die Scheidung eingereicht. Sie war einfach abgehauen und hatte sich quasi im Badezimmer auf Schloss Rohenfels eingeschlossen, um in die Malerei abzutauchen. Es war wie ein den Kopf in den Sand Stecken, das war ihr klar, aber sie fühlte sich im Moment außer Stande, den Scheidungskrieg mit Dieter aufzunehmen.

Vielleicht hoffte sie sogar, dass er einsichtig wäre und alles wieder in Ordnung käme. Aber auch das wusste sie nicht so genau. Sie wusste überhaupt nicht, was sie denken sollte.

Josef hatte sie in den vier Tagen, die sie jetzt wieder auf Schloss Rohenfels war, nicht gesehen. Sie arbeitete ja nicht mehr in der Halle, wo jeder vorbeikam, sondern oben im Badezimmer. Für Josef gab es keinen Grund, dort hineinzuschauen, auch wenn er, wie sie von Nadja wusste, beinahe täglich einmal nach Rohenfels heraufkam. Manchmal wachte Sophie nachts auf und wusste, dass sie von ihm geträumt hatte, von dem Kuss und von seiner warmen, schützenden Gegenwart. Dann fühlte sie sich minutenlang glücklich und geborgen in einer anderen Welt, die irgendwo in einer glücklichen Vergangenheit lag, zu der sie keinen Zugang mehr hatte, einer kindlichen Welt, in der alles in Ordnung war und die Menschen nicht böse, zumindest nicht widersprüchlich waren.

Dieter hatte Recht, sie war der Realität nicht gewachsen. Sie hatte angefangen zu malen, ohne mit Monika ein konkretes Honorar auszumachen. Das war unprofessionell. Sie hatte sich von Dieter getrennt, ohne die Scheidung in Angriff zu nehmen. Sie war einfach nicht gebaut für das alles. Ihr fehlte der praktische Verstand, dachte sie manchmal, oder der Biss oder die Kraft, ihren Alltag zu bewältigen. Sie zog sich zurück. Sie flüchtete in die Malerei, die ihr Befriedigung verschaffte und das Gefühl, etwas zu können und etwas wert zu sein.

»Links!«, meldete sich Nadja plötzlich wieder vom Beifahrersitz. Ohne dass Sophie es recht bemerkt hatte, waren sie in den Norden von Wangen gefahren. Sie erkannte die Kreuzung wieder, über die sie vor gar nicht allzu langer Zeit, von Josef gelotst, zu dem Baumarkt abgebogen war, um einen Pinsel zu kaufen. Damals war alles noch so einfach gewesen.

»Vor der Musikschule gibt es sicher Parkplätze«, sagte Nadja. Sie hatte Recht. Im Vergleich zu Stuttgart war Wangen für Parkplatzsuchende ein Paradies. Das klotzige Lindauer Tor mit seiner Durchfahrt für die Autos und dem Durchgang für Fußgänger gefiel Sophie sofort.

Die Innenstadt dahinter war mittelalterlich verwinkelt und dennoch hell und bunt. Ein Bürgermeister hatte dafür gesorgt, dass die alten geschmiedeten Handwerksschilder von vielen Häusern in die Gassen ragten. An allen Ecken gab es kuriose Plastiken. Vor dem Kornhauseingang stand der Wahrheitssucher, ein Mann aus Bronze, auf einen Stapel Bücher gelehnt. Die Lindauerstraße öffnete sich zum Amtsschimmelbrunnen. Ein Pferd schwebte auf einem Turm aus Aktenordnern.

»Und das ist der Saumarkt«, sagte Nadja. Da saß ein lebensgroßer Mann aus Bronze auf einer Bank, neben sich eine metallene Bibel, und streckte die Hand nach einer lebensgroßen Sau aus Bronze aus, um die sich vier Ferkel tummelten. Eines suhlte sich in einer Bodenvertiefung, ein fünftes war dabei, abzuhauen, und das sechste hatte der Humor des Künstlers bis zum Treppenaufgang zu St. Martin davongetrieben. Dort stand es und schaute sich keck nach der Muttersau um.

Nadja ging gezielt in die Gassen im Norden. Sie schritt

in langen wehenden Röcken mit schwarzem Mantel darüber und wehenden Haaren zügig aus. Sophie trug schlichte Jeans und ihre hellblaue Daunenjacke, aber ihre schweren Haare von der Farbe von Tonerde sprühten Funken. So mancher Mann drehte sich nach den beiden jungen Frauen um. Nadja betrat eine Boutique mit ethnisch anmutenden Gewändern im Stil, den sie bevorzugte. Die Inhaberin schwebte in eben so einem Kleid heran und begrüßte Nadja mit Küsschen auf die Wangen.

Damit begann eine Anprobiererei, die über eine Stunde dauerte. Nadja war überkritisch, vor allem mit sich selbst. Entweder erschien ihr der Busen in einem Kleid zu groß oder zu klein, oder sie fand, sie sehe wie eine Matrone aus, oder der Stoff falle über den Hüften nicht richtig. Die Ladeninhaberin verlor kein einziges Mal die Geduld. Sie wusste, was Sophie alsbald begriff, dass Nadja den Laden nicht verlassen würde, ehe mindestens ein Kleid, eine Bluse und ein Rock zum Zahlen neben der Kasse lagen. Sophie merkte auch, dass sie die Prozedur verlängerte, wenn sie Nadja zu einem Kleidungsstück riet. Sie musste vielmehr erklären, dass es ihr nicht gefalle, um Nadjas Entscheidung dafür zu beschleunigen. Offenbar war das Mädchen darauf erpicht, in der Kleiderfrage seinen Kopf durchzusetzen und vor allem das zu kaufen, was Erwachsenen nicht gefiel.

Dann bezahlte Nadja mit einer eigenen EC-Karte. Währenddessen bedachte Sophie, dass sie selbst keineswegs mehr einfach eine Karte einsetzen konnte, um, ohne groß zu rechnen, irgendetwas zu kaufen, beschloss, sich keine neuen Winterstiefel zu leisten, obgleich bei denen, die sie trug, an den Nähten Wasser durchkam, und fühlte sich ziemlich verlassen. Wie einfach war das Leben doch für eine Fünfzehnjährige, wenn sie einkaufen konnte. Nadja strahlte und nahm die Tüten.

»Komm«, sagte Sophie, als sie wieder auf der Straße waren, »lass uns mal schnell in die Kirche reinschauen.«

Nadja hob den Blick zu dem schmucklosen weiß verputzten Bau von St. Martin. »Muss das sein?«

»Stell dich doch bitte nicht so an. Du gehst gern auf Friedhöfe, und ich gehe gern in eine Kirche. Es dauert ja nicht lang.«

Vom Saumarkt stiegen sie die Treppen hoch.

»Der Turm«, erklärte Sophie, »ist bis zur Glockenstube romanisch, dann 13. Jahrhundert. Der Chor sieht nach 14. Jahrhundert aus und die spitzen Fenster nach 15. Jahrhundert. Gotik.«

»Das kannst du einfach so sagen? Cool.«

»Ich habe, wie du weißt, mal Kunstgeschichte studiert. Schaun wir mal, wie es drinnen aussieht. Ah, eine dreischiffige Basilika mit einfachen Spitzbogenfenstern im Obergaden in den Achsen der gotischen Arkaden, die auf Rundpfeilern ruhen. Von Säulen spricht man nur, wenn sie die Schwellung klassischer griechischer Tempelsäulen haben. Oktogonal geschnittene Pfeilerabschlüsse und farbig gefasste Arkadenbögen. Hier wurde Ende des 19. Jahrhunderts in neugotischem Stil renoviert, wie man sieht.« Sophie blickte an die Decke und verzog das Gesicht. »Kein Gewölbe. Schade. Und die Decke dürfte auch erst vor gut hundert Jahren bemalt worden sein. Die Deckengemälde stellen das Leben des heiligen Martin dar. Und dort die barocke Kanzel. Eigentlich eine sehr schöne Kirche.«

Während sie sprach, war Sophie langsam den Mittelgang bis zum modernen Altar vorgeschritten. Jetzt drehte sie sich um und hob den Blick zum Gemälde über der Orgelempore. Es zeigte die Szene der Mantelteilung, aber Weg und Stadttor von Amiens waren schneebedeckt.

»Sehr ungewöhnlich, dass …« Sie stockte.

»He!«, rief Nadja und winkte zur Empore hinauf. »Hallo, Josef!«

Josef saß auf der rechten Seite neben der neuen Orgel, die Arme auf die Brüstung gelegt, und hob grüßend eine Hand.

Sophies Knie verwandelten sich in Gummi. Hätte sie gewusst, dass irgendwer, vor allem er, die Stille der Kirche genoss, hätte sie keinesfalls einen so lauten kunsthistorischen Vortrag gehalten. Nadja lief los und rannte mit raschelnden Einkaufstüten zur Wendeltreppe, die zur Empore hinaufführte.

Sophie folgte langsamer.

Josef saß auf einer Bank und hatte sich bereits umgewandt, um Nadja zu begrüßen. Auf den Knien hielt er einen Block. Sophie erkannte sofort am Grün der Deckpappe und dem typischen Design, dass es ein Zeichenblock war.

»Hallo, Josef«, sagte sie.

»Hallo, Sophie.«

»Und was machst du hier?«, erkundigte sich Nadja und ließ sich neben ihm auf die Bank fallen.

»Nichts.«

»Lass mal sehen.« Nadja schnappte nach dem Zeichenblock. »Ich wusste gar nicht, dass du zeichnest.«

Josef hielt den Block reflexartig fest.

»Gib schon her! Komm, stell dich nicht so an.«

Ehe Sophie einfiel, wie sie Nadja zur Ordnung rufen konnte, hatte diese Josef den Zeichenblock entrissen. Sie schlug das Deckblatt hoch. »Oh! Nichts! Du hast ja gar nichts gezeichnet. Du bist gemein!«

Josef lächelte verlegen.

»Na ja«, sagte Nadja. »Dann eben nicht. Übrigens, wir wollten hier irgendwo einen Salat essen gehen. Hast du nicht Lust, mitzukommen?«

Josef blickte zu Sophie auf, die an der Brüstung lehnte, in die mit Kirchenbänken vollgestellten Haupt- und Seitenschiffe hinabschaute und die Brauen zusammenzog.

»Ach komm!«, insistierte Nadja. Sie nahm ihn sogar an der Hand und zog ihn von der Bank hoch. »Komm, sei nicht so schüchtern. Wir beißen nicht.«

Es blieb Josef nichts anderes übrig, als den Zeichenbock in eine Tüte zu stecken, in der Sophie Bleistifte klappern hörte. Ihr fiel auf, dass er nagelneue Jeans trug, und zwar über seinen Schaftstiefeln.

»Wohin?«, fragte Nadja, als sie draußen auf dem Marktplatz standen.

»Ich habe keine Ahnung«, erwiderte Sophie. »Ihr kennt euch in Wangen aus, ich nicht.«

»Was meinst du, Josef?«

»Wohin du willst.«

»Gut, dann gehen wir zum Italiener am Saumarkt. Der hat gute Salate.«

Sophie ließ Nadja zwischen sich und Josef gehen. So hatte sie Zeit zu überlegen, dass sie ja irgendeine Form des Umgangs mit Josef finden musste und dass dies vermutlich eine gute Gelegenheit war.

Im Restaurant war noch ein Tisch am Fenster frei. Auf den ersten Blick konnte Sohie sehen, dass es kein Arrangement gab, bei dem sie von Josef Abstand halten konnte. Entweder sie saßen über Eck nebeneinander, oder sie saßen einander gegenüber und hatten sich die ganze Zeit vor Augen. Er nahm mit dem Rücken zum Fenster Platz, Sophie mit Blick aufs Fenster und Nadja zwischen ihnen.

Nadja und Sophie bestellten einen Salat, und Josef schloss sich ihnen an. Seltsam, dachte Sophie. Es passte nicht zu einem hart arbeitenden Burschen, dass er Salat bestellte. Vielleicht war er nur unsicher, vielleicht aber versuchte er auch eine bestimmte Lebensart vorzutäuschen, versteckte sich hinter einer übermäßigen Anpassung.

Mit Bitterkeit wurde sich Sophie bewusst, wie verunsichert sie war, was ihre Einschätzung anderer Menschen betraf. Wie konnte sie je wieder dem Bild vertrauen, das sie sich von einem Mann machte? Nicht nur in Josef, auch in ihrem Mann, Dieter, hatte sie sich getäuscht. Sie hatte es für ausgeschlossen gehalten, dass sie jemals fürchten musste, dass er gewalttätig wurde und sie Angst vor seiner Rache haben würde. Im Grunde lernte man einen Mann erst kennen, wenn man sich von ihm trennte. Es war ein Fehler, dass sie zum Malen nach Rohenfels zurückgekommen war, dachte sie plötzlich, denn für Josef sah es am Ende gar so aus, als wäre sie seinetwegen zurückgekehrt. Er hatte doch gewissermaßen gar keine andere Wahl gehabt als sich in sie zu verlieben, in die Frau, die freundlich mit ihm sprach und ihn zum Reden gebracht, die ihn angelächelt und ihn in einem unbegreiflich unbesonnenen Moment geküsst hatte. Und nun musste sie sich darüber Gedanken machen, ob sie sich in Gefahr befand, weil ein Mann sich in sie verliebt hatte und ihre Anwesenheit falsch verstand. Die Angst schlug ihr jäh bis zum Hals.

Am liebsten hätte sie Nadja gepackt und mit ihr das Lokal verlassen. Aber Nadja zeigte Josef gerade ihre Einkäufe. Mit unfassbarer Koketterie hielt sie sich ein Kleid vor die Brust, erklärte dem Mann die Vorteile des runden Dekolletés und ermunterte ihn, mit der Hand die Weichheit des Samts zu testen. Bereits in der Kirche hatte Nadja mit ihm herumgekabbelt wie ein Mädchen, das sich seiner körperlichen Reize nicht bewusst war; geradezu so, als wollte sie Josef bis zum Äußersten reizen, ihn testen.

Sophie rang mit ihren Beklemmungen und blickte aus dem Fenster auf eine Gruppe Kinder, die mit einem Schlitten an den Schneehaufen vorbeizogen, die auf dem Saumarkt aufgeschüttet waren.

»He, Sophie! Ich habe dich was gefragt.« Sophie schrak zusammen, als Nadja sie antippte. »Josef darf doch mal kommen und sich anschauen, wie weit du im Badezimmer schon bist.«

»Wie? Äh ... ja natürlich.«

»Aber nur, wenn ... wenn ich nicht störe«, sagte Josef.

»Du störst doch nicht«, erwiderte Nadja an Sophies Stelle, »Sophie ist immer stundenlang völlig allein da oben im Bad. Von selbst macht sie keine Pause. Also muss ab und zu mal jemand kommen, der sie aus dem Wahnsinn rausholt. Nicht wahr, Sophie?«

Sophie lächelte verlegen und mit gesenktem Blick. Zum Glück führte Nadja auch weiterhin Regie bei der Unterhaltung, und Josef richtete das Wort nicht direkt an sie. Als die Salate kamen, hatte Sophie sich so weit gefangen, dass sie Nadja von ihren kunsthistorischen Exkursionen ins Oberschwäbische Barock erzählte, von endlosen Baubeschreibungen vor den Fassaden von Weingarten, Neresheim, Zwiefalten, Vierzehnheiligen und Birnau, der Zisterzienserwallfahrtskirche am Bodensee.

»Birnau«, sagte Nadja, »das kenne ich. Dahin haben wir früher Schulausflüge gemacht. Grässlich, dieser Schwulst.«

»Rokoko in Perfektion«, bemerkte Sophie lächelnd angesichts Nadjas heftiger Abneigung.

»Gefällt dir Birnau?«, wandte sich Nadja an Josef.

»Ich ... ich weiß nicht.«

»Warst du überhaupt schon mal da? Oder interessiert dich das gar nicht?«

»Doch, doch.«

»Dann müssen wir da mal hinfahren. Sophie, du musst uns die Kirche erklären so wie mir vorhin St. Martin. Wenn einem jemand was erklärt, dann sieht man viel mehr und es gefällt einem gleich viel besser, nicht wahr, Josef?«

Er wusste nicht, was er darauf sagen sollte. Er hatte keine Probleme damit, dass er zu wenig sah. Im Gegenteil, er sah eher zu viel. Darum brauchte er manchmal Stunden, ehe er den ersten Strich aufs Papier machte. Meist war er erst zu Hause im Stande, das Gesehene zu zeichnen, dann nämlich, wenn er die vielen tausend Einzelheiten nicht mehr sah und die Erinnerung ihn aufs Wesentliche beschränkte.

»Also abgemacht«, sagte Nadja. »Wir fahren nach Birnau. Wir drei. Bleibt nur die Frage, wann? Wie wär's mit morgen? Ein netter Sonntagsausflug.«

Josef sah Sophie zögern. »Ich weiß nicht«, meinte er sofort, »ob Franz und Peter auch morgen für mich den Stall übernehmen können.«

»Wir fahren nachmittags«, sagte Nadja eifrig. »Dann ist es nur ein halber Tag für Franz und Peter.«

»Mal sehen«, erwiderte er, Sophies Blick ausweichend.

»Aber wir beide werden doch auf jeden Fall fahren«, wandte sich Nadja an Sophie.

»Wenn es nicht wieder schneit.«

»Es wird nicht schneien«, erklärte Josef. »Im Gegenteil, es fängt an zu tauen.«

»Dann steht unserem Ausflug ja nichts im Wege«, sagte Nadja. »Und wenn du nicht um zwei oben bei uns bist, Josef, dann kommen wir runter und holen dich, wenn es sein muss, direkt aus dem Stall.«

Josef gab sich alle Mühe, Sophie nicht anzublicken. Vor Nadja, die jeden seiner Versuche zunichte machte, Sophie mit seiner Gegenwart zu verschonen, konnte er ihr nicht erklären, dass sie von ihm keine Aufdringlichkeiten zu befürchten hatte, auch dann nicht, wenn es ihm nicht gelang, sich diesem Ausflug zu dritt zu entziehen.

Als sie wieder draußen auf dem Saumarkt unter St. Martin standen, schlug Nadja ihm vor, mit ihnen im Auto zurück nach Rohenfels zu fahren. Aber er lehnte ab. »Ich habe noch ein paar Besorgungen zu machen«, sagte er ernsthaft und langsam.

»Was hast du denn für Besorgungen zu machen?«, fuhr Nadja auf.

Sophie rammte ihr den Ellbogen in die Seite und zog sie weg. »Aber morgen kommst du mit!«, rief Nadja noch. »Du bist mein Onkel. Du darfst dich nicht vor einem Familienausflug drücken.«

Auf der Heimfahrt hielt Sophie Nadja einen Vortrag über die Spielregeln unter Erwachsenen. Man versuchte als junge Frau nicht, einem Mann in einer Kirche einen Zeichenblock zu entreißen, man respektierte eine Absage, und man fragte nicht nach, wenn jemand offensichtlich eine Ausrede gebrauchte.

»Aber er ist doch mein Onkel! Ich weiß praktisch nichts über ihn. Er war immer nur Sepp, der Depp vom Talhaus. Als ich acht oder neun war, sind wir kreischend vor ihm davon gelaufen, wenn er zufällig daherkam. Einmal haben ein paar Jungs aus Edenweiler und ich uns abends zum Talhof geschlichen. Sein Küchenfenster stand offen. Da haben wir Erdbollen und Steine und Pferdeäpfel hineingeworfen. Der Stein, den ich geworfen habe, hat die Teller auf dem Brett über der Spüle getroffen. Es ging alles kaputt. Und wir haben uns wie Helden gefühlt. Irgendwann hat auch mal einer der Jungs aus Edenweiler versucht Feuer zu legen. Aber es hat nicht richtig geklappt. Solche Sachen haben wir gemacht. Ist das nicht schrecklich? Und dabei ist er so ein lieber Mann. Findest du nicht?«

Dazu sagte Sophie lieber nichts.

»Kaum zu glauben, dass er wegen Vergewaltigung sechs

Jahre im Knast saß. Ich denke nicht, dass er es getan hat. Vielleicht ist er für einen Freund ins Gefängnis gegangen.«

»Aber wirklich, Nadja, das ist schon eine arg romantische Idee.«

»Traust du ihm denn so eine Tat zu? Ich jedenfalls nicht.«

»Sei nicht so naiv. Man sieht es einem Menschen nicht an, was er einmal getan hat. Mag ja sein, dass Josef unschuldiger war, als es sein Richter gesehen hat, aber man weiß es nicht. Man weiß es nie.«

»He!«, rief Nadja und drehte sich auf dem Beifahrersitz um. »Das war doch eben Papas Wagen.«

Sophie seufzte.

Mathias kam von Hintersessach. Die Versteigerung von Segberg war unerwartet eklig gewesen. Anfangs hatten mehr als zehn Interessenten mitgeboten. Als Mathias schon geglaubt hatte, er bekomme den Zuschlag bei dreihunderttausend, war plötzlich ein blonder junger Mensch mit wuchtigem Schnauzer eingestiegen. Er hatte den Preis auf über fünfhunderttausend hochgetrieben. Als Mathias dann drauf und dran war, das Projekt aufzugeben, hatte der Blonde mit dem Schnauzer mit seinem Gebot sehr gezögert, und Mathias hatte noch einmal erhöht. Bei siebenhundertfünfzigtausend hatte er Schluss machen wollen, aber erneut zögerte der Blonde mit dem Schnauzer. Anselm würde er vielleicht auch auf zwei Millionen hochhandeln können, dachte Mathias, und bot noch einmal. Am Ende bekam er den Zuschlag bei knapp einer Million. Der Auktionator rieb sich die Hände.

Und jetzt wurde Mathias klar, dass er sich hatte fortreißen lassen von einer blinden Gier nach einem guten Geschäft. Der Blonde mit dem Schnauzer hatte ihn reingelegt. Er hatte Segberg nicht kaufen, er hatte nur den Preis für ihn, Mathias, in die Höhe treiben wollen. Erst jetzt fiel ihm ein, dass er bei seiner Ankunft vor der Auktion auf dem Parkplatz am Fuße von Segberg mit seinem Turm über dem zweiflügeligen Gebäude einen Porsche mit Stuttgarter Kennzeichen stehen gesehen hatte. Aber warum kam einer extra aus Stuttgart, um Segberg so teuer wie möglich zu machen? Was lief da? Mathias griff nach dem Handy.

Während er die Nummer von Balduin Graf Anselm ins Handy tippte, lenkte er den Wagen auf den Ostring um die Wangener Innenstadt herum und bog in die Isnyer Straße ein. Anselm nahm nicht ab. Klar, er war ja noch auf den Malediven. Falls überhaupt irgend etwas stimmte, was Anselm ihm erzählt hatte. Aber vielleicht war auch diese Nummer in München falsch. Vielleicht gab es gar keinen Grafen Anselm.

Mathias fuhr den Offroader den Bordstein hinauf auf seinen Firmenparkplatz. Sein Büro lag unweit der Brücke, die über die Obere Argen in die Altstadt führte. Er rannte in sein Büro hinauf. Die drei Zimmer waren leer. Es war Samstag. Mathias ließ sich auf seinen weichen Bürostuhl sinken und versuchte, seine Panik niederzukämpfen und zu überlegen, was das alles bedeuten konnte.

Was war eigentlich genau geschehen? Er hatte Segberg teurer kaufen müssen als geplant. Aber dass der Blonde mit dem Schnauzer aus Stuttgart gekommen war, war nicht erwiesen, und dass er nur da war, um ihn, Mathias, in den Ruin zu treiben, das war eine Idee, die an Verfolgungswahn grenzte.

Mathias fuhr sich über die dunkelblonden Haare, atmete aus, langte nach dem Telefon und wählte Dieters Nummer, erst die seines Büros, dann seine Privatnummer. Aber niemand hob ab.

Na, dachte Mathias, wo treibst du dich herum? Was wird

deine Frau dazu sagen, wenn du deine Samstage woanders verbringst als zu Hause? Aber Sophie rief ihn wahrscheinlich über Handy an. Da konnte ein Mann immer behaupten, er säße gerade im Auto auf dem Weg vom Büro nach Hause.

Mathias lehnte sich in seinem Sessel zurück und schloss die Augen. Er musste sich wohl oder übel damit abfinden, dass er heute und morgen nichts klären konnte. Wie lange er so dasaß und die Gedanken kommen und gehen ließ, wusste er nicht. Irgendwann stand er auf, um heimzufahren.

Es dämmerte schon, als er von der Bundesstraße abfuhr und auf Kißlegg zuhielt. Schneewehen, Bäume und Hausecken sprangen in die Scheinwerfer seines Wagens. Die Straße wirkte wie verschimmelt vom Salz.

13

Über Nacht drehte der Wind auf Südwest. Tauwetter setzte ein. Von den Gesimsen und Giebelbögen des Schlösschens fielen schwere Tropfen. Sie schlugen tiefe Löcher in den Schnee. Er knirschte nicht mehr unter ihren Füßen, sondern raschelte wässrig, als Nadja und Sophie am Nachmittag um zwei aus dem Portal ins Freie traten.

Im selben Moment bog Josef um die Ostecke des Hauses, etwas außer Atem von dem raschen Aufstieg. Er trug nicht nur seine neuen Jeans, sondern über einem hellbeigen Baumwollpullover auch einen leichten dunkelblauen Blouson, der ziemlich neu aussah.

»He!«, rief Nadja verschmitzt. »Gut schaust du aus.«

Sie bestand darauf, mit ihrem Walkman auf den Ohren hinten in Sophies Corsa Platz zu nehmen und Josef den Beifahrersitz zu überlassen.

»Weißt du, wie wir fahren müssen?«, erkundigte sich Sophie. Sie war entschlossen, einen normalen Ton zu finden. »Ich weiß nur, dass wir nach Überlingen am Bodensee müssen.«

»Erst mal nach Wangen und dann Richtung Tettnang«, erwiderte Josef.

Sie ließ den Wagen die Auffahrt hinunterrollen. Unter den Schneerändern quoll Schmelzwasser hervor und floss in hellen Bächen die Straße hinab. Sophie hatte sich ausgerechnet, dass die Fahrt gut anderthalb Stunden dauern würde. Was sie währenddessen mit Josef reden sollte, war ihr schleierhaft. »Haben Franz und Peter sich also bereit gefunden, den Stall zu übernehmen.«

»Ja. Sie ... sie bessern sich damit gern ihr Taschengeld auf.«

Sophie hörte, dass er sich Mühe geben musste zu reden. Im Grunde hatte sie ihm ja das Wort verboten, als sie ihm in der Bibliothek seines Vaters das Versprechen abnahm, niemals mit ihr über seine Tat zu reden. Ein Versprechen, das sie selber belastete, denn sie dachte fortwährend an das, was sie eigentlich so genau nicht wissen wollte. Aber es ging eben nicht, dass man den Täter zu Wort kommen ließ, während sein Opfer nicht mehr reden konnte. Doch wenn er unschuldig war, dann hätte sie ihn eigentlich reden lassen müssen. Außerdem hatte Josef sie in einem höchst kritischen Augenblick davor bewahrt, dass sein Hund ihr an die Kehle sprang. Sie hatte ihm im Stall unrecht getan, aber er verzieh es ihr. Da war es vielleicht ein Gebot der Fairness, dass sie ihm das Recht einräumte, seine Vergangenheit zu erklären, sich ihr als Mann zu zeigen, der zumindest bitter bereute und sich gewandelt hatte. Aber zum Glück verbot Nadjas Anwesenheit im Moment dieses unselige Thema.

Josef saß still neben ihr. Sie konnte sich nicht helfen, es war einfach so, dass die Sympathie, die sie von Anfang an für ihn gehegt hatte, in ihrer Seele überzulaufen zu drohte. Seine Augen musterten die Landschaft, durch die sie fuhren. Knorrige Obstbäume auf Wiesen, in denen die Schneefelder ins Rutschen gerieten. Wasser, das in glitzernden Sturzbächen die Straßen entlanglief. Immer wenn sie sich einer Abzweigung näherten, deutete er mit einer kleinen Handbewegung die Richtung an. Ihr fiel auf, dass Josef sie ausschließlich über Nebenstraßen dirigierte, über kleine Dörfer.

»Das ist die Perspektive eines Fußgängers«, bemerkte sie. »Bist du auch hier herumgewandert?«

»Als ich den Hund noch nicht hatte, bin ich hier mit dem Fahrrad gewesen.«

»Hast du keinen Führerschein?«

»Doch.«

Danach versanken beide wieder in Schweigen. Sie passierten Dörfer im welligen Land und fuhren zuweilen wie zwischen Wänden entlang durch seltsame Felder aus Stangen und Draht – keine Bohnen, aber Pflanzen, die sich an drei Meter hohen Stangen emporwanden.

»Das ist der Tettnanger Aromahopfen«, sagte Josef, dem Sophies rätselnder Blick nicht entgangen war. »Wir befinden uns im wichtigsten Hopfenanbaugebiet Deutschlands. Der Hopfen hier ist besonders aromatisch. Aber leider kaufen ihn immer weniger Brauereien.«

Sophie fragte sich, wie groß Josefs Radius als Vagabund war und wie weit sein geistiger Horizont reichte. »Was wolltest du eigentlich mal werden?«, fragte sie, ohne recht nachzudenken. Sie spürte seinen Blick auf ihrem Gesicht. Er schien sich vergewissern zu wollen, ob es wirklich ihre Absicht war, sich ihm und seiner Vergangenheit zuzuwenden. »Oder wolltest du immer schon Pferdewirt werden?«

»Nein.«

Sophie folgte seinem Wink und bog Richtung Wirrensegel ab. Ortsnamen sind das, dachte sie. »Was dann?«

»Arzt.«

»Tatsächlich?«

»Aber ... ich wollte ... ich habe immer ...« Er bremste sich. »Ich habe nicht einmal Realschulabschluss. Ich habe zu viel geträumt in der Schule. Zwischen mir und der Realität lag immer eine endlose Kuhweide.«

Sophie musste über das plastische Bild lächeln.

Sie kamen in Meersburg an. Plötzlich war auch das Wasser des Bodensees ganz nah. Weiße Ausflugsschiffe lagen im Hafen. Über ihnen erhob sich wie eine Wand die Stadt mit ihrer mittelalterlichen Burg und dem barocken Schloss dahinter.

»Hier hat doch Annette von Droste-Hülshoff gelebt«, meldete sich Nadja plötzlich von hinten.

»*Die Judenbuche*«, erwiderte Josef.

Auch eine Geschichte von Schuld und Sühne, dachte Sophie, die Geschichte eines scheuen, verträumten Jungen, der zum Mörder wird, allein weil er dem Makel seiner erbärmlichen Herkunft entfliehen will.

»Das mussten wir letztes Jahr in der Schule lesen«, sagte Nadja. »Hat mir überhaupt nicht gefallen. Dir, Josef?«

Er wandte sich nach hinten. »Es ist ein mitleidloses Buch über eine ausweglose Suche nach Achtung. Es ist die Ausweglosigkeit selbst. Nicht einmal die Natur wird dem Gejagten zum Freund, sie ist vielmehr sein Richter. An einem Baum muss sich der Mörder aufhängen, weil kein menschlicher Richter ihn verurteilt.«

Hatte Josef deshalb den Instanzenweg abgelehnt und seine Strafe akzeptiert, fragte Sophie sich. Aus Furcht vor der Rache der finsteren Kräfte der Natur?

»Unser Deutschlehrer hat uns erzählt«, sagte Nadja, »dass Droste-Hülshoff einen Skandal ausgelöst hat, weil sie einen Mann ihrer Wahl heiraten wollte. Darum hat sie sich in den Glauben zurückgezogen und hierher nach Meersburg. Sie hat geglaubt, dass jeder Versuch böse ausgeht, sich gegen die christliche Ordnung zu stellen. Das ist doch pervers.«

Josef lächelte. »Vielleicht muss man ein wenig älter sein, als du es bist, um das zu verstehen. Aber ich erinnere mich an ein Gedicht, in dem sie beschreibt, wie unheimlich und fremd sie sich selbst manchmal war. Mal sehen, ob ich es noch zusammen kriege: ›Es ist gewiss, du bist nicht ich. Voll Kräfte, die mir nicht bewusst. Voll fremden Leides, fremder Lust. Gnade mir Gott, wenn in der Brust mir schlummernd deine Seele ruht.‹«

Eine Weile war es hinten still. Dann meinte Nadja: »Klar, dass dir das Gedicht was sagt, Josef. Du musst doch ständig Angst haben vor deinen eigenen dunklen Trieben.«

Sophie spürte, wie es Josef den Atem verschlug.

Sie sah vor sich ein Schild, das zu einem Parkplatz mit Aussichtsplattform wies, und riss das Steuer herum. Mit quietschenden Reifen schlitterte sie auf den Parkplatz direkt am See. Kaum dass sie standen, stieß Josef seine Tür auf, sprang aus dem Auto und lief mit großen Schritten auf die Aussichtsplattform hinaus.

»Was hat er denn?«, fragte Nadja erschrocken.

Sophie wandte sich zu ihr um. »Bist du eigentlich noch zu retten? Du sagst Josef einfach mal so schnell locker flockig, dass er ein verdammter Vergewaltiger ist. Und das auch noch in einem Ton, als wäre das ein nettes Thema für eine kleine Koketterie zwischen Onkel und Nichte.«

»Wie? Nein! So habe ich das doch nicht gemeint!«

»Ja wie denn dann?«

»Aber wenn er doch …«

»Und wenn er nicht …? Du bist doch der Meinung, er habe unschuldig im Knast gesessen. Dann hast du ihn aber eben fürchterlich gekränkt.«

Was redete sie da eigentlich, dachte Sophie. Jetzt verteidigte sie sogar schon Josefs Unschuld. Sie stieg ebenfalls eilig aus dem Auto und holte tief Luft.

Josef stand vorn am See, umklammerte mit bloßen Händen das eiskalte Geländer und starrte auf die bleigraue Wasserfläche hinaus. Sophie gab sich innerlich einen Schubs und stieg das Treppchen hinab. Das Schwäbische Meer klatschte müde auf einen schmalen Streifen von Kieselsteinen. Als sie am Geländer anlangte, wandte Josef sich zu ihr um. »Vielleicht ist es besser, wenn ihr beide alleine weiterfahrt.«

»Nadja hat es nicht so gemeint.«

»Ja, ich weiß. Für sie ist das kein Problem. Sie versucht einfach nur mich kennen zu lernen. Aber für dich ist das ein Problem.«

»Wirfst du mir das vor?«

»Nein, Sophie. Wie könnte ich dir Vorwürfe machen!«

»Vielleicht«, sagte sie zögernd, »ist es nicht fair von mir, dass ich dir verboten habe ...«

In diesem Moment kam Nadja angelaufen und blieb außer Atem vor ihnen stehen. »Es tut mir Leid, Josef. Wirklich!«

»Ist schon okay.«

»Ich weiß ja selber nicht, was manchmal in mich fährt. Da hast du schon Recht. Auch mit dem Gedicht. Es ist ein schönes Gedicht. Ich war ja nur erstaunt, dass du Gedichte auswendig kannst. Du bist ja schlimmer als mein Deutschlehrer.«

Josef lächelte leise.

»Wie hast du das nur gemacht«, fuhr Nadja fort, »dass wir all die Jahre nicht mitgekriegt haben, was du für einer bist? Du bist ja richtig klug. Und reden kannst du auf einmal auch.«

Josef legte ihr den Arm um die Schulter und zog sie kurz an sich. »Du bist meine Lieblingsnichte, Nadja, weißt du das?«

Darauf wusste endlich auch Nadja nichts mehr zu sagen. Gemeinsam und friedlich vereint gingen sie zum Wagen zurück. Der Rest der Fahrt am Bodensee entlang verlief ohne weitere Zwischenfälle. Sophie und Josef schwiegen. Er dachte darüber nach, zu welchen Verwicklungen seine ungeübte Redseligkeit führen konnte.

Auf dem Parkplatz neben der eintürmigen Wallfahrtskirche Sankt Marien zu Birnau standen etliche Wagen und zwei Busse von Sonntagsausflüglern. Nadja betrat vielleicht zum ersten Mal in ihrem jungen Leben eine Kirche mit Neugierde und Interesse. »Cool!«

Josef langte währenddessen ins Weihwasserbecken zuseiten der Tür, beugte das Knie und bekreuzigte sich. Sophie ließ den Blick der Kunsthistorikerin an die Decke schweifen.

»Das ist keine Architektur«, sagte sie, »sondern eine Wolke.«

Nadja lachte.

»Wir sehen einen zweigeschossigen Saal«, fuhr Sophie etwas übertrieben dozierend fort, »kulissenartig zum Chor gestaffelt mit umlaufender Galerie mit Bandwerkbrüstung und Stichkappen. Auf getreppten Lisenen …« Sie unterbrach sich.

Josefs Gesicht war völlig ausdruckslos. Er schien nur noch Auge zu sein und ganz gefangen von dem lichtdurchfluteten Gewölk der weißen Wände und der lachsrosa, hellblauen, seegrünen und zitronengoldenen Stuckfassung.

»Weiter«, drängelte Nadja.

»Weißt du, woher das Wort Rokoko kommt? Von Rocaille, Muschel. Und wie du siehst, wimmelt es im Stuck von Muschelelementen. Alles schnörkelt und flattert. Das ist die Perversion von Architektur. Pfeiler, Wände und Decke, alles verschwimmt ineinander. Und die Gemälde sorgen dafür, dass man nicht weiß, wo der Raum aufhört und die Illusion anfängt. Alles *Trompe-l'œils.*«

»Ich glaube, ich werde Kunstgeschichte studieren«, stellte Nadja fest.

Sie ließen Josef in der Mitte der Kirche zurück, in der sich gerade eine Touristengruppe versammelte, und schritten Nischen, Seitenaltäre und die Kreuzwegstationen ab.

»Mariä Heimsuchung«, sagte Sophie.

»Was ist das denn?«

»Der Engel sucht Maria heim und verkündet ihr, dass sie ungewollt schwanger ist.«

»Was hat Josef eigentlich?«, erkundigte sich Nadja mit besorgtem Blick in die Mitte der Kirche zu Josef, in der sich die Touristengruppe gerade zögernd wieder in Marsch setzte und Josef zurückließ. Jahreszahlen und Namen von Baumeistern und Stuckatoren nennend, leitete der Führer die Gruppe an die Altarschranke.

»Ich vermute«, antwortete Sophie, »er zeichnet im Kopf.«

»Du meinst, er stellt sich vor, was er zeichnen würde?«

»So ungefähr. Er übersetzt alles, was wir hier dreidimensional sehen, ins Zweidimensionale. Wir stehen ja in einem riesigen Raum voller optischer Täuschungen, aber ein Papier ist nur eine kleine rechteckige Fläche. Gestern in St. Martin hat er doch auch keinen einzigen Strich gemacht. Ich vermute, er fängt erst an, wenn er weiß, wie es auf einem Blatt Papier ausschauen muss. Wenn er das so macht, dann könnte es sein, dass er ein guter Zeichner ist.«

»Das würde ich gerne mal sehen«, sagte Nadja.

»Ich auch. Aber wir sollten ihn nicht drängen.«

»Okay«, meinte Nadja.

Sie näherte sich Josef erst, als sie alles aus Sophie herausgefragt hatte, was diese aus ihrem abgebrochenen und nicht sonderlich geliebten Studium noch wusste. Sophie sah, wie Josef den Arm ausstreckte und Nadja irgendetwas zeigte. Von einer Besuchergruppe ließ sie sich aus der Kirche treiben. Der Bau wies mit der Front zum See und stand zwischen Birnbäumen im Anstieg vom Bodensee auf einem Bühl, wie man hier die Hügel auch nannte. Vor Sophie öffnete sich der westliche Bodensee. Der Wind warf Streifen, so als fröre die Wasserfläche. Über den jenseitigen Ufern erhoben sich die weißen Gipfel der Alpen.

Sophie ging um die Kirche herum. In der kommenden Woche, dachte sie, würde sie die Scheidung einreichen. Es gab kein Zurück mehr. Ihr voriges Leben in der Villa auf dem Stuttgarter Killesberg lag auf einmal weit weg hinter dem verschneiten Gebirgszug, der den Blick nach Norden versperrte. Wo sie ein neues finden würde, war ungewiss. Sicher schien ihr nur, dass sie, wenn sie diese Gegend verließ, auch den Teil ihrer Seele zurücklassen musste, der so eng mit Josef verflochten war, ihre Hoffnung auf Glück.

Nadja und Josef stöberten sie hinter der Apsis auf. Sie fröstelte.

Monika streckte sich. Sie hatte den ganzen Nachmittag Kataloge und Zeitschriften durchgeblättert, immer auf der Suche nach Quellen für die Gegenstände und Requisiten, die ein Fotograf für seine originellen Arrangements brauchen konnte. Inzwischen dämmerte es hinter dem Fenster.

Sie erhob sich aus ihrem Sessel, schaute bei ihrer Schwiegermutter vorbei, die ein Buch las und dabei klassische Musik hörte, und ging dann hinunter in die Küche. Sonntags kam Erna nicht, es sei denn, sie hatten Gäste. Der Gedanke, dass sie heute ein Abendessen hinstellen musste, behagte Monika nicht. Aber vielleicht würde es ja Sophie machen. Sie hatte vor zwei Tagen schon einmal gekocht, und das sehr gut. Sie schien Spaß an der Kocherei zu haben.

Monika holte sich einen Orangensaft aus dem Kühlschrank.

Sophie war überhaupt in allem gut organisiert, ganz im Gegensatz zu ihr. Monika war ein Improvisator, jemand, der auf die Schnelle meisterhaft irgendetwas organisierte. Planen lag ihr nicht. Aber Sophie organisierte ihre Malerei fast generalstabsmäßig. Ihr fehlte nie etwas, sie hatte alles da, einschließlich einer Kiste mit Materialien wie Marmor, Gusseisen oder Tannenzapfen und Porzellan. Auch wenn sie sich tagsüber im Badezimmer ausbreitete, war abends immer alles weggeräumt und zusammengeschoben und die Badewanne gesäubert, so dass Monika und Mathias das Bad benutzen konnten.

So eine Haushälterin hätten sie gebraucht, so eine wie Sophie. Schade, dass man sie nicht einfach bitten konnte, sich als Haushälterin anstellen zu lassen. Da hätte man sie wohl als Künstlerin beleidigt.

Seltsam übrigens, dachte Monika, wie zugeknöpft Sophie auf die Frage reagiert hatte, wie es Dieter ging. Als ob in dieser Ehe etwas nicht stimmen würde. Monika hatte in den vier Tagen, die Sophie nun wieder hier malte, nicht die Zeit gehabt oder nicht die innere Ruhe, länger mit ihr zu reden. Aber wenn Sophie mit Dieter Probleme hatte, hätte sie das nicht überrascht. Dieser Dieter war ein unangenehm großspuriger, herrschsüchtiger und eitler Mensch.

Monika leerte das Glas Orangensaft in einem Zug, spülte es und legte es in den Abtropfer. Als sie auf dem Weg in ihr Zimmer an der Tür zu Mathias' Arbeitszimmer vorbeikam, blieb sie stehen. Mathias war seit gestern noch schweigsamer als sonst. Monika kannte diese Phasen von Schwermut bei ihm. Dann war er zwar freundlich und immer noch aufmerksam fast bis zur Höflichkeit, aber er redete wenig. Und wenn er Sorgen hatte, dann spürte sie das so wie letzte

Nacht an der Art, wie er sie küsste und liebte, übermäßig zärtlich und dabei so leidenschaftlich wie einer, der wusste, dass die Titanic morgen unterging.

Monika zögerte. Sollte sie oder sollte sie nicht? Wenn Nadjas dramatische Aktionen ihr eines klar gemacht hatten, dann dies: Sie alle sprachen zu wenig miteinander. Sie fragten sich zu wenig, wie es ihnen ging. Auch sie hatte es bequem gefunden, dass sie sich nicht mit Problemen beschäftigen musste, die Nadja oder Mathias hatten. Sie hatte ihre eigenen.

Aber auf einmal begann Nadja an sich herumzuschneiden und mit Leitungskabeln zu experimentieren, und Mathias hatte womöglich doch schwerwiegendere geschäftliche Probleme, als sie es wahrhaben wollte.

Monika kratzte leicht mit den Fingernägeln an der Tür und hörte Mathias drinnen mit einem kurzen »Hm!« antworten. Er saß hinter seinem schönen alten Kontorsschreibtisch und blickte ihr etwas überrascht entgegen.

»Na«, sagte sie, »alles in Ordnung?«

»Ja, natürlich. Warum auch nicht? Ist etwas?«

»Nein«, antwortete Monika. »Was soll sein?«

»Ich dachte nur, weil du mich doch sonst nicht hier aufsuchst. Willst du etwas Bestimmtes?«

»Schlimm, dass wir anscheinend nur dann miteinander reden, wenn einer etwas will. Oder wenn einer dem anderen mitteilt, wohin er morgen oder übermorgen fährt. Findest du nicht?«

Mathias lächelte. Nein, nicht jetzt!, dachte er.

»Ich habe den Eindruck, dass du Sorgen hast«, steuerte Monika in ihrer entschlossenen Art auf ihr Ziel los.

»Aber nein. Ich bin nur etwas müde. Dieser Südwestwind macht mir immer zu schaffen, wie du weißt.«

Monika trat hinter ihn und massierte ihm die Schultern.

Er stöhnte wohlig auf, aber sie spürte, dass er sich nicht entspannte.

»Nadja und Josef scheinen sich gut zu verstehen«, sagte sie. »Und Nadja hat sich auch mit Sophie angefreundet. Das ist doch ein erfreuliche Entwicklung. Ich glaube, es ist gut, dass wir Sophie noch einmal ein paar Wochen bei uns haben. Sie ist so vernünftig, und das tut Nadja gut. Stell dir vor, Nadja hat sich gestern endlich wieder mal Kleider gekauft, die nicht schwarz sind. Ich glaube, sie ist aus dem Gröbsten raus. Was meinst du?«

Mathias seufzte. »Ich hoffe nur, Nadja wird nicht alle Vierteljahr ihre gesamte Garderobe erneuern müssen. Das geht nämlich ziemlich ins Geld.«

»Können wir uns das nicht mehr leisten?«, erkundigte sich Monika alarmiert.

Mathias schüttelte die Hände seiner Frau ab und stand auf, um zu dem Schrank zu gehen, in dem er eine Flasche Cognac aufbewahrte. Er öffnete ihn aber nicht und drehte sich um. »Monika, die Wahrheit ist, Preising hat mir zum letzten Mal Kredit gegeben für ein Geschäft, das unseren Ruin bedeutet, wenn es nicht klappt.«

»Na, du bist ja kein Anfänger mehr. Es wird schon gut gehen«, sagte sie aufmunternd.

Mathias lächelte bitter. »Das schätze ich an deinem Vertrauen in mich so. Es ist die für dich bequemste Art, dich nicht für mich zu interessieren.«

»Oh! Aber …« Monika unterbrach sich betroffen. Wenn sie nicht von Anfang an die Fähigkeit besessen hätte, keine Fragen zu stellen, wäre ihre Ehe an Mathias' Affäre mit Marie gescheitert. Und auf einmal hielt er ihr das als Mangel an Interesse vor. »Aber du interessiert dich doch auch nicht für mich! Du scheinst dich nicht einmal zu fragen, ob ich mit Antonio in München eine Affäre habe.«

Mathias schluckte. »Und, hast du?«

»Nein, natürlich nicht. Und glaub mir, Mathias, ich weiß es sehr zu schätzen, dass du mir vertraust.«

»Entschuldige«, sagte Mathias, rasch bereit, einzulenken. »Ich bin etwas nervös und habe Kopfschmerzen.«

»Was ist das denn für ein Geschäft, das dir solche Sorgen macht?«

»Ein adoptierter Adliger namens Anselm will aus Adelsbesitz ein Schlösschen kaufen. Aber es muss Segberg sein. Das wurde gestern versteigert. Ich habe es gekauft, doch viel zu teuer. Da war einer auf der Auktion, der hat den Preis künstlich in die Höhe getrieben. Und nun bin ich mir gar nicht mehr sicher, ob Anselm Segberg wirklich kaufen will. Sein Angebot war eigentlich viel zu hoch. Fast so, als hätte er mich nur verlocken wollen, mich in Unkosten zu stürzen.«

»Sei doch nicht immer so pessimistisch, Mathias! Warum sollte ein dir völlig unbekannter Mensch dich reinlegen wollen? Oder kennst du diesen adoptierten Grafen?«

»Nein. Er hat sich auf Dieters Empfehlung an mich gewandt.«

»Dieter Benrath?«

»Ja. Dieter hat ihm erzählt, Segberg gehöre mir. Anselm hat mir anderthalb Millionen geboten. Und wenn ich es für eine halbe hätte ersteigern können, dann wäre das ein irre gutes Geschäft gewesen.«

»Und warum verschafft Dieter dir so ein Geschäft?«, erkundigte sich Monika mit skeptischem Blick. »Wieso jetzt auf einmal, nach fast zwanzig Jahren und nach eurem Streit damals?«

»Seine Frau malt bei uns, wenn ich dich daran erinnern darf. Wie bist du eigentlich ausgerechnet auf sie gekommen?«

Monika sah ihren Mann mit aufkeimendem Verdacht an. »Eine Stylistin aus Stuttgart hat mich angerufen. Sophie hatte ihr das Badezimmer ausgemalt. Sie meinte, das wäre doch was für mein Barockschlösschen. Ich habe sofort an die kahle Wand unten in der Halle gedacht. Du glaubst doch nicht, dass Dieter dahinter steckt? Was für ein Interesse sollte er daran haben, dass Sophie bei uns malt?«

»Wieder Kontakt knüpfen«, antwortete Mathias. »Und das ist ihm ja auch gelungen. Wir haben ihn zu deiner Geburtstagsparty eingeladen. Und er war da.«

»Ja und?« Monika grübelte. »Du meinst doch nicht, dass er dich reinlegen will? Warum denn?«

Mathias zuckte mit den Schultern. »Ich weiß überhaupt nicht, was ich denken soll.«

»Dann schlage ich vor, dass wir mal mit Sophie reden, wenn sie mit Nadja zurückkommt.«

»Das halte ich für keine so gute Idee«, widersprach Mathias bedächtig. »Woher wissen wir denn, welche Rolle sie in dieser Geschichte spielt? Ich möchte nicht, dass sie ihrem Mann erzählt, was wir vermuten.«

»Du meinst, sie hat hier spioniert, wo dein Schwachpunkt ist, und jetzt …«

»Nein! Das habe ich nicht gesagt, und das denke ich auch nicht. Ich meine nur, wir sollten nicht vorschnell jemanden ins Vertrauen ziehen, der nicht zur Familie gehört, sondern, wenn du so willst, zur Gegenseite. Und vielleicht bin ich auch wirklich nur zu misstrauisch. Morgen will Anselm aus seinem Urlaub zurückkommen. In den nächsten Tagen werde ich wissen, wie der Hase läuft.«

14

Mittwoch früh gingen alle aus dem Haus. Monika fuhr nach München. Mathias brachte Nadja zur Schule und nahm die alte Frau Rohenfels nach Wangen mit. Sie wollte zum Friseur und dann Freundinnen besuchen.

Unten im Talhof sah Josef, wie die Autos nacheinander abfuhren. Nur das violette Auto von Sophie blieb zurück. Drei Stunden lang schaufelte er im Regen Schnee aus allen Gräben und Rinnen rund um den Talhof, in denen sich das Wasser staute. Seit Sonntagabend taute es rasant. Außerdem regnete es seit gestern. Schmelzwasser rann unter den Schneeflächen hervor. Sie sanken stündlich um mehrere Zentimeter zusammen. Schon kam an den Hängen vergilbtes Wintergrün zum Vorschein. Der Edenbach war durch die Schneedecke gebrochen und hatte sich in ein schwellendes Gewässer verwandelt, das sich grau durchs Tal fraß. Aus Kindertagen wusste Josef, dass der Edenbach das halbe Tal überfluten konnte. Darum war der Talhof auch auf einem gut einen Meter hohen Plateau gebaut.

Während Josef bis zum Stiefelschaftrand in pappigem Schnee und Wasser stand, überlegte er, ob er Sophies Einladung annehmen durfte, sich das Gemälde anzusehen, das im Badezimmer entstand. Außerdem fragte er sich, was sie wohl damit gemeint hatte, als sie zu ihm am See sagte, sie sei nicht fair zu ihm gewesen. Wenn sie ihm die Chance gab, sich zu erklären, musste er sie dann nicht nutzen? Doch wofür? Sie war verheiratet.

Unschlüssig stand Josef in seiner Küche, nachdem er die durchnässten Kleider gewechselt hatte. Wolf leckte sich das Wasser aus dem Fell an den Pfoten. Josef nahm den Zeichenblock und setzte sich an den Tisch. Er hatte bereits Sonntagabend angefangen, seine Eindrücke von Birnau in Skizzen einzufangen. Zeichnen half ihm immer, zur Ruhe zu kommen. Aber diesmal nicht. Schließlich sprang er auf und nahm die Jacke, nicht die Filzjacke, sondern den Blouson.

Als er auf Schloss Rohenfels das Badezimmer betrat, fand er Sophie in der trockenen Badewanne auf dem Rücken liegend vor. An der Wand über ihr war eine feine bläulich grüne Landschaft mit Fluss, Städtchen, Kirchturm und Bergen skizziert. Einer der beiden gotischen Bögen rahmte die Fläche über der Langseite der Wanne ein, der zweite spannte sich über Bidet und Toilette bis zu den Waschbecken hin. Das Fenster befand sich an der Kopfseite der Wanne.

»Hallo!«, sagte Sophie, ohne sich aufzurichten. »Gut, dass du da bist. Du kannst mir einen Rat geben.«

Josef fuhr sich über die Haare, in denen die Tropfen des Sprühregens glitzerten, durch den er heraufgekommen war.

Sophie streckte die Hand aus und legte sie an die Wand auf eine bereits gemalte steinerne Brüstung. »Also, hier muss etwas hin, und zwar etwas, das aus der Perspektive von unten gut aussieht. Eine Schale, eine Vase, irgendwas. Wenn man da steht, wo du stehst, dann sieht man die Landschaft, aber von meiner Position aus ist alles verschwommen und verzerrt.«

»Hm«, meinte er. »Es ist … es scheint mir eine niederländische Landschaft zu sein. In demselben Buch über niederländische Malerei habe ich ein Bild gesehen mit einem

Krug aus Silber, der in einer Silberschale auf einem roten Tischtuch steht, das aussieht wie ein Teppich.«

»Das Waschgeschirr von Vermeer«, sagte Sophie und richtete sich auf. »Eine gute Idee.« Sie fasste nach dem Badewannenrand, um auf die Füße zu kommen. »Das hier ist eine Landschaft im van Dyckschen Stil.«

Josef zwang sich, seinen Blick von ihr zu wenden, und betrachtete den silbrigen Fluss und die blaugrünen Berge in zarten Tönen. Das Gemälde war aus dem Stadium der Skizze schon heraus, aber zum Beispiel die Häuser eines Dorfs mit einem Kirchturm am Ufer des Flusses waren nur als braune Klötze angedeutet und hatten weder Fenster noch Türen.

In Josefs ernstem Gesicht lag eine solche Faszination, dass Sophie sich plötzlich verführt sah, einen Pinsel aus dem Wasserglas zu ziehen, das auf der Wannenecke stand. »Du kannst mir helfen, Josef.«

Er hielt auf einmal einen Pinsel in der Hand.

»Ah«, sagte sie, »du bist Linkshänder. Viele geniale Maler sind Linkshänder.«

»Ich kann aber nicht malen. Ich habe keine Ahnung, wie man mit Farben umgeht.«

»Kein Problem.« Sophie lächelte. »Ich brauche dich als Zeichner. Hier, schau dir die Häuschen des Dorfs an. Ich habe sie nur angedeutet. Jemand muss dem Dorf Straßen, Häuser, Dächer, Türme und Schornsteine geben. Meinst du, du könntest die Umrisse ziehen? Oder hast du keine Lust dazu?«

»Doch, doch.«

Josef stellte den Pinsel ins Wasserglas auf der Wannenecke zurück und zog sich die Jacke aus. Er legte sie übers Waschbecken und schob die Ärmel eines fliederfarbenen Baumwollpullovers hoch. Von Sophie nahm er eine Palette mit einem Gemisch aus brauner und schwarzer Farbe entgegen. Seine Miene war so froh gespannt, dass in Sophie helle Freude aufstieg. Während er sich auf einem Klappstühlchen vor seinem Bildteil in der linken Arkade einrichtete, stieg Sophie wieder in die Wanne. Sie wollte ihn keinesfalls dadurch verunsichern, dass sie misstrauisch zuschaute, ob er die ihm gestellte Aufgabe auch bewältigte. Deshalb nahm sie ihre eigene Palette und wandte sich der rechten Arkade zu, um Bäumen Gestalt zu geben.

Eine Weile malten sie in tiefstem Schweigen. Er saß, Sophie stand. Sie war in Socken, trug alte Jeans und hatte ein hellgrünes Sweatshirt an, dem es nichts mehr ausmachte, wenn Farbflecke darauf kamen. Im Augenwinkel sah sie, dass Josef den Pinsel locker, aber kontrolliert führte. Er zögerte nie, überlegte höchstens einmal kurz.

Nach einer Stunde reckte er sich und streckte den Rücken. »Ganz schön anstrengend, was du da täglich machst.«

»Ach, man gewöhnt sich daran. Aber wenn du genug hast …«

»Nein, nein. Ich brauche nur wieder Farbe.«

Er reichte Sophie das Brett. Sie setzte sich am Fußende auf den Wannenrand und nahm aus der Kiste, die in der Wanne stand, Flaschen mit brauner und schwarzer Acrylfarbe. Dabei wollte sie eigentlich nur einen verstohlenen Blick auf das werfen, was er zu Stande gebracht hatte, doch dann konnte sie ihre Überraschung nicht verbergen.

»Sogar Treppengiebel! Das ist ja irre! Und der Kirchturm bekommt gotische Züge. Du kennst dich mit der niederländischen Renaissance ja wirklich aus.«

»Ich habe mir schon immer gern Kunstbücher angeschaut. In Kißlegg gibt es eine ganz gute Volksbibliothek.«

Sophie reichte ihm seine Palette und nahm ihre Arbeit am anderen Ende des durch die Halbsäule zweigeteilten Gemäldes wieder auf. »Du musst mir irgendwann mal deine Zeichnungen zeigen.«

Da er schwieg, wandte sie sich nach ihm um. Er hatte über das »irgendwann« nachgedacht, spürte aber die Stille und blickte zu ihr auf. »Ich zeichne bloß ein bisschen, wenn mir die Abende zu lang werden. Es ist nur ein Hobby.«

Wie oft hatte Sophie das schon gehört. »Es ist nur ein Hobby.« Und wie oft hatten die Hobbykünstlerinnen und -künstler dabei gehofft, dass sie ihnen dann professionelles Können bescheinigte.

»Ich habe im … im Gefängnis damit angefangen. Ich habe Löcher in meine Zelle gezeichnet. Ich habe mir das Draußen hereingeholt, die Dörfer, die Stadt, die Gutshöfe, die Kirchen. Man hat ja viel Zeit im Knast.«

Sophie merkte, wie ihr Herzschlag sich beschleunigte. Ihr war sehr wohl bewusst, dass sie Josef auf dem Ausflug nach Birnau unter dem Eindruck seiner Qualen indirekt angeboten hatte, mit ihm über seine Vergangenheit zu sprechen. Und nun machte er den Versuch. Einen sehr vorsichtigen Versuch. Doch sie brachte es nicht fertig, ihn zu ermuntern, fortzufahren. Also verfiel er erneut in Schweigen.

Er war so diskret, so rücksichtsvoll, begegnete ihr mit so viel Respekt, und doch hatte sie Angst vor ihm. Das heißt, sie hatte nicht eigentlich Angst vor diesem Mann, dessen Gegenwart sie stets mit Wärme erfüllte, sondern vor dem, was er ihr vielleicht erzählen würde, vor seiner schwarzen, kalten und unmenschlichen Vergangenheit. Zu gern hätte sie nur auf ihr Herz gehört. Aber ihr Verstand sagte ihr, dass sie schließlich auch Dieter für einen Mann gehalten hatte, der nie gemein zu ihr werden würde.

Nach einer weiteren Dreiviertelstunde legte Josef Pinsel und Palette auf den Waschbeckenrand, streckte sich erneut und stand auf.

»Fertig?«, erkundigte sich Sophie.

»Ich denke, ja.«

»Dann lass mal sehen.« Sie legte ihre Palette auf den Rand der Farbenkiste, die in der Wanne stand. Um über die Kiste hinüberzukommen, musste sie einen ziemlich großen Schritt machen. In ihren Socken rutschte sie unversehens auf dem glatten Email aus.

Josef hob reflexartig die Hände. Ob sie ihn packte, um sich festzuhalten, oder er sie, hätte keiner von beiden später sagen können. Sie fiel ihm förmlich in die Arme. Sie spürte seinen Atem, die Wärme seines Körpers und für Sekunden seine ganze gewaltige Sehnsucht nach ihr.

Josef erschrak. Wo war seine Selbstbeherrschung? Wenn er jemals glaubwürdig sein wollte, durfte er Sophie nicht bei der ersten Gelegenheit an sich reißen. Und dennoch war er außer Stande, sich von ihr zu lösen, bevor es so weit kam, dass sie ihn erzürnt von sich stieß. Aber nichts geschah. Sophie schien wie gelähmt in seinen Armen, völlig regungslos. Womöglich hatte sie Angst, durchfuhr es ihn, vielleicht glaubte sie, sie müsse stillhalten, damit er nicht in Rage geriet. Zutiefst betroffen, ließ er sie los und wich zurück.

Auf ihrem hellen Gesicht mischten sich Schrecken und Ratlosigkeit.

All das, was er im Moment zu ihrer Besänftigung und Beruhigung sagen wollte, scheiterte an der alten Blockade, die ausgerechnet jetzt wieder da war, wo es darauf ankam, dass er sich unmissverständlich ausdrückte. »Glaubst du denn, ich … ich lasse mich einfach so verprügeln?«, stieß er endlich hervor, den dümmsten Satz mitten aus seinen gehetzten Überlegungen greifend.

Sophie wurde blass. »Willst du dich an mir rächen? Ja, wir sind ganz allein im Haus.«

Es klang so todesmutig und verächtlich, dass Josef innerlich ganz kalt wurde. In seiner Not, sich ihr verständlich zu machen, verfiel er auf die einzige Ausdrucksform, die ihm in solchen Momenten zur Verfügung stand – die Geste. Langsam ließ er sich vor Sophie auf die Knie nieder.

Sie sprang erschrocken aus der Wanne und zog ihn auf die Füße. »Um Himmels willen, Josef. Steh auf! Bitte, steh auf! Was willst du mir sagen? Du lässt dich nicht einfach verprügeln. Du schlägst zurück. Wolltest du das sagen?«

»Nein … Ja. Bei jedem anderen … in jeder anderen Situation hätte ich … O Gott, ich bringe es nicht heraus.«

Sophie erinnerte sich, was für eine Kraft er hatte, genug jedenfalls, um allein einen Corsa aus einem Graben zu heben. Und so schnell, wie er im Stall reagiert hatte, schnell genug sogar, um einen Hund aufzuhalten, war er kein Mann, dem es an Entschlossenheit und Mut fehlte. Aber er konnte sich auch im Moment von Schmerz und Wut beherrschen. Er reagierte eben nicht wie ein Tier, wie sein Hund, wenn er angegriffen wurde. Er verlor nicht den Kopf.

»Nadja am Boden«, stieß er hervor, »und ich über ihr. Ich … ich wusste doch, wie du mich siehst.«

»Sehe ich dich falsch?« Sophie nahm ihren ganzen Mut zusammen. »Wie war das damals mit Marie?«

Josef wich etwas zurück und fuhr sich durch die Haare. Dabei fiel sein Blick zufällig in den Spiegel über dem Waschbecken. Wer war er denn? Was wollte er denn von Sophie? Er konnte doch nicht wirklich davon träumen, dass sie ihren Mann, den reichen Architekten in angesehener Stellung, verließ für ihn, den Pferdeknecht mit Adelstitel ohne Zukunft. Durfte er sie denn von ihrem Weg in ihre Zukunft abbringen? Und das mit einer zweifelhaften Unschuldsbeteuerung, die sie nur noch mehr in Verwirrung setzen würde. Sie selbst hatte ihm doch empfohlen zu lügen, wenn die Erklärung der Wahrheit zu mühselig war. Warum also sollte sie ihm glauben? Und wenn sie ihm jetzt glaubte, so würden irgendwann die Zweifel wiederkommen. Wenn sie ihn liebte, konnte sie doch niemals wirklich froh mit ihm werden. Er durfte nicht um sie werben. Er durfte sie nicht verführen, ihn für einen harmlosen Mann zu halten und sich gar mit ihm gegen die Welt zu stellen, die ihn verurteilte und verbannte. Wenn er sie liebte, durfte er das nicht tun.

»Ich … ich kann dir das nicht erklären«, sagte er langsam. »Es … es ist zu kompliziert.«

Sophie wurde aschfahl und sank auf den Badewannenrand. Dabei kam sie an das Glas mit den Pinseln auf der Wannenecke. Es kippte und fiel mit Getöse in die Wanne. Die Pinsel schossen heraus, und das Wasser lief auf den Pappkarton mit den Farbflaschen zu. Sophie beugte sich eilig in die Wanne und riss ihn hoch.

Als sie sich wieder umdrehte, war Josef verschwunden.

Mathias fuhr die Auffahrt zu Schloss Rohenfels hinauf. Tauwasser kam ihm in Sturzbächen entgegen. Das Rondell oben war völlig schneefrei. Der Regen und der sich in Wasser verwandelnde Schnee hatte die Erde aus der Steinumrandung auf den Kies geschwemmt. Kurz hinter Edenweiler war der Bach auch schon an der Oberkante der Röhre, in der er sonst die Straße unterquerte. Mathias hatte im Radio gehört, dass andernorts bereits Straßen unter Wasser standen. Aber das war im Moment wirklich nicht seine Sorge.

In der Halle war niemand. Mathias zog seinen Mantel aus und lief die Treppe hinauf, immer zwei Stufen auf einmal nehmend. Er warf den Mantel ins Schlafzimmer und wandte sich dem Badezimmer zu. An der Tür blieb er einen Moment stehen und atmete aus. Dann trat er ein.

»Frau Benrath ...« Seine Frau duzte sich zwar mit ihr, aber er nicht.

Sophie stand mit beiden Füßen auf den Rändern der Wanne und pinselte irgendetwas ganz oben unter der Decke. Die Scheinwerfer beleuchteten die Wand, auf der sich in zarten Farben eine altmeisterlich feine niederländische Landschaft abzeichnete, ein gewundenes silbriges Flüsschen, grüne Flächen, viel Himmel.

»Ja?«

Mathias fuhr sich durch die Haare. »Frau Benrath, ich müsste mal ein paar Worte mit Ihnen reden.«

Sie stieg vom Wannenrand herunter, stellte den Pinsel ins Wasserglas und nahm einen Lappen, um sich die Hände abzuwischen. »Ja, gern.«

»Vielleicht könnten wir dazu in mein Arbeitszimmer gehen.«

»Natürlich.«

Er führte sie quer über den Flur und ließ sie in sein Zimmer eintreten, in dem ein prächtiger alter Schreibtisch mit einem Computer stand. Auf den kunstvoll gefügten Dielen lag ein schwerer roter Teppich. An den Wänden befanden sich verglaste Bücherschränke, die entweder tatsächlich aus dem 18. Jahrhundert stammten oder eine stilechte Sonderanfertigung waren. Mathias bat Sophie, in einem der drei rotsamtenen Sessel Platz zu nehmen, die um einen Biedermeiertisch herum standen, und setzte sich selbst. Sie sah blass aus, fand er, oder müde.

»Frau Benrath, es hat sich etwas ereignet, das mich zwingt, mich an Sie zu wenden und Ihnen ein paar Fragen zu stellen. Es geht um Ihren Mann.«

»Dieter?«

Mathias hörte an ihrer Stimme, dass ihr das Herz bis zum Hals schlug.

»Ja. Dieter hat mir in der ersten Januarwoche einen Kunden vermittelt. Einen gewissen Balduin Graf Anselm. Kennen Sie den?«

Sophie schüttelte den Kopf.

»Anselm rief mich dann an. Er wollte ein Schlösschen hier in der Gegend kaufen, eines, das gerade zwangsversteigert wurde. Dieter erklärte mir, dass Anselm nur von einem Adligen kauft. Also habe ich Schloss Segberg ersteigert. Allerdings war bei der Auktion ein Mann, der den Preis künstlich in die Höhe getrieben hat. Ein großer Blonder mit einem auffälligen Schnauzbart. Fährt einen Porsche.«

Sophie nickte.

»Den kennen Sie?«

»Das könnte Hans Flechs gewesen sein, ein Angestellter meines ... meines Mannes. Aber warum sollte der ...«

»Ja, genau das wollte ich Sie fragen. Warum will Ihr Mann mich in den Ruin treiben?«

Sophie wurde leichenblass. »In den Ruin?«

»Rohenfels gehört der Bank. Segberg hat mich fast eine Million gekostet. Für diesen Preis ist es nicht mehr zu verkaufen. Anselm wollte am Montag von einer Urlaubsreise zurückkommen, aber erst heute Nachmittag habe ich ihn über viele Ecken auftreiben können. Die Telefonnummer, die ich von ihm hatte, war falsch. Und er sagte mir ganz frech ins Gesicht, dass er gar nicht daran denke und nie daran gedacht habe, diese Ruine Segberg zu kaufen. Es sei eine Wette gewesen. Dieter habe behauptet, für einen angemessenen Preis würde ich mein Familiengut verscheuern. Er habe dagegen gewettet, dass ein echter Adliger so etwas nie täte. Und leider verloren. Dieter ist für mich nicht zu sprechen. Warum, Frau Benrath? Warum tut er mir das an?«

»Ich ...« Sophie musste sich räuspern, um ihre Stimme

zu finden. »Ich sollte Ihnen zunächst sagen, dass ich mich von Dieter getrennt habe. Wir werden uns scheiden lassen.«

»Oh! Das …« Mathias unterbrach sich. Er konnte beim besten Willen nicht sagen, dass ihm das Leid tue. »Andernfalls hätte ich Sie im Anschluss an dieses Gespräch wohl gebeten, mein Haus zu verlassen.«

»Ich verstehe.« Sophies Stimme schwankte. »Außerdem muss ich Ihnen leider mitteilen, dass Dieter krankhaft eifersüchtig ist. Und zwar auf Sie!«

Mathias zog die Brauen hoch. »Auf mich?«

Sophie sprang aus ihrem Sessel auf, als wäre ihr alles zu eng, als würde sie einen Ausweg suchen, einen Fluchtweg eigentlich. Sie ging zum Fenster, hinter dem die Nacht stand, und drehte sich zu Mathias um.

»Dieter glaubt, wir … wir hätten etwas miteinander.«

»Wir? Sie und ich?« Mathias lachte erstaunt.

»Ich habe das nicht gewusst«, sagte Sophie hastig. »Ich habe es erst gemerkt, als ich wieder zu Hause … äh … in Stuttgart war. Dieter war zwar dagegen, dass ich hier male …«

»Wieso? Er hat Ihnen doch den Job verschafft.«

Sophie schluckte. »Tatsächlich? Nun, das gehört wohl zu dem perfiden Spiel, das er mit mir gespielt hat. Er war immer dagegen, dass ich versuche beruflich und finanziell auf eigenen Beinen zu stehen. Er will … er wollte mich unter Kontrolle haben. Ich habe aber wirklich nicht gewusst, dass er nicht nur auf meine Arbeit oder meine Freiheit eifersüchtig ist, sondern auch auf Sie. Und nie wäre ich auf die Idee gekommen, dass er sich an Ihnen auf diese Weise rächt.« Sophie hob die Hände ans Gesicht. Sie schien sogar zu erschüttert, um ihre Erschütterung zu zeigen. »Er will nur mich bestrafen.«

Mathias lehnte sich zurück. »Verstehe ich das richtig?

Dieter will Sie bestrafen, indem er mich und meine Familie ruiniert?«

»Sie kennen ihn doch viel länger als ich.«

Mathias verstand allerdings durchaus, dass ein Ehemann sich an seiner Frau rächte, wenn sie ihm davonlief. »Aber verdammt, Sie müssen doch gewusst haben, dass er auf alles eifersüchtig ist. Dem müssen doch Streitereien vorausgegangen sein! So naiv können Sie doch nicht gewesen sein!«

Sophie blickte ihn erschrocken an.

»Entschuldigen Sie«, sagte Mathias in seiner konzilianten Art. »Ich will Ihnen ja keinen Vorwurf machen ...« Doch, dachte er, genau das will ich. »Sie konnten wohl nicht wissen, auf was für eine perfide Idee Dieter kommt und dass ich so ... so dumm sein würde, mich über den Tisch ziehen zu lassen.«

»Unsere Ehe war in Ordnung«, versicherte Sophie immer noch erschrocken. »Ich hatte nicht vor, mich von ihm zu trennen. Es gab keinen Streit. Jedenfalls nicht deswegen. Ich habe wirklich nicht gewusst, dass er so ... so ausrastet, wenn ich nur vier Tage wegfahre. Wirklich nicht. Ich kann das gar nicht verstehen. Bitte glauben Sie mir, dass ich nie so verantwortungslos gewesen wäre, ihn zu provozieren, wenn ich mir hätte vorstellen können, was das für Konsequenzen hat.«

»Hm«, knurrte Mathias. »Das muss ich Ihnen wohl glauben. Aber hätten Sie mich nicht warnen können? Sie haben sich inzwischen von Dieter getrennt und sind erneut hierher gekommen. Hätten Sie nicht ein Wort sagen können? Wenigstens meiner Frau. Verdammt, bereden Frauen Ehegeschichten denn nicht untereinander? Hätte ich das gewusst, dann hätte ich am Samstag Segberg vielleicht nicht ersteigert.«

Sophie blickte Mathias so entgeistert an, dass sie ihm Leid tat. Die junge Frau fiel sichtlich aus allen Wolken. Außerdem war er ungerecht. Er konnte Sophie doch nicht vorwerfen, dass sie nicht mit seiner Frau ihre privaten Angelegenheiten besprochen hatte, und schon gar nicht, dass Sophie seiner Frau nicht gesagt hatte, dass Dieter auf ihn eifersüchtig war. Außerdem war Monika meistens gar nicht zu Hause gewesen. Und ob er Anselms Kaufgebot sogleich mit einer Trennung Sophies von Dieter in Verbindung gebracht hätte, war auch fraglich.

»Es tut mir Leid«, sagte Sophie tonlos. »Ich kann gar nicht ausdrücken, wie unendlich Leid es mir tut. Ich werde alles unternehmen, was in meiner Macht steht …« Sie schüttelte den Kopf. Was konnte sie schon unternehmen? Welche Macht hatte sie denn überhaupt? »Ich werde auf jeden Fall Ihre Gastfreundschaft nicht länger missbrauchen. Das Bild im Badezimmer male ich selbstverständlich zu Ende, falls Sie das noch wünschen. Und natürlich werde ich dafür kein Honorar verlangen. Auch nicht für den Kamin in der Halle.«

Sie stieß sich vom Fensterbrett ab und stürzte in Richtung Tür, aber Mathias sprang auf und hielt sie zurück.

»Sophie!«

Sie blickte verstört zu ihm auf. »Ja?«

»Unter den gegebenen Umständen halte auch ich es für das Beste, wenn Sie sich erst einmal ein Hotel suchen. Monika kommt am Freitagnachmittag aus München zurück. Bis dahin, würde ich vorschlagen, malen Sie im Badezimmer weiter. Und bitte kein Wort zu Nadja oder meiner Mutter. Und es wäre mir lieb, wenn Sie Monika nichts von Die- ters Eifersucht auf mich erzählen würden. Ich möchte nicht dass sie am Ende auch noch anfängt, Ihnen und mir eine Af- färe zu unterstellen. Die Schwere der Strafe, die Dieter mi zufügt, könnte sie verleiten, Rückschlüsse auf die Schwere meiner Verfehlungen zu ziehen. Sie verstehen?«

Sophie nickte entsetzt. Ein solcher Mangel an gegenseitigem Vertrauen war ihr fremd.

»Außerdem könnten Sie mir helfen.«

»Ich tue alles, was ich nur kann.«

« Dann geben Sie mir die Handynummer von Dieter.«

»Aber sicher.« Sophie nannte ihm die Nummer. Mathias trat hinter seinen Schreibtisch und schrieb sie auf.

Benommen wankte Sophie die Treppe hinab und taumelte in ihr Zimmer. Sie nahm ihr Handy vom Nachttisch, hielt aber inne. Was würde es bringen, wenn sie Dieter anrief und sich sein Gelächter anhörte? Sie wusste, wie er triumphierte, wenn er jemanden ausgetrickst hatte. Schlimmer hätte er sie überhaupt nicht treffen können. Für den Ruin anderer Menschen verantwortlich zu sein, das war mehr, als Sophie aushalten konnte.

Schwarze Nacht stand hinter dem Fenster. Regen lief die Scheibe hinab. In den Schlieren verfing sich das kleine Licht im Tal. Mit schwärzester Finsternis in Kopf und Herz packte Sophie eilig ihren Koffer. Oben im Bad schob sie die Malutensilien zusammen und putzte die Wanne. Dann ver-
ieß sie mit ihrem Koffer das Haus.

Es regnete in Strömen. Hier und da leuchtete ein zusam-
ngesackter Schneehaufen im Scheinwerferlicht auf. Der
eibenwischer arbeitete. Sophie sah die Straße kaum,
was sie sah, war beängstigend. Alles strömte, alles war
uss. Wasser rauschte und zischte unter den Reifen.
nze Land schien sich zu bewegen. Aus dem Wäld-
och das Erdreich auf die Straße. Eine Fichte stand
hief. Der Corsa schlitterte auf dem Schlamm.
ermahnte sich zur Konzentration. Im Hinterkopf
ereits angefangen zu rechnen. Wie weit würde sie

mit tausend Euro kommen? Jetzt, da klar war, dass sie für ihre Malerei kein Honorar erhalten würde. Ein Hotel konnte sie sich jedenfalls nicht leisten. Aber vielleicht gab es in Edenweiler oder in einem anderen der Dörfer ja eine kleine Pension, die in der winterlichen Nachsaison geöffnet hatte.

Sie passierte die Abzweigung zum Talhof. Die Lichter von Edenweiler reflektierten sich hundertfach in den Tropfen auf der Windschutzscheibe, gegen die der Scheibenwischer kaum ankam. Sophie trat instinktiv auf die Bremse. Keinen Moment zu früh. Vor ihr schimmerte unergründlich und teerschwarz eine Wasserfläche. Zwei kurze Brückenmauern ragten weiter vorn aus den Wellen. Mit einem Offroader kam man da vielleicht noch durch, aber mit einem Kleinwagen nicht.

Was tun? Sophie versuchte sich zu beruhigen. Niemand hätte wohl etwas dagegen, wenn sie unter diesen Umständen die Gastfreundschaft von Rohenfels doch noch eine Nacht in Anspruch nahm. Sie legte den Rückwärtsgang ein und fuhr bis zur Weggabelung zurück. Dort konnte sie wenden. Doch am Wäldchen musste sie erneut auf die Bremse steigen. Die kleine Fichte, die vorhin nur schief gestanden hatte, war nun über die Straße gekippt. Erde und Wasser kamen ihr entgegen. Sophie legte wieder den Rückwärtsgang ein und stieß bis zur Weggabelung zurück. Der Feldweg zum Talhof verlor sich in unergründlicher Finsternis. Aber zumindest hier schien er befahrbar. Der Corsa rutschte leicht auf dem aufgeweichten Boden. An einer Stelle kam das schwarze Wasser des über die Ufer getretenen Bachs von rechts bereits ganz nah an den Weg heran. Dann ging es wieder leicht aufwärts. Vor ihr tauchte endlich der kurze steile Anstieg auf, den sie sich bei Schnee nicht hochzufahren getraut hatte. Aber der Gedanke, dass sie auch noch ihr Auto in den Fluten verlieren könnte, trieb sie hinauf, auch wenn die Räder einen kurzen Moment im Schlamm durchdrehten. Sie fuhr an der Reitbahn entlang, in deren Hufschlägen das Wasser stand. Der Stall war dunkel. Es war überhaupt stockfinster auf dieser Seite des Hofs. Sie lenkte den Wagen auf die Ostseite des Stalls, dort, wo er in eine Scheune überging. Der Motor erstarb. Das Rauschen des Regens übernahm die Herrschaft über die Stille.

Einen Moment lang hatte Sophie das Bedürfnis, einfach im Wagen sitzen zu bleiben und zu warten, bis die Nacht vorüber war. Aber ohne Heizung würde es schnell kalt werden im Auto. Wieso hatte sie nur so überstürzt von Schloss Rohenfels fliehen müssen? Was tat sie eigentlich in den letzten Tagen anderes als fliehen und den Kopf in den Sand stecken?

Sophie zog den Reißverschluss ihrer Jacke zu, schlug den Kragen hoch und stieg aus dem Auto. Ein unheimliches Gurgeln umgab den in Finsternis liegenden Hof. Sophie rannte zum Stall und suchte unter dem Dach vor dem Regen Schutz. Josefs Haus lag auf der anderen Seite. Sie konnte das Licht in seinem Fenster von hier aus nicht sehen. Was würde sie bei ihm auslösen, wenn sie auf einmal bei ihm auftauchte? Aber wohin konnte sie jetzt noch? Es war wie immer in ihrem Leben. Sie wusste nicht wohin, was tun, wie sich entscheiden. Sie steckte fest. So ging das wirklich nicht weiter.

Sophie richtete sich auf und marschierte unter dem Dach entlang. Plötzlich sah sie im Augenwinkel eine Bewegung. Es war der Hund. Er kam von hinten, schnell still und leise, wie es seine Art war, wölfisch. Sophie erstarrte. Doch dann fühlte sie eine kalte Schnauze an ihren Fingern. Der Hund schob seinen Kopf unter ihre Hand. Und im nächsten Augenblick stand Josef bei ihr, wie aus dem Erdboden gewachsen.

»Komm«, sagte er leise und nahm sie am Ellbogen. »Komm ins Haus.« Sie rannten durch den Regen. Josef stieß die Tür auf. Der Hund huschte hinein und schüttelte sich. Sophie stolperte über die Schwelle. Josef zog die Tür hinter sich zu. Im nächsten Moment lag sie schluchzend in seinen Armen.

Sie spürte die ruhige Kraft, die sie hielt. Die feuchte Wolle seines Pullovers kratzte an ihrer Wange. Sein Herz klopfte mächtig in seiner Brust. Sie fühlte sich auf einmal geborgen und sicher wie zuletzt nur als Kind, als sie noch wusste, wer sie war und was sie werden wollte. Doch dann löste Josef sich sachte von ihr und nahm ihr dabei die hellblaue Daunenjacke ab. Mit der anderen Hand öffnete er die Küchentür, vor der Wolf mit erwartungsvoll erhobener Schnauze stand. Der Hund lief hinein, und Sophie folgte benommen.

Josef machte seinem etwas aufgeregten Hund ein Zeichen, sich hinzulegen, und hängte Sophies Jacke auf den Bügel über dem Ofen. »Setz dich.« Er entledigte sich seiner eigenen Jacke, holte einen Bügel aus dem Flur und hängte sie neben ihre. Inzwischen war Wolf wieder aufgesprungen. Sophie wich zurück.

»He, Platz!«, sagte Josef.

Der Hund fiel, wo er stand, auf den Boden, als hätte man ihm die Pfoten weggezogen. Josef gab ihm normalerweise keine gesprochenen Befehle. Wenn er die Stimme erhob, dann war es ernst. Wolf blickte mit zwinkernden gelben Augen zwischen Sophie und seinem Herrn hin und her.

»Ein heißer Tee wäre vielleicht jetzt gut, hm?«, fragte Josef.

»Äh … ja, wenn du hast.«

Josef ahnte, dass er ihr einen Moment Zeit lassen musste, sich zu besinnen. Einer verheulten Frau sollte man nicht ins

Gesicht blicken, dachte er und füllte den Wasserkessel. Er hörte, dass sie einen Stuhl unter dem Tisch hervorzog und Platz nahm. Erst als der Kessel auf dem Herd stand und das Teesieb in der bauchigen Kanne daneben mit Tee gefüllt war, wandte er sich wieder um.

Sophie kraulte den Hund hinter den Ohren. »Wie heißt er denn eigentlich?«

»Wolf.«

Der Hund stellte die Ohren, als er seinen Namen hörte, ließ sie aber sofort wieder fallen und stupste Sophie, damit sie weiterkraulte. Josef entspannte sich etwas. Erst jetzt hatte er genug Platz in seinem Kopf, sich zu fragen, was sie eigentlich auf einmal hier unten bei ihm wollte, bei diesem Wetter und dann auch noch so verstört. »Was … was ist denn passiert?«, erkundigte er sich, während er Teegläser auf die blanke Tischfläche stellte und Zeichenblock und Bleistifte zusammenschob und auf den kleinen Tisch neben dem Sofa legte.

»Die Straße nach Edenweiler ist überflutet, und als ich nach Rohenfels zurückwollte, war eine Fichte aus dem Wäldchen auf den Weg gefallen.«

»Verstehe.« Unter keinen Umständen hatte sie hier landen wollen. Dass sie das so verwirrte, schmerzte ihn.

»Störe ich? Wenn ich lieber gehen soll … wenn du lieber allein sein möchtest … ich meine …«

»He! Sophie! Ganz ruhig. Du störst nicht. Aber wenn du unbedingt zu Schloss Rohenfels zurückwillst, dann werde ich sehen, ob ich die Fichte von der Straße kriege, und dich mit Mathias' Offroader holen.«

»Nein, nein. Ich kann nicht zurück nach Rohenfels.«

Josef fragte überrascht: »Nein? Warum nicht?« Er war irgendwie erleichtert.

»Mathias ist ruiniert, und ich bin schuld.«

»Immer der Reihe nach. Die Selbstvorwürfe kommen zum Schluss.«

Sophie musste lächeln. In ihre Augen kehrte ein wenig Licht zurück.

Josef setzte sich auf den Stuhl, der dem Herd am nächsten stand. Sophies Hände lagen nur wenige Zentimeter entfernt von den seinen auf dem Tisch und verflochten sich nervös ineinander.

»Es ist so«, begann sie mit gesenktem Blick nach einem tiefen Seufzer. »Mein Mann, Dieter …«

Josef nickte.

»Allerdings musst du wissen …« sie hob die Augen und blickte ihn an » … dass ich mich von Dieter getrennt habe. Ich werde mich von ihm scheiden lassen.«

Josefs Herz stolperte.

»Dieter und ich, wir haben uns gestritten. Eigentlich streiten wir uns seit Jahren. Ich habe es nur nicht gemerkt. Ich dachte immer, ich sei nicht normal. Aber jetzt weiß ich, dass er nicht normal ist. Er war dagegen, dass ich zum Malen hierher komme. Doch ich bin trotzdem gefahren. Ich glaubte eigentlich, er hätte es akzeptiert. Aber dann hat er … es ist unglaublich! Er hat sich in die Vorstellung hineingesteigert, dass ich …« Sophie lächelte verlegen »… dass ich mich in Mathias verliebt hätte und wir eine Affäre hätten.«

»Oh!«

»Es stimmt natürlich nicht«, fuhr sie rasch fort. »Es ist völlig abwegig. Ich habe nie …«

»Ich weiß«, sagte Josef ruhig. Sie musste ihm nicht beteuern, dass sie sich nicht für Mathias interessierte und er nicht für sie. Das hatte Josef gesehen. Außerdem gab es da etwas in ihrer beider Herzen, das den Gedanken völlig absurd erscheinen ließ.

»Das schlimme ist nur, Dieter glaubt das. Er hat mir neulich nach Monikas Geburtstagsfeier eine furchtbare Szene gemacht. Ich dachte wirklich ... ich dachte, er ... er tut mir was an.«

Josef zog die Luft durch die Zähne.

»Und da bin ich gegangen. Er hat mir das Konto gesperrt. Aber das ist gar nichts gegen die perfide Rache, die er sich ausgedacht hat.«

Josef hob die Brauen. »Rache? Wofür?«

Sophie blickte ihn leicht erstaunt an. »Na, für meine Untreue. Ich habe ihn doch verlassen.«

»Und?«

»Ich bin seine Frau. Ich meine ... wie soll ich das erklären?«

»Ich weiß schon, was du meinst. Ich habe auch Bücher gelesen, die von Eifersucht erzählen. Aber wie kann ein vernünftiger Mensch denken, er habe das Recht, einen anderen Menschen festzuhalten? Wenn er ihn festhalten muss, hat er ihn vorher misshandelt.«

Sophie blickte ihn ungläubig an.

»Entschuldige«, sagte er schnell. »Ich wollte nicht ablenken. Was hat sich Dieter für eine ... eine Rache ausgedacht?«

»Er hat ... Es ist wirklich unglaublich. So weit ich das begriffen habe, hat er Mathias einen Käufer für ein Schloss oder eine Burg vermittelt. Mathias hat es letzte Woche ersteigert. Aber nun ist der Käufer abgesprungen. Es war anscheinend ein abgekartetes Spiel. Mathias ist ruiniert. Er hat der Bank Rohenfels als Sicherheit für den kurzfristigen Kredit angeboten.«

Josef fuhr der Schreck tief in die Glieder.

»Und ich bin schuld. Ich hätte Mathias warnen müssen. Ich hätte ihm sagen müssen, dass Dieter auf ihn eifersüchtig ist. Ich hätte auch nie wieder nach Rohenfels zurückkommen dürfen …«

»Nein, Sophie, Mathias hätte vorsichtiger sein müssen. Er kennt Dieter doch.«

Der Kessel fing an zu pfeifen. Josef sprang auf, um ihn vom Herd zu nehmen und das sprudelnde Wasser in die Teekanne zu gießen.

»Was soll ich nur tun?«, sagte Sophie hinter ihm. »Den Schaden kann ich doch niemals wieder gutmachen. Bei einer Scheidung bekomme ich von Dieters Vermögen gar nichts. Wir haben Gütertrennung vereinbart. Wenn Nadja, Monika und Mathias nun Schloss Rohenfels verlieren … meinetwegen? Das halte ich nicht aus.«

»Manchmal«, sagte Josef leise und halb abgewandt, »hat man keine andere Wahl, als es auszuhalten. Man muss nur die erste Nacht überstehen. Die erste Nacht ist immer die schlimmste. Danach wird es leichter.«

Sophie schwieg einen Moment. Josef zündete die Kerze im Stövchen an und stellte die Kanne darauf.

»Wie konnte ich Dieter nur heiraten?«, sagte Sophie leise. »Wie habe ich ihn nur je lieben können. Und noch schlimmer, ich habe ihm vertraut. Wie konnte ich so dumm sein?«

»Wenn man klug auf die Welt käme, müsste man das Leben nicht mehr leben«, bemerkte Josef.

Sophie blickte zu ihm auf. »Weißt du, dass erst du mir die Augen geöffnet hast für die Art, wie Dieter mich festzuhalten versucht? Der Gedanke an deine … an die Gewalt, die du möglicherweise … Jedenfalls habe ich plötzlich begriffen, dass es auch indirektere Formen von Gewalt gibt.«

Josef schwieg zutiefst betroffen.

»Aber Dieter ist einfach stärker und mächtiger als ich.«

»Nein«, sagte Josef warm und setzte sich. »Er glaubt

bloß, dass er stärker ist. Aber er ist es nur, solange du das auch glaubst. Das ist seine Macht.« Er legte seine Hand auf Sophies nervöse Hände.

»Josef!«

»Ja?«

»Ich … ich kann mir nicht vorstellen, dass du mit Maries Tod etwas zu tun gehabt hast. Ich weiß nicht, wie ich mir das vorstellen soll. Es geht einfach nicht. Aber wenn … wenn du es doch getan hast, dann bist du heute ein ganz anderer Mensch.«

Hastig zog er die Hand von ihren Händen und griff nach der Teekanne. »Danke«, sagte er, kaum der Stimme mächtig. »Ich … ich habe es auch nicht getan. Ich kann es nur nicht beweisen.« Er nahm das Sieb mit dem Tee aus der Kanne und legte es in die Spüle. Der Strahl zitterte leicht, als er dann die Teegläser füllte.

Mit einem Mal spürte Sophie, wie Friede in ihre Seele einkehrte. Der Tee war heiß und aromatisch. Es war ein Schluck Normalität. Die Perspektiven schienen sich allmählich wieder zurechtzurücken.

Auch Josef fing sich. »Und was hast du jetzt vor?«

»Ich werde mir ein Hotel suchen. Das Badezimmer will ich noch zu Ende malen. Aber wohnen kann ich auf Rohenfels nicht mehr. Kannst du mir vielleicht irgendeine billige Pension hier in der Gegend empfehlen?«

»Der *Wilde Mann* in Edenweiler vermietet Zimmer. Doch du kannst natürlich auch bei mir …«

Sopie lächelte. »Danke, Josef. Aber das ist vielleicht keine so gute Idee.«

»Wahrscheinlich hast du Recht. Doch ich fürchte, heute Nacht kommst du nicht mehr von meinem Hof runter. Wenn das Wasser vorhin schon bei Edenweiler auf der Straße stand, dann ist jetzt sicherlich auch mein Weg in der Hasensenke überflutet. Aber wenn du willst, dann probieren wir es.«

Sophie wusste nicht, was sie sagen sollte.

»Übrigens solltest du dein Auto von da wegfahren, wo du es hingestellt hast«, fuhr Josef fort. »Und dabei können wir ja schauen, wie der Weg aussieht. Vielleicht steht das Wasser an der Bachbrücke von Edenweiler ja auch gar nicht so hoch, wie es dir vorhin schien. Komm!«

Er stand auf und reichte ihr ihre Jacke, die bereits getrocknet war. Dem Hund bedeutete er, liegen zu bleiben, während er seine graue Filzjacke anzog und aus dem Küchenregal eine Taschenlampe nahm.

Sophie schauderte, als ihnen vor der Tür der Regen entgegenprallte. Das Dach des Stalls verschaffte ihnen ein wenig Schutz auf dem Weg zu Sophies Auto. Als sie um die Ecke bogen, sah sie sofort, dass es Wahnsinn gewesen wäre, ins Tal zu fahren. Regen und Schmelzwasser hatten um ihr Auto Furchen gezogen. Dass es nicht einfach mit fortschwamm, schien ihr wie ein Wunder.

»Warte hier«, sagte Josef. Er ging an der Reitbahn entlang und verschwand im Regen. Sie sah die Taschenlampe blitzen. Dann kam er wieder. »Ich fürchte, es geht wirklich nicht. Das Wasser steht da unten bereits fast einen halben Meter hoch auf dem Weg.«

Sophie wurde schlagartig klar, dass ihr Bedürfnis, ein Hotel aufzusuchen, in diesem Moment wohl seine geringste Sorge war. »Wird es noch weiter steigen?«

»Sicherlich, solange es nicht aufhört zu regnen. Aber ich denke, bis hoch auf den Talhof wird es nicht kommen. Dein Auto fährst du trotzdem besser vor den Schuppen. Das ist die höchste Stelle.«

In der Dunkelheit konnte Sophie nicht viel erkennen, aber sie hatte den Eindruck, dass er ernster aussah, als er durchblicken lassen wollte. Zu Fuß lotste er sie um die Scheunenseite des Stalls herum bis vor das Tor des Schuppens, in dem Sophie beim ersten Besuch den Traktor mit der Schneeschaufel hatte stehen sehen.

»Geh lieber wieder ins Haus«, sagte Josef dann, als sie ihr Auto abschloss. »Ich will mich nur mal schnell umschauen.« Er verschwand im Schuppen und kam mit einem Eisenstab wieder, auf dem in Zentimeterabständen Markierungen aufgemalt waren.

»Ich komme mit«, entgegnete Sophie. »Nass bin ich jetzt sowieso schon.«

Im schwachen Schein der Hausbeleuchtung schimmerte ihr Haar wie Herbstlaub. Josef musste an sich halten, ihr nicht die nassen Strähnen aus dem Gesicht zu streichen. Dass ihre Ehe ihnen nicht mehr im Weg stand, machte es ihm noch schwerer, an seinem Vorsatz festzuhalten, keinen Versuch zu unternehmen, sie an sich und sein erbärmliches Leben zu binden. Aber er konnte es sich nicht verbieten, jeden Schritt, den sie durch den Regen neben ihm ging, dankbar zu genießen.

Die Fluten, die das Tal hinabrollten, prallten gegen die Böschung des Plateaus im Norden. Aber ein paar große alte Buchen hielten den Boden fest. Josef leuchtete mit der Lampe die Böschung ab und wandte sich nach Osten gen Talmitte. Hier rann das Wasser in eiligen Wellen den etwas steileren Abhang hinunter. Josef steckte die Taschenlampe in die Jackentasche, stützte sich mit der Pegelstange ab und probierte, ob der durchweichte Boden am Hang ihn trug.

»He«, sagte Sophie, »gib mir deine Hand.«

Im nächsten Augenblick hatte sie seine freie rechte Hand ergriffen. Es war ein seltsames Gefühl, sich gehalten zu wissen, während er die Böschung ein Stück hinunterrutschte und mit einer einzigen kraftvollen Bewegung seines linken

Arms die Messstange ins schwarze Wasser und den weichen Boden rammte. Sophie hielt noch immer seine Hand, als er wieder hochstieg. Er blickte auf die Armbanduhr. »In einer Stunde werden wir wissen, wie schnell das Wasser steigt. Dann können wir hochrechnen, wann es den Talhof überfluten müsste.«

Gemeinsam kehrten sie ins Haus zurück. Der Regen hatte etwas nachgelassen. Wolf freute sich heftig, als sie beide nass und von Regen und Wind zerzaust wieder in der Küche standen.

»Du solltest dir vielleicht was Trockenes anziehen«, bemerkte Josef.

»Mein Koffer ist im Auto.«

Er ließ sich ihren Autoschlüssel geben und ging erneut hinaus. Sophie hängte ihre Jacke auf den Bügel. Ab und zu löste sich ein Tropfen von einem Ärmel, der auf dem Ofen verzischte. Auf dem Tisch war der Tee in den Gläsern kalt geworden. Sophie blickte sich um. Sie hatte Josefs Küche vorhin gar nicht richtig betrachtet. Es war ein großer Raum, auf der einen Seite Küche, auf der anderen mit seinem alten Eichenschrank und grünen Sofa wie ein Wohnzimmer. Ihre größte Neugierde erregte der Zeichenblock, den Josef vorhin beiseite geräumt hatte. Es wäre eine Kleinigkeit gewesen, das Deckblatt zu heben und nachzuschauen, was er gezeichnet hatte. Sie hätte rechtzeitig gehört, wann Josef wieder ins Haus kam.

Der Hund blickte sie aufmerksam an. Sie strich ihm über den Kopf, und er wedelte mit der Schwanzspitze.

Als Josef mit dem Koffer zurückkam, fand er Sophie am Tisch sitzend vor. Sie fuhr mit den Fingern durch ihre nassen, filzigen Haare. Er legte den Autoschlüssel auf den Tisch. »Ich mache dir oben ein Zimmer fertig. Währenddessen kannst du dich hier umziehen.«

Josef ließ sie allein und stieg die enge Treppe hinauf. Eine der drei Kammern, die unter die Dachschräge gequetscht waren, war sein eigenes Schlafzimmer. In der westlichen Kammer standen ein Zeichentisch, ein Stuhl, eine alte Kommode und ein elektrischer Heizkörper. Den schob Josef ins dritte Zimmer, in dem sich ein Schrank und ein uraltes Bauernbett befanden. Josef hatte das Bett nie rausgeworfen, weil er das Zimmer ohnehin nicht brauchte. Er stöpselte den Radiator in die Steckdose und bezog das Bett. Dabei ließ er sich Zeit, zum einen, um seine Gefühle auf einen normalen Pegel zu bringen, zum anderen, um Sophie unten in der Küche auf jeden Fall genug Zeit zu lassen, sich umzuziehen.

Mit einem Handtuch kehrte er in die Küche zurück, wo Sophie am Tisch saß und ihre nassen Haare kämmte. Sie nahm das Handtuch mit einem Lächeln und wickelte es sich um den Kopf. Vor sich hatte sie ein frisches dampfendes Glas Tee stehen.

»Willst du dir nicht auch was Trockenes anziehen?«

Josefs Blick ging zu dem Schrank hinüber. Sophie begriff und stand auf. »Ich müsste mal ein gewisses Örtchen aufsuchen.«

»Ach ja«, sagte Josef, »gleich hier im Gang rechts, unter der Treppe.«

Kaum war sie draußen, riss er sich den Pullover und das ebenfalls feuchte Unterhemd über den Kopf und warf beides über die Stangen über dem Ofen. Die Jeans kamen dazu. Dann zog er eine andere alte Jeans an und nahm aus dem Schrank ein T-Shirt.

Da hörte er hinter sich auch schon die Tür aufgehen und drehte sich rasch um. Aber zu spät. Sophies entsetzte graue Augen sagten ihm, dass sie seine frisch verheilte Narbe auf der Schulter gesehen hatte. Er hatte sich erst gestern, als der Viehdoktor da war, die Fäden ziehen lassen.

»O Gott, Josef, was habe ich dir angetan?« Sie schlug die Hände vors Gesicht.

»Nein, Sophie«, entgegnete er sanft. »Nein. Nicht!« Es drängte ihn, sie in seine Arme zu schließen, aber er wurde sich bewusst, dass er halb nackt vor ihr stand, und beeilte sich, sein T-Shirt überzustreifen. »Mach dir darüber keine Gedanken, Sophie. Bitte.«

Sie ließ die Hände sinken und lehnte sich erschöpft gegen die Tür. »Josef, ich ...«

In diesem Moment krachte es draußen. Es klang, als würde der halbe Stall einstürzen.

Josef stieg in ein Paar Gummistiefel, riss die nasse Jacke vom Bügel und rannte zur Tür hinaus. Der Hund sprang auf, bekam aber die Küchentür vor der Nase zugeschlagen. Sophie zog ebenfalls ihre Jacke vom Bügel und zeigte Wolf die Handfläche, so wie es Josef tat, wenn er zurückbleiben sollte. Wolf setzte sich verwundert. Schnell schlüpfte auch Sophie zur Küche hinaus. Draußen trieb ihr erst einmal der unnatürlich warme Südwestwind eine Ladung Regen ins Gesicht. Sie sah Josef auf den Schuppen zueilen und rannte hinterher. Das Wasser war mächtig nahe, es fing praktisch hinter dem Schuppen an. Schon hatte es die hintere Wand des Schuppens halb weggerissen und fraß sich nun unter das Brettergebäude.

Josef riss die Schuppentüren auf und sprang auf den Traktor. Aber bevor er ihn rausfahren konnte, musste Sophie ihr Auto wegfahren. Sie rannte in die Küche zurück, nahm den Autoschlüssel vom Tisch, rannte wieder hinaus, rein ins Auto, und fuhr es vor das Wohnhaus. Josef ließ den Traktor an und lenkte ihn an die Wand des Stalls. Dann eilte er zum Schuppen zurück und begann den Heuwender herauszuzerren, einen Traktoranhänger, der nur aus Stahlkrallen bestand.

Als Sophie ihm helfen wollte, schob er sie weg. »Nein, du nicht. Der Schuppen könnte einstürzen.«

»Du auch nicht«, erwiderte sie.

»Doch, ich muss. Diese Geräte sind mein Leben.«

Sophie widersprach nicht, denn in so einem Fall stritt man nicht herum. Sie half ihm aber, was er aus dem Schuppen zog, an die Stallwand zu stellen. Der Schuppen knirschte immer wieder. Sie arbeiteten wie die Teufel. Als Josef noch einmal umkehrte, um eine Kiste zu holen, krachte es erneut. Der Schuppen wankte. Sophie sprang hinein und packte Josef. Er drehte sich im selben Moment um und drängte sie hinaus. Bretter fielen. Josef warf sich auf Sophie. Sie spürte, dass ihn etwas traf.

15

Als Dieter vom Stuttgarter Ei auf die Autobahn Richtung München fuhr, klingelte sein Handy. Er drückte die Freisprechanlage. »Ja?«

»Mathias von Rohenfels. Bist du es, Dieter?«

»Oh«, sagte er, »mit vollem Namen und Titel. Wer hat dir meine Handynummer gegeben? Sophie?«

»Nein, Graf Anselm.«

Dieter lachte. »Wo hast du denn den aufgetrieben?«

»Ich habe ihn aufgetrieben. Das genügt«, sagte Mathias mit mehr Härte in der Stimme, als Dieter bei ihm je gehört hatte. »Und er hatte nie vor, Schloss Segberg zu kaufen.«

»Gratuliere, hast du es auch schon gemerkt.« Dieter beschleunigte auf hundertdreißig und wechselte auf die linke Spur. »Tut mir echt Leid, Mathias.«

Dieter hörte, wie Mathias förmlich nach Luft schnappte. »Warum, Dieter?«

»Was denn? Du glaubst doch nicht etwa, das hätte ich so geplant? Anselm hat mich ebenfalls reingelegt. Ich hab's leider auch erst gestern erfahren.«

Schweigen. Dieter grinste vor sich hin. Mathias war einfach zu redlich und direkt. Er hatte ihn wutschnaubend angerufen, um sich mit ihm zu streiten, und nun machte er, Dieter, nicht mit. Solchen Tricks war Mathias einfach nicht gewachsen.

»Das glaube ich dir nicht. Anselm sagt, es sei eine Wette zwischen dir und ihm gewesen.«

»Aber Mathias, alter Freund! Du solltest doch langsam wissen, mit welchen haarsträubenden Ausreden die Leute von einem Geschäft abspringen.« Dieter scheuchte mit der Lichthupe einen Golf von der linken Spur. »Ich bin gerade auf dem Weg nach München, um mir diesen jungen Anselm zu schnappen und ihn zu dir zu schleifen.«

Und wieder dieses ungläubige Schweigen.

»Morgen, spätestens übermorgen Abend sind wir bei dir.«

»Und was soll das werden?«, fragte Mathias. »Du kannst ihn doch nicht zwingen.«

Dieter lachte. »Nee, zwingen kann ich ihn nicht, aber ich denke mir, wir zeigen ihm Segberg. Ich schwärme in den höchsten Tönen, dass er so eine Burg für den Preis nie wieder kriegt. Du mimst den Adligen in Not, was du ja auch bist, und trittst ihm das Anwesen für den halben Preis ab. Da machst du zwar immer noch Verlust, aber er hält sich wenigstens in Grenzen. Na, wie findest du das?«

»Und warum hast du deinen Mitarbeiter auf die Auktion geschickt, damit er den Preis hochtreibt?«

»Was? Wie? Welcher meiner Mitarbeiter soll das denn gewesen sein?«

»Der Blonde mit dem Schnauzer, der einen Porsche fährt.«

»Hans! Der war bei der Auktion? Davon wusste ich nichts. Ehrlich, Mathias. Warum sollte ich so etwas machen?«

Wenn Mathias mit den Zähnen knirschte, so konnte Dieter das nicht hören. »Wir sind doch Freunde. Ich werde alles tun, um die Sache in Ordnung zu bringen.« Dieter wartete auf das Danke, das so gut zu Mathias' konzilianter Art passte, aber es kam nicht. »Bist du noch dran?«

»Ja.«

»Hör mal, du glaubst doch nicht, dass ich mich an dir rächen wollte, nur weil du mit meiner Frau geschlafen hast.«

»Das habe ich nicht!«

»He, wir Männer müssen zusammenhalten. Ich kenn dich doch. Du warst immer ein ziemlicher Schwerenöter, ganz wie dein Vater. Er hat sich eine feurige Zigeunerin angelacht und das Pech gehabt, dass sie schwanger wurde und ihm einen halbblöden Bankert vor die Tür legte, und du hattest noch was mit dieser Marie, kurz bevor du deine Monika heiraten wolltest. Das ist eben so Sitte unter euch ›vons‹. Weiß ich doch. Ihr nehmt, was ihr kriegen könnt. Und meine naive Sophie ist halt drauf reingefallen.«

»Du irrst dich, Dieter. Das sind doch Vorurteile aus dem 19. Jahrhundert. Monika und ich führen ein bürgerliches Leben. Und ich bin ihr immer treu geblieben.«

»Außer damals mit Marie.«

»Ja und? Was geht dich das an?«

Dieter lachte. »Nichts. Ich meine ja nur. Du lässt doch nichts anbrennen. Wie dein Vater!«

»Lass meinen Vater aus dem Spiel.«

»Ich kann auch wieder umkehren und Anselm zu einem anderen Makler schicken, wenn du so mit mir redest. Aber das täte mir Leid. Schließlich hast du mir einst meinen ersten großen Auftrag in Wangen verschafft. Dafür schulde ich dir noch was.« Dieter spürte, dass er Mathias völlig entwaffnet hatte. Der gute Junge war ihm einfach nicht gewachsen. »Übrigens, was macht Sophie? Geht es ihr gut?«

»Das weiß ich nicht. Sie hat Rohenfels vorhin verlassen.«

»Was? Malt sie nicht mehr bei euch?«

»Keine Ahnung. Da musst du meine Frau fragen.«

Jetzt knirschte Dieter mit den Zähnen. Wozu unternahm er denn diese ganze Aktion, wenn nicht, um Sophie wieder heimzuholen? Er trat als Retter von Mathias auf. Und wenn sie ihm das nicht glaubte und nicht reumütig zu ihm zurückkehrte, dann konnte er ihr immer noch schlichtweg die Pistole auf die Brust setzen. Das würde die beiden schon zur Vernunft bringen.

»Was soll das heißen?«, sagte Dieter. »Wieso ist Sophie weg? Wo ist sie hin? Ich habe ein Recht zu erfahren, wo meine Frau ist.«

»Sie will sich doch von dir scheiden lassen«, sagte Mathias.

»Hat sie das behauptet? Na, die Scheidung eingereicht hat sie jedenfalls noch nicht. Und sie ist immer noch meine Frau. Und das bleibt sie auch. Ich kann dir nur raten, schaff sie herbei. Ich möchte sie sehen, wenn ich morgen komme.«

Es war Dieter egal, dass Mathias jetzt vielleicht ahnte, warum er sich um Anselm und den Hauskauf bemühte, nachdem er den Preis für Segberg von einem Mitarbeiter seines Büros hatte hochtreiben lassen.

»Ich weiß nicht, wo Sophie ist. Aber …« Dieter hörte, wie Mathias auf einmal auf Kompromiss umschaltete »… ich kann dich beruhigen, ihre Malereiutensilien sind noch da. Also wird sie morgen wohl wieder hier auftauchen.«

»Dann halt sie fest, bis ich komme.«

»Ich werde mein Möglichstes tun.«

»Kopf hoch, Mathias. Mit vereinten Kräften kriegen wir das schon wieder hin.«

Der Rappe Zorro schnaubte mit geblähten Nüstern. Josef zwang ihn sanft vorwärts, die Böschung hinab ins Wasser. Das Pferd hob schnaubend die Hufe und setzte sie platschend auf den Wasserspiegel. Die Erschütterung, die Zorro durchlief, wenn er merkte, dass der trittfeste Grund unterhalb des Wasserspiegels lag, kam jedes Mal bei Josef an, auch weil Zorro immer den Kopf hochriss, wenn das Spritzwasser seine Nüstern traf.

Der Regen hatte aufgehört, die Sonne bemühte sich, einen Weg durch den leichten Nebel zu finden. Das Tal hatte sich in einen bräunlichen See verwandelt. Wegen der Koppelzäune konnte Josef das Tal nicht direkt durchqueren. Er musste fast bis Edenweiler reiten, bis er die Straße nach Rohenfels erklimmen konnte. Bei jeder der kraftvollen Bewegungen seines Pferds spürte er die Prellung knapp unterhalb seines rechten Knies. Dort hatte ihn gestern Nacht der Balken des Schuppens getroffen. Sophie hatte ihn herausgezogen. Er hatte die Kraft ihrer Angst um ihn gespürt und war an diesem Morgen der glücklichste Mensch auf Erden.

Sie hatten den Abend in seiner Küche verbracht. Er hatte sie über ihr Leben ausgefragt, und sie hatte ihm von ihrer Kindheit im Hotel erzählt, von dem Verein der Paso doble-Tänzer, von ihrer Gewissheit, dass sie eine berühmte Malerin werden würde, von dem Knacks, als die Kunstakademie sie ablehnte, von Dieters Architekturbüro, von der Ehe, von der Depression des Winters, in dem sie angefangen hatte Küchenbilder zu malen, und wie sie schließlich entdeckte, dass ihre wahre Begabung in der altmeisterlichen Malerei steckte und dass sie eine gute *Trompe-l'œil*-Malerin war.

Zwischendurch hatte Josef immer wieder aufstehen und hinausgehen müssen. Um elf kam er mit der Nachricht zurück, dass das Wasser zwei Zentimeter pro Stunde stieg und den Talhof nicht vor morgen Mittag überfluten würde, falls es so weiterging. Aber Sophie hatte sich von ihm erst um eins todmüde ins Bett schicken lassen, als er ihr mitteilte, dass das Wasser nicht mehr stieg.

Vor Morgengrauen musste er wie üblich wieder aufstehen, um die Ställe auszumisten und die Pferde zu versorgen.

Die Prellung unterhalb des Knies spürte er kaum oder sie machte ihm nichts aus, obgleich sie ihn behinderte, denn Glück floss in seinen Adern. Der Talhof hatte sich in eine Insel verwandelt, und solange das so war, wollte er auch nicht über die Zukunft nachdenken, die Sophie und er nicht hatten, oder vielmehr seine Zukunft, die er Sophie nicht antun durfte.

Um acht stand Mathias' Offroader immer noch oben vor dem Haus. Josef beschloss, Sophie schlafen zu lassen, fütterte Wolf und legte einen Zettel auf den Küchentisch, damit sie sich nicht fragte, wo er war. Dann hinkte er erneut in den Stall und sattelte seinen Rappen Zorro, der ihn trockenen Fußes vom Hof bringen würde. Als er die Straße erreicht hatte, ließ er Zorro traben. Die kleine Fichte, die Sophie gestern Abend keinen anderen Ausweg gelassen hatte, als bei ihm Unterschlupf zu suchen, konnte er ohne große Mühe von der Straße ziehen. Zorro streckte sich unter ihm, als es den Berg hinaufging. Josef fühlte sich ruhiger und seiner selbst sicherer als jemals zuvor in seinem Leben. Er blickte mit dem dankbaren Gefühl zu dem barocken Schlösschen auf, seinem Bruder und seiner Familie beistehen zu dürfen.

Nadja saß in der Küche und rührte missmutig in ihrem Kaffee. »Guten Morgen, Josef. Du bist mit dem Pferd gekommen, wie ich sehe. Schaut es draußen so schlimm aus?«

»Das Tal steht unter Wasser, und die Bachbrücke bei Edenweiler ist überflutet.«

»Scheiße, dann komme ich wohl heute nicht in die Schule.«

»Wir haben uns früher gefreut, wenn wir unverhofft schulfrei hatten«, bemerkte Josef.

»Schule ist immer noch besser, als hier auf Rohenfels herumzusitzen.«

Josef bemerkte, dass Nadja sorgfältig geschminkt war.

Sie trug ein violettes Samtkleid mit einer Rüschenbluse darunter. Sie sah wirklich so aus, als hinge ihr ganzes Herz daran, heute in der Schule zu erscheinen. Vielleicht war sie verliebt. »Die andern kommen aber wahrscheinlich ebenfalls nicht«, gab Josef zu bedenken.

Nadja zog eine halb resignierte, halb uneinsichtige Schnute. »Und was mache ich heute den ganzen Tag? Sophie ist auch nicht da. Weißt du eigentlich, wo sie ist? Papa konnte mir das nicht sagen.«

»Sie ist bei mir unten.«

»He!« Nadja richtete sich plötzlich interessiert auf. »Wirklich?«

»Sie ist gestern Nacht mit ihrem Auto in die Falle zwischen der überfluteten Bachbrücke und einem umgestürzten Baum am Wäldchen geraten und konnte nirgendwo anders mehr hin als auf den Talhof.«

»Interessant«, sagte Nadja mit einem verschmitzten Glitzern in den Augen.

»Mathias ist oben?«, erkundigte sich Josef, ehe Nadja dazu kam, weitere Fragen zu stellen.

Er fand ihn in seinem Arbeitszimmer an dem Schreibtisch sitzend, an dem auch ihrer beider Vater immer gesessen und gerechnet hatte.

Wie ähnlich Mathias ihm ist, dachte Josef. Nur dass sich die Angst, die er damals vor seinem Vater und lange Zeit auch vor Mathias gehabt hatte, nicht mehr einstellte. Angesichts ihrer Ungeduld mit ihm war er meist nicht fähig gewesen, auch nur einen einzigen vernünftigen Satz zu sagen. Heute verstand er, dass er ein unlenkbares Kind gewesen war und ein eigenbrötlerischer Junge. Er hatte es nicht sein wollen, aber er hatte oft keinen anderen Ausweg gesehen als die Flucht in seine Traumwelten und in die Wälder und über die Weiden. Seine Existenz hatte doch nur Verdruss ausgelöst. Seine Stiefmutter hatte ihre Kränkung immer vor Augen, Mathias hatte einen Konkurrenten um das Erbe, und er war dem allen nicht gewachsen gewesen.

»Josef«, sagte Mathias aufblickend. Es klang nicht unfreundlich. »Was gibt's?«

»Ich werde das Talhaus mit allen Ländereien verkaufen. Der Mosegreutbauer will schon lange meine Weiden haben. Und das Gelände zwischen Hasensenke und Edenweiler wird Bauland. Der Verkauf dürfte mir mindestens anderthalb Millionen einbringen.«

»Wie? Was redest du denn da? Wie kommst du denn auf diese Idee? Mein Gott, Josef, musst du immer in Rätseln sprechen?«

Josef atmete durch. Nein, so ganz frei von Nervosität war er doch noch nicht, nicht in diesem Zimmer.

»Entschuldige, Mathias. Ich habe erfahren, was Dieter angestellt hat, wenn ich auch nicht so genau weiß, wie er das hat tun können.«

»Ich habe mich übertölpeln lassen. Ich sah nur die Chance, Rohenfels mit einem Schlag schuldenfrei zu kriegen. Ich habe alle Vorsichtsmaßnahmen außer Acht gelassen. Ich war ein Esel. Ich habe einen schweren Fehler gemacht, Josef. Allerdings hatte ich Sophie gebeten, es niemandem zu erzählen.« Mathias lächelte schief. »Doch nein, wenn ich mich recht erinnere, habe ich sie gebeten, nur Monika, Nadja und meiner Mutter nichts zu sagen.«

»Sophie ist gestern Abend bei mir gelandet. Die Straße war überflutet. Sie konnte nicht aus dem Tal hinaus. Sie fühlt sich entsetzlich schuldig.«

»Das ist sie natürlich nicht.« Mathias betrachtete seinen Halbbruder nachdenklich. »Wenn ich auch nicht verhehlen kann, dass ich sie gestern dahin gewünscht habe, wo der Pfeffer wächst.«

»Sie würde den Schaden wieder gutmachen, wenn sie könnte.«

Mathias schmunzelte. »Josef, täusche ich mich oder rührt deine Bereitschaft, mir mit deinem Erbteil aus der Klemme zu helfen, nicht nur von brüderlicher Liebe her, sondern auch daher, dass du dich ein wenig in Sophie verliebt hast?«

Josefs Lippen zuckten. Er wandte sich ab, ging zum Fenster, drehte sich aber nach einer Weile um und lehnte sich relativ gelassen gegen das Fensterbrett.

»Ja, es stimmt. Ich liebe Sophie. Aber ich habe natürlich nicht vor, sie unglücklich zu machen. Keine Angst, Mathias, ich kenne meinen Platz außerhalb der ehrenwerten Gesellschaft. Es hat nichts mit ihr zu tun, wenn ich dir meine Hilfe anbiete. Ich möchte, dass euch Rohenfels erhalten bleibt. Ich könnte es nicht ertragen, wenn ihr hier rausmüsstet, während ich in meinem Talhaus sitze. Was soll ich denn da unten, wenn ihr nicht mehr hier seid? Mir hat das Erbe ohnehin nie richtig zugestanden. Es war wie der halbe Mantel des heiligen Martin. Es hat weder mich gewärmt, noch hattet ihr genug übrig, damit euch Rohenfels sicher ist. Meine Existenz hat deine Mutter gekränkt. Und dann habe ich euch auch noch öffentlich Schande gemacht. Dennoch hast du mir in deiner Großherzigkeit den Talhof überlassen, als ich aus dem Gefängnis kam. Aber ich habe ihn nie als meinen Besitz betrachtet, sondern nur als Leihgabe. Der Talhof hat immer dir gehört und gehört auch jetzt dir. Du darfst mein Angebot nicht ausschlagen. Denk an Monika und Nadja. Und deine Mutter würde dir das nie verzeihen.«

Mathias lehnte sich in seinem Sessel zurück.

»Josef«, sagte er nach einer langen Pause, »noch ist Rohenfels nicht verloren. Trotzdem vielen Dank für dein großmütiges Angebot. Ich fürchte, wir – vor allem ich – haben dir ziemlich unrecht getan. Obgleich ich nie dachte, dass du wirklich der Depp bist, zu dem du dich gemacht hast.«

»Ich weiß, Mathias.«

»Es war nicht richtig von mir, dass ich von unserem Vater diese ungeduldige Haltung dir gegenüber übernommen habe. Wir haben uns nie die Mühe gemacht zu begreifen, in welcher Welt du eigentlich lebst. Mutter hat dich ja, wenn wir ehrlich sind, nur aus einer Art christlicher Opferbereitschaft aufgenommen, als klar war, dass Vater nicht mehr lange leben würde. Ich habe mir nie überlegt, dass du dich schuldig fühlen könntest an Vaters Tod, an der Kränkung von Mutter und daran, dass du überhaupt auf der Welt bist. Ich erinnere mich gut, wie du dich als Fünfjähriger in der dunkelsten Ecke der Küche verkrochen hast, wie eine kleine Wildkatze unter lauter fetten Hauskatzen.«

Josef runzelte die Brauen.

»Komm, Josef, zieh dich nicht wieder zurück in deinen schweigenden Grimm.«

»Aber ich bin euch nicht böse. Dir ohnehin nicht, Mathias. Ich war immer dankbar, und ich bedauere, dass ihr so wenig Freude an mir hattet.«

»Na gut. Was mich allerdings jetzt ein bisschen wundert, ist, dass du auf einmal in vernünftigen Sätzen reden kannst.«

Josef lächelte. »Ja, das wundert mich auch. Aber bei mir ist irgendwie der Knoten gerissen. Sophie … Sophie hat mich von Anfang an … wie soll ich sagen? … zu Wort kommen lassen. Und dann hat sie mir geraten, ich solle nicht immer alles in einer Sekunde sagen wollen und nicht immer gleich die ganze Wahrheit. Ich solle lügen, einfach lügen.«

Mathias lächelte ungläubig.

»Seitdem lausche ich, mit welchen Floskeln die Leute antworten, wenn sie sich rausreden wollen, und versuche sie anzuwenden. ›Ich habe noch was zu erledigen‹, ›nichts zu danken, keine Ursache‹, ›schönes Wetter heute‹ und so weiter. Und es geht.«

»Aha.« Mathias nahm das Ergebnis mit mehr Verständnis zur Kenntnis als die Erklärung, die ihm in Anbetracht des riesigen Problems ein wenig simpel erschien. »Darf ich dir mal eine Frage stellen?«

Josef nickte.

»Warum zum Teufel hast du während der Verhöre und während des Prozesses nicht auch nur einmal den Mund aufgemacht, um wenigstens ein winziges Stückchen Wahrheit herauszubringen? Du hättest doch wirklich nur sagen müssen: ›Nicht schuldig.‹«

»Fühlst du dich immer nicht schuldig?«

»Wie?«

»Mathias, ich hab mich nicht ›nicht schuldig‹ gefühlt. Wenn ich Marie damals nicht einfach in die Nacht hätte fortlaufen lassen, dann wäre ihr das vielleicht nicht passiert. Inzwischen weiß ich, dass man ›nicht schuldig im Sinne der Anklage‹ sagt, um genau diesen Effekt zu vermeiden, dass den Angeklagten seine allgemeinen Schuldgefühle übermannen.«

»Und wie wäre es dann mit einem schlichten ›ich war es nicht‹ gewesen?«

Josef schluckte. »Ja glaubst du denn, dass ich es nicht war?«

»Ich weiß nicht, was ich glauben soll. Darum frage ich dich jetzt, in der Hoffnung, dass du mir heute die Antwort gibst, die du mir damals nicht gegeben hast.«

»Ich … ich war es nicht.«

Mathias dachte unwillkürlich an das »Lügen«, das Josef

ihm eben als Lösung seiner Sprechhemmung präsentiert hatte.

Josef nickte. »Das ist immer das Problem, nicht wahr? Sobald einer den Mund aufmacht, misstrauen wir ihm. Es ist schwierig zu reden, aber sehr leicht zu lügen. Das war immer mein Problem. Man glaubt mir nicht. Einem Typen wie mir glaubt man nicht. Ich, der stammelnde Zigeuner, der Herumtreiber, ich war der geborene Frauenschänder. Übrigens stimmt es nicht, dass ich nicht ›ich war es nicht‹ gesagt hätte. Ich habe es gleich bei meiner Festnahme gesagt und vor dem Haftrichter auch. Aber dann habe ich gemerkt, dass es aussichtslos war. Der Blutfleck an meiner Jacke. Meine kleine Auseinandersetzung mit Marie in der Silvesternacht, die alle gesehen haben. Dabei hätte ich vielleicht sogar einen Entlastungszeugen gehabt, hätte ich ihn nur benennen können.«

Mathias richtete sich auf. »Du hattest ein Alibi?«

»Um halb zwei, etwa zu der Zeit, als Marie im Wald von Oberriedgarten starb, habe ich einem Autofahrer geholfen. Er hatte seinen Wagen am Anstieg nach Höllenbach bei der Kurve in die verschneite Wiese gefahren. Das ist mehr als eine halbe Stunde Fußmarsch vom Tatort entfernt. Der Fahrer war alles andere als nüchtern. Ich musste ihn erst einmal auf die Beine stellen. Er wollte auf keinen Fall einen Abschleppwagen rufen, denn er befürchtete, dass die Polizei gleich mitkäme. Nach ungefähr einer Viertelstunde hatten wir sein Auto wieder flott. Ich habe das bei den ersten Verhören der Polizei erzählt. Aber sie haben wohl nicht einmal nachgeschaut, ob in der Wiese noch Reifenspuren waren. Und die müssen noch tagelang sichtbar gewesen sein.«

»Verdammt, Josef. Warum hast mir das denn nicht erzählt? Ich hätte der Polizei schon Beine gemacht.«

»Tut mir Leid, Mathias. Ich … ich konnte nicht. Ich dachte nur daran, was ich dir damit antue, dass du mich im Knast besuchen musst. Außerdem hatten sie mir eingeschärft, dass ich mit dir nicht über den Tatvorwurf reden dürfe. Ich war … ich war einfach der Schuldige. Schließlich auch in meinen Augen.«

Mathias senkte den Blick. »Nach der Szene mit erhobenen Fäusten und der zerschmetterten Vase, die du mir wegen Marie gemacht hast, kein Wunder.«

Josef schwieg.

Mathias sah ihn wieder an. »Du hattest ja Recht. Meine Braut in Lindau, und die Hochzeit ist organisiert, und ich flirte mit dieser Marie herum, in die du verliebt warst. Die Wahrheit ist, ich wollte sie dir abspenstig machen. Ja, schau mich nicht so an, Josef. Ich dachte damals, sie wolle ja nur an dein Geld heran. Und du … nun, du schienst mir ein ziemlich naives Opfer zu sein. Ich wollte dich vor einer Enttäuschung schützen, und vor allem wollte ich uns davor schützen, dass wir sie als Familienmitglied aufnehmen müssen. Das waren meine nicht sonderlich netten Motive, Josef. Ich habe versucht dir zu sagen, dass Marie doch nur an dein Erbe heran will. Aber das hast du als siebzehnjähriger Junge natürlich nicht hören mögen. Und nur zu bereitwillig hat sich Marie damals von dir ab- und mir zugewandt. Sie gestand mir sogar, dass du ihr eigentlich Angst gemacht hast mit deiner finsteren Art. Keiner wusste, was in dir vorgeht. Mensch, Josef, ich habe es dir damals einfach zugetraut.«

Josef lehnte ruhig am Fensterbrett. »Und jetzt?«

»Nun ja, die Geschichte mit dem Zeugen klingt glaubhaft.« Allerdings, dachte Mathias, hat Josef auch sechs Jahre im Gefängnis und elf Jahre danach Zeit gehabt, sich eine gute Geschichte auszudenken.

»Trotzdem«, sagte Josef langsam, »ist der Zeuge nichts wert. Er erinnert sich nicht an mich.«

»Wie bitte?« Mathias sprang auf. »Du weißt, wer es war, wer es ist?«

»Dieter Benrath.«

»Was?«

»Ich habe ihn bei Monikas Geburtstagsfeier wiedererkannt. Aber Silvester vor achtzehn Jahren wusste ich nicht, wer er war. Du hast mir deinen alten Studienfreund nie vorgestellt.«

Mathias fuhr sich über die Haare. »Und ich habe Dieter damals rausgeworfen, nachdem er erst nachts um zwei zu der Feier erschien, die ich für ihn ausgerichtet hatte, und weil er dann bloß hämische Worte fand, als du festgenommen wurdest. Hätte ich nur gewusst, dass er dein Alibi ist! Aber der wird sich erinnern, das verspreche ich dir. Den knöpfe ich mir vor.«

Josef lächelte über die ungewöhnlich heftigen Worte seines Halbbruders. »Das wirst du lieber bleiben lassen, Mathias. Wenn sich jemand Dieter vorknöpft, dann ich. Das ist meine Sache.«

Mathias trat hinter seinem Schreibtisch hervor. »Okay, Bruder, aber ich bitte dich, überlass Dieter erst einmal mir, ehe du ihn dir vornimmst. Er kommt nämlich heute oder morgen, je nachdem, wie es das Hochwasser zulässt.«

»Was will er denn hier noch?«

»Anscheinend den widerwilligen Käufer überreden, dass er Segberg doch kauft. Wenigstens zum halben Preis.«

Josef blickte Mathias entgeistert an. »Das wirst du dir doch nicht gefallen lassen!«

»Aber sicher werde ich das. Ich lasse doch nicht zu, dass du deinen Talhof verkaufst.« Mathias ging auf Josef zu. »Dieses Opfer musst du weiß Gott nicht auch noch bringen.«

Josef wandte fast verlegen den Blick zur Seite.

»Na«, sagte Mathias, »hast du eigentlich immer noch Angst vor mir?«

Josef blickte ihn an und lächelte. »Nein.« Fragend öffnete er dabei die Hand. Mathias ergriff sie, und die beiden Brüder fielen sich in die Arme.

»Übrigens«, sagte Mathias, als Josef schon fast zur Tür hinaus war. »Ist Sophie noch bei dir unten?«

Josef wandte sich um. »Ja.«

»Wird sie heute raufkommen, um zu malen?«

»Das weiß ich nicht. Ich denke, es hängt davon ab, wie schnell das Wasser abfließt.«

»Es ist nur, weil … weil Dieter sie sehen will, wenn er kommt.«

Josef zog die Brauen zusammen. »Verstehe. Ich werde es ihr sagen.«

Sophie wachte um neun auf. Es war sehr still im Haus. Sie hatte erstmals seit einer guten Woche wieder tief und ruhig geschlafen und rekelte sich wohlig in dem knarrenden Bett. Die körperlichen Anstrengungen der zurückliegenden Nacht steckten ihr noch in den Knochen. Aber in ihrem Herzen hatte sich ein unverschämtes Glücksgefühl eingenistet, dass damit zu tun hatte, dass sie Josef gestern aus dem zusammenfallenden Schuppen hatte ziehen können, während er nur daran dachte, sie vor den fallenden Brettern zu schützen. Sie hatten über die Angst, die sie beide umeinander gehabt hatten, nicht gesprochen, aber sie hatten dennoch viel miteinander geredet.

Sophie sprang aus dem Bett. Sie hatte gestern Abend schon festgestellt, dass Josef eine Dusche besaß. Sie befand sich unten und war in relativ modernem Zustand. Auf dem Tisch in der Küche sah sie dann Josefs Zettel. Sie überlegte, ob sie Kaffee machen sollte, aber der Hund blickte sie erwartungsvoll an. Sophie nahm ihre Jacke. Sie war trocken und warm, weil sie über dem Ofen hing, den Josef am Morgen angefeuert hatte, doch ziemlich verdreckt. Sophie schnalzte mit der Zunge, so wie es Josef immer machte. Es funktionierte. Wolf sprang erfreut auf und huschte vor ihr aus der Küche und zur Haustür hinaus.

Im Osten versuchte die Sonne sich aus den Nebelschwaden über den Anhöhen zu befreien. Das Wasser, das den Talhof umgab, schien zu dampfen. Mit seiner Nase war Wolf dabei zu verstehen, was sich in der Nacht auf dem Hof alles verändert hatte. Traktor, Heuwender und Kisten aus dem Schuppen standen an der Stallwand. Der Schuppen war nur noch ein Bretterhaufen. Dahinter eilte bräunliches Wasser gen Süden. Der Talhof war zu einer Insel geworden.

Zu Schloss Rohenfels würde sie wohl heute nicht hinaufkommen, dachte Sophie, während sie am Stallgebäude entlangschlenderte. Frieden herrschte in ihrer Seele. Der Albtraum, den ihr Dieter beschert hatte, saß weit weg jenseits der Wasserfläche auf dem Egg von Rohenfels.

Als sie am Stalleingang war, sah sie Pferd und Reiter von Süden kommend inmitten der spiegelnden braunen Fluten auf das Gut zuhalten. Wolf spitzte die Ohren, senkte den Kopf und trabte mit hochgestellter Rute den Weg am Reitplatz entlang. Sophie folgte ihm. Bis zur Böschung waren es vielleicht fünfzig Meter. Wolf stand schon dort und wedelte mit dem Schwanz, als sie ankam. Der Rappe platschte mit angewidert verzogenen Nüstern die letzten Meter heran und befreite sich dann mit einem gewaltigen Sprung aus dem trüben Nass aufs Plateau. Wolf umrundete das Pferd, während Josef lächelnd abstieg.

»Guten Morgen, Sophie.«

Er sah unverschämt gut aus in den Reithosen und Reitstiefeln. Sie hätte ihn gern an sich gezogen, aber er schien wie auch gestern Nacht schon peinlich darauf bedacht, Distanz zu wahren, wenn er auch den liebevollen Ton in seinen Worten nicht verbergen konnte. Vermutlich, dachte Sophie etwas beschämt, schmerzte ihn das Misstrauen noch zu sehr, das sie ihm so überdeutlich gezeigt hatte. Er brauchte Zeit, Vertrauen zu ihr zu finden.

»Was macht dein Bein?«, erkundigte sie sich, da sie bemerkte, dass er leicht hinkte, als er um das Pferd herumging, um die Steigbügel hochzuschieben und den Sattelgurt zu lockern.

»Nicht der Rede wert. Hast du gut geschlafen?«

»Prächtig.«

Der Rappe schnoberte an Sophies Jacke und knabberte am Reißverschluss, bis Josef ihn am Zügel nahm. Sie wandten sich dem Weg an der Reitbahn entlang zu. Josef berichtete, dass er Nadja voller Missmut in der Küche vorgefunden habe, weil sie nicht in die Schule könne.

»Das Landleben ist schön für Kinder, aber nichts für ein junges Mädchen«, bemerkte Sophie. »Sie muss in die Stadt.«

»Ich würde in der Stadt eingehen wie ein Bodenseefellchen im Meer«, sagte Josef.

Sophie lachte. »Ich habe die Stadt eigentlich auch nie gebraucht.«

Josefs Fuß rutschte auf einem Stein ab. Er konnte sich mit dem verletzten Bein nicht richtig abfangen, ächzte und stolperte. Sophie fasste ihn am Arm. Er hatte sich aber bereits am Pferd festgehalten und den Blick abgewandt. Sophie ließ ihn wieder los.

»Wie lange wird das Wasser brauchen, bis es abgeflossen ist?«, erkundigte sie sich, um sich und ihm aus der Befangenheit zu helfen.

»Wenn sie bei Höllenbach das Wehr am See aufmachen,

dann geht es schnell. Dann ist der Talweg heute Mittag und die Straße nach Edenweiler spätestens heute Abend wieder passierbar.«

Sie kamen am Stall an. Josef band den Rappen an einem Eisenring an, der in die Wand gedübelt war, und nahm ihm Sattel und Trense ab. Sophie sah zu, wie er die Beine des Pferdes mit frischem Wasser abwusch und mit Stroh trocknete. Danach bürstete er es mit dem Striegel, und zum Schluss hob er jeden einzelnen Fuß auf, um dem Pferd die Hufe auszukratzen. Sophie wurde sich bewusst, was für eine mühselige und anstrengende Arbeit seinen Alltag prägte. Sie hatte keine Erfahrung mit Pferden. Aber Angst kam bei ihr auch nicht auf angesichts der freundlichen Ruhe, mit der auf diesem Hof Mensch und Tier miteinander umgingen.

Josef brachte den Rappen in den Stall und kehrte mit zwei anderen Pferden zurück. Sie trugen Halfter. Josef drückte Sophie die Führstricke in die Hand. Dann ging er noch einmal hinein und kam mit zwei weiteren Pferden. Ihm hinterher führte Sophie ihre beiden auf den Reitplatz, wo Josef sie von den Stricken losmachte. Anschließend legte er die Balken am Eingang in die Halterungen.

Ein Pferd, ein Schimmel, ließ sich in den feuchten Sand fallen und wälzte sich ausgiebig.

»Ich will nur, dass sie sich ein wenig bewegen«, erläuterte Josef, »denn heute kommt keiner, um sie zu reiten. In einer Stunde hole ich sie rein und stelle die anderen raus. Wie wär's unterdessen mit einem verspäteten Frühstück?« Josef zog aus der Tasche seiner Jacke eine Plastiktüte. »Ich habe Fische, Bodenseefellchen.«

»Hier gefischt?«

»Nee. Der Wirt vom *Wilden Mann* in Edenweiler hat sie mir gegeben. Die hätten übrigens ein Zimmer für dich.«

Gestern noch hat er mich eingeladen, und spätestens

heute Abend will er mich loshaben, dachte Sophie etwas betreten. Wenn er ihre Irritation fühlte, so überging er sie. In der Küche machte er sich daran, die Fische auszunehmen und zu reinigen. Sophie beobachtete ihn, während er routiniert und rasch, wie es seine Art war, die dutzende kleiner Handgriffe ausführte. Wenn ihre Blicke sich begegneten, lächelte er. Wenn sie ihn fragte, gab er bereitwillig und ohne Anflug von Bitterkeit Auskunft über seine Alltagsarbeiten auf dem Hof. Er hatte sich dieses Leben vielleicht nicht gewünscht, aber er haderte auch nicht damit. Sophie kam es vor, als hätte sich sein markantes Gesicht in der kurzen Zeit, da sie ihn jetzt kannte, verfeinert. Sein scharfer Blick aus den tiefliegenden dunklen Augen wurde stets ruhig und warm, wenn er sie ansah.

Während er neben dem Herd stehend die Fische salzte, mit Zitrone beträufelte und in Mehl wendete, versuchte Sophie sich ganz ruhig und nüchtern zu fragen, was das für ein Problem war, das ihn bis gestern, als er ihr sagte, dass er unschuldig verurteilt worden sei, daran hinderte, darüber mit ihr zu sprechen. Hatte er sie etwa absichtlich im Glauben lassen wollen, er sei der Mensch, mit dem sie nichts zu tun haben wollte? Hatte er erwartet, dass sie ihm trotzdem das Vertrauen aussprach? War es das, was er ihr übel nahm? Dass sie schlichtweg unsicher gewesen war, was sie von ihm halten sollte?

»Kann ich dir was helfen?«, fragte Sophie, als er nun mit den Händen voller Kartoffeln, Möhren und Zwiebeln aus der Speisekammer wiederkam und sie auf den Tisch fallen ließ.

Diese schlichte und ganz praktische Frage berührte ihn mehr, als er es sich anmerken lassen wollte. Wer hatte ihm denn je Hilfe angeboten? Er hatte überhaupt noch nie eine Frau im Haus gehabt und niemals bei seinen Überlegungen zur Bewältigung der Alltagsroutine die Gegenwart einer zweiten Person mit eingerechnet.

Sophie lächelte und nahm ein Messer aus der Schublade neben dem Herd, um die Kartoffeln zu schälen. Währenddessen fettete Josef eine Fischpfanne mit Butter. Dann schnippelte er die Kartoffeln, Möhren und Zwiebeln in die Schale, legte die Fische in die Mitte und schob sie in den Ofen.

»Übrigens«, sagte er, nachdem er die Abfälle beseitigt und den Küchentisch abgewischt hatte, »Mathias hat mir vorhin mitgeteilt, dass sich Dieter für heute angekündigt hat. Wenn ich auch denke, dass er wohl erst morgen kommt.«

Sophie zog die Brauen zusammen. Nun war der Albtraum von Rohenfels doch im Talhof angekommen.

»Es sieht so aus, als wollte Dieter Mathias nun doch nicht hängen lassen. Er beabsichtigt offenbar den Käufer herbeizuschaffen. Auch wenn Mathias Segberg wohl nur für den halben Preis loswird.«

»Jetzt auf einmal«, wunderte sich Sophie. »Hat er etwa eingesehen, dass ich nichts mit Mathias habe? Tut es ihm vielleicht sogar Leid?«

»Mathias hat mich gebeten, dir zu sagen, dass Dieter dich sehen will, wenn er hier ist.«

»Oh!« Ihr kam die Erkenntnis schlagartig. »Dann weiß ich, was er vorhat. Er will mich überreden, zu ihm zurückzukehren. Nein, er wird mich nicht überreden. Er wird einfach den Kauf von Segberg von der Bedingung abhängig machen, dass ich ihn nach Stuttgart begleite.«

Josef sah aus, als müsste er sich zwingen, weiterzuatmen.

»Und Mathias ist ruiniert und verliert Rohenfels, wenn ich es nicht tue.«

»Nein, er verliert Rohenfels nicht.«

»Nein?«

»Ich werde den Talhof verkaufen. Damit kann Mathias alle Schulden decken und hat vermutlich noch was übrig.«

»O Gott, Josef! Dann bist du ruiniert.«

Er schüttelte sachte den Kopf. »Ich kann auch was anderes tun. Der Talhof macht unsinnig viel Arbeit und wirft kaum was ab. Außerdem ...« Er lächelte leicht. »Außerdem würde ich dann wohl Asyl auf Schloss Rohenfels kriegen.«

Sophie erwiderte sein Lächeln. »Du würdest gerne wieder auf Schloss Rohenfels leben?«

»Ja, furchtbar gern. Und ich könnte mich vermutlich sogar ziemlich nützlich machen. Ich kann kochen, ich kann einen Haushalt führen, ich kann Wasserleitungen instand setzen, ich kann sogar einen Dachstuhl reparieren und ein Dach decken, und ich kann elektrische Leitungen verlegen.«

Sophie merkte auf einmal, dass sie in dem, was Josef da plante, nicht vorkam, dass sie keinen Platz darin hatte. Er konnte vielleicht nach Rohenfels ziehen, aber doch nicht sie auch, wenn sie seine Freundin gewesen wäre. Darum also. Und sie verstand ihn sogar. Für einen Mann, der seit achtzehn Jahren am äußersten Rand der Gesellschaft lebte, war die Aussicht, wenigstens in den Kreis der Familie zurückkehren zu können, jedes Opfer wert. Und warum sollte er sich auch auf eine so unsichere Kandidatin wie sie verlassen? Monika hatte ihn zu ihrer Geburtstagsfeier eingeladen, ohne ihn zu fragen, ob er nun unschuldig oder schuldig war. Eine Frage, auf die sie, Sophie, nicht hatte verzichten können.

Hätte Josef gewusst, was in Sophie vorging, er hätte wahrscheinlich hart mit sich ringen müssen, um nicht alle guten Vorsätze zu verraten und sich ihr zu Füßen zu werfen. Mit mehr Tapferkeit, als ihm gut tat, hätte er sich bezwingen müssen, ihr nicht zu widersprechen. Alles, was sie davon überzeugte, dass sie nicht die richtige Frau war, um das Leben mit ihm zu teilen, musste ihm schmerzlich willkommen sein. Doch er dachte im Moment nur an seine Pflichten. Bis die Fische gar waren, hatte er noch eine halbe Stunde Zeit.

»Ich muss jetzt mal schnell nach den Pferden schauen«, sagte er, nahm seine Jacke und verließ die Küche.

16

Dieter fuhr bei Memmingen auf die Autobahn Richtung Leutkirch. Er hatte zwar im Radio gehört, dass das halbe Allgäu unter Wasser stand, aber keinen Gedanken daran verschwendet, dass solche Widrigkeiten auch ihn aufhalten konnten.

Vergnügt und einen Song falsch mitpfeifend, der gerade im Autoradio lief, raste er seinem sicheren abendlichen Sieg zu. Beide, Mathias und Sophie, würden verlieren. Und der, der auf jeden Fall der Sieger war, der lachende Dritte gewissermaßen, das war er. Dabei tat ihm Mathias fast Leid. Er war so redlich und dumm. Er versuchte es immer allen recht zu machen. Und nun musste er Sophie dafür ziehen lassen, dass er Rohenfels behielt. Denn andernfalls würde ihm diese spitze und kantige Monika die Hölle heiß machen und die alte Hortense von Rohenfels erst. Sie würde ihn vermutlich enterben. Mathias hatte eigentlich immer nur in Zwangslagen gesteckt, solange er ihn kannte. Sein Halbbruder verurteilt, seine Mutter verkniffen und gekränkt, diese Monika nur darauf aus, Schloss und Titel zu heiraten und zu behalten. Und dann hatte er, Dieter, sich damals auch noch auf Rohenfels befunden, als die Familie der größte Schlag überhaupt traf. Er hatte versucht Mathias klar zu machen, dass er sich doch freuen sollte, dass sein missratener Halbbruder damit außen vor war, weg, erledigt. Aber es war ihm wohl nicht gelungen, seine Häme zu verbergen. Diese Adligen am Boden zerstört, der immer kontrollierte und gewissenhafte Mathias endlich einmal verzweifelt und ratlos. Da nützte ihm sein Titel nichts mehr. Und sein uninspirierter Fleiß half ihm nicht weiter. Er und sein Halbbruder waren über eine Frau gestolpert. Recht geschah es Mathias. Schon an der Uni hatte er ständig unverdientes Glück bei Frauen gehabt. Sie schienen ihn zu lieben, diesen ruhigen, nachgiebigen Mann mit Titel und Schloss. Vielleicht war er ja im Bett sogar ganz gut, besser als im täglichen Leben. Aber wahrscheinlich hatten sie es alle auf seinen Titel abgesehen gehabt. Marie auf jeden Fall. Und Mathias hatte das einfach ausgenutzt und nutzte es noch heute aus. Welche Frau träumte denn nicht davon, auf einem Schloss zu leben?

Es würde Sophie ein Lehre sein, feststellen zu müssen, dass Mathias sein Schloss nicht für sie opfern würde. Vermutlich würde er sie sogar mehr oder minder indirekt auffordern, mit ihm, Dieter, nach Stuttgart zurückzukehren, wenn dies die Bedingung dafür war, dass er Segberg verkaufte und seinen Familienbesitz rettete.

Ein kleines Problem gab es da allerdings in Dieters Rechnung. Der Klodeckelfabrikantensohn, der jetzt Balduin Graf Anselm hieß, dachte gar nicht daran, seine Millionen für das Rittergut Segberg zu opfern.

»Es war doch bloß eine Wette«, wiederholte der Schnösel während eines Essens in einem Münchner Nobelrestaurant, das Dieter bezahlte. »Sie haben gesagt, dieser Rohenfels steigt drauf ein, wenn ich ihm zwei Millionen für seine Familienruine anbiete. Und ich habe gesagt, ein echter Adliger verkauft seine Schlösser nicht einfach, nur weil ihm einer viel Geld bietet. Diese Wette habe ich verloren.«

»Ich verzichte auf die Kiste Champagner, die Sie mir schulden, wenn Sie sich Segberg wenigstens mal anschauen«, hatte Dieter angeboten.

»Warum sollte ich?«, erwiderte Graf Anselm. »Wir wissen doch beide, dass Rohenfels bereit war, mich über den Tisch zu ziehen. Er hätte mich betrogen. Diese Burg ist doch nicht neunhunderttausend wert.«

»Er musste so viel verlangen, denn er hat sich selber übers Ohr hauen lassen.«

»Was sagen Sie da? Interessant. Wie kann Rohenfels übers Ohr gehauen werden, wenn diese Burg seit Jahrhunderten in Familienbesitz ist. Hören Sie, Herr Benrath, ich habe den Eindruck, dass Sie und Rohenfels mich abzocken wollen.«

Am nächsten Tag hatte Anselm Dieter angerufen und ihm mitgeteilt, er habe Nachforschungen anstellen lassen. Segberg sei vergangenen Samstag zwangsversteigert worden. Das Schloss habe also nie der Familie Rohenfels gehört. Unter dieser Bedingung sei er natürlich schon gar nicht bereit, mit Rohenfels in eine Geschäftsverbindung zu treten.

Sophie würde mit ihm nach Stuttgart zurückkehren, und Mathias würde Rohenfels trotzdem verlieren. Ihm gegenüber würde Dieter sein Versprechen nicht einhalten. Und wenn Sophie das klar wurde, falls sie es je erfuhr, dann befand sie sich bereits wieder bei ihm, und er würde dafür sorgen, dass sie ihn nicht wieder verließ, nicht verlassen konnte. Wie, das war ihm noch nicht ganz klar. Aber dass es ihm gelingen würde, daran zweifelte er nicht.

Dieter raste in eine Wasserfahne hinein, die ein Lastwagen auf der nassen Fahrbahn aufwirbelte. Für Sekunden sah er nichts. Dann schoss er aus dem Nebel, musste aber blitzschnell vor dem Laster auf die rechte Fahrbahn ausweichen, weil ein Transporter auf der linken Spur dahinkroch. Der Laster hinter ihm betätigte die Lichthupe, und Dieter hupte ebenfalls heftig. Außerdem ließ er es sich nicht nehmen, den Transporter zu schneiden, als er wieder auf die linke Spur wechselte. Von Lichthupen verabschiedet, zog er davon.

Bis Wangen trübte nichts seine Siegerlaune. Doch dort standen die Weiden am Schießstattweiher unter Wasser, und die halbe Leutkircherstraße war überflutet. Am Peterstorplatz war die Straße über die Gallus-Brücke gesperrt. Die Obere Argen war über die Ufer getreten, und das Wasser stand auf der Argenuferstraße und in der östlichen Altstadt. Er kam nicht auf die andere Seite des Flusses in die Isnyer Straße, in der Mathias' Maklerbüro lag. Wahrscheinlich wäre Mathias ohnehin nicht dort gewesen. Zum ersten Mal ging Dieter der Gedanke durch den Kopf, dass das Hochwasser ihn doch daran hindern konnte, heute nach Rohenfels zu kommen. Er begab sich am Saumarkt in das italienische Restaurant und griff zum Handy.

»Nadja von Rohenfels«, meldete sich eine eifrige Mädchenstimme. Sie wartete hörbar auf einen bestimmten Anruf.

»Dieter Benrath. Hallo, Nadja. Na, keine Schule?«

»Fällt ins Wasser. Sie wollen wahrscheinlich Papa sprechen.«

Ein bisschen arg eilig und unfreundlich trat sie ihn an Mathias ab, fand er. Während er sich von Mathias klar machen ließ, dass es heute kein Durchkommen nach Edenweiler und Rohenfels gab, hatte er Nadja wieder vor Augen, so wie er sie in der Nacht von Monikas Geburtstag an Sophies Arm gesehen hatte – langgliedrig, schlank, elfenhaft blass mit den spiegelglatten schwarzen Haaren und dem trotzigen Blick aus graublauen Augen. Er mochte das, diesen aufmüpfigen Trotz im Blick einer Frau, die dann seine sein würde. Sophie war auch so gewesen, als er sie kennen lernte, abweisend, eigensinnig, distanziert. Er hatte geglaubt, es werde ihn mehr Mühe kosten, sie zu gewinnen, es werde ihm mehr Entschlossenheit abverlangen, am Ende sogar Gewalt, um den trotzigen Blick in einen ängstlichen zu verwandeln und dann in einen ergebenen. Aber Sophie hatte ihm einen Strich durch die Rechnung gemacht. Sie war zu gut, zu unegoistisch, zu hilfsbereit gewesen, um ihm ernsthaft Widerpart zu geben und den Mann in ihm zu provozieren. Das hatte ihn eigentlich immer enttäuscht. Doch nun hatte sie den Kampf mit ihm aufgenommen. Und diesen Kampf würde er gewinnen, auch wenn ihm an ihr, wenn er es recht überlegte, eigentlich nicht mehr sonderlich viel lag. Sie war auf Dauer einfach zu sanft und nachgiebig für ihn. Aber Nadja, das war eine Kratzbürste, ein richtig aufsässiger Teenager. Dieter verlor sich in lüsternen Träumereien.

Sophie betrachtete Josefs Hand, die ruhig neben dem Teller lag. Sie war kräftig, aber feingliedrig und wie immer von warmen Adern durchzogen. Eine Hand, die nicht viel besaß, aber umso mehr zu geben bereit war. Der Fisch war köstlich gewesen. Josef lächelte sie kurz an und nahm dann die Teller, stand auf, stapelte sie in der Spüle und stellte den Kaffee auf den Tisch.

Vielleicht würden sie nie wieder so beisammensitzen, dachte Sophie auf einmal, denn dass Josef keine Zeit hatte, den Nachmittag mit ihr zu verbringen, war ihr auch klar. Er wollte das Gerät aus dem zusammengebrochenen Schuppen in den alten Schweinestall bringen. Und im Stall waren auch einige Arbeiten liegen geblieben. Mehrmals hatte er ihr überdies mittlerweile versichert, dass der Weg nach Edenweiler spätestens am frühen Abend wieder befahrbar sein werde und dass der Wirt des *Wilden Mann* ein Zimmer für sie bereithalte.

»Josef«, sagte sie, »würdest du mir einen Wunsch erfüllen?«

»Wenn ich kann.«

»Würdest du mir deine Zeichnungen zeigen?«

Josef bemerkte ihren Blick, der automatisch zu dem grünen Zeichenblock hinüberging, der auf dem Tischchen neben dem Sofa lag. »Hast du nicht reichlich Gelegenheit gehabt, dich ein bisschen bei mir umzusehen?«

»Na hör mal!«

Er lächelte leise. »Meine Zeichnerei ist kein Geheimnis. Aber vor deinen fachkundigen Augen kann ich wirklich nicht bestehen.«

»Wenn es dir so peinlich ist, dann …«

Er stand rasch auf. »Komm mit!«

Vor ihr stieg er die enge Treppe ins Dachgeschoss hoch und stieß die Tür zur Kammer im Westen auf. Ihr Fenster zeigte auf Schloss Rohenfels. Vor dem Fenster war eine Holzplatte über zwei Böcke gelegt, und davor stand ein Stuhl. Unter der Dachschräge befand sich eine alte Kommode, auf der in Schalen verschiedene Stifte lagen, weiche und harte Bleistifte, Kohlestifte und Tuschgriffel.

An der Tischplatte klemmte rechts eine Lampe, die einem Linkshänder das Blatt beleuchtete, ohne dass die Hand Schatten ins Bild werfen konnte. Es lag kein Papier auf der Platte, aber sie zeigte Spuren von Reißnägeleinstichen. Die Reißzwecken befanden sich in einer Schale unter der Lampe. Sophies sachkundigem Auge fiel auf, dass nirgendwo ein Radiergummi zu sehen war. Das war ein echter Zeichner. An der Wand gegenüber der Kommode lehnten die großen Mappen aus Pappe, in denen auch Architekten ihre Pläne transportierten. Es waren ein gutes Dutzend.

»Im Winter ist es mir hier meistens zu kalt«, bemerkte Josef. »Da kritzle ich zum Zeitvertreib auf den kleinen Blöcken herum.«

Er ergriff die nächstbeste Mappe von der Wand. Sie entglitt ihm fast, als er sie auf den Tisch hob. Mit ziemlichem Ungeschick knibbelte er die Bändchen auf, die die Mappe geschlossen hielten. Es war das erste Mal, dass Sophie ihn wirklich nervös sah. Aber durch diese Anspannung kurz vor dem Moment, da man seine Bilder fremden Augen zeigte, musste jeder Künstler irgendwann einmal durch. Man gewöhnte sich daran, doch ein bisschen Lampenfieber blieb immer. Auch Sophie empfand es jedes Mal, wenn jemand ihre Bilder begutachtete.

Endlich bekam er die Knoten auf und öffnete die Mappe, die vielleicht zwanzig großformatige Blätter enthielt. Sophie verschlug es erst einmal die Sprache, und sie musste sich hinsetzen. Sie vergaß sogar Josef.

In tiefstem Schweigen zog sie ein Blatt nach dem anderen von dem Stapel. In ihm brach unterdessen in rasendem Tempo sein ohnehin nicht gerade überschäumendes Selbstbewusstsein zusammen. In seiner Selbstlosigkeit litt er sogar fast noch mehr mit Sophie, die mit zusammengezogenen Brauen dasaß und jetzt wohl fieberhaft nach tröstenden Formulierungen und irgendwelchen Möglichkeiten suchte, sich ein Lob abzuringen.

Die Linien auf den Blättern verschwammen ihm vor den Augen zu einer jämmerlichen Stümperei, die Sophie nur in unendliche Verlegenheit setzen konnte. Er hatte ja nie Unterricht genommen. Er hatte sich nichts beigebracht, er hatte immer nur gezeichnet, wie es Kopf und Hand ihm eingegeben hatten. Er hatte nie etwas anderes gewollt, als seinen eigenen inneren Bildern Gestalt zu geben und seiner Faszination für alles, was sich in den Raum streckte, sich wölbte, sich krümmte oder ausbreitete, zu folgen. Die Arkaden von Sankt Katharina in Wolfegg, die Sophie gerade betrachtete, drohten von den Pfeilern zu rutschen, die Wand kippte, die Fenster eierten seltsam herum, die Kirchendecke schwebte davon. Er wusste ja, dass er sich nicht an die Regeln der Perspektive hielt und dass keine Linie stimmte. Nicht ohne Grund hatte er seine hilflosen Versuche nicht gerade Sophie zeigen wollen, dieser Meisterin des Realismus und der perfekten Raumillusion.

Abrupt wandte er sich dem Fenster zu. Am liebsten wäre er rausgesprungen. Erneut wurde ihm klar, wie vermessen es gewesen wäre zu glauben, er habe Sophie irgendetwas zu bieten, das in der Welt, aus der sie kam, nicht nur ein mitleidiges Lächeln auslöste.

»Josef«, hörte er sie hinter sich sagen. Es klang ziemlich beklommen.

Er wandte sich nur halb um.

»Du bist …« begann sie und schlug ihren hellen Blick zu ihm auf. »Du bist wirklich ein Künstler. Da kann ich einpacken und heimgehen.«

»Nein.«

»Doch.« Sie stand auf. »Doch, Josef. Es gibt nur wenige wirklich gute Zeichner, und du bist einer davon. Wenn du auch nur ein kleines bisschen von mir als Malerin und Sachverständige hältst, dann musst du mir das glauben.«

Josef stand völlig reglos da.

»Zunächst einmal«, sagte sie, auf das Blatt vor ihr weisend, »kannst du offensichtlich aus dem Gedächtnis zeichnen. Das ist doch Birnau?«

Josef nickte.

»Du stellst dich nicht in eine Kirche, um sie abzuzeichnen. Du konstruierst sie hier an deinem Tisch aus dem Kopf. Das ist unglaublich. Was musst du für ein optisches Gedächtnis haben! Und dann, schau her …« Sie zog ein anderes Blatt nach oben. »Dieser Kircheninnenraum hier ... Was ist das übrigens für einer?«

»Das Stift Wolfegg.«

»Wenn das Stift auch nur halb so interessant ist wie dein Bild von ihm, dann muss es ein Meisterwerk barocker Baukunst sein. Was barocke Baumeister nicht gekonnt haben, das hast du geschafft – die Auflösung des Raums. Du hast die Perspektive außer Kraft gesetzt, weil sie den Gesamteindruck stören würde. Aber an diesen Kapitellen sieht man, dass du sie sehr wohl bis in den kleinsten Stuckschnörkel hinein beherrschst. Der Raum wird zum Gemälde, seine Tiefe ist aufgehoben. Es ist, als würden wir in eine Wolke hineinschauen, es quillt, vibriert, es strebt auseinander und durcheinander. Es lebt. Es tut genau das, was barocke Architektur tut: Sie sprengt sich selbst und schwebt.«

Sophie legte das nächste Blatt obenauf.

»Und hier haben wir den Beweis, dass du nicht nur auflösen, sondern auch zusammenfügen kannst. Das Lindauer Tor von Wangen, ein festgefügter Bau, klotzig und trotzig, obwohl du ihm keinen rechten Winkel lässt. Er behauptet sich, auch gegen die heutige moderne Stadt, gegen die Krankenkasse aus Beton, die, wie es scheint, an ihm zu knabbern, ihn zu bedrängen, ihn umzuwerfen versucht. Du siehst die Seele der Gegenstände. Du bist ein ganz großer Zeichner. Du hast ein einmaliges Talent, das du wirklich nicht zu verstecken brauchst.«

Sie blickte ihn wieder an und sah erst jetzt, dass er ganz blass geworden war.

»He!«, sagte sie leicht. »Nimm es nicht so tragisch. Wie heißt es so schön? Jede Behinderung hat eine Begabung. Du bist vielleicht kein großer Redner, aber dafür bist du als Zeichner ein Genie. Ich kenne mindestens drei Galerien, die deine Zeichnungen verkaufen würden. In ein paar Jahren könntest du berühmt sein, und man würde dir einen Lehrstuhl an einer Kunstakademie anbieten.«

»Sophie!«, sagte Josef leise. »Was tust du?«

Sie blickte ihn fragend an.

»Was … was soll ich denn anfangen mit dem, was du mir gibst?«

»Wie?«

»Du hast mir eine Sprache gegeben, du gibst mir einen Wert, eine Zukunft, meinen Stolz. Du gibst mir eine Seele. Aber wozu? Was fange ich damit an in meiner Verbannung?«

»O Josef!«, sagte Sophie warm und zog ihn, ehe er sich versah, zu sich in die Arme. Er fühlte sich überwältigt von der mächtigen Versuchung, sich einfach fallen zu lassen und alle Verantwortung zu vergessen. Doch dann riss er sich los.

»Das geht nicht, Sophie. Das geht so nicht.«

»Was geht nicht?«

»Verstehst du das nicht? Ich lebe in einem Gefängnis. Es hat vielleicht keine Gitter mehr, aber es gibt trotzdem kein Entrinnen. Es ist ein Gefängnis, in dem man nicht einmal auf Freiheit hoffen kann. Darin hast du nichts zu suchen, Sophie. Wenn du erst einmal drin bist, kommst du nicht mehr hinaus. Glaub mir, die Frau eines Menschen wie mich trifft die doppelte Verachtung. Das hältst du nicht aus, und das hast du auch nicht verdient.«

»Verdammt«, sagte Sophie erbittert, »müsst ihr Männer denn immer besser wissen, was ich mir zumuten kann?«

Josef erschrak.

»Tja, dann … dann sollte ich dich jetzt wohl nicht länger in Gewissensnot bringen«, sagte sie. »Dann gehe ich wohl lieber.«

17

Nadja war froh, dass sie an diesem Freitagmorgen wieder in die Schule konnte. Sie stand um sechs auf und schminkte sich fast eine Stunde vor dem Spiegel in ihrem Zimmer. Aber totenweiß malte sie sich schon seit längerem nicht mehr an. Über diese Phase war sie hinweg. Außerdem war Andreas kein Grufti, sondern ein Normalo, wenn auch ein kreativer. Er trug Jeans und Lederjacken und hatte eine ganz süße mittelblonde Locke, die ihm immer in die Stirn fiel. Er versuchte hart und cool auszusehen, aber eigentlich war er sehr lieb und, dessen war Nadja sich sicher, mächtig verliebt in sie. Er ging in die Dreizehnte. Aber so richtig aufgefallen war er ihr erst am Montag in der Theater-AG. Nachdem Sophie ihr gesagt hatte, sie solle Bühnentexte schreiben, hatte Nadja sich bei der Theater-AG angemeldet. Dort übten sie zwar gerade Shakespeares *Sommernachtstraum*, aber sie hatte sofort Vorschläge gemacht, wie man hier und da Anspielungen auf Lehrer und Schüler einbauen könnte. Vor allem Andreas hatte sie unterstützt. Und er hatte sie dabei neugierig angeschaut. Danach hatten sie sich noch zwei Stunden übers Theater unterhalten. Er wollte Theaterwissenschaften in München studieren. Nadja hatte sich sofort in die alte Bibliothek ihres Großvaters begeben, und nun stapelten sich Bücher namhafter Dramatiker auf ihrem schwarzen Schreibtisch. Vorgestern und gestern Abend hatte sie mehrere Sketche geschrieben. Die wollte sie Andreas zeigen und mit ihm darüber sprechen.

Wenn er Zeit hatte, konnten sie nach dem Unterricht ins Café gehen. Vielleicht küsste er sie. Vielleicht musste sie ihn aber auch erst auf Schloss Rohenfels einladen. Dann würden sie miteinander schlafen. Sie würde mit ihm nach München gehen und dort ihr Abitur machen, während er Theaterwissenschaften studierte. Sie würde Stücke schreiben. Andreas würde ein großer Schauspieler werden und sie eine gefeierte Theaterautorin. Sie würden heiraten und Kinder haben. Es war alles ganz klar und einfach.

Nadja nahm ihre Schultasche, bog aber noch mal ins Badezimmer ab, um erneut ihre langen glatten Haare zu bürsten. Auf dem Revers der Jacke, die sie über dem violetten Samtkleid trug, blitzte eine Eidechse aus Strass, in der sich ihre Haare verfingen. Während sie sich noch einmal kritisch begutachtete, ging die Tür auf, und Sophie kam herein.

»Oh, entschuldige.«

Nadja wandte sich grinsend um. »Ich bin schon fertig.«

»Gut siehst du aus!« Sophie musterte skeptisch die Springerstiefel, die unter dem Saum des langen Kleids hervorschauten.

»Du aber gar nicht!«, sagte Nadja ernst. »Du schaust aus, als hättest du die ganze Nacht nicht geschlafen. Hatte eins von Josefs Pferden eine Kolik, oder was ist los?«

»Nur um Missverständnissen vorzubeugen«, erwiderte Sophie, »ich wohne im *Wilden Mann* in Edenweiler.«

»Ich dachte, bei Josef.«

»Nein.«

»So, hm. Und warum wohnst du eigentlich nicht mehr bei uns, wenn ich mal fragen darf?«

»Ich hatte eine kleine Auseinandersetzung mit deinem Vater. Die hat mich bewogen, eure Gastfreundschaft nicht länger in Anspruch zu nehmen.«

»Und worüber habt ihr euch gestritten?«

»Nadja, nimm's mir bitte nicht übel, doch ...«

»Ist ja schon gut, ich weiß. Ich soll nicht immer so indiskrete Fragen stellen. Aber ich denke, wenn Mama heute kommt, wird sie bestimmt auch noch ein Wörtchen mitreden wollen.«

»Nadja!«, rief da Mathias von unten aus der Halle. »Kommst du? Wir müssen los!«

»Ja! Tschüs, Sophie. Und Kopf hoch, alles wird gut!« Nadja winkte ihr an der Tür noch mal zu und stürzte dann davon. Sophie öffnete die Kiste mit den Farbflaschen.

»Da haben wir ja wirklich Glück gehabt mit dem Hochwasser«, bemerkte Mathias, als sie bei Edenweiler über die Brücke fuhren, die gestern Mittag noch überflutet gewesen war.

Nadja war schweigsam in sein Auto gestiegen. Sie drehte eine Strähne um ihren Zeigefinger. »Papa?«

»Hm?«

»Sophie sagt, du hättest dich mit ihr gestritten.«

Er warf seiner so bildhübsch zurechtgemachten Tochter einen raschen Blick zu. »Sagt sie das?«

»Willst du das etwa abstreiten?«

Mathias lachte. »He, willst du mich verhören?«

»Nein, ich möchte nur wissen, was los ist. Sophie war gar nicht bei Josef. Jedenfalls nicht diese Nacht. Sie hat ein Zimmer im *Wilden Mann* genommen. Warum?«

Sie fuhren gerade durch Edenweiler.

»Das musst du Sophie fragen, nicht mich.«

»Papa! Ich bin kein kleines Kind mehr!«

Mathias lenkte den Offroader auf die Landstraße nach Kißlegg. »Hör mal, Nadja, ich kann dir wirklich keine Auskunft darüber geben, was zwischen Sophie und Josef läuft.

Ich weiß es nicht. Ich weiß nur, dass sie sich von ihrem Mann trennen will oder trennen wollte.«

»Das ist gut, sehr gut. Dieser Dieter hat sowieso nicht zu ihr gepasst. Er hat was Fieses an sich, finde ich.«

»Langsam, Nadja. Ich schätze, dass Sophie inzwischen gemerkt hat, dass das Leben, das Josef führt, auch nicht so romantisch ist, wie es zunächst aussah. Sie hat immer in der Stadt gelebt, hatte immer Geld, ein großes Haus, ein reiches gesellschaftliches Leben, einen berühmten Architekten als Mann. Das gibt man nicht so einfach auf. Ich fürchte, für sie war Josef nur eine Affäre. Letzten Endes wird sie zu Dieter nach Stuttgart zurückkehren.«

»Niemals!«

Mathias lachte traurig. »Nadja, so ist das Leben. Die meisten großen Aufbrüche sind nur kleine Irrwege.«

Nadja schwieg eine Weile. Ihr Vater neigte hin und wieder zu solchen schwermütig resignativen Sätzen, die sie selten verstand. »Und deswegen kommt Dieter heute? Um sie zu holen?«

»Im Grunde ja«, antwortete Mathias.

»Arme Sophie, armer Josef!«

Mathias durchquerte Kißlegg. Die Straße hielt auf das Gasthaus *Hirsch-Post* zu, auf dessen Front Fürst und Fürstin von Kiselegge auf sich aufbäumenden Pferden gemalt waren. Er bog nach links zum Schulzentrum ab. An der Bushaltestelle ließ er Nadja raus.

Sie beugte sich noch einmal zur Tür herein. »Und sag Mama, wenn sie anruft, dass es heute etwas später werden kann. Ich will mich nach der Schule noch mit ein paar Leuten von der Theater-AG treffen.«

In seinem Büro in Wangen angekommen, versuchte Mathias erst einmal Dieter zu erreichen. Aber er war weder in seinem Hotel in Wangen, noch meldete er sich unter seiner Handynummer. Dieter hatte gestern Abend noch einmal angerufen und Sophie sprechen wollen. Sie habe ihr Handy offenbar abgestellt. Mathias hatte ihm erklärt, dass Sophie wegen des Hochwassers nicht nach Rohenfels habe hinaufkommen können. Dieter hatte so lange nachgebohrt, bis Mathias eingeräumt hatte, dass er glaube, dass das Hochwasser Sophie außerdem gezwungen habe, die Nacht bei Josef auf dem Talhof zu verbringen. Dass es die zweite Nacht gewesen war, hatte er verschwiegen. Dieters Lachen hatte auch so schon unangenehm genug geklungen.

Sein Gewissen bewog Mathias nun, wenigstens einen Versuch zu unternehmen, Dieter mitzuteilen, dass er seine Frau im *Wilden Mann* von Edenweiler finden würde und nicht bei Josef. Aber es sollte wohl nicht sein. Mathias seufzte. Warum nur hatte er zum Kristallisationspunkt dieses Ehekriegs werden müssen?

Zum hundersten Mal sagte er sich, dass Sophie nichts dafür konnte. Dennoch vermochte er einen leichten Groll nicht zu unterdrücken. Und wenn er an Josef dachte, dann noch weniger. Josef liebte zum zweiten Mal. Und erneut wurde er nur betrogen. Er liebte so ehrlich und fiel dabei immer wieder auf Frauen herein, die in ihrem Leben eigentlich etwas ganz anderes wollten, als sich an einen bäuerlichen Landadligen zu binden, allemal an einen, dessen gesellschaftliche Stellung kaum besser war als die eines Landstreichers. Armer Josef.

Monikas Anruf riss ihn aus seinen trüben Grübeleien. Sie teilte ihm mit, dass sie jetzt in München losfahre und am Nachmittag zu Hause sein werde.

»Nadja kommt später«, sagte er. »Sie hat noch Theater-AG nach der Schule oder so etwas ähnliches.«

Josef fuhr hoch. Es klopfte an der Haustür. Er brauchte einen Moment, um sich zu orientieren. Er musste auf dem Sofa in der Küche eingeschlafen sein. Die völlige Erschöpfung hatte ihn nach dem Stallausmisten und dem Frühstückskaffee um acht übermannt.

Seit dem schrecklichen Moment, da Sophie zutiefst gekränkt gestern Nachmittag sein Haus verlassen hatte, war er nicht mehr zur Ruhe gekommen. Die Angst, dass sie mit ihrem Auto irgendwo stecken bleiben oder gar in Not geraten könnte, hatte ihn zunächst auf den Talweg bis Edenweiler getrieben, wo er ihren Corsa dann vor dem *Wilden Mann* stehen sah. Er war auf seinen Hof zurückgelaufen und hatte sich darangemacht, im alten Schweinestall unter dem Stalldach Platz zu schaffen und die Geräte aus dem Schuppen darin zu verstauen. Dann ritt er vier Pferde, striegelte alle, mistete die Ställe aus, verteilte Stroh und Heu, fegte den Stallgang und reparierte ein kaputtes Licht. Bevor es dunkel wurde, hatte er auch noch die Latten des eingestürzten Schuppens aufeinander geschichtet.

Mit seinem Hund lief er bis Mitternacht herum, bis nach Wolfegg. Er stieg die Auffahrt zum Schloss hinauf bis zum Chor des Katharinenstifts mit seinem Turm. Er war mit Lisenen und Kapitellen geschmückt. In der unteren der beiden Nischen stand die heilige Katharina mit der Märtyrerkrone und dem Rad, das der Blitz zerschlagen hatte, als sie darauf zu Tode gemartert werden sollte.

Vielleicht war er einem Denkfehler aufgesessen, sagte Josef sich, als er sich nachts in seinem Bett in der kleinen Kammer unter dem Dach wälzte. Vielleicht war Sophie zu Recht ergrimmt, weil er allein entschieden hatte, dass ihr ein Leben mit ihm nicht zuzumuten war. Eine Entscheidung, die sie eigentlich selber treffen musste. Vielleicht hatte er es zu dramatisch gesehen. Zu endgültig. Wahrscheinlich, weil er sie zu sehr liebte, hatte er nicht die Möglichkeit bedacht, dass sie sich von ihm ja auch wieder trennen konnte, wenn ihr das Leben mit ihm nicht zusagte. Sie konnte ihn verlassen und in eine Stadt ziehen. Niemand würde sie dort jemals mit ihm in Verbindung bringen. Sie war frei – frei, sich für ihn zu entscheiden, und frei zu gehen. Das hatte er nicht in Rechnung gestellt. Und nun fühlte sie sich von ihm überfahren und entmündigt und war ihm ziemlich böse.

Es klopfte noch einmal an der Haustür. Josef setzte sich auf und fuhr sich durchs Haar. Wolf blickte mit gespitzten Ohren zur Tür, aber er zeigte keine Regung, die Josef auf die Idee hätte bringen können, dass die Person an sein Haus klopfte, die er im Moment sehnlichst zu sehen wünschte.

Es war Xaver, der Postbote. Josef hatte schon verschiedentlich versucht ihn zu überreden, sich die zwei Kilometer auf dem Feldweg zum Talhof zu sparen und die Post im *Wilden Mann* in Edenweiler abzugeben. Aber so oft bekam er keine Post, und Xaver schien ausnehmend neugierig, wie er das Hochwasser überstanden hatte. Außerdem richtete er ihm aus, dass Franz und Peter auf den Höfen ihrer Väter zu tun hatten und erst morgen wieder kommen würden.

Ein Telefon besaß Josef nicht. Er hatte es bereits nach einem Jahr wieder abgemeldet, weil zu viele Leute anriefen, um ihn einfach nur zu beschimpfen, und weil es die Boulevardpresse zu leicht hatte, ihn zu finden, wenn Männer wie er wegen eines spektakulären Falles von Gewalt gegen Frauen wieder einmal ins Visier der Öffentlichkeit rückten.

Josef bedankte sich und riss den Brief auf. Er war von seinem Anwalt Kurz in Wangen. Dieser schlug ihm zwei Termine vor, einen morgen und den anderen heute Nachmittag um halb drei. Jetzt war zwölf Uhr durch. Josef erledigte seine Arbeiten im Stall. Dann zog er sich um und machte sich ohne Hund auf den Weg nach Edenweiler zum Bus.

Gegen halb drei kam Monika nach Hause. Sophie hörte sie rasch die Treppe heraufsteigen, umweht von der Hektik und Geschäftigkeit der großen Stadt. Während Sophie im Badezimmer malte, hatte sie die Bewegungen der Familienmitglieder unterscheiden und einordnen gelernt. Immer wenn sie heimkam, legte Monika ihre Tasche in ihrem Arbeitszimmer ab und ging zunächst zu ihrer Schwiegermutter. Danach eilte sie gewöhnlich in die Küche, um mit Erna das Abendessen zu besprechen. Dann kam sie wieder rauf, um bei Nadja vorbeizuschauen. Und schließlich ließ sie sich auch im Badezimmer blicken, wie immer elegant in einem dunkelgrauen Hosenanzug.

»Guten Tag, Sophie. Ich bin wieder da.«

»Ich hab's gehört«, entgegnete Sophie, sich in der Badewanne umdrehend.

»Weißt du, wo Nadja ist?«

Sophie schüttelte den Kopf.

»Ach ja, sie hat ja noch Theater-AG«, erinnerte sich Monika. »Na, dann muss sie ja bald kommen.«

Sie musterte das Gemälde, das an der Wand Gestalt annahm. Sophie hatte das Gefühl, dass Monika etwas auf dem Herzen hatte. Sie kam ans Waschbecken, zog die Ringe von den Fingern und wusch sich die Hände. Während sie sich die Hände abtrocknete, machte sie ein paar Bemerkungen zu Sophies Arbeit. Als Sophie sich gerade wieder dem Fluss zuwenden wollte, dem sie eine bräunlich silberne Farbe und den Glanz eines ruhigen Gewässers gab, fragte Monika: »Sag mal, Sophie, was ist eigentlich zwischen dir und deinem Mann los?«

Sophie ließ den Pinsel sinken und drehte sich um. »Ich habe mich von ihm getrennt.«

Monika lächelte gezwungen. »Entschuldige, Sophie, dass ich so direkt frage. Mathias hat mir erzählt, dass Dieter ihm einen faulen Kunden vermittelt hat. Aber wahrscheinlich konnte Dieter auch nichts dafür.«

Sophie stellte den Pinsel ins Wasserglas. »Doch, Dieter kann etwas dafür. Er legt es darauf an, euch zu ruinieren.«

Monika hatte es zwar geahnt, aber nun war sie doch geschockt.

»Ich habe deinem Mann schon gesagt, dass ich eure Gastfreundschaft nicht länger missbrauche. Ich wohne im *Wilden Mann* in Edenweiler. Außerdem werde ich das Wandbild hier unentgeltlich zu Ende malen. Und für den Kamin in der Halle nehme ich auch kein Honorar.«

»Wie? Warum das denn?«

»Als Entschädigung für die Verluste, die ihr durch Dieter habt.«

»Aber das ist doch nicht nötig. Das eine hat doch mit dem anderen nichts zu tun«, sagte Monika.

»Ich fürchte doch. Dieter will mich bestrafen, indem er euch in den Ruin treibt.«

»Aber er kommt doch heute mit einem Käufer für Segberg, wenn ich richtig informiert bin.«

»Ja. So sieht es aus.«

»Sophie! Was ist hier eigentlich los? Sag mir die Wahrheit. Was geht hier vor? Von Mathias erfahr ich ja nichts. Er hat Angst, dass er dann von mir nur Vorwürfe zu hören bekommt, und ich fürchte, das ist nicht ganz unbegründet.«

Sophie setzte sich auf den Badewannenrand und seufzte. »Dieters Machenschaften dienen dem einzigen Zweck, mich zurückzubekommen. Ich schätze, der Verkauf von

Segberg kommt nur zu Stande, wenn ich wieder zu ihm zurückkehre. Ich bin so eine Art Geisel.«

Monika blickte konsterniert.

»Und darum habe ich vermutlich keine andere Wahl.«

»Aber …« Monika schüttelte den Kopf. »Das ist ja schrecklich! Aber gut. Dann musst du Dieter eben mit seinen eigenen Waffen schlagen. Du schwörst ihm die Treue, doch sobald der Vertrag für Segberg unterschrieben ist, verlässt du ihn wieder.«

In Sophies Magen klumpten sich Ekel und Angst. Aber sie nickte. »So wird es wohl laufen.«

Kurz vor vier stieg Nadja in Edenweiler aus dem Bus. Andreas war nicht zur Schule gekommen wie so manche andere auch nicht, denn nicht überall war das Hochwasser so schnell abgeflossen wie im Edental. Nadja war nicht gerade in Hochstimmung. Genauer gesagt, sie war bitter enttäuscht. Andreas hätte doch wissen müssen, wie sehr sie auf ihn wartete. Er hätte mindestens ebenso erpicht wie sie darauf sein müssen, dass sie sich heute sahen. Sie war nicht nur enttäuscht, sondern auch wütend. Bis zur sechsten Stunde hoffte sie, er käme doch noch. Nach der Schule quatschte Vanessa sie so lange zu, bis sie sich überreden ließ, mit ihr zum Mittagessen nach Hause zu gehen und ihr dann Mathe zu erklären. Um zwei hatte sie daheim angerufen, aber niemand war rangegangen. Mama war offenbar noch nicht zu Hause. Nadja stellte das Handy aus. Es war eine jener Trotzhandlungen, die man später schwer erklären konnte. Andreas sollte sie nicht erreichen können, wenn er sie anrief, um seine Abwesenheit zu entschuldigen. Nun wollte sie ihn schmoren lassen. Kurz nach halb vier stieg sie in Kißlegg in den Bus.

Die Aussicht, nun von Edenweiler über eine halbe Stunde

auf der Straße nach Hause marschieren zu müssen, erfreute sie nicht gerade. Sonst holte Monika sie von der Schule ab, oder Mathias kam aus Wangen, um sie heimzubringen, oder sie fuhr mit Kilians Vater mit. In den allermeisten Fällen konnte sie diesen halbstündigen Fußmarsch vermeiden. Vielleicht, dachte sie, war es ja eine Abkürzung, wenn sie den Talweg nahm und von Josefs Hof dann die Stiege nach Rohenfels erklomm. Zumindest konnte sie es mal ausprobieren. Außerdem konnte sie dann Josef guten Tag sagen. Falls Andreas auf Schloss Rohenfels anrief, musste er sie ja auch dort nicht gleich erreichen.

Nadja raffte ihr Kleid und sprang über die Pfützen auf dem Weg. Dort, wo die Böschung aufs Plateau hinaufführte, auf dem der Talhof gebaut war, stand ein großer Mercedes mit Stuttgarter Kennzeichen. Er ließ ihr kaum Platz, trockenen Fußes auf dem Weg an ihm vorbeizukommen. Nadja erklomm die Anhöhe.

Sofort wurde ihr klar, wie bescheuert ihre Idee gewesen war, von hier aus über die Weiden nach Rohenfels zu gehen. Die Weiden standen unter Wasser. Nadja fluchte. Das war anscheinend wirklich nicht ihr Tag.

Auf dem Hof schien auch niemand zu sein, trotz des Wagens auf dem Weg. Der Reitplatz war leer. Die Schiebetür des Stalls war bis auf einen kleinen Spalt geschlossen. Das Wohnhaus konnte sie von dieser Seite allerdings nicht sehen. Nadja schob die Stalltür ein Stück weiter auf. Ein Pferd streckte den schimmelweißen Kopf zur Box heraus. Von seinen Lippen hing ein Heuhalm. Vielleicht sollte sie mit Reiten anfangen. Josef konnte ihr Reitstunden geben. Der Gedanke beflügelte Nadja wieder etwas. Tiere waren allemal treuer und zuverlässiger als Menschen. Sie klopfte dem Pferd den Hals und überlegte sich, welches der Pferde, die hier standen, sie gerne reiten würde. Den großen Rappen da hinten? Auf ihm hatte sie Josef schon oft reiten sehen. Oder die kleine Schimmelstute hier, die ihren Mantel nach etwas Fressbaren absuchte.

Auf einmal hörte sie es neben sich hecheln. Es war Wolf, der plötzlich neben ihr stand. Wo der Hund war, war auch Josef nicht weit. Nadja war im Begriff, sich nach der Stalltür umzudrehen, ein Lächeln auf den Lippen und voller Neugierde, ob sie rauskriegen würde, was sich zwischen ihm und Sophie ereignet hatte.

Doch sie hatte sich noch nicht umgedreht, da wurde es auf einmal dunkel um sie. Sie hatte plötzlich eine Decke überm Kopf, eine kratzige Pferdedecke.

»He!«, rief sie halb lachend, »Josef, lass das!« Aber der andere keuchte nur und zog die stickige Decke fester. Nadja bekam kaum Luft. Sie war geistesgegenwärtig genug, um zu merken, dass das kein Spiel mehr war. Sie schlug um sich. Der andere umklammerte ihr Handgelenk mit eisenhartem Griff. Nadja trat, traf aber niemanden. Da hörte sie den Hund knurren. Der Mann gab einen unmenschlichen Laut von sich. Der Hund jaulte. Nadja konnte sich losreißen, stolperte aber, verlor den Boden unter den Füßen und krachte irgendwo dagegen.

Vielleicht verlor sie auch für ein paar Sekunden das Bewusstsein. Als sie die Decke vom Kopf gerissen hatte, war der Stallgang leer. Kalte Luft wehte durch die Schiebetür herein. Dahinter lag nasse Winterdämmerung.

Nadjas Herz klopfte rasend schnell.

Um halb fünf stand Monika erneut bei Sophie im Badezimmer. »Wo Nadja nur bleibt. Diese Theater-AG kann doch nicht so lange dauern. Außerdem ruft sie immer an, wenn sie sich verspätet.«

Sophie ließ Palette und Pinsel sinken und kletterte aus

der Badewanne. So hastig, wie Monika die ganze Zeit durchs Haus lief oder über die Autobahn nach München raste, dort herumrannte und herumtelefonierte, so schnell war sie nun auch dabei, sich um ihre Tochter Sorgen zu machen. Geradezu so, als müssten auch die Katastrophen, die möglich waren, schnell angegangen und abgearbeitet werden.

»Wahrscheinlich«, sagte Sophie, »hat Nadja sich mit ein paar Freundinnen verschwätzt. Oder sie hat ein wichtiges Gespräch mit einem Jungen. So zurechtgemacht, wie sie heute aus dem Haus ging, ist sie verliebt. Und bei solchen Gesprächen ist es schlecht, wenn man zum Handy greift, um die Eltern anzurufen. Hm?«

Monika lachte bereitwillig, wenn auch etwas hastig. »Ich habe schon mehrmals versucht sie zu erreichen, aber sie hat ihr Handy offenbar ausgestellt. Und das macht sie sonst nie.«

Dazu fiel Sophie gar nichts ein.

»Na«, sagte Monika, »ich werde erst mal Mathias anrufen. Vielleicht ist sie ja bei ihm in Wangen. Wahrscheinlich rege ich mich wieder mal völlig unnötig auf.«

Sophie griff erneut zum Pinsel. Auf halbem Weg in die Badewanne stoppte sie jedoch, um sich Rechenschaft darüber abzulegen, warum sie ganz plötzlich eine düstere Unruhe befallen hatte, eine nagende Angst eigentlich, und warum ihr erster Gedanke Josef galt. Ein Halbgedanke vielmehr, Gedankenfetzen, die sie zu vertreiben suchte, bis sie sich endlich eingestand, dass sie nicht nur deshalb an ihn dachte, weil sich ohnehin im Moment all ihre Gedanken um ihn drehten, sondern weil er immer der Erste sein würde, an den man dachte, wenn in dieser Gegend der Verbleib einer jungen Frau jemandem Sorgen machte. Dass sie das auch tat, zeigte ihr zugleich, wie schnell sie bereit war, so zu denken wie jeder andere hier. Vielleicht sogar noch schneller als jeder andere, denn sie machte sich Sorgen um ihn, um das, was er fühlte, wenn man ihm immer wieder mit Misstrauen begegnete, wenn die Polizei immer zuerst bei ihm auftauchte. Er hatte sie da nicht mit reinziehen wollen, das war klar. Denn in solchen Fällen würde auch sie am Pranger stehen, wenn sie seine Lebensgefährtin wäre.

Wahrscheinlich, dachte sie, ist Nadja bei ihm unten. Das beruhigte sie etwas. Auch der zweite Gedanke machte sie ruhiger. Sie musste mit ihm reden. Sie mussten sich beide in Ruhe darüber unterhalten, was sie sich vorstellten und wovor sie sich fürchteten.

Sophie wandte sich zum Waschbecken um und hielt Pinsel und Palette unter den Wasserhahn. Die Farben Blau, Braun und Grün rannen in Schlieren in den Ausguss.

Da läutete unten die Türglocke.

Sophies Herz begann zu rasen. Das war dann wohl Dieter. Sie hörte, wie in der Halle die Eingangstür geöffnet wurde, und kam sich vor wie ein Kaninchen in der Falle. Am liebsten wäre sie gleich hier im Bad aus dem Fenster gesprungen. Aber es hatte keinen Sinn, sich vor der Auseinandersetzung drücken zu wollen. Sie schob die Farbkisten an die Badezimmerwand, zog sich das fleckige Sweatshirt aus, warf es über die Kiste und schlüpfte in einen leichten hellblauen Wollpullover und den dunkelblauen Blazer, die sie heute früh extra mitgebracht hatte.

Dann ging sie hinab.

Doch schon auf halber Treppe sah sie, dass es nicht Dieter war, der gekommen war. Nadja lag ihrer Mutter in den Armen, offenbar schluchzend. Ihr Samtkleid war nass und verschmutzt. Mathias stand daneben, das Handy in der Hand und sagte: »Dann rufe ich jetzt die Polizei.«

Dieter bezahlte im Schlosscafé den Kaffee und den doppelten Cognac bei der Kellnerin. Es war bereits dunkel, als er auf die Hauptstraße von Kißlegg trat und zu seinem Wagen ging. Er warf noch einmal einen Blick an sich hinab. Alles sauber und ordentlich, sogar die Schuhe.

Er stieg in seinen Wagen. Die Bäume des Wäldchens zwischen Kißlegg und Edenweiler sprangen ins Scheinwerferlicht. Dieter fühlte eine angenehme Erregung. Er hatte seine Figuren im Spiel gut gesetzt, und es hatte sich alles besser gefügt, als er es hätte planen können. Sophie würde begreifen, dass sie zu ihm keine Alternative hatte.

Sie würde ihn ablehnend empfangen, würde bockig und abweisend aussehen, aber er würde sie überzeugen. Seine Argumente waren zwingend. Sophie würde nachgeben, wie immer. Er würde bekommen, was er haben wollte. Sie war vernünftig und kannte ihre Alternativen. Mathias von Rohenfels wäre vielleicht eine ernstzunehmende Konkurrenz für ihn gewesen, ein Adliger mit Schloss. Aber dieser Josef …

Dieter lächelte grimmig. Seine Sophie war allerdings doch schlauer gewesen, als er geglaubt hatte, aber letztlich hatte sie ihn nicht täuschen können. Es war nicht Mathias, sondern dieser verlorene Sohn, dieser Einzelgänger, dieser Zigeunerbastard Josef, in den sie sich vergafft hatte.

Eigentlich hätte er es schon viel früher wissen können. Mathias mit seinem von Mühen und Arbeit gezeichneten müden Gesicht, ein Mann, der den Schwung der Jugend verloren hatte, in den verliebte Sophie sich nicht. Sie fiel auf den Jüngeren herein, diese schlanke, dunkle Erscheinung, diesen Tänzer. Ja, er hätte es sofort erkennen müssen, als er auf Monikas Geburtstag die beiden miteinander tanzen sah. Sophies gutbürgerliches Herz war auf Abenteuer aus gewesen. Ein bisschen Zigeunerromantik und einfaches Leben.

Aber sie würde zur Vernunft kommen. Welche Zukunft hätte sie denn mit diesem Kerl gehabt, der da unten im Tal hauste, einem Vorbestraften? Wovon wollte sie denn leben? Wollte sie künftig Ställe ausmisten? Wie hätte sie dann ihre Pläne als Malerin verwirklichen können? Würde dieser Kerl ihr die Farben bezahlen, das Auto? Wollte sie wirklich in Zukunft auf all das verzichten, was sie in seinem Haus so selbstverständlich genossen hatte? Den Platz, die Gesellschaft intelligenter Menschen und anregender Künstler. Glaubte sie denn wirklich, jemand holte sie als Malerin in noble Häuser, wenn sie mit einem verurteilten Mörder zusammenlebte? Bankier Preising würde den Teufel tun.

Die Scheinwerfer verhedderten sich in Baumstämmen am Straßenrand. Dieter wurde etwas bange. Wieso, darüber wollte er lieber nicht nachdenken. Er hatte diesen Josef damals nicht kennen gelernt, aber seit damals hatte ihn diese Bangigkeit nicht mehr losgelassen, nicht wirklich.

Als der Prozess ein paar Monate später begann, hatte die Presse wochenlang alle Einzelheiten breitgetreten. Aber da war Dieter längst klar gewesen, dass er Josef sehr wohl kannte, dass er ihn getroffen hatte, und zwar in jener Nacht. Einen jungen dunkelhaarigen Burschen in brauner Lederjacke. Josef hatte sich zwanzig Minuten lang abgemüht, seinen Wagen aus der Wiese zu schieben. Er, Dieter, hätte nur zur Polizei oder zum Staatsanwalt zu gehen und zu sagen brauchen: Ich habe ihn gesehen. Um die und die Uhrzeit am Hügel von Höllenbach.

Aber nachdem Mathias ihn so schnöde aus dem Haus komplimentiert hatte, warum hätte er den beiden Rohenfelsens da noch aus der Klemme helfen sollen? Warum erklären, dass er betrunken gewesen war? Wie erklären, dass er so lange gewartet hatte, ehe er sich als Zeuge meldete? Und wieso sich öffentlich fragen lassen, wo er hergekommen war und wo er hingewollt hatte?

Mathias hatte ihm zwar den Schulbau verschafft, aber gebaut hatte er die Schule schließlich selber. Er war der Architekt, der dieses Kaff Wangen mit einem Bau beschenkt hatte, der heute im Glanz seines Ruhms erstrahlte.

Als Dieter das Wäldchen passiert hatte und Schloss Rohenfels vor ihm auftauchte, eine Reihe von Lichtern auf dem Egg, verflog seine Beklommenheit, dieses Gefühl von Schuld und von Angst vor sich selbst.

Er würde sich Sophie zurückholen. Ihn ließ keine Frau abblitzen. Ihn ließ keine sitzen.

Als Josef gegen fünf die Auffahrt auf das Plateau seines Hofs hinaufstieg, kam ihm sein Hund entgegen. Er hinkte erbärmlich. Das Hinterbein knickte immer wieder unter ihm weg. Er wedelte unterwürfig mit dem Schwanz und hielt Kopf und Ohren gesenkt. Ein Bild des Elends.

Josef streichelte erschrocken das verängstigte Tier und tastete mit ruhiger Hand Wolfs bebende Flanke bis zum Hüftgelenk ab. Der Hund jaulte kurz auf. Ohne lange zu überlegen und nervenstark, wie Josef war, wenn er helfen konnte und musste, setzte er den Daumen auf die Hüfte des Hundes und gab dem ausgekugelten Gelenk mit einem raschen Druck die richtige Position zurück. Wolf jaulte auf und riss sich von ihm los. Er sprang drei Sätze von ihm weg, kehrte dann aber in einem Bogen zu Josef zurück und schob den Kopf unter die Hände, die ihm zwar wehgetan, ihm aber auch die Bewegungsfreiheit zurückgegeben hatten.

Josef versuchte aus dem Verhalten des Hundes abzulesen, was wohl geschehen war. Wenn Wolf auf dem Hof herumlief, musste jemand in seiner Küche gewesen sein. Und zwar nicht Sophie, denn ihr wäre der Hund nicht entwischt.

Wolf trabte hinkend auf den Stall zu und blieb witternd am Spalt der Schiebetür stehen. Er war kampfbereit, hatte aber auch Angst. Josef schob die Stalltür auf. Der Hund wagte sich vorsichtig weiter in den Stallgang vor. Neben der Tür zum alten Schweinestall, der jetzt als Remise und Geräteschuppen diente, lag einsam Nadjas schwarze Schultasche. Und mitten im Stallgang sah Josef eine graue Pferdedecke. Wolfs Fell sträubte sich.

Hier war irgendetwas Fürchterliches geschehen, das dem Hund immer noch Angst machte.

Josef faltete die Decke zusammen. Sie hatte, als er wegging, über dem Gitter einer leeren Box gehangen, um zu trocknen. Er brachte sie in die Sattelkammer. Dann nahm er Nadjas Schultasche.

Als er die Auffahrt zu Schloss Rohenfels hinaufstieg, sah er sogleich den Streifenwagen, der quer hinter den drei Autos von Sophie, Monika und Mathias abgestellt war. Vor dem Haus parkte außerdem ein Mercedes mit Stuttgarter Kennzeichen. Dieters Wagen.

Josef hatte nicht über die überschwemmten Weiden gehen und die Stiege aufs Egg hinaufsteigen können, sondern den Talweg fast bis Edenweiler und dann die Straße nach Rohenfels wandern müssen. Dazu hatte er fast eine Dreiviertelstunde gebraucht.

Als er jetzt in der Finsternis das Rondell passierte, das vom Schmelzwasser und Regen arg ramponiert war, um zum Hintereingang des Hauses zu gehen, öffnete sich die Haustür. Zwei Polizisten erschienen. Josef sah Erna im Hintergrund der erleuchteten Halle. Er bedeutete seinem Hund mit einer Hand, draußen zu warten, und sprang die drei Stufen hinauf. Er erkannte Polizeihauptmeister Weitprechts aus Kißlegg. Neben ihm war eine junge Beamtin.

»Josef! Da sind Sie ja«, sagte Weitprechts. »Wir sind gerade auf dem Weg zu Ihnen.« Der Blick des älteren Polizisten fiel auf die Schultasche, die Josef brachte. »Ist das Nadjas Schultasche?«

»Ja. Ich habe sie in meinem Stall gefunden. Ist … ist ihr was passiert?«

Die Polizisten sahen sich an.

Da er keine Antwort erhielt, drängelte Josef sich zwischen den beiden Beamten hindurch in die helle Halle mit dem prächtigen schimmernden gemalten Kamin an der Wand gegenüber der Tür. Erna wich mit vor Schreck geweiteten Augen vor ihm zurück. Er ließ Nadjas Schultasche auf die Treppe gleiten und wandte sich dem Salon zu, dessen Tür halb offen stand.

Dort saßen Nadja, Monika und Mathias auf dem Sofa. Nadja hatte geweint. Mathias sprang auf und trat wie schützend vor seine Frau und seine Tochter. Nadja wandte das Gesicht ab. Monika legte den Arm um sie und zog sie an sich. Es waren nur kleine reflexartige Gesten, aber Josef wurde aschfahl.

Dann sah er Sophie. Sie stand etwas entfernt von den dreien neben einem Sessel und sah furchtbar gequält und erschrocken aus. Dieter war auf der anderen Seite am Fenster. Er grinste. Sogar die alte Hortense von Rohenfels war da und saß aufrecht und klein in einem Sessel und blickte auf ihre verkrampften Hände.

Monikas Augen blitzten ihn an. »Josef! Du … du wagst es … du hast tatsächlich die Unverfrorenheit, noch einmal hierher … Was hattest du mit Nadja vor? Du … mieses …« Monika versagte die Stimme.

Josef stand da wie gelähmt.

Hinter ihm waren die beiden Polizisten wieder in den Salon getreten, in dem sie wenige Minuten vorher ihre Befragungen abgeschlossen hatten.

»Herr … äh … Rohenfels«, sagte Weitprechts, der Josef normalerweise beim Vornamen nannte. »Nadja beschuldigt Sie, sie im Stall überfallen und gewürgt zu haben.«

»Nein!«, widersprach Nadja. »Ich habe nicht gesagt, dass er es war. Ich habe ihn nicht gesehen.«

»Aber wer soll es denn sonst gewesen sein?«, fuhr Monika dazwischen. »Du kannst nicht deine Geschichten alle fünf Minuten ändern, Nadja. Werd endlich mal erwachsen.«

»Ich fürchte, Josef«, sagte Weitprechts, »ich muss Sie vorläufig festnehmen.«

Sofort zog die Polizistin die Handschellen hinten aus ihrem Gürtel. Während sie Josef die Hände auf den Rücken schloss, strich sich Weitprechts über den grauen Schnauzer. Er kannte die Geschichte der Familie Rohenfels, obgleich er damals, als Josef verhaftet und angeklagt wurde, noch nicht in Wangen Dienst getan hatte. Aber oft hatte er, wenn er für den Polizeiposten in Kißlegg Streife fuhr, Josef die Straße entlang oder über Felder wandern sehen. Manchmal hatte er angehalten, um den nicht unsympathischen, aber ziemlich unrastigen Burschen nach dem Woher und Wohin zu fragen. Selten hatte er eine klare Antwort bekommen. Und nun sah der Mann ziemlich betreten aus.

»Gehn wir«, sagte Weitprechts.

»Aber«, ließ sich Sophie leise vernehmen, »Nadja hat ihren Angreifer doch gar nicht gesehen. Grenzt das nicht an Vorverurteilung?«

Dieter lachte leise.

Sophie versuchte dieses Lachen zu ignorieren. Seit dem Moment, da Nadja kam und etwas von Josefs Hund gestammelt hatte, der doch immer da war, wo auch Josef war, und dann eine ihrer unklaren Geschichten von einer Pferdedecke und einem jaulenden Hund erzählte, hatte sie das verzweifelte Gefühl, mit allem, was sie angestrebt und getan hatte, der Familie Rohenfels nur Unglück gebracht und damit jegliches Rederecht verwirkt zu haben. Dieter war kurz nach der Polizei eingetroffen und hatte seitdem nicht mehr aufgehört zu grinsen.

»Außerdem«, fuhr Sophie in die allgemeine Stille hinein an den Polizeihauptmeister gewandt fort, »ist Josef doch von allein hier heraufgekommen. Er läuft Ihnen nicht weg. Müssen Sie ihn denn gleich in Handschellen abführen?«

»Lass gut sein, Sophie«, sagte Josef leise. »Es hat keinen Sinn. Es wird immer so laufen.«

Er hätte sein Leben dafür gegeben, ihr dies zu ersparen. Wenn er je geglaubt hätte, die Liebe sei heller als die Schatten seiner Vergangenheit, so hätte er spätestens jetzt eingesehen, wie beschämend es für Sophie sein musste, sich verpflichtet zu fühlen, ihn zu verteidigen und ihm vor allen Menschen, die ihn mit Feindseligkeit, Misstrauen und Abscheu anblickten, das Vertrauen auszusprechen. Ihre klaren grauen Augen suchten nach einem Ausweg. Er sah es. Aber es gab keinen. Sein Anwalt Kurz hatte an diesem Nachmittag seine Hoffnungen gedämpft, dass sein Prozess wieder aufgenommen werden könnte. Kurz nach Neujahr hatte ihm Kurz noch erzählt, dass ein Richter am Oberlandesgericht sich sehr interessiert gezeigt habe. Aber nun gab es offenbar Probleme mit dem neuen Gutachten über die Interpretation der damaligen Beweismittel. Josef hatte das Gefühl gehabt, als wollte Kurz ihn darauf vorbereiten, dass eine Wiederaufnahme des Prozesses auch nicht zu dem gewünschten nachträglichen Freispruch aus erwiesener Unschuld führen würde.

»Tja, Josef«, sagte Dieter in die Stille, »diesmal lassen sie dich nicht nach sechs Jahren wieder raus. Diesmal bekommst du anschließend Sicherheitsverwahrung.«

Josef senkte leicht den Kopf. Seine dunklen Augen

schärften sich. Auf einmal hatte sich seine ganze Haltung verändert. Mit eisigem Stolz wandte er sich an Dieter.

»Herr Benrath, ich kann mich nicht erinnern, Ihnen das Du angeboten zu haben.«

»Oh! Na, dann bitte ich um Entschuldigung, Herr von Rohenfels«, erwiderte Dieter mit einer Stimme, die vor Ironie troff.

»Außerdem … außerdem sollten Sie …«

»Na, kriegen wir wieder mal nicht die Worte zusammen?«

»Herr Benrath, nehmen Sie sich in Acht. Sie stehen doch selber mit einem Bein im Gefängnis.«

Dieter lachte. »Tatsächlich? Was wirfst du … was werfen Sie mir denn vor?«

»Sie … Sie haben meinen Hund getreten!«, sagte Josef.

Einen Moment starrten alle ihn an wie einen Irren.

»Josef!«, fuhr Mathias gequält auf. »Dein Hund ist doch jetzt wahrlich nicht das Thema. Kapierst du das denn nicht?«

Dieter lachte erneut. »Mathias, gib es auf. Dieser Bestie sind die Viecher einfach näher als die Menschen.«

Josef wandte sich ratsuchend der Tür zu, in der Erna mit großen Augen stand und wie gebannt alles verfolgte. »Mein Hund!«, sagte Josef leise. »Bitte, lassen Sie ihn rein.« Erna war so beeindruckt, dass sie ohne Zögern zur Haustür eilte, um sie zu öffnen.

Josef pfiff durch die Zähne.

Der Hund schoss zur Haustür herein, trabte durch die Halle und erschien neben Josef, geduckt und leichtfüßig. Er blinzelte mit seinen gelben Augen in die Runde und nahm Witterung auf. Wie immer hatte er nur seine Nase, um zu begreifen, was geschah. Als er Dieter wahrnahm, sträubte sich ihm plötzlich das Nackenfell, und ein Knurren kam aus seiner Kehle.

Nadja richtete sich etwas in den Armen ihrer Mutter auf und blickte Josef und seinen Hund an.

Auf Dieters Gesicht zeigte sich die Abscheu eines Mannes, der schon immer etwas Angst vor Hunden gehabt hatte.

»Ich habe«, sagte Josef, »als ich vorhin aus Wangen zurückkam, meinen Hund mit ausgekugeltem Hüftgelenk auf dem Gelände gefunden.«

Nadja richtete sich etwas auf. »Darum habe ich doch gedacht, dass er es ist. Wolf war plötzlich da, und wo der Hund ist, da ist doch auch … Josef. Und dann … dann hat mich jemand überfallen und mir die Decke über den Kopf geworfen und mich gewürgt, und der Hund hat … Es war so schrecklich. Ich dachte, ich sterbe.«

Josef wandte sich Nadja mit liebevoller Miene zu. »Aber dir ist sonst nichts weiter geschehen? Du bist … du bist so weit in Ordnung?«

Nadja blickte ihn mit großen stummen Augen an.

»Jemand muss Wolf aus der Küche gelassen haben, als er ins Haus ging, um nach mir zu suchen«, sagte Josef.

»Der Mercedes!«, rief Nadja auf einmal. »Da stand ein Auto auf dem Weg vor dem Hof. Ein Mercedes, silbermetallic mit Stuttgarter Kennzeichen.«

»Das ist Ihr Wagen, Herr Benrath«, sagte Josef. »Er steht jetzt hier vor der Tür.«

Polizeihauptmeister Weitprechts drehte sich zu dem schweren Mann mit dem Dreitagebart und dem Stoppelschädel um.

»Ja«, sagte Dieter bereitwillig und lächelnd. »Ja, das war ich. Wenn du … wenn Sie auch Ihr Haus unverschlossen lassen, Herr von Rohenfels, dann kann ja jeder rein. Ihr Hund ist mir einfach entwischt. Und da der Köter mich nicht in Ruhe lassen wollte, habe ich ihm einen Tritt versetzt.«

»Wenn ich da mal eine Frage stellen darf«, sagte jetzt Weitprechts. »Herr Benrath, was wollten Sie denn auf Josefs Hof?«

Die junge Polizistin zog erneut ihren Schreibblock aus ihrer schwarzen Lederjacke.

»Na«, antwortete Dieter, »ganz einfach. Ich habe gestern erfahren, dass meine Frau ...« Dieter wies mit einer fatalistischen Geste auf Sophie »... mit diesem ... diesem Kerl da ein Verhältnis hat. Sie können sich denken, dass mich das nicht erfreut hat. Ich wollte mir den Burschen mal vornehmen. Wenn Sie verstehen, was ich meine. Mit ihm reden.«

Der Polizist nickte.

»Aber er war nicht da. Zumindest habe ich ihn nicht gefunden. Und da bin ich eben wieder abgefahren.«

»Wann war das?«

»So kurz nach vier.«

»Und Sie, Nadja von Rohenfels, Sie haben den Wagen von Herrn Benrath auf dem Hof gesehen?«

»Ich weiß nicht, ob es sein Wagen war. Aber da stand ein Mercedes.«

»Warum haben Sie diesen Wagen vorhin nicht erwähnt?«

»Ich ... ich hatte es vergessen. Ich ...« Nadja verstummte. Monika zog sie fester an sich. Ihre blauen Augen hinter den Brillengläsern schienen darum zu bitten, dass man ihre Tochter endlich in Ruhe ließ.

»Na gut«, sagte der Polizist. »Und Sie, Herr Benrath, Sie waren nicht im Stall?«

»Nein.«

»Aber wenn Sie doch Josef suchten, warum haben Sie ihn dann nicht auch im Stall gesucht?«

»Ich habe in den Stall hineingeschaut, aber ich war nicht drin. Ich habe zuerst in den Stall geschaut, danach bin ich zu dem Haus gegangen und habe ihn dort gesucht. Dabei ist mir der Hund entwischt. Als ich Josef … äh … Herrn von Rohenfels auch da nicht fand, bin ich zu meinem Wagen zurückgegangen. Auf einmal war dieser Köter wieder da. Zwischendurch war er verschwunden, wie ich mich erinnere. Aber als ich ins Auto steigen wollte, sprang er erneut um mich herum. Ich hatte Sorge, dass er mir am Ende noch vor die Räder läuft, also habe ich ihm einen kräftigen Tritt versetzt. So war das, Herr Kommissar. Wenn ich bedenke, dass Herr von Rohenfels in diesem Moment gerade Nadja … Mein Gott!«

»Hm.« Der Polizist wandte sich an Josef. »Wollen Sie etwas dazu sagen?«

Josef sah alle an, nur Sophie nicht, und senkte dann den Blick.

Rede!, dachte Sophie. Bitte rede! Du warst es nicht. Sofort hob Josef wieder den Blick, schaute sie an und nickte kaum merklich. Ihr kam es so vor, als ob sie ihre Bitte ausgesprochen hätte.

»Die Vorwürfe«, sagte Josef langsam, »die sich hier andeuten, treffen nicht zu.«

Mathias seufzte abgrundtief. Auch er war nicht unbeeindruckt von der Veränderung, die mit Josef vor sich gegangen war. Das war nicht mehr der Prügelknabe und Stammler, der in den barocken Räumen von Schloss Rohenfels herumdruckste wie ein armer Pächter vor dem Herrn. Das war ein Mann mit freiem, offenem Blick, der bereit war, seine Integrität zu verteidigen, wenn auch momentan mit Handschellen gefesselt.

Weitprechts strich sich erneut über den Schnauzer. »Josef, dann muss ich Sie offiziell fragen: Wo waren Sie zur fraglichen Zeit, um kurz nach vier?«

»Im Bus auf dem Weg von Wangen nach Kißlegg.«

»Gibt es Zeugen dafür?«

»Die Leute, die im Bus saßen. Ich hatte einen Termin um halb drei bei … beim Rechtsanwalt Kurz. Er kann bestätigen, dass ich dort war und gegen Viertel vor drei von ihm weggegangen bin.«

»Um Viertel vor drei, sagen Sie. Na, da dürften Sie ja spätestens um fünfzehn Uhr sechsunddreißig mit dem Bus in Edenweiler angekommen sein. Die zwei Kilometer bis zu Ihrem Hof schaffen Sie in allerhöchstens zwanzig Minuten.«

»Ich bin aber nicht gleich in Wangen in den Bus gestiegen. Ich … ich hatte noch etwas zu besorgen.«

»Was denn?«

Josefs Brauen zuckten. Das war der falsche Moment für eine Verlegenheitslüge. »Ich … ich bin noch ein wenig … ich war in der Kirche St. Martin.«

Hauptmeister Weitprechts legte sein Gesicht in ernste Falten. »Ich fürchte, Josef, wenn das so ist, dann müssen wir Sie jetzt doch erst einmal mit auf die Wache nehmen.«

Die Polizistin legte die Hand an den Ellbogen von Josefs auf den Rücken gefesselten Arm.

»Ich werde deinen Anwalt anrufen«, sagte Sophie rasch. »Wie heißt er? Kurz?«

»Bemüh dich nicht, Sophie! Ich komme alleine klar.«

Er sah ihr Auge zucken und wandte den Blick ab.

Dieter lachte. »Ja, Sophie! So ist das, wenn man unbedingt Ganovenbraut spielen will. Einmal im Monat eine halbe Stunde Händchenhalten im Knast. Hast du dir das so vorgestellt?«

Josef taumelte, als die Polizistin ihn nun zur Tür dirigierte. Er hörte Sophie mit der Zunge schnalzen und sah noch, wie Wolf zu ihr lief und sie ihm ohne Hast ins Halsband griff, um ihn festzuhalten. Er selbst konnte leider nicht die Hand heben, um Wolf ein Zeichen zu geben, dass er nicht mitkommen konnte. Er nahm das Bild mit, den fragenden Blick seines Hundes, den ruhigen Ernst in Sophies Augen, das kupferrote Licht in ihren langen Flechten, die ihr über die Schulter fielen, als sie sich nach dem Hund bückte.

Würde er sie je wiedersehen? Und wenn, wie? Da drüben stand der grinsende Mann im hellgrauen Anzug, der Sophie schon wieder sicher in seinem Besitz glaubte, jetzt, da Josef abgeführt wurde. Josef konnte, wenn Sophie an diesem Abend keinen anderen Ausweg zur Rettung von Rohenfels sah, als dem Druck nachzugeben, dem Wahnsinn keinen Einhalt gebieten, indem er erneut den Verkauf des Talhofs anbot und, wenn Mathias gar nicht einsichtig war, als Käufer von Segberg aufstand.

Wenn er daran dachte, dass er nichts zu tun in der Lage war, um sie zu schützen, wurde ihm schwindlig vor Verzweiflung und Wut. Aber es hatte keinen Sinn, dass er sich gegen die Handschellen auflehnte oder sich losriss, ehe man ihn in den Streifenwagen steckte, um in den Salon zurückzulaufen und zu sagen, was er zu sagen hatte. Man würde ihm nicht zuhören.

Und vielleicht wollte sie seinen Schutz ja auch nicht. Vielleicht hatte sie mittlerweile ebenfalls eingesehen, dass nicht er der richtige Mann für sie war, sondern der andere, dieser grinsende siegessichere berühmte Architekt.

Als die Polizistin ihn auf den Rücksitz des Streifenwagens verfrachtete, erinnerte sein Körper sich wieder der Brutalitäten, die er bei seiner Festnahme und bei den Verhören als ganz junger Mann erlitten hatte. Er wusste, was auf ihn zukam. Aber er war kein junger Mann mehr, der sich selbst für einen des Redens ohnmächtigen Idioten hielt.

18

Sophie ließ den Blick über die im Salon Zurückgebliebenen gleiten. Mathias sah schrecklich aus, müde, verstört und verwirrt, voller Wut und zugleich verzweifelt. Vielleicht schämte er sich, dass er, um Dieters Zorn von sich abzulenken, seinen Bruder ins Spiel gebracht und behauptet hatte, sie habe eine Beziehung mit ihm. Monika stand das Erstaunen darüber ins Gesicht geschrieben, dass Sophie Josefs Geliebte sein sollte, Erstaunen, Skepsis und Abscheu. Dieter hatte die Hände in die Hüften gestemmt und dabei das Jackett lässig zurückgeschoben. Er war der schäbigste Sieger, den Sophie je gesehen hatte.

Nun erhob sich die alte Hortense von Rohenfels aus ihrem Sessel, in dem sie stillschweigend zugehört hatte. Ihre eingefallenen Wangen waren leicht gerötet, ihre kleinen graublauen Augen glitzerten entrüstet. Mathias machte Anstalten, ihr stützend unter den Arm zu greifen, aber sie wehrte ab und setzte ihren Weg zur Tür fort. Erst als sie bei Sophie angekommen war, drehte sie sich um.

»Steh nicht so dumm herum, Mathias. Tu was!«

»Was denn?«

»Besorg Josef einen anständigen Anwalt. Den besten. Und wirf diesen Herrn … diesen Herrn Benrath raus. Mit dem setze ich mich jedenfalls nicht gemeinsam an den Abendbrottisch.«

Mathias wurde blass.

Ehe er etwas erwidern konnte, hatte Hortense sich bei

Sophie eingehakt. »Wenn Sie vielleicht die Güte hätten, mich nach oben zu begleiten.«

»Gern.«

»Sophie!«, rief Dieter sofort. »Ich will mit dir reden.«

»Später.« Sie schnalzte nach dem Hund und wandte sich mit der alten Frau von Rohenfels zum Treppenhaus.

»Nein, jetzt!«

Der Hund knurrte. Sophie blieb stehen. Auch Hortense drehte sich an ihrem Arm wieder um. Sophie spürte die kleine Hand hart auf ihrem Unterarm.

»Na gut«, sagte Dieter, angesichts Sophies ergebener Bereitwilligkeit, des drohenden Hundes und des entrüsteten Blicks der alten Dame auf einmal halbwegs gezügelt. »Aber du kommst sofort wieder runter. Ich muss mit dir reden.«

Sophie nickte knapp.

Der Hund trabte munter vor ihnen die Treppe hinauf. Hortense stützte sich schwer auf Sophies Arm. Schweigend brachte sie die alte Dame nach oben in ihr Zimmer. Sie half ihr, sich in ihrem Sessel einzurichten. Währenddessen schnüffelte Wolf geräuschvoll alles ab.

»Würden Sie sich wohl einen Moment zu mir setzen, Sophie? Ich darf Sie doch Sophie nennen? Ich nehme an, Sie legen keinen gesteigerten Wert darauf, mit dem Namen Benrath angesprochen zu werden.«

Sophie lächelte und setzte sich auf einen lehnenlosen gepolsterten Hocker, der so stand, dass die alte Dame ihre Füße darauf legen konnte, wenn sie wollte, und zog ihr Handy aus der Tasche des blauen Blazers. »Ich muss aber erst diesen Anwalt Kurz anrufen.«

»Tun Sie das.«

Während Sophie über die Auskunft die Nummer des Anwaltsbüros erfragte und dort dann das Telefon vergeblich klingelte, erzählte Hortense von Rohenfels, dass Kurz ein sehr junger Anwalt sei, der erst vor einem Jahr sein Büro in Wangen aufgemacht habe, frisch verheiratet mit einem Mitglied der weitverzweigten Familie derer von Waldburg-Zeil. »Ich glaube, er wohnt in Pfärrich.«

Sophie rief noch einmal bei der Auskunft an und ließ sich die Privatnummer eines Kurz in Pfärrich suchen. Während das Telefon klingelte, wanderte ihr Blick über die Pokale des Sportschützenvereins, die in den Regalen standen. Rechts neben der Tür hing das Kniebild eines Herrn in einem schwarzem Anzug der sechziger Jahre. Er hatte einen Kinnbart und die Augenpartie von Mathias.

»Kurz«, meldete sich da jemand.

»Sophie Benrath. Sind Sie der Anwalt von Josef von Rohenfels? Er wurde nämlich eben festgenommen.«

»Unter welchem Tatvorwurf?«

»Das weiß ich gar nicht so genau. Versuchte Vergewaltigung vielleicht.«

»Verstehe«, sagte Kurz. Dann ließ er sich erst einmal die genaueren Umstände erklären. Seine Stimme klang jung und auf eine Weise vergnügt, die Sophie befremdete.

»Und darf ich Sie mal was fragen«, erkundigte er sich schließlich. »Sind Sie nicht die Frau von diesem Architekten Benrath? Was ist denn Ihr Interesse an der Sache?«

»Ich habe Josef versprochen, dass ich Sie anrufe.«

»Aha.«

»Ich ... ich bin seine Freundin.«

»Hm. Tja, dann hätten wir Benrath wohl nie als Zeugen auf unsere Seite gekriegt.«

»Wie meinen Sie das?«

»Hat man Sie nicht informiert, dass ...? Aber das tut jetzt nichts zur Sache. Wir brauchen Benrath nicht mehr, so wie es aussieht. Machen Sie sich mal keine Sorgen. Ich fahre sofort nach Wangen. Und dann schaun wir mal, ob die Polizei wirklich genug hat, um ihn über Nacht festzuhalten.«

»Und?«, fragte Hortense von Rohenfels, als Sophie das Gespräch beendet hatte. »Was sagt er?«

»Ich soll mir keine Sorgen machen. Er glaubt nicht, dass sie Josef auch nur über Nacht festhalten können.«

Die alte Dame lächelte. »Na sehen Sie. Er wird seine Unschuld schon beweisen.«

Sophie grübelte. Wieso war Dieter ein Zeuge, den man nicht mehr brauchte? Wieso hatte Josef eigentlich einen Anwalt? Sie hatte nie in ihrem Leben mit Polizei und Verbrechen zu tun gehabt. Und nun hatte man den Mann, den sie liebte, in Handschellen abgeführt, und sie wusste nicht, wie sie ihm wirklich helfen konnte. Und wenn sie ihm schon nicht helfen konnte, so hätte sie doch unbedingt noch mit ihm reden müssen, allein und unter vier Augen. Sie musste ihm erklären, warum sie jetzt erst einmal mit Dieter nach Stuttgart zurückkehrte. Warum Josef nicht anbieten durfte, Mathias vor dem Ruin zu retten. Warum sie zuerst selbst die Chance haben musste, mit einem persönlichen Opfer an Mathias wieder gutzumachen, was Dieter ihm angetan hatte. Warum sie, wenn sie nicht mehr in des älteren Bruders Schuld stand, nicht sogleich in der Schuld des anderen, des Jüngeren, der seinen Besitz opferte, stehen wollte und konnte.

»Sophie.«

»Ja.«

»Sagen Sie mir: Lieben Sie Josef?«

Sophie blickte der alten Dame in die forschenden graublauen Augen.

»Entschuldigen Sie, dass ich Sie das so unverblümt frage. Ich möchte nur wissen, woran wir mit Ihnen sind. Sie sind ja immerhin verheiratet, und zwar mit einem ziemlich gemeinen und gewalttätigen Mann. Ich verstehe gar nicht, dass Mathias das nicht sieht. Es ist doch klar, dass Ihr Mann Nadja im Stall überfallen hat.«

Sophie schüttelte sich unwillkürlich. Der Gedanke kam ihr so ungeheuerlich und unfassbar vor, dass sie gar keine Worte dafür hatte.

»Ich frage mich nur«, fuhr die alte Dame fort, »warum Dieter uns mit dieser Rachsucht verfolgt. Schon damals, als Josef zum ersten Mal verhaftet wurde, war er voller Häme. Und jetzt … Was er Nadja angetan hat, hat er doch nur gemacht, um Josef in Misskredit und uns erneut ins Gerede zu bringen. Und nun würde ich gern wissen, was für eine Rolle Sie eigentlich spielen, Sophie. Was wollen Sie von uns?«

»Nichts. Ich will nichts von Ihnen«, antwortete Sophie.

»Sie wollen nicht zufällig eine von Rohenfels werden?«

Sophie blickte die alte Dame verblüfft an.

»Ist Ihnen aber auch klar, dass Josef niemals rehabilitiert wird? Er ist zwar ein Rohenfels, aber er lebt wie ein Verbannter auf seinem Talhof. Zwar schätzen ihn die meisten Bauern der Gegend, weil er hilfsbereit und fleißig ist und hart arbeiten kann, aber zu unserer sozialen Schicht wird er niemals wieder gehören. Ist Ihnen klar, wie schief man Sie ansehen wird, wenn Sie sich entscheiden, seine Frau zu werden? Ist es das wert?«

Sophie begriff nur langsam.

»Wissen Sie, dass Sie nicht die Erste sind, die versucht hat über Josef an den Titel und ans Erbe zu kommen? Er ist zu naiv, um das zu merken. Auf Marie ist er auch reingefallen.«

»Josef ist nicht naiv!«, sagte Sophie entrüstet.

»So? Meinen Sie? Aber seien Sie ehrlich. Sie hatten es sehr leicht mit ihm. Er liebt Sie. Und sein Titel ist für Sie ein gutes Argument, an ihn zu glauben, nicht? Doch ich sage Ihnen, er wird nie Herr von Schloss Rohenfels werden. Sie werden durch ihn nicht in die Kreise aufsteigen, die Sie sich vielleicht jetzt vorstellen.«

»Ich habe Josef nicht als Mann kennen gelernt, der in den adligen Häusern dieser Gegend verkehrt«, erwiderte Sophie und erhob sich. »Und wenn es Sie tröstet: Josef will mich gar nicht.«

»Wie bitte?«

Sophie winkte dem Hund, der sich auf einem weichen Teppich vor dem kalten Kamin niedergelassen hatte, und wandte sich dann noch einmal an Hortense von Rohenfels.

»Wissen Sie eigentlich, dass Josef bereit ist, sein Gut zu verkaufen, um für Mathias Rohenfels zu retten? Das Einzige, was er sich davon erhofft, ist, dass er wieder hier wohnen darf, um den Hausmeister zu spielen. Und weil er weiß, wie Sie über Frauen denken, die ihn dazu bringen könnten, Ansprüche als gleichberechtigter Sohn Ihres Mannes anzumelden, verzichtet er sogar auf sein Glück.«

»Wie meinen Sie das?«

»Er verzichtet auf mich. Und ich … ich verzichte auf ihn, weil ihm sonst Rohenfels verschlossen bleibt.«

Sophie drehte sich zur Tür um. Sie sah nicht mehr, dass die alte Dame die Hand nach ihr ausstreckte. Sie zog die Tür leise ins Schloss und durchquerte die kleine Halle.

Nadja kam mit langen Schritten die Treppe heraufgelaufen.

»O Sophie!«, sagte sie und warf sich ihr in die Arme. »Es ist alles so schrecklich. Und nun haben sie Josef verhaftet. Aber er war es doch nicht. Warum glaubt mir das niemand? Ich bin schuld, wenn er wieder in den Knast kommt.«

»So schnell geht das nicht, Nadja. Heute gibt es viel bessere Methoden zu beweisen, ob einer der Täter war oder nicht.«

Allerdings sah es nicht so aus, als hätte sich die örtliche Polizei bei der Spurensicherung viel Mühe gemacht. Zumindest Nadjas Kleider hatten sie nicht nach Spuren untersucht. Aber, wenn man im Stall nur ein Haar von Dieter fand, dann war er überführt. Sophie hatte das dringende Bedürfnis, den Anwalt Kurz anzurufen und ihm das zu sagen. Aber er war vermutlich jetzt schon auf dem Weg nach Kißlegg.

Sophie brachte Nadja in ihr tiefschwarzes Zimmer. Das Mädchen ließ sich auf sein Bett fallen, lehnte sich gegen die Wandecke und umklammerte die angezogenen Beine. Sophie setzte sich dazu. Wolf legte den Kopf aufs Bett und wedelte mit dem Schwanz. Nadja beugte sich vor und streichelte den Hund. »Wolf hat mich wahrscheinlich gerettet.«

»Ah ja?«

»Vielleicht hätte der Typ mich vergewaltigt, wenn Wolf ihn nicht angegriffen hätte. Ich habe gehört, wie er geknurrt und gejault hat. Ich glaube, er hat ihn gebissen. Und dann bin ich gefallen, und der Typ hat die Flucht ergriffen. Der Hund hat ihn verjagt. Und seinen eigenen Herrn hätte er doch nicht angegriffen.«

Sophie schwieg. Sie erinnerte sich noch gut, wie Wolf nach Josef geschnappt hatte, als er ihn davon abhielt, ihr an die Kehle zu springen. Solche Hunde wie Wolf ertrugen Kämpfe und Gerangel ganz allgemein nicht.

»Aber wenn es Josef nicht war …«

Sophie senkte den Blick. Sie wusste, was jetzt kommen würde.

«… dann kann es nur Dieter gewesen sein. Aber warum? Warum, Sophie? Warum tut er so etwas?«

»Ich weiß es nicht. Das heißt …« Sie blickte Nadja tapfer in die Augen. »Ich fürchte, er hat es getan, um … um Josef in Verdacht zu bringen. Aus Eifersucht.«

»Aus Eifersucht? Was kann ich denn dafür, dass du was mit Josef anfängst?«

Sophie wäre am liebsten im Erdboden versunken. Diese perverse Logik konnte man einem fünfzehnjährigen Mädchen nicht begreiflich machen.

»Und überhaupt, woher wusste er, dass ich im Stall sein würde.«

»Zufall, Nadja. Er wollte sich mit Josef anlegen. Den fand er nicht, dafür aber dich. Er war ohnehin mit Wut und Streitlust vollgepumpt. Da hat er die Gelegenheit ergriffen. Er kannte dich ja. Er wusste, wer du bist. Nadja, es tut mir so entsetzlich Leid.«

»Du kannst doch nichts dafür.«

Sophie seufzte. »Aber er ist mein Mann. Wegen mir hat er das getan. Wegen mir versucht er euch zu schaden, wo und wie er nur kann. Alles nur, um mich zurückzubekommen. Und wenn ich nicht will, dass er euch Rohenfels in Brand steckt oder sonst etwas Furchtbares tut, dann …«

»Ach, Sophie!« Sie fühlte Nadjas schmale kalte Hand auf ihrer. »Es ist alles so brutal. Sind die Männer immer so gemein?«

Eine Weile saßen sie still auf dem Bett in ihren Gedanken versunken. Dann sagte Nadja: »Wenn Wolf den Angreifer gebissen hat und es Dieter war, dann müsste er doch eine Wunde haben, zumindest Bissspuren. Das wäre der Beweis.«

Sophie blickte auf.

»Wir müssen zur Polizei. Wir müssen der Polizei einen Hinweis geben. Sofort.«

»Nein, du bleibst hier«, erwiderte Sophie. »Du hast für heute schon genug durchgestanden. Ich werde mich darum kümmern.«

Sie drückte Nadja die Hand und erhob sich. Als sie fast

die Tür erreicht hatte, sprang Nadja vom Bett, lief zu ihr und umarmte sie herzlich. »Viel Glück, Sophie.«

Wie ein Schaf auf dem Weg zur Schlachtbank kam sie sich vor, als sie langsam die Treppe hinunterstieg. Die Halle war leer, aber die Tür zum Salon war nur angelehnt. Sophie stieß sie auf.

Monika und Mathias hatten Dieter offensichtlich allein gelassen. In dem großen Raum mit seiner Stuckdecke, den alten Möbeln und den eingedunkelten Bildern wirkte er in seinem hellgrauen Anzug mit den Stoppelhaaren und dem Dreitagebart verloren, nervös und fehl am Platz. »Da bist du ja endlich, Sophie.« Er erhob sich aus einem Sessel. Vor ihm auf dem Tisch stand ein fast leeres Glas mit Whiskey. »Mich haben sie hier einfach sitzen lassen. Ich glaube, die mögen uns nicht sehr, was?« Dieter lachte. »Übrigens, könntest du diesen Köter nicht endlich vor die Tür setzen? Du weißt doch, ich mag keine Hunde.«

»Du wolltest mit mir reden«, sagte Sophie, ohne auf sein Verlangen einzugehen. »Also bitte. Ich habe nicht allzu viel Zeit.«

»Für mich wirst du schon ein wenig deiner Zeit erübrigen. Ich bin gekommen, um dich wieder heimzuholen. Ich liebe dich, Sophie. Ich kann und will nicht ohne dich leben. Das weißt du doch.«

»Und was ich will, ist dir völlig egal.«

»Aber nein! Du willst malen. Das habe ich inzwischen begriffen. Ich werde dir bestimmt keine Steine mehr in den Weg legen. Nur, Sophie, hier auf Rohenfels ist deine Arbeit beendet.«

»Ich brauche aber noch mindestens eine Woche, um das Badezimmer fertig zu stellen.«

»Nein.« Dieter trat auf Sophie zu. Aber der Hund knurrte sofort. »Und schaff endlich dieses Vieh hinaus!«

Sophie richtete sich auf. »Der Hund bleibt hier.«

»Hast du etwa Angst vor mir? Glaubst du, der Köter könnte dich vor mir schützen?« Er machte einen schnellen Schritt auf Wolf zu, der knurrend zurückwich. Dieter lachte.

»Hör auf damit!«, sagte Sophie. »Und komm endlich zur Sache. Du willst, dass ich mit dir nach Stuttgart zurückkehre. Sonst wird dieser Graf Anselm morgen Segberg nicht kaufen. Nicht wahr?«

»Aber Sophie, was denkst du denn von mir? Das wäre doch die reine Erpressung. Außerdem, wie sollte ich dich denn daran hindern, mich zu verlassen, sobald Segberg verkauft ist? Da müsste ich dich ja zu Hause an die Kette legen.«

Sophie lief es kalt den Rücken runter. »Und wie stellst du es dir dann vor?«

»Ich bitte dich nur, zu mir zurückzukommen. Ich tue alles, was du willst. Ich brauche dich doch.«

»Dann sieh zu, dass Mathias ohne Verluste aus diesem Segberg-Handel herauskommt.«

Dieter grinste. »Jetzt bist du aber derjenige, der mich erpresst. Doch ich verspreche dir, Mathias wird Segberg verkaufen, und sollte ich diese elende Burg selber erwerben müssen.«

»Gut. In dem Moment, da Segberg verkauft ist, komme ich zu dir zurück.«

»Nein, du kommst sofort mit, gleich morgen. Sonst wird nichts aus dem Verkauf von Segberg.«

Sophie lächelte leicht.

Dieter begriff, dass er sich nun doch entlarvt hatte, und sagte hastig: »Ich selbst werde Segberg kaufen, für nicht ganz eine Million, denn Anselm will definitiv nicht. Dieses Opfer bringe ich dir, Sophie, dir allein.«

Sie zog abweisend die feinen Brauen zusammen.

»Frieden?«, sagte er und streckte die Hände nach ihr aus. Aber wieder knurrte der Hund. In Sekundenschnelle überzog Zornesröte Dieters Gesicht. »Verdammtes Vieh!«

»He! Nein!«, schrie Sophie.

Doch da hatte Dieter schon zugetreten. Wolf rutschte jaulend auf dem Parkett aus, rappelte sich aber mit gesträubtem Nackenfell wieder hoch und fletschte die Zähne. Als Dieter zum zweiten Mal ansetzte, kam aus Wolfs Kehle schon kein Knurren mehr, sondern ein wütendes Fauchen. Dieter zuckte unwillkürlich zurück. Da schoss der Hund vor und schnappte nach Dieters Bein. Seine Zähne krachten aufeinander und rissen Dieters Hose an der Wade auf. Dieter brüllte und hob die Faust. Aber da wich der Hund schon wieder knurrend zurück.

Sophie wandte sich dem Tier beruhigend zu und griff ihm vorsichtig ans Halsband. Wolfs Knurren wurde lauter. Die gelben Augen hielt er unverwandt auf Dieter gerichtet. Die Rute stand steil nach oben. Das war ein Hund, der zu allem entschlossen war.

»Er hat mich gebissen!«, sagte Dieter beinahe verwundert. »Er hat mich an der Wade erwischt.«

»Blutet es?«, erkundigte sich Sophie ungerührt.

»Ich glaube nicht.«

Sophie ließ Wolfs Halsband los und richtete sich wieder auf. »Wohin hat er dich denn vorhin im Stall gebissen?«

Dieters Augen wurden zu Schlitzen. »Er hat mich nicht gebissen. Und ich war nicht im Stall.«

Sophie lachte auf. »Gut gemacht, Dieter. Wirklich gut gemacht. Eine Bissspur von Wolf wäre ein Beweis gewesen. Aber jetzt kannst du sagen, der Hund habe sie dir hier zugefügt.«

Dieter fuhr sich mit der Hand über die Stoppelhaare, doch er konnte das Grinsen nicht ganz unterdrücken.

Sophie schnalzte mit der Zunge und wandte sich der Tür zu.

»Moment!«, fuhr Dieter auf. »Was ist mit uns?«

»Was soll sein? Du unterschreibst morgen mit Mathias einen Kaufvertrag für Segberg, und dann fahre ich mit dir nach Stuttgart zurück.«

»Und wo willst du jetzt hin?«

»Ich will nur den Hund hinunter auf den Talhof bringen.«

Dagegen konnte Dieter eigentlich vernünftigerweise nichts einwenden. »Aber das mit Josef, das ist vorbei. Mit ihm ist Schluss!«

»Es war nie was mit ihm«, erwiderte Sophie.

Dieter lächelte ungläubig.

»Und wenn das mit deiner Eifersucht nicht aufhört …«

»Was dann? Willst du mir drohen? Du hast doch nicht etwa vor, mich nach vierzehn Tagen wieder zu verlassen? Denk ja nicht, du könntest mich reinlegen!«

Ekel und Abscheu übermannten Sophie. Es fiel ihr schwer, Dieter nicht ins Gesicht zu sagen, dass sie genau das vorhatte. Aber er weiß es doch ohnehin, dachte sie. Was glaubte er denn, was sie nach dieser Erpressung noch bei ihm hielt? Was dachte er sich eigentlich, wer sie war?

Ohne ein weiteres Wort zu sagen, drehte sie auf dem Absatz um und verließ den Salon mit dem Hund an ihrer Seite. In der Halle stieg sie die Treppe hinauf, denn ihre Daunenjacke hatte sie am Morgen im Badezimmer abgelegt, als sie zu malen begann.

»Sophie!«, hörte sie Dieter unten in der Halle rufen.

Sie lief die drei Stufen zu Nadjas Dachkammer hinauf. »Nadja, du musst mir helfen. Wie komme ich hier raus, ohne durch die Halle zu müssen.«

Nadja saß am Schreibtisch und sprang sofort auf. »Durchs Badezimmerfenster. Warte, ich zeig's dir.«

»Sophie!«, brüllte Dieter von unten herauf.

Sie huschten leise durch den oberen Flur. Nadja schloss die Badezimmertür hinter sich ab und feixte. Dann öffnete sie das Fenster gegenüber dem Waschbecken. Sophie warf sich die hellblaue Daunenjacke über, stieg hinaus und ließ sich auf das Dach des Holzschuppens hinab. »Und nun gib mir den Hund.«

Wolf blickte etwas skeptisch drein, ließ sich aber ohne zu zappeln von Nadja zu Sophie hinabreichen.

»Du musst da rüber«, wies Nadja sie von oben an. »Da steht eine Regentonne.« Es war nicht viel zu sehen auf der dunklen Nordseite des Hauses. Die Ziegel klirrten leise unter Sophies vorsichtigen Tritten. Das einzige Licht, das die Nacht erhellte, fiel aus dem Badezimmerfenster. Sophie hatte das Gefühl, das Haus stünde am Rand der Welt. Sie stellte Wolf auf der Dachschräge ab und stieg auf die Regentonne hinunter, die sie mehr ahnte als sah. Dann nahm sie den lammfrommen Hund vom Dach. Und jetzt? Springen? Mit dem Hund auf dem Arm?

Als Wolf den Boden auf sich zukommen sah, entwand er sich mit einem Ruck und sprang ihr aus den Armen. Sophie fiel auf die Hände. Aber da der Boden weich war, hatten sie sich beide nicht wehgetan. Wolf schüttelte sich und trabte munter vor Sophie her an der Ostseite des Hauses entlang. Es war fast halb neun und rabenschwarze Nacht, als Sophie in ihr Auto stieg und es erst einmal ohne Licht und Motor die Abfahrt von Rohenfels hinab rollte. Wolf saß hechelnd auf dem Beifahrersitz und hinterließ mit seinen Pfoten erdige Abdrücke auf dem Polster. Aber für einen Hund, der noch nie Auto gefahren war, benahm er sich gut.

Am Wäldchen startete Sophie den Motor und machte die Scheinwerfer an. Sie fuhr an der Abzweigung zum Talhof vorbei. Als sie zu Dieter sagte, sie wolle bloß den Hund in Josefs Haus bringen, hatte sie es selbst geglaubt. Aber jetzt schien es ihr dringend nötig, alles Mögliche zu versuchen, um mit Josef zu sprechen. Vielleicht würde Dieter ja den Kaufvertrag mit Mathias noch an diesem Abend aufsetzen, einfach um sie so schnell wie möglich von Rohenfels wegzubringen. Bevor Josef wieder freikam.

In Kißlegg schaute sie am Bahnhof auf einen Stadtplan. Das blaue Polizeisymbol war neben dem Rathaus gegenüber dem Schlosspark. Das musste zu finden sein. Sie kurvte in engen Straßen hinter dem Rathaus und parkte. Wolf sprang aus dem Auto, ehe sie die Tür wieder zumachen konnte, und umrundete sie, aufgeregt in die Luft schnüffelnd. »Fuß, Wolf!« Das Tier blickte sie verständnislos, aber schwanzwedelnd an. »Du sollst an meiner Seite gehen und nicht weglaufen«, erklärte Sophie. Dabei deutete sie mit dem Zeigefinger neben sich. Das verstand der Hund.

Mit dem Tier an der Seite überquerte sie den menschenleeren Platz vor dem Rathaus. Doch der Polizeiposten war nicht besetzt, nicht jetzt, nur von Montag bis Freitag von halb acht bis zwölf und dann wieder von halb zwei bis halb fünf. Dörflich, dachte Sophie. Ihr fiel ein, dass Kurz gesagt hatte, er fahre nach Wangen. Sie hatte angenommen, er wolle dort nur seine Unterlagen holen. Also auf nach Wangen. Während sie nach Wangen hineindüste, überlegte sie, wo logischerweise eine Polizeistation war, sah aber dann am Lindauer Tor das Schild nach rechts und fand das blaue Polizeischild neben der Post. Hoffentlich, dachte sie, hatten sie Josef nicht längst nach Ravensburg verfrachtet.

Wieder sprang Wolf aus dem Auto, raus auf die Hauptverkehrsstraße, auf der aber zum Glück kein Wagen kam. Sophie schnalzte, und sofort war er an ihrer Seite. Sie klingelte an der Glastür des Polizeireviers.

Ein Summer ertönte. Sie betrat eine Art Schleuse. Hinter Glas näherte sich ein Beamter.

»Ich suche Josef von Rohenfels«, sagte Sophie durch eine Gegensprechanlage.

»Was wollen Sie denn mit dem Hund? Das geht fei net!«

»Ich will aber eine Aussage machen.«

Eine Weile redeten sie so aneinander vorbei. Dann setzten sich Sophies Lächeln und beharrliche Freundlichkeit durch. Der Summer ertönte, und sie wurde samt Hund am anderen Ende der Eingangsschleuse in eine überheizte Amtsstube entlassen, in der ein junger Beamter in kurzärmligem braungelbem Hemd vor einem Computerbildschirm saß und mit zwei Fingern die Buchstaben auf der Tastatur suchte.

Sophie bedeutete dem Hund, sich neben einer Bank hinzulegen, die an die Wand geschraubt war, und trat an die thekenartige Absperrung.

»Guten Abend. Ich würde gerne eine Aussage machen.«

Der Beamte hob irritiert den Blick. Ehe er sich entschlossen hatte, etwas zu sagen, ging schräg hinter Sophie eine Tür auf. Sie drehte sich um. Es war Polizeihauptmeister Weitprechts, der aus den hinteren Diensträumen kam.

»Ah, Frau Benrath. Was machen Sie denn hier?« Er ließ mehrere Blätter Papier auf den Tisch des jungen Beamten fallen.

»Ich möchte eine ergänzende Aussage machen.«

»Ich glaube nicht, dass das nötig ist«, sagte Weitprechts und kam an die Absperrung.

»Aber Josef von Rohenfels war es nicht. Es war … es war mein Mann, Dieter Benrath. Er ist krankhaft eifersüchtig auf jeden Mann, der mich anschaut.«

Der Polizist grinste. »Dann muss ich mich ja wohl ebenfalls mächtig in Acht nehmen.«

»Aber Sie können Herrn von Rohenfels doch nicht einfach einsperren, ohne sich um entlastendes Material zu bemühen. Dieter hat Nadja im Stall brutal überfallen, um Josef in Verdacht zu bringen. Er muss dort Spuren hinterlassen haben. Und wenn es nur ein Haar ist. Ich habe gehört, dass ein Mensch alle Viertelstunde ein Haar verliert. Mit den heutigen gentechnischen Methoden lässt sich genau nachweisen, von wem so ein Haar stammt.«

»So, und wissen Sie auch, was das kostet? Nadja ist doch im Grunde nichts passiert. Sie ist weitgehend unverletzt. Es liegt nicht einmal Freiheitsberaubung vor. Vermutlich handelte es sich nur um einen zugegeben sehr üblen Scherz. Jemand hat das Mädchen erschrecken wollen.«

Sophie konnte es kaum glauben.

»Ihr Engagement in Ehren«, fuhr der Polizist lächelnd fort, »Herrn von Rohenfels zu entlasten, indem Sie Ihren Mann beschuldigen, aber …« Er grinste fast.

Erst jetzt bemerkte Sophie, dass sich die Tür zu den hinteren Diensträumen wieder geöffnet hatte. Dort stand Josef und blickte sie an. Bei ihm befand sich ein schmaler junger Mann mit dunkelblonden Locken und flinken blauen Augen.

»Sie sind dann wohl Frau Benrath«, sagte er. »Ich bin Wolfgang Kurz.« Er kam auf sie zu und reichte ihr die Hand über die Absperrung. »Das trifft sich sehr gut, dass Sie hier sind. Sie können Herrn von Rohenfels gleich mitnehmen. Ich muss nämlich schnellstens nach Hause. Wir haben Gäste. Herr Hauptmeister Weitprechts, wir sind so weit klar?«

Der Polizist nickte und blinzelte Sophie zu.

Inzwischen war auch Wolf aufgesprungen und stand heftig mit dem Schwanz wedelnd an der Absperrung, die Weitprechts jetzt öffnete, um Kurz und seinen Klienten hinauszulassen. Josef fing seinen vor Freude verrückten Hund ab und reichte Weitprechts die Hand.

»Nichts für ungut, Josef«, sagte der Polizist etwas verblüfft, denn normalerweise gaben ihm die von ihm Verhafteten nicht die Hand, wenn sie entlassen wurden.

Kurz schmunzelte. »Kommen Sie, gehen wir.«

Josef wandte sich ihm zu. Seine Hand streifte Sophies. Aber ergriff sie nicht, blickte sie nicht einmal an, denn jetzt ertönte der Summer für die innere Glastür, und Kurz stürzte vor und hielt sie ihnen auf. Der Hund huschte in die Schleuse. Ehe Sophie so genau begriff, was geschah, standen sie alle auf dem Fußweg vor der Wache.

Kurz drehte sich um und grinste. »Wir beide haben ja so weit auch alles besprochen, Herr von Rohenfels. Kommen Sie doch dieser Tage mal bei mir vorbei. Dann kriegen sie es auch noch schriftlich.«

Josef drückte ihm ebenfalls die Hand. »Danke, Herr Kurz. Vielen Dank.«

»Nichts zu danken. Das ist meine Aufgabe. Schönen Abend noch.«

Unterdessen hob Wolf an der Ecke der Post erleichtert sein Bein. Er hatte seinen Herrn zurück. Seine Welt war in Ordnung gekommen. Er konnte wieder ans Revier Abstecken gehen und freute sich auf den langen Heimweg durch die Wälder und über die Wiesen. Doch sein Herr rief ihn herbei, damit sie hinter Sophie die Straße überquerten und er erneut ins Auto sprang, diesmal auf den Rücksitz. Nach einem kurzen Moment der Besorgnis stellte Wolf fest, dass er nicht allein blieb, sondern sein Herr vorne Platz nahm. Er stupste ihm die kalte Schnauze in den Nacken, fühlte sich von einer ruhigen, aber gebieterischen Hand ins Polster zurückgeschoben und legte sich hechelnd hin, während Sophie auf der anderen Seite einstieg.

Josef schnallte sich an und fuhr sich stöhnend mit beiden Händen übers Gesicht. Er war wie benommen von dem, was er vor einer halben Stunde erfahren hatte. Er war entlastet und frei, endgültig und für immer frei. Er konnte es noch gar nicht fassen.

»War es schlimm?«, erkundigte sich Sophie, während sie den Motor startete.

Er sah sie an. Auf seinen Lippen erschien ein kleines Lächeln. »Nein, eigentlich nicht. Kurz kam sehr schnell. Er ist wirklich gut. Die Polizisten hatten am Ende nur noch Schiss, dass sich die Presse über polizeilichen Übereifer, Vorverurteilung und Justizirrtümer aufregen könnte.« Josef lachte leise.

Sophie blickte ihn erstaunt an, und der letzte Rest von Scheu fiel von ihr ab. »Warum hattest du damals nicht so einen Anwalt? Warum ist der Prozess für dich so böse ausgegangen?«

»Ich konnte nicht erklären, wie Maries Blut auf meine Jacke kam. Und ich hatte kein Alibi.«

»Aber wieso bist du nicht in die Revision gegangen?«

»Um einen Freispruch aus Mangel an Beweisen zu erreichen? Nein, Sophie. Das wäre so gut wie eine Verurteilung ohne Strafe gewesen. Ein paar junge Burschen aus Oberriedgarten waren schon vor meiner Verhaftung dicht davor gewesen, mich totzuprügeln. Wie hätte ich da mit einem Freispruch aus Mangel an Beweisen hierher zurückkehren können?«

»Und woanders leben?«

»Mich von den einzigen Menschen trennen, die meine Familie sind? Das wollte ich nicht. Und ich hatte immer die Hoffnung, dass sie eines Tages doch Vertrauen zu mir fassen. Eine naive Hoffnung, das gebe ich zu. Man wird mich erst dann wirklich wieder aufnehmen, wenn ich den Beweis erbracht habe, dass ich nicht für Maries Tod verantwortlich bin.« Er hob die Hand, um Sophie den Weg zu weisen, und sie bog hinter der Eisenbahnlinie, die auf einem hohen grünen Damm den Westen der Stadt umrundete, in die Zeppelinstraße ein.

»Ich hoffe«, sagte sie langsam, »du glaubst nicht, dass du auch mir diesen Beweis erbringen musst.«

Es blieb still neben ihr. Sie warf ihm einen raschen Blick zu. Er sah sie so ernst und nachdenklich an, dass sie das Auto in die nächste Seitenstraße lenkte, die Vogesenstraße, und anhielt.

»Was ist, Josef?«

Aber er blickte sie nur unverwandt an.

»Ich möchte«, sagte sie, »dass du weißt, dass du mir nie beweisen musst, dass du unschuldig verurteilt wurdest. Und ich bitte dich, versuch auch nie, es mir zu beweisen. Okay?«

»O Sophie!« Heftig und warm umschloss er ihre Hand. »Ich hätte dir das heute so gern erspart.«

»Ich weiß.«

»Und künftig …«

Sie entzog ihm ihre Hand und griff wieder nach dem Zündschlüssel. Aber er stoppte sie.

»Hör mir zu, Sophie. Ich habe einen Fehler gemacht. Ich habe über deinen Kopf hinweg entschieden, dass du nicht aushältst, was ich kaum aushalte. Was hätte ich dir schon bieten können, Sophie? Ich wollte kein Egoist sein. Aber ich habe wohl nicht die richtigen Worte gefunden.«

Sophie lächelte schwach.

»Ich wollte nicht, dass du dieses Opfer bringst, Sophie. Aber während die Polizei mir aus Dieters ungeheuerlicher Tat einen Strick zu drehen versuchte, ist mir plötzlich klar geworden, dass du stattdessen ein ganz anderes

Opfer bringst. Du hast Dieter versprochen, mit ihm nach Stuttgart zurückkehren, nicht wahr?«

Sophie kämpfte ihr Angst nieder. »Wenn ich es nicht tue, dann ruiniert er Mathias. Und du springst ein und verlierst den Talhof. Aber du wirst dafür nicht zurück nach Rohenfels dürfen. Hortense ist dagegen. Das hat sie mir deutlich zu verstehen gegeben. Und wer weiß, was Dieter sich sonst noch für Bösartigkeiten einfallen lässt. Wer weiß, was er dir antun wird.«

»He!«

Sie wandte ihm ihr Gesicht zu. Tränen rannen ihr über die Wangen. Sie konnte ihm nicht sagen, welche Angst sie hatte, dass sie nicht mehr zurückkommen würde, weil es Dieter gelang, sie irgendwie, mit irgendeiner fiesen Erpressung an sich zu fesseln.

»Was er mir antut, ist nicht wichtig«, sagte Josef ruhig. »Doch was er dir antut, schon.« Er hob die Hand und strich ihr zärtlich die Tränen von der Wange.

»Aber er bringt dich um in seiner Eifersucht! Oder er tut Nadja noch Schlimmeres an.«

Josef schüttelte den Kopf. »Das glaube ich kaum. Er wird begreifen, dass er mit mir rechnen muss. Dieter ist im Grunde ein Feigling. Es war doch nicht Bösartigkeit, warum er sich damals nicht als Zeuge gemeldet hat, sondern Feigheit, pure Feigheit.«

»Was sagst du da?« Sophie wischte sich hastig die Tränen aus den Augen. »Wieso ist Dieter ein Zeuge?«

Josefs Brauen zuckten verlegen. »Entschuldige, ich dachte, du weißt längst, dass Dieter und ich uns in der Silvesternacht vor achtzehn Jahren getroffen haben. Es war an der Kurve im Anstieg nach Höllenbach. Er hatte seinen Wagen in die Wiese gefahren. Er schaute auf die Uhr, das weiß ich noch. ›Was, schon halb zwei!‹, hat er gesagt. Das hätte er im Zeugenstand nur zu wiederholen brauchen. Die Polizei hatte Maries Tod auf zwischen ein und zwei Uhr festgelegt. Um halb zwei befand ich mich aber eine gute Dreiviertelstunde Fußmarsch vom Tatort entfernt, um Dieters Mercedes aus dem Schneematsch von der Wiese zu schieben. Er war so betrunken, dass ich ihm ins Auto helfen musste. Ich wusste nur damals nicht, dass er Mathias' Studienfreund Dieter war. Darum konnte ich ihn als Zeugen auch nicht benennen.«

»Das war es also, worauf du Dieter bei Monikas Geburtstag angesprochen hast.«

»Ja, und du hast gehört, dass Dieter sich nicht mehr an mich erinnert.«

»Er erinnert sich bestimmt«, erwiderte Sophie. »Dieter vergisst niemanden, und er erinnert sich an alle Unfälle, Pannen und Missgeschicke mit seinen Autos. Er kann dir sogar noch erzählen, wo er als Student in Griechenland mit seinem Käfer wegen eines kaputten Anlassers liegen geblieben ist.«

Josef schwieg.

Sophie langte nachdenklich nach dem Zündschlüssel. »Allerdings hat er mir tatsächlich nie davon erzählt, dass er einmal zu Silvester bei Höllenbach in eine Wiese gefahren ist.« Sie ließ den Motor an. »Seltsam. So betrunken kann er doch nicht gewesen sein, dass er sich nicht mehr erinnert. Oder aber …«

Sie spürte, wie sich Josefs Atem änderte. Auch ihr klumpte plötzlich pures Eis im Magen. Der Ekel nahm ihr fast die Luft. Sie würgte den Wagen ab und schlug die Hände vors Gesicht.

Josef legte beruhigend eine Hand auf ihre Schulter.

»Und mit dem habe ich fünf Jahre …« Es schüttelte Sophie. »O Gott, was soll ich denn jetzt nur tun?«

»Du musst überhaupt nichts tun, Sophie. Das ist nicht mehr deine Sache. Das ist meine. Du musst mir nur erlauben, um dich … zu kämpfen.«

19

Mathias spielte mit dem Kugelschreiber. Er saß hinter seinem Schreibtisch. Monika schlug erneut die Beine übereinander, in einem der rotsamtenen Sessel sitzend, die sich vor den verglasten Bücherschränken befanden. Dieter schwenkte einen Whiskey in der Hand. Die Eiswürfel klirrten leise. Er stand mit dem Rücken zum dunklen Fenster und grinste.

Er war auf der Suche nach Sophie bis in Mathias' Arbeitszimmer vorgedrungen und hatte dort die Eheleute bei einem offensichtlich ziemlich ernsten Gespräch aufgestöbert. Sie sahen aus, als hätten sie über ihn gesprochen. Darüber, wie sie ihn endlich loswurden, ihn, der ihrer Tochter nachstellte. Ob sie ihn anzeigen konnten, weil er, die Gunst des Augenblicks nutzend, ihr Kätzchen Nadja im Stall ein wenig hart angefasst hatte. Und darüber, dass sie Rohenfels verloren, wenn sie ihn rauswarfen oder anzeigten. Er hatte sie in eine nette Zwangslage gebracht. Ihnen waren die Hände gebunden, wie man so schön sagte.

»Anselm ist endgültig abgesprungen«, teilte er Mathias mit. »Aber du kannst trotzdem gleich einen Kaufvertrag aufsetzen. Ich werde Segberg kaufen. Das bin ich dir schuldig. Und dann tue ich dir den Gefallen und verschwinde mit Sophie noch heute Nacht, und ihr seht uns nie wieder.«

Mathias entgegnete darauf nicht viel, doch Monika sagte: »Dieter, ich muss dich das fragen. Hast du vorhin im

Stall …? Warst du das? Ich meine, wer soll es denn sonst gewesen sein?«

Dieter grinste und schwenkte sein Glas. »Habe ich so etwas denn nötig?« Er gab sich gar keine Mühe, es nicht wie eine schwache Ausrede klingen zu lassen. »Warum sollte ich so etwas Sinnloses tun? Und glaub mir, Monika, ich mache mir schwere Vorwürfe, dass ich nicht noch einmal in den Stall gegangen bin, nachdem ich Josef im Haus nicht angetroffen habe. Vielleicht hätte ich diese barbarische Tat verhindern können.«

»Spar dir deine Entrüstung«, sagte Mathias. »Josef war es nicht.«

»Dafür legst du deine Hand ins Feuer, was, Mathias? So wie damals nach der Sache mit Marie.« Dieter lachte.

Mathias nahm den Kugelschreiber und fing an ihn vom Kopf auf die Spitze zu drehen.

»Nicht einmal einen anständigen Anwalt hast du Josef bezahlt. Wie praktisch, dass er so ein schwerblütiger verstockter Bursche war. Ich hab's dir damals schon gesagt. Dankbar hättest du ihm sein müssen. Schade nur, dass er nicht das Ehrgefühl eines echten Edelmanns gehabt hat, sich in der Zelle aufzuhängen. Was hättest du denn gemacht, wenn Marie so kurz vor deiner Hochzeit mit Monika ein Eheversprechen eingeklagt hätte? Oder sie hätte am Ende doch Josef beglückt. Dann hättest du sie wieder im Haus gehabt. Und das hätte Monika sicherlich überhaupt nicht gefallen. Josef hat für dich die Kartoffeln aus dem Feuer geholt. So ist das doch.«

Mathias zog die Brauen zusammen. »Was willst du damit sagen?«

»Nichts.« Dieter warf Monika einen Blick zu, der Mathias zu verstehen geben sollte, dass er vor seiner Frau nicht deutlicher werden wollte. »Und wer holt diesmal die

Kartoffeln für dich aus dem Feuer? Ich. Sophie will doch auch nur an Josefs Vermögen ran. Er ist zu blöd, das zu merken. Aber du weißt es. Sophie kann es doch nur recht sein, wenn du Rohenfels aufgeben musst. Sie wird Josef dazu bringen, dass er seine Güter verkauft und hier einzieht.«

»Unverschämtheit!«, rief Monika und richtete sich auf. Es blieb jedoch offen, ob sie damit Dieter oder Sophie meinte. Mathias machte eine beschwichtigende Handbewegung.

Dieter grinste. »Ja, so ist das, Monika. Nadja hat einen kleinen Schrecken bekommen, der sie lehren wird, nicht jedem Mann schöne Augen zu machen, und Josef sitzt erst einmal wieder in Untersuchungshaft. Sophie schaut in die Röhre. Rohenfels ist gerettet. Ich kaufe Segberg. Ist doch gut gelaufen für euch.«

Mathias schüttelte unwillkürlich den Kopf und konzentrierte sich auf seinen Kugelschreiber. Monika schlug erneut, jetzt wechselnd, ein Bein über das andere.

»Und nun mach den Vertrag fertig, Mathias.«

»Warum auf einmal diese Eile?«

»Mein Gott, willst du mich und Sophie etwa noch eine Nacht hier in deinem Schloss beherbergen?«

Dieter stand ans Fensterbrett gelehnt, ließ die Eiswürfel klirren und blickte die beiden Eheleute an. Monika würde ab heute darüber nachdenken, welche Rolle ihr Mann wirklich bei Maries Tod gespielt hatte. Und wenn es Mathias gelingen würde, sie von seiner Unschuld zu überzeugen, so musste er sich doch fortwährend fragen, ob sie sich nicht nur deshalb überzeugen ließ, weil er ein Schloss sein Eigen nannte.

In diesem Moment knackte die Türklinke, und die Tür ging auf. »Mathias, ich muss mit dir sprechen. Die kleine Sophie hat mir erzählt …« Hortense von Rohenfels unterbrach sich, als sie Dieter gewahr wurde. »Sie sind ja immer noch hier?« Die alte Dame stand hoch aufgerichtet, auf ihren Stock gestützt, in der Türfüllung. Monika drehte sich in ihrem Sessel um. Mathias unterbrach sein Spiel mit dem Kugelschreiber.

»Soll ich Erna bitten, damit Sie diesem Herrn den Weg aus meinem Haus zeigt«, sagte Hortense spitz. »Du scheinst das ja nicht zu können.«

Mathias ließ den Kugelschreiber fallen. »Wenn du einmal Verantwortung für dieses dein Haus übernehmen willst, Mama, dann funkst du mir diesmal nicht rein. Ich versuche es gerade zu retten.«

»Ja, nachdem du es verspielt hast. Du brauchst es gar nicht abzustreiten. Ich habe eben mit Preising telefoniert, nachdem ich von Sophie Benrath erfahren musste, dass du ruiniert bist.«

Mathias blickte sie müde an. »So ist es. Aber es hätte nicht so laufen müssen, wenn du in den vergangenen Jahren nicht nur von deinem Wohnrecht Gebrauch gemacht hättest, sondern auch von deiner Verpflichtung, zum Unterhalt von Rohenfels etwas beizutragen. Vater hat dir das Vermögen vererbt und mir nur das Schloss. Aber jede Investition hast du als unnötige Geldverschwendung wegdiskutiert. Du hast mir sogar unterstellt, ich wolle dein Erbe in mein Maklergeschäft abzweigen.«

»So ist es ja auch. Du hast Rohenfels für ein Geschäft verpfändet.«

Mathias seufzte. »Um es schuldenfrei zu kriegen, Mama. Was glaubst du denn, wovon ich den Unterhalt all die Jahre bezahlt habe, doch allein aus dem, was ich mit meinem Maklergeschäft verdiente. Aber bitte, jag Dieter aus dem Haus. Jag ihn fort. Er ist der Einzige, mit dessen Hilfe ich Rohenfels noch retten kann. Doch dann frage ich dich, Mama: Was willst du eigentlich? Meinen Ruin? Damit du endlich sagen kannst, dein Sohn sei ein schwermütiger Taugenichts wie sein Vater?«

Hortense schwankte.

Dieter grinste.

Mathias sprang auf und eilte zu seiner Mutter. Aber sie wehrte die unterstützende Hand ab.

»Ich weiß«, sagte Mathias mit einem Hauch von Bitterkeit, »wie weh dir Vater getan hat. Er war ein Spieler und Ehebrecher. Das ist schwer zu verzeihen. Und da ich ihm so ähnlich bin, hast du auch mir immer misstraut. Mag sein, zu Recht. Ich habe einen schweren Fehler gemacht, als ich diesem Menschen dort, als ich Dieter vertraute. Ich habe zu hoch gepokert, um Rohenfels mit einem Schlag schuldenfrei zu kriegen. Vielleicht war dein Misstrauen gerechtfertigt. Aber ich sage dir eines, Mama, Rohenfels war immer der Fluch meines Lebens.«

Monika schlug die Hände vor den Mund.

»Ja«, fuhr Mathias fort, auch an sie gewandt. »Du hast mir meine Eskapaden vor der Ehe verziehen, weil ich Rohenfels besaß. Seit meiner Jugend war ich der Herr von Rohenfels. Ohne diesen Besitz wäre ich ein Nichts gewesen, einer von tausenden blassen Männern mit einem ›von‹ im Namen, die ein völlig uninteressantes bürgerliches Leben führen. Seit meiner Jugend hat mein Leben keinem anderen Zweck gedient, als dieses Schloss zu erhalten, mein vergoldetes Schneckenhaus, ohne das ich nackt und hässlich gewesen wäre. Seit Vaters Tod schleppe ich es auf meinem Buckel mit mir herum. Es hat mir tausende von schlaflosen Nächten bereitet. Der Stuck bröselte, die elektrischen Leitungen faulten, im Dachstuhl pochte der Holzbock, die Kamine drohten einzustürzen, durch die Fenster pfiff der Ostwind, die Heizung versagte. Wovon das alles bezahlen? Wen bitten? Josef? Nein, den hatten wir in seinen Talhof verbannt. Dich, Mama? Nein, denn du hast mir nur Missmanagement vorgehalten. Aber Preising hat mir keine Fragen gestellt und nicht geknausert.«

Monikas blaue Augen eierten hinter den Brillengläsern. Ungläubig und entsetzt blickte sie ihren Mann an.

»Ja«, sagte er. »Nicht ohne Grund gingen bislang immer Schloss und Vermögen an den Haupterben. Warum Vater das anders gemacht hat, weiß ich nicht. Vielleicht wollte er dich, Mama, entschädigen. Er konnte ja nicht wissen, dass du mir das Geld für den Unterhalt von Rohenfels verweigern würdest, Geld, das du ihm nicht hast wegnehmen können, um ihn dafür zu bestrafen, dass er dir einen Bankert ins Nest gesetzt hat.«

Hortense wankte erneut. Diesmal gelang es Mathias, sie am Arm zu fassen und sie zu einem Sessel zu führen.

»Aber«, sagte er, sich aufrichtend, »wie Josef es so treffend ausgedrückt hat, der Mantel, den der heilige Martin teilt, wärmt niemanden, weder den Reichen noch den Armen.«

»Mein Gott, Mathias!«, rief Monika aus.

»Aber …« kam es plötzlich von der Tür.

Mathias fuhr herum. »Josef!« Es klang wie ein Stoßseufzer.

Josef lächelte. »Aber wenn beide unter den Mantel kriechen, dann wärmt er beide.«

Ein Ausdruck brüderlichen Vertrauens eroberte Mathias' Gesicht. Wie sehr hatte er sich nach diesem Bruder gesehnt, nach einem Freund an seiner Seite, der die Verantwortung mit ihm teilte. Und nun stand er vor ihm, selbstsicher und gelassen, mit beredtem Blick und entschlossener Miene. An der Seite dieser schönen rothaarigen Sophie mit den klugen hellen Augen war mit einem Mal aus dem scheuen und gejagten Mann ein wachsamer und starker Bruder geworden, der ihm beisprang.

»Komm, Sophie!«, sagte Dieter in die Stille und stieß sich vom Fensterbrett ab. »Ich glaube, wir sollten doch besser ins Hotel gehen. Wir sind hier nicht sonderlich erwünscht.«

Josef machte nur eine winzige Wendung, aber seine Haltung war Warnung genug, um Dieter verharren zu lassen.

Er wich in ein süffisantes Lächeln aus und stellte das Whiskeyglas auf den Schreibtisch. »Tja, Mathias, das war's dann wohl. So sehr ich es auch bedauere, aber wenn die Dinge so liegen, dann kann ich jetzt wohl nichts mehr für dich tun.«

Mathias straffte sich. »Bislang hast du nichts getan, als uns zu beleidigen. Auf solche Hilfe verzichte ich. Es ist wirklich besser, wenn du jetzt gehst. Und ... lass dich nie wieder hier blicken.«

Dieter versuchte zu grinsen. »Wie du willst.« Er wandte sich Sophie zu, ohne dabei Josef anzuschauen. »Du hast dich entschieden, wie ich sehe. Aber ich garantiere dir, meine liebe Sophie, das wirst du bereuen, bitter bereuen. Ich werde ...«

»Vorsicht«, sagte Josef leise. »Sie können sich keine Drohung mehr erlauben. Sie stehen mit einem Bein im Gefängnis. Das habe ich Ihnen heute schon einmal gesagt.«

Dieter lachte auf. »Als du weniger geschwätzig warst, Josef, hast du mir besser gefallen.«

»Ja, da habe ich ohne Fragen zu stellen deinen Mercedes aus der Wiese geschoben«, erwiderte Josef, seelenruhig das verächtliche Du übernehmend. »Und dann bin ich für dich ins Gefängnis gegangen.«

Dieter gefror das Lächeln auf dem Gesicht.

»An deinen Händen klebt Maries Blut«, fuhr Josef fort. »Damals, in jener Silvesternacht, hast du es mir an die Jacke geschmiert, als du dich an mich klammertest, damit ich dir helfe, dir selbst, deiner Tat und der Polizei zu entkommen.

Denn hätte dich die Polizei aus der Wiese gezogen, dann hättest du nicht nur deinen Führerschein verloren, sondern deine Freiheit. Mit Maries Blut an deinen Händen und Erde aus dem Wald von Oberriedgarten an deinen Schuhen und Hosen.«

»O Mathias!«, seufzte Monika plötzlich aus tiefster Seele erleichtert. Mathias ergriff ihre Hand, die in seine rutschte.

»Josef«, sagte er, »was redest du denn da?«

Sophie fühlte auf einmal eine kleine kalte Hand unter ihren Arm kriechen. Es war Nadja, die still und leise ins Zimmer gekommen war und sich nun an Sophie drängte.

»Bei dem sitzen die Schrauben locker«, meinte Dieter. »Das wissen wir doch.«

»Mäßige dich, Dieter!«, fauchte Mathias. »Oder ich vergesse mich.«

Dieter hob herausfordernd das Kinn. »Ihr wollt doch beide die Wahrheit nicht sehen. Dir, Mathias, nur dir hat Maries Tod was genützt. Du hast sie Josef abspenstig gemacht. Du hast sie auf dem Gewissen, egal, ob du es selber warst oder ob du die Drecksarbeit diesem Kretin überlassen hast.«

Mathias stürzte vor, aber Josef hielt ihn auf. »Es lohnt sich nicht. Mach dir an ihm nicht die Finger schmutzig.«

Dieter lachte böse auf. »Aber Josef, hast du es denn immer noch nicht kapiert? Dein Bruder hat dir damals deine Marie weggenommen.«

»Ja und?«

»Er hat … ich meine …« Dieter geriet ins Stottern.

»Ja?«, fragte Josef. »Was willst du sagen? Dass ich Mathias heute noch böse sein müsste? Dass ich Marie deswegen hätte umbringen müssen? Nur weil sie mich nicht wollte? Damit er sie nicht kriegt? Meinst du wirklich, jeder ist so einer wie du, Dieter? Ein machtgieriger und brutaler

Feigling, einer, den es zur Weißglut bringt, wenn sich ihm eine Frau widersetzt, und sei es nur ein blondes Dorfmädchen, das dir nach der Silvesterpolonaise im *Hirschen* von Oberriedgarten entwischt, um zu Mathias zu laufen? Erst weist es vor deinen Augen Sepp, den Deppen, ab, und dann dich, den großen Architekten. Das war zu viel. Da sind bei dir die Sicherungen durchgeknallt. Das konntest du dir nicht gefallen lassen. Du musstest ihr mit dem Auto hinterherfahren, du musstest sie einfangen, durch den Wald jagen und in den Dreck stoßen, um deinen mörderischen Triumph auszukosten.«

»Mein Gott! Es war ein Unfall!«

Es wurde auf einmal ganz still. Nur ein Balken knackte im Haus.

»Das ist ja wohl ein Geständnis«, sagte Hortense von Rohenfels mit bemerkenswerter Ruhe. Monika klammerte sich erschrocken an den Arm ihrer Schwiegermutter.

»Gar nichts ist das!«, schrie Dieter. »Der Richter hat doch festgestellt, dass es ein Unfall war. Ihr legt mich nicht rein! Das müsstet ihr mir doch wohl erst einmal beweisen. Und wie sollte das gehen? Hier steht er doch, der verurteilte Mörder Maries! Da steht er doch! Die Polizei lacht dich doch aus, Josef, wenn du jetzt damit ankommst. Nach achtzehn Jahren! Du hast keinen einzigen Beweis. Du kannst ja nicht einmal beweisen, dass du es nicht warst. Denn ich sage nicht für dich als Zeuge aus.«

»Ich brauche dich nicht mehr als Zeugen.«

Dieter stutzte. »Wie willst du es denn dann beweisen?« Josef wandte sich zu Sophie um und blickte sie fragend an.

»Beweise es ihm«, sagte sie schlicht.

Hortense richtete sich fast triumphierend in ihrem Sessel auf und drückte Monikas Hand. Mathias wagte kaum zu atmen, als sich Josef nun ihm und seiner Familie zuwandte.

»Im … im vergangenen Herbst habe ich den Anwalt Kurz gebeten, herauszufinden, ob eine Wiederaufnahme meines Prozesses möglich ist. Er meinte, das sei möglich. Aber es müsse neue Beweise geben, oder ein Gutachten komme zu dem Schluss, dass die Beweismittel damals falsch bewertet wurden. Er las die Prozessakten und fand heraus, dass sich Marie gewehrt haben musste. Unter ihren Fingernägeln waren tatsächlich Hautpartikel einer fremden Person. Aber das spielte im Prozess keine Rolle. Er fand auch heraus, wo dieses organische Material jetzt aufgehoben wird. Doch es war fraglich, ob es für eine Genanalyse heute noch taugt. Ich hatte heute Nachmittag einen Termin bei Kurz. Er beabsichtigte eigentlich, mir das Ergebnis der Genanalyse mitzuteilen. Aber es war noch nicht da. Ich hatte sogar den Eindruck, als wollte er mich darauf vorbereiten, dass die Analyse nicht mehr möglich ist. Aber heute Abend kam er auf die Polizeiwache mit der Nachricht, dass der Wiederaufnahme meines Prozesses nichts mehr im Weg steht. Das bei Marie gefundene fremde organische Material wurde erfolgreich einer Genanalyse unterzogen. Jetzt gibt es einen genetischen Fingerabdruck ihres Mörders. Und dieser Abdruck ist nicht mit meinem identisch. Damit ist der Beweis erbracht, dass ich es nicht war.«

Sophie hörte Nadja an ihrer Seite unterdrückt jubeln.

»Mein Gott, nach achtzehn Jahren!«, stieß Monika hervor. »Und das alles, weil … weil …« Sie blickte die Umstehenden ratlos an.

Mathias sah ziemlich blass aus. »O Josef, was war ich damals nur für ein Idiot.«

»Macht euch keine Vorwürfe«, sagte Josef sanft. »Was hättet ihr denn anderes denken sollen? Der Einzige, der wusste, dass ich zu Unrecht im Gefängnis saß, war Dieter.«

»Ich verbitte mir solche Verdächtigungen!«

Josefs schwarze Augen bohrten sich in Dieters. »Du Dummkopf. Hättest du in deiner Eifersucht nicht darauf bestanden, Sophie zu Monikas Geburtstagsfeier zu begleiten, und hättest du nicht bestritten, mich zu kennen, dann hätte ich doch nie erfahren, für wen ich damals ins Gefängnis gegangen bin. Jetzt, da es einen genetischen Fingerabdruck gibt, ist es nur noch eine Kleinigkeit zu beweisen, dass du der Mörder bist.«

Dieter wich zurück. »Das könnte dir so passen! Du machst mir keine Angst. Außerdem ...« Dieter hatte die Tür erreicht. »Außerdem ist das alles längst verjährt. Da kräht doch heute kein Hahn mehr nach.«

»Vergewaltigung mit Todesfolge verjährt nicht«, sagte Josef kühl.

Eine Sekunde lang starrte Dieter alle mit seinem verschwommenen Blick an, dann drehte er sich um und war verschwunden. Sie hörten seine Ledersohlen auf der Steintreppe knirschen. Kurz darauf fiel die Haustür krachend ins Schloss. Ein Automotor jaulte auf.

Monika war aufgesprungen. »Er haut ab! Man kann ihn doch nicht einfach abhauen lassen!«

»Ist schon gut, Monika«, sagte Josef ruhig. »Wo soll er denn noch hin? Er ist erledigt.«

Als Nadja sie losließ, um Josef um den Hals zu fallen, fühlte Sophie, wie ihr schwarz vor Augen wurde.

20

Der Kies spritzte unter den Reifen, als Dieter um das über die Bordsteine geschwemmte Rondell der Auffahrt kurvte. Der Gärtner würde viel zu tun haben, um die Folgen des sintflutartigen Tauwetters zu beseitigen. Dieters grimmige Verwirrung reichte, um sich darüber zu freuen, dass die Fluten die ordentlichen Konturen der kleinen Barockanlage so verwüstet hatten. Die Scheinwerfer seines Wagens verloren sich für einen Moment im schwarzen Nichts der Nacht, dann sprangen sie auf die Straße, die vom Egg herunterführte.

»Die können mir gar nichts!«, sagte Dieter zu sich und ging ein bisschen vom Gas, weil der Mercedes unten in der Kurve schlitterte. Außerdem mahlten die Mühlen der Justiz langsam. Er war doch längst mit seinem Geld über alle Berge, ehe die Polizei anrückte. Erst einmal musste man ihn anzeigen. Und dann musste es stichhaltige Beweise geben. Und ehe sie seinen genetischen Fingerabdruck hatten, um ihn mit dem des Mörders von Marie zu vergleichen, mussten sie ihn zum Speicheltest holen. Doch für diesen Test würde er nicht zur Verfügung stehen. Also brauchten sie eine richterliche Anordnung. Das ging alles nicht von heute auf morgen. Er konnte seine Flucht in aller Ruhe planen. Er hatte überall auf der Welt gebaut, er war doch überall zu Hause, hatte überall Freunde.

Dieter fuhr sich über die Stoppelhaare und lenkte den Mercedes durch Edenweiler. Die finsteren Höfe wirkten so abweisend und verschlossen wie immer. Das Kruzifix am Wegrand machte ihm Angst. Ein Fuchs huschte in ein Gebüsch. Oder war es eine Katze? Eine beklemmende Gegend. Er war froh, wenn er hier endlich rauskam.

Wie bedröppelt sie ihn alle angeschaut hatten, da oben auf Schloss Rohenfels. Dieter lachte auf. Sie waren ihm doch gar nicht gewachsen. Sie waren zu lieb und zu dumm. Nicht einmal Josef hatte Anstalten gemacht, ihn festzuhalten, der Einzige, der ihm hätte gefährlich werden können, weil er genug Verstand, Kraft und Schnelligkeit besaß. Aber auch der hatte sich nicht getraut. Ein überraschend kluger und gefährlicher Bursche, dieser Josef.

Hinter Kißlegg eroberte Dieter die Autobahn Richtung Leutkirch und gab Gas. Der Scheibenwischer knarrte leicht, während er das Sprühlicht der Scheinwerfer von der Gegenfahrbahn von der Scheibe wischte.

Aber war es wirklich klug, wenn er nach Hause fuhr, fragte Dieter sich. Wenn Josef schon seit Monikas Geburtstagsparty wusste, dass er Marie auf dem Gewissen hatte, dann hatte er es doch bestimmt Sophie erzählt. Dann hatte sie vielleicht längst Haare von ihm für einen Gentest gesammelt.

Unsinn!, sagte er sich. Er befand sich in Gefahr, sich in seiner eigenen intriganten Schlauheit zu verstricken. Er unterstellte anderen Menschen eine Heimtücke, zu der gewöhnlich nur er selbst fähig war. Aber doch nicht seine Sophie … oder doch? Josef auf jeden Fall. Oder doch nicht? Was hatte dieser Bursche vor? Warum hatte er ihn nicht aufgehalten? In welche Falle ließ er ihn laufen?

Er hätte ihn gleich damals mit dem Wagenheber erschlagen sollen, dachte Dieter. Damals, als Josef plötzlich in der schneehellen Nacht auftauchte, die nach Silvesterknallern roch. Ein schmales Bürschchen, so schüchtern, dass es kein Wort herausbrachte, ein einfältiger Dorfjunge. Damals hatte er noch nicht gewusst, dass dies Mathias' behinderter Halbbruder war. Der Bursche war immer unterwegs gewesen, wenn Dieter Mathias auf Schloss Rohenfels besuchte. Aber Marie, die hatte er einmal mit halb offener Bluse hinterm Haus hervorrennen sehen, als er vorne an der Haustür klingelte. Und dann hatte er sie im *Hirschen* von Oberriedgarten wiedergesehen. Er hatte sich auf diesen dunklen Landstraßen verfranzt gehabt und nach dem Weg nach Rohenfels fragen wollen und war in eine dörfliche Silvesterfeier hineingeraten. Mitten drin die hübsche blonde Marie. In den Armen von diesem schwarzhaarigen mageren Burschen. Da hatte er ihn zum ersten Mal gesehen. Die ganze Dorfgesellschaft lachte, als Marie ihn mitten im Tanz wegstieß und einen Deppen nannte.

Was für eine Kratzbürste. Sie hatte sich wie eine Katze auch gegen ihn gewehrt, obgleich Dieter ihr doch nur hatte zeigen wollen, wer der Stärkere war. Das mochten die Frauen doch. Der Marie hätte es gefallen mit ihm, die wäre ihm noch dankbar gewesen, wenn er sie nach Stuttgart mitgenommen und geheiratet hätte. Wer war das denn schon gewesen, ein einfaches Dorfmädel, das mit ihm in die weite Welt rausgekommen wäre. Ja, freilich, einen Titel und ein Schloss hatte er nicht zu bieten. Aber Mathias hatte doch gar nicht daran gedacht, sie zu heiraten. Und er, Dieter, hätte ihr ein halbes Dutzend Schlösser gebaut. Nur zur Vernunft hätte sie kommen müssen. Dass sie sich ein bisschen wehrte, das war doch ganz in Ordnung. Er mochte das. Aber Marie war einfach zu dumm gewesen. Sie hatte sich zu sehr gewehrt. Und plötzlich lag sie da und rührte sich nicht mehr.

Jäh ernüchtert, hatte er immerhin hinter Kißlegg die Abzweigung nach Höllenbach gefunden. Doch dann saß er unversehens in einer Wiese. Und auf einmal stand da wieder dieser schwarzhaarige magere Bursche aus dem *Hirschen*. Der weiß alles, hatte Dieter im ersten Moment gedacht. Der war Marie gefolgt, hatte ihn gesehen. Aber dann rechnete er sich aus, dass er mit seinem Wagen in zehn Minuten am Hügel von Höllenbach gewesen war, doch der Junge zu Fuß dafür eine Dreiviertelstunde brauchte, mindestens. Das war kein Zeuge, den er mit dem Wagenheber erschlagen musste. Außerdem erkannte er bald, welche überraschenden Kräfte in dem Bürschchen steckten, das sich abrackerte, um seinen schweren Wagen aus dem Schnee und dem sumpfigen Untergrund zu schieben, während er darin saß und einfach nicht den Punkt fand, damit die Reifen nicht pfeifend durchdrehten und sich nur noch tiefer in Schnee und Erde gruben. Ohne Josef wäre er verloren gewesen. Wenn die Polizei ihn gefunden hätte, einen Fremden in der Gegend, betrunken und mit Blut befleckt, und später die Leiche von einem Mädchen, die hätten ja zwei und zwei zusammengezählt.

So ein Witz, dass die Polizei dann ausgerechnet seinen Retter verhaftete und dass dies also Mathias' einfältiger Halbbruder war. Glück musste der Mensch haben. Seitdem hatte Dieter immer nur Glück gehabt.

Er scheuchte mit der Lichthupe einen Transporter von der linken Spur und fuhr, als er nicht reagierte, rechts an ihm vorbei. Er würde nicht nach Stuttgart, sondern nach München fahren. Dort musste man ihn erst einmal finden in einem dieser vielen Hotels. Aber als er am Kreuz Memmingen auf die Autobahn nach München wechselte, kam ihm auch das bereits zu riskant vor. In Hotels musste man Anmeldeformulare ausfüllen. Sein Wagen mit Stuttgarter Kennzeichen parkte womöglich für jede Polizeistreife sichtbar auf der Straße. Er versuchte diese alberne

Angst abzuschütteln, sich zu beruhigen, doch es gelang ihm nicht.

Warum war er nicht gleich Richtung Schweiz gefahren? Oder bei Bregenz über die österreichische Grenze? Was hielt ihn denn in Deutschland? Er musste umdrehen.

Während er nach der nächsten Abfahrt Ausschau hielt, tauchten vor seinem inneren Auge Bilder von Polizisten auf, die mit angelegten Gewehren an Grenzbäumen warteten. Grenzhäuschen, hinter deren Scheiben sein Fahndungsfoto steckte. Er versuchte auch diese Visionen als Blödsinn abzuschütteln, aber die Angst blieb. Eine alte Angst, eine, die er seit jener Silvesternacht nie ganz losgeworden war. Sie klebte seitdem in ihm und kroch jetzt die Innenwände seines Körpers hoch, fraß sich wie Säure durch seine Haut nach außen. Der Hemdkragen war ihm auf einmal zu eng, die Manschetten scheuerten.

In Europa konnte er nicht bleiben. Dieter brauste an der Ausfahrt Mindelheim vorbei, ohne umzudrehen. Er musste zum Flughafen nach München, die nächstbeste Maschine nach Südamerika nehmen. Keine Zeit mehr, sein Vermögen auf ein Auslandskonto zu transferieren. Welche Länder hatten eigentlich keine Auslieferungsverträge mit Deutschland? Paraguay, meinte er sich zu erinnern, oder war es Uruguay? Wie bekam er das raus? Das Bodenpersonal am Flughafen konnte er ja nicht gut fragen. Und wie lange würde er mit seiner Kreditkarte an sein Geld herankommen? Sperrte die Polizei das Konto von einem, der zur Fahndung ausgeschrieben war? Wen kannte er in Uruguay oder Paraguay? Was wollte er dort tun? Rinder züchten? Aber dazu musste er erst einmal Ländereien kaufen. Und wenn er nicht an sein Konto herankam? Und immer in der Angst leben, dass man ihn entdeckte. Sich wegdrehen, wenn ihm in einer Hotelbar ein Bekannter entgegenkam. Er kannte tausend Leute, und tausende kannten ihn.

Schlagartig wurde Dieter klar, dass er nirgendwohin konnte. Er war Architekt und kein Abenteurer. Er war ein Nichts ohne die lange Reihe seiner Erfolge als Architekt. Wo er hinkam, hofierte man ihn. Und nun sollte er sich verstecken, ein Niemand sein? Alles, was er sich erarbeitet hatte, aufgeben, untertauchen, irgendwo um seinen Lebensunterhalt kämpfen, sich dem Saufen ergeben.

Dieter raste mit hundertzwanzig in eine Baustelle. Das Licht der Scheinwerfer von der Gegenfahrbahn zersprühte in tausend Regentropfen auf der Windschutzscheibe und mischte sich mit den orangefarbenen Funken der Baustellenbeleuchtung.

Irgendwann würde man ihn finden. Ein Journalist entdeckte ihn, irgendjemand würde ihn verraten, weil ein Journalist ihm Geld bot. In einem südamerikanischen Gefängnis würde er auf Auslieferung warten, monatelang. Und dann würde er in Handschellen eine Gangway hinuntergeführt werden, in die wartenden Fernsehkameras hinein. Dieter hatte solche Bilder im Fernsehen gesehen. Diese armen Würstchen, die einst mächtige Männer gewesen waren und jetzt verquollen, alt, heruntergekommen, verängstigt wie Büßer in die Kamera schauten.

21

Es war ein schöner Morgen. Der Himmel war blau und wie leer gefegt. Kohlmeisen zwitscherten in den Bäumen. Josef überquerte seinen Hof. Sophies violettes Auto stand drüben vor den Trümmern des Schuppens. Er betrat die Küche, fütterte den Hund, zog die Stiefel aus, wusch sich die Hände und setzte Wasser für den Morgenkaffee auf. Dann öffnete er das Küchenfenster, um die milde Luft hereinzulassen. Er hatte heute früh, bevor er in den Stall ging, den Ofen angefeuert, aber nun war es viel zu warm. Er fegte die Küche, goss den Kaffee auf und zog sich ein frisches T-Shirt und frische Jeans an. Dann füllte er eine Tasse mit Kaffee, goss etwas Milch dazu, nahm sie, verließ die Küche und stieg damit die enge Treppe unters Dach hinauf.

Leise betrat er seine Schlafkammer. Er stellte die Kaffeetasse auf dem Nachttisch ab, setzte sich auf die Bettkante und hob die Hand, um Sophie eine Haarsträhne aus dem Gesicht zu streichen. Sie fühlte seine Berührung und schlug die Augen auf. Ein Lächeln erhellte ihr Gesicht. Ihre Hand kroch unter der Bettdecke hervor auf seinen Schenkel, gefährlich nah an seinem Geschlecht.

Ein Schauer des Glücks lief Josef den Rücken hinunter.

Sophie griff nach ihm. Er sank in ihre Arme. Für seine Dankbarkeit hatte er keine Worte, nur die überwältigende Zärtlichkeit seiner Hände und seines Körpers. Nie in ihrem Leben hatte Sophie eine so selbstlose Liebe erfahren. Er war bescheiden und abwartend, so als würde er sein Glück nicht glauben, und dabei doch voller Leidenschaft und überwältigender Zärtlichkeit, als sie sich in der Nacht einander schenkten, was sie so sehr begehrt hatten. Josef hatte sich ihr hingegeben, wie sie das noch nie erlebt hatte, ruhig und zärtlich und auf nichts anderes aus, als sie in seine Wärme zu hüllen, zärtlich wie kein Mann zuvor. Er hatte sie nicht in Besitz genommen, sondern sich von ihr abholen lassen. Millimeter für Millimeter hatte er ihren Körper erbeten, mit Küssen, mit seinen Händen, die sie gelenkt hatte, mit seinem Atem, seinen Lippen, seinem Geschlecht. So viel Zeit hatte Sophie noch nie gehabt, sich nehmen zu lassen.

Es fegte all das Grauen ihrer Ehe mit Dieter beiseite, das ihr erst gestern so richtig zu Bewusstsein gekommen war. Was hatte sie sich mit dem Gedanken gequält, ob sie einem wie Josef das Verbrechen verzeihen konnte, das dann tatsächlich der Mann begangen hatte, mit dem sie fünf Jahre lang Haus und Bett geteilt hatte. Ihr war schwarz vor Augen geworden, als ihr das klar wurde.

Josef hatte sie aufgefangen und zu einem Sessel geführt. Nadja hatte sich neben sie gesetzt, Monika ihr ein Glas Wasser aus dem Badezimmer gebracht. Doch auf einmal war Josef weit weg von ihr gewesen.

»Am besten, du legst dich hin«, hatte Monika mit der Wärme zu ihr gesagt, die bei ihr gelegentlich durchbrach. »Ich bringe dich runter in dein Zimmer. Du wohnst doch jetzt wieder bei uns, nicht wahr?«

Wie sie Josef so bei Mathias neben dem Schreibtisch in leiser Unterhaltung stehen sah, wurde Sophie auf einmal bewusst, dass das nicht mehr der einsame Vagabund war, der dankbar die Brocken von Zuwendung annahm, die man ihm zukommen ließ, sondern ein selbstsicherer und freier Herr von Rohenfels, in dessen Händen im Moment Wohl und Wehe des Familienguts lag. Er war rehabilitiert. Sein alsbaldiger Freispruch würde durch die Presse gehen. Er kehrte in die Gemeinschaft zurück, er würde binnen kurzem neugierig begutachteter und schnell hoch geachteter Teil der Gesellschaft sein. Er war, um es nüchtern zu sagen, eine ziemlich gute Partie und obendrein ein überaus attraktiver Mann. Und sie war doch eigentlich nur eine kleine Malerin, die sich in fremden Häusern verdingte und kaum wusste, wie sie künftig über die Runden kommen würde. Hortense von Rohenfels hatte ihr deutlich zu verstehen gegeben, dass sie in der Familie Rohenfels nicht willkommen war.

»Ich werde morgen mit meinem Anwalt sprechen«, hörte sie Josef leise zu Mathias sagen. »Er wird dafür sorgen, dass der Staatsanwalt die Ermittlungen gegen Dieter aufnimmt.«

Sophie stand auf. Es war gut, dass sich Nadja bei ihr einhakte. So fühlte sie sich nicht ganz so verlassen und verloren auf dem Weg zur Tür.

»Übrigens«, flüsterte ihr Nadja ins Ohr, »ich habe einen Freund.«

»Oh, wunderbar!«

»Er heißt Andreas und geht in die Dreizehnte. Er will Theaterwissenschaften in München studieren. Ich habe angefangen Sketche zu schreiben, weißt du. Heute hat er mich in der Schule versetzt, aber dann hat er vorhin angerufen und sich ganz lieb entschuldigt. Wir haben eine Stunde miteinander geredet. Ich habe ihm was vorgelesen. Er findet meine Sketche gut.«

»Wie schön!«

»Ach, ich bin so glücklich!« Nadja umarmte Sophie am oberen Treppenabsatz. »Ich bin dir so dankbar. Du hast doch gesagt, ich soll was fürs Theater schreiben, und darum bin ich in die Theater-AG gegangen. So haben Andreas und ich uns kennen gelernt.«

Sophie schwindelte ein bisschen, wenn sie sich vorstellte,

wie schnell Nadja sie für das Glück der ersten Liebe verantwortlich machte. Im Rückblick war eben jeder Zufall Schicksal.

Als sie sich aus Nadjas Umarmung löste und aufschaute, stand Josef in der Tür von Mathias' Arbeitszimmer. Er sah aus, als wollte er etwas sagen, wüsste aber beim besten Willen nicht, wie er all das ausdrücken sollte, das ihn in dieser Sekunde bewegte. Sophie verstand auf einmal, dass er es in seiner großherzigen Liebe schlichtweg nicht fertig brachte, sie für sich zu reklamieren, sie einfach so in sein kleines, etwas unbequemes Häuschen zu führen, als gehörte sie ihm. Bescheidenheit war ein unabänderlicher Charakterzug von ihm.

Sie zog den Autoschlüssel aus ihrer Jackentasche und hielt ihn ihm hin. »Kannst du fahren?«

Er ließ den Schlüssel fast fallen. Nadja feixte.

Dann war er so erregt, dass er Sophies Corsa zweimal abwürgte. Er legte den Kopf auf seine Hände, die auf dem Lenker waren, und lachte hilflos. Sie strich ihm über das schimmernde schwarze Haar und den Nacken. Da endlich hielt ihn nichts mehr. Er zog sie zu sich in die Arme und küsste sie mit der ganzen mächtigen Sehnsucht und Leidenschaft, die er so lange zurückgehalten hatte.

Der Hund saß aufrecht auf dem Rücksitz. Er fand, man hätte sich mehr um ihn kümmern müssen. Auffordernd legte er die Ohren nach hinten, doch da man ihn nicht beachtete, stupste er seine kalte Schnauze ins Geschehen.

Sophie lachte. Josef knurrte und schob seinen Hund mit sanftem Nachdruck in den Rücksitz zurück. Danach gelang es ihm, den Motor zu starten.

»Weißt du«, sagte Sophie, als der Wagen endlich vom Egg hinunterrollte, »dass ich nun auf keinen Fall deine Frau werden kann?«

»Wie? Was soll denn das heißen?«

»Na, du bist der künftige Besitzer von Rohenfels, und ich bin die Frau eines flüchtigen Verbrechers und eine arme Malerin, die nur auf dein Geld und deinen Titel aus ist.«

Josef bremste in der Kurve zum Wäldchen. »Das ist doch Unsinn.«

Sophie lächelte.

»Außerdem werde ich nie der Herr von Rohenfels«, sagte er ernst.

Oben auf dem Schloss eröffnete Nadja ihren Eltern beim Frühstück, das Monika mit ungeübter Hand in dem Bedürfnis zubereitet hatte, der Familie nach den erschreckenden Ereignissen ein ruhender Pol zu sein, dass sie nach der zehnten Klasse das Gymnasium in Kißlegg verlassen und auf eine Schule in München wechseln werde.

»Was ist denn das wieder für eine blödsinnige Idee«, sagte Monika.

»Das ist gar kein Blödsinn. Ich will mit Andreas zusammenziehen.«

»Und wer bitte ist Andreas?«

»Das ist mein Freund. Er macht im Frühjahr Abitur. Dann wird er nach München gehen, um Theaterwissenschaft zu studieren.«

»Darf ich dich daran erinnern, dass du noch keine sechzehn bist?«, entgegnete Monika ungewollt scharf.

»Ich bin alt genug, um zu wissen, was ich will.«

»Aber du kannst nicht einfach beschließen, dass du mit einem Jungen zusammenziehen und in München leben willst. Wovon wollt ihr überhaupt leben? Das ist doch wieder so eine völlig undurchdachte Idee von dir.«

Nadja ließ das Messer fallen. Es rutschte vom Honigtoast ab und auf den Tisch. »Aber ich liebe ihn. Und er liebt mich!«, schrie sie. »Wenn ihr mir das kaputtmacht …! Ihr könnt euch nicht zwischen mich und Andreas stellen. Ihr zerstört mein Glück.«

»Du lieber Himmel!«, bemerkte Monika. »Nun mach doch nicht so einen Aufstand. Wie lange kennst du deinen Andreas denn schon? Wer weiß, wie lange das hält.«

Sie hatte ja vielleicht Recht, aber es war nicht sonderlich einfühlsam, was sie sagte.

Nadja sprang erbittert auf. »Ich will hier nicht auf dem Land versauern. Ich will auch mal ins Theater gehen können. Ich werde nämlich Theaterstücke schreiben! Ihr macht mir meine ganze Zukunft kaputt. Was soll ich denn hier? Und wenn Andreas dann auch noch weggeht.«

»Aber Kind!«

»Ich hasse Rohenfels!«, brach es aus Nadja heraus. »Ich halte es hier nicht mehr aus. Das ist wie ein Gefängnis! Da kann man sich ja nur die Pulsadern aufschneiden.«

Sie blickte in die erschrockenen Gesichter ihrer Eltern und ahnte, dass sie zu weit gegangen war. Aber das war nun nicht mehr zurückzunehmen. Außerdem war es die Wahrheit. Und wenn sie schon einmal so weit gegangen war und ihren Eltern das Frühstück verdorben hatte, dann konnte sie auch noch eins draufsetztem. »Ich will hier nicht mehr leben! Ihr könnt mich nicht aufhalten!«

Dass ihr Vater so erschüttert und fast gekränkt aussah, war dann aber auch mehr, als Nadja ertragen konnte, und so stürzte sie aus dem Zimmer.

Mathias sprang auf und rannte hinterher. »Nadja!«

Seine Tochter drehte sich auf der Treppe um.

»Nadja, lauf bitte nicht im Zorn weg. Wir können doch über alles reden. Ich bitte dich. Zieh keine voreiligen Schlüsse, und tu nichts Übereiltes.«

»Ihr traut mir wohl nicht mehr.«

»Traust du uns denn, Nadja?«

Sie stutzte und kam zögernd die drei Stufen wieder herunter und warf sich dann ihrem Vater in die Arme. »Papa, ich halte es einfach nicht mehr aus hier«, schluchzte sie.

»Das habe ich verstanden«, erwiderte Mathias. »Und ich verspreche dir, wir werden eine Lösung finden. Lass uns in Ruhe über alles reden. Wir müssen uns darüber schlüssig werden, was wir wirklich wollen. Das braucht ein bisschen Zeit. Und bis dein Andreas nach München entschwindet, ist es ja auch noch ein paar Monate hin. Also hab ein wenig Geduld, ja? Und glaub mir, niemand will dich unglücklich machen.«

Nadja nickte an seiner Brust.

Als er ins Esszimmer zurückkam, war Monika dabei, klirrend das Geschirr zusammenzuräumen. »Ich habe wieder alles falsch gemacht«, sagte sie bitter. »Aber das ist doch auch völlig idiotisch, was sich Nadja da in den Kopf gesetzt hat.«

»Ich finde nicht, dass du immer alles falsch machst«, sagte Mathias versöhnlich. »Aber ich finde auch nicht, dass Nadjas Idee völlig idiotisch ist.«

Sie unterbrach ihr hektisches Tun.

»Seien wir doch mal ehrlich, Monika. Dein Lebensmittelpunkt ist doch auch München.«

»Nein, er ist hier. Ich bin entschlossen, meine Arbeit in München aufzugeben, zumindest zu reduzieren. Vielleicht kann ich ja hier in der Gegend etwas finden. Könnte ich nicht in deinem Büro arbeiten? Ich bin gut im Organisieren.«

Mathias lächelte betreten. »Ich fürchte, das kommt zu spät. Die Immobilien, die ich noch besitze, sind unverkäuflich. Oder ich muss sie so billig verscheuern, dass es mir nichts bringt. Ich sitze auf mehreren Millionen Schulden. Rohenfels gehört mir nicht mehr.«

»Aber …«

Er schüttelte den Kopf. »Es hat keinen Sinn, darum herumzureden. Ich bin pleite.«

Monika setzte sich erschüttert. »Aber Josef wollte doch …«

»Du glaubst doch nicht, dass ich mich von ihm retten lasse, um dann weiter munter hier zu leben, als wäre nichts geschehen?«

»Du willst Rohenfels aufgeben?«

»Ich will nicht, aber ich muss. Nein, das ist nicht die ganze Wahrheit. Ich will es eigentlich aufgeben. Seit meiner Jugend träume ich von einer Etagenwohnung in einer großen Stadt. Ich würde gern öfter in Konzerte gehen, in Ausstellungen, ins Kino. Aber ich weiß, dass du …«

Monika blickte ihn so erschüttert an, dass er zögerte, es auszusprechen.

»Ich weiß, dass du mich nur geheiratet hast, weil ich ein Schloss besitze. Ich liebe dich, Monika, aber ich kann die Illusion nicht mehr aufrechterhalten, dass du mich auch um meiner selbst willen liebst. Ich vermag dich sogar zu verstehen. Das einzig Glänzende an mir ist das Schloss. Aber jetzt kann ich nicht mehr.«

»Aber Mathias!«

»Es tut mir Leid, Monika.«

»O Gott, Mathias! Mir liegt doch gar nicht so viel an Rohenfels, wie du denkst. Anfangs ja, das stimmt. Aber inzwischen geht mir diese Fahrerei auch auf die Nerven. Und Nadja ist hier fast verrückt geworden vor Einsamkeit. Aber ich dachte immer, du und deine Mutter, ihr würdet eher eure Seelen verkaufen, als Rohenfels aufgeben.« Sie stand auf und ergriff seine Hände. »Und außerdem habe ich mich damals nicht in einen Schlossherrn verliebt, sondern in einen gut aussehenden, etwas melancholischen jungen

Mann. Die Sache mit Marie hat mich sehr gekränkt, das gebe ich zu. Ich gebe auch zu, dass dein Schloss ein gutes Argument war, dir zu verzeihen. Aber das ist jetzt fast zwanzig Jahre her. Damals habe ich dein Verhältnis zu Josef nicht durchschaut. Dass du was mit Marie anfängst, damit sie ihn nicht benutzt, um sich in deine Familie einzuheiraten, ist zwar eine abenteuerliche Geschichte, aber ich denke, ich kann verstehen, dass man so etwas macht. Ich habe erst jetzt begriffen, wie sehr du an Josef hängst und wie unglücklich du warst, ihn für einen Verbrecher halten und ihn auch so behandeln zu müssen. Doch du hast mich auch nicht in dein Herz blicken lassen. Du warst immer all die Jahre irgendwie innerlich abwesend.«

Mathias begriff nur langsam. Warum hatten sie das alles nicht viel früher besprechen können?

»Aber was wird deine Mutter dazu sagen, wenn wir nach München gehen?«, fragte Monika, sogleich den Blick nach vorn richtend. »Wer bringt ihr das bei?«

Als Josef gegen Mittag kam, pinselte Sophie bereits seit Stunden im Badezimmer. Von allen unbemerkt und still und leise hatte sie am Morgen ihre Arbeit an dem Wandbild wieder aufgenommen. Sie hatte gehört, wie Nadja in ihr Zimmer hinaufgelaufen war. Später hatte sie mitgekriegt, wie Monika Mathias im Flur mitteilte, dass sie nach Wangen müsse, ein paar Besorgungen machen. Dann hatte sich die Tür zu Mathias' Arbeitszimmer geschlossen. Alsbald aber versank sie so in ihre Tätigkeit, dass sie gar nichts mehr hörte, auch nicht Josefs leichte Schritte.

Er fand Mathias in seinem Arbeitszimmer, Bilanz ziehend.

»Ich habe mir Folgendes überlegt …« begann Josef, kaum dass er eingetreten war.

»Nein!«, unterbrach ihn Mathias lächelnd.

»Aber hör mich doch erst einmal an! Ich will dir mein Geld ja nicht schenken! Ich kaufe diese Burg Segberg.«

»Was willst du denn damit?«

»Sophie und ich müssen doch irgendwo wohnen. Mein Talhaus ist wirklich zu klein.«

»Ah, Sophie und du. Ausgerechnet Segberg. Kennst du die Burg eigentlich?«

»Ja sicher. Ein Turm, ein zweiflügeliges Hauptgebäude, ein Anbau, ein Dorf drum herum. Hübsch.«

Mathias lachte. »Und wovon willst du Segberg bezahlen?«

»Das geht dich nichts an.«

»Hör mal, ich möchte nicht, dass du den Talhof verkaufst, nur um mir aus der Klemme zu helfen. Außerdem müsstest du in Segberg eine Menge Geld reinstecken. Keine anständigen Bäder, keine Heizung.«

»Ich bin handwerklich ziemlich geschickt.«

»Hör auf, Josef.«

»Du kannst mich nicht daran hindern, den Talhof zu verkaufen. Er macht ohnehin viel zu viel Arbeit und wirft praktisch nichts ab. Du weißt doch, der Mosegreutbauer will schon länger die Weiden für sein Vieh.«

»Und wovon willst du deinen Lebensunterhalt bestreiten? Sophie hat doch nichts. Und sie kriegt auch nichts, so wie ich Dieter kenne. Er hat sicherlich Gütertrennung mit ihr vereinbart. Da wird es ihr auch nichts nützen, wenn er im Gefängnis sitzt. Und mit ihrer Malerei, da mach dir mal keine Illusionen, verdient sie auch nicht die Welt.«

»Irgendein Reiterhof hier in der Gegend wird mich schon als Reitlehrer oder Bereiter anstellen. Außerdem dürfte mir nach dem Verkauf des Baulands bei Edenweiler noch was übrig bleiben, vor allem, wenn du den Verkauf makelst.«

Mathias lehnte sich in seinem Sessel zurück.

»Bitte, lass mich dir helfen!«, sagte Josef. »Du bist mein Bruder. Was ist Familie denn wert, wenn Brüder nicht füreinander einstehen dürfen?«

»Das sagst du? Ich wünschte, ich wäre einst so für dich eingestanden wie du jetzt für mich.«

Josef schüttelte lächelnd den Kopf. »Du hattest es wahrlich nicht leicht mit mir. Ich war es doch, der nicht begriffen hat, wie sehr du an mir hängst und wie verzweifelt du warst, dass ich mich wie ein Idiot aufführte.«

Mathias stand auf und ging ans Fenster. Das leicht gewellte Land lag in fahlem Sonnenschein. In den knorrigen schwarzen Ästen der Apfelbäume flatterten die Meisen. Durchs welke gelbe Wintergas schritten Saatkrähen auf der Suche nach Nahrung. Es kam Mathias so vor, als wäre der Frühling nicht mehr weit. Er streckte die Hand nach dem Fenstergriff aus und öffnete das Fenster.

»Josef, wir werden Rohenfels verlassen und nach München ziehen.« Mathias wandte sich um und lächelte seinen Bruder an, dem es die Sprache verschlagen hatte. »Hörst du, ich nehme dein Angebot an. Doch schlag dir Segberg aus dem Kopf. Du bekommst Rohenfels.«

»Aber Monika und du …«

»Wir haben die Schnauze gestrichen voll vom Landleben. Doch dir hat das ja immer zugesagt. Und Sophie scheint mir eine ganz patente Frau zu sein. Es wird ihr Spaß machen, diesen riesigen alten Kasten in Schuss zu halten.«

Sophie, über deren Schicksal die beiden Halbbrüder da nebenan gerade verhandelten, hockte in der Badewanne und versilberte Schale und Kanne, die sie auf Josefs Rat hin auf die Brüstung am Kopfende der Badewanne gestellt hatte. In dem glatten Metall spiegelten sich sogar das Badewasser und der Kopf des möglichen Badenden. Wenn man die Spiegelung auf der Illusion der Silberschale und der silbernen Kanne betrachtete, dann hörte man förmlich den Schaum auf dem Badewasser knistern. Sophie entschloss sich gerade, auch noch einen Tropfen Kondenswasser das Metall hinablaufen zu lassen, als Nadja ins Badezimmer platzte.

»Oma will dich sprechen.«

»Was, mich? Was will sie denn?«

»Weiß ich nicht.«

Sophie hatte eigentlich keine Lust, sich von der alten Dame noch einmal warnen zu lassen, sich ja nicht an Josef heranzumachen. Aber dann stellte sie den Pinsel doch ins Wasserglas, stieg aus der Wanne und wischte sich die Hände an einem Lappen ab. Auf den Jeans und dem hellgrünen Sweatshirt, die sie nur zum Malen anzog, prangten inzwischen verschiedenfarbige Flecke. Hortense von Rohenfels ist sicherlich vorbildlich angezogen, dachte sie, aber sei's drum. Die Dame hatte sie ja immer nur als Handwerkerin betrachtet.

Nadja war ganz offensichtlich neugierig und begleitete Sophie über den Flur. Sie ging voran und öffnete die Tür. »Bitte sehr, Oma, da ist Sophie.«

Hortense von Rohenfels saß in ihrem Sessel am Fenster. Aber als Sophie eintrat, griff sie nach ihren Stock und stand nicht ohne Mühe auf. Nadja fiel fast die Kinnlade runter.

»Bitte, bleiben Sie sitzen!«, rief Sophie und eilte auf die alte Dame zu. Hortense von Rohenfels ergriff Sophies Hand und ließ sich von ihr wieder in den Sessel zurückhelfen.

»Nadja«, sagte sie dann, »würdest du uns bitte mal einen Moment allein lassen.«

Das Mädchen zog die Schultern hoch, fügte sich aber.

»Nehmen Sie Platz!«, sagte Hortense. »Ich glaube, ich muss mich bei Ihnen entschuldigen und bedanken.«

»Aber nein.« Sophie setzte sich auf den lehnenlosen Schemel.

»Doch. Ich habe Ihnen unrecht getan, als ich Ihnen eigennützige Motive vorhielt. Sie haben zu Josef gestanden in einem Moment, in dem wir als seine Familie kläglich versagt haben. Nein, widersprechen Sie nicht. Sie sind ihm von Anfang an vorurteilsfrei begegnet, sogar als Sie dann wussten, wer er ist.«

Sophie hätte schon gern widersprochen, denn nachdem sie erfahren hatte, wer er war und was man ihm vorwarf, war sie ihm keineswegs so vorurteilsfrei begegnet. Aber sie wollte Hortense nicht unterbrechen.

»Ich bin vielleicht eine sture alte Dame, aber auch ich kann meine Augen nicht vor der Tatsache verschließen, dass wir es vermutlich einzig und allein Ihnen verdanken, dass Josef seine blödsinnigen Hemmungen abschütteln konnte und als Sohn in unser Haus zurückgekehrt ist. Er liebt Sie, das ist unübersehbar. Sie sind eine aufrichtige und, wie ich fürchte, etwas stolze Person. Darum bitte ich Sie, weisen sie Josef nicht ab, nur weil ich Ihnen uneigennützige Motive unterstellt habe. Sie würden ihn unglücklich machen, und das möchte ich nicht.«

Sophie lächelte.

»Und damit Sie sehen, dass ich meinen Irrtum wirklich bedauere, möchte ich Ihnen Folgendes sagen. Es wird sich, schätze ich, auf Schloss Rohenfels einiges verändern. Mathias muss sich darüber klar werden, was er eigentlich will. Er scheint nie sonderlich glücklich mit Rohenfels gewesen zu sein. Monika ist ohnehin fast mehr in München als hier, und Nadja zieht es auch in die Stadt. Aber Josef liebt das Leben hier. Sonst hätte er sich das nicht angetan, nach seiner Haft hierher zurückzukehren. Er eignet sich im Grunde viel besser als Mathias, Rohenfels weiterzuführen. Und ich möchte, dass Sie als seine Frau hier einziehen … wenn Sie denn mal geschieden sind. Sie wollen sich doch scheiden lassen?«

»Ja.«

»Und Sie werden Josef heiraten?«

»Wenn er mich will.«

Hortense lächelte. »Gut. Sehr gut. Dann kann ich mich ja beruhigt in ein Altersheim zurückziehen.«

»Aber nein! Warum denn?«

»Die paar Jahre, die ich noch zu leben habe, will ich niemandem zur Last fallen.«

»Josef werden Sie niemals zur Last fallen«, sagte Sophie warm. »Im Gegenteil. Er wäre todunglücklich, wenn er das Gefühl hätte, Sie von Schloss Rohenfels vertrieben zu haben.«

»Na, ich hoffe doch, er wird mit Ihnen glücklich!«

Sophie lachte. »Wenn Sie schon davon ausgehen, dass ich Ihre künftige Schwiegertochter bin, dann darf ich vielleicht so frei sein und sagen, dass auch ich unbedingt möchte, dass Sie hier wohnen bleiben. Ich habe …«

In diesem Moment ging die Tür auf, und Josef stand im Zimmer. Er sah ernst aus.

»Sophie, die Polizei … unten in der Halle stehen zwei Polizisten und möchten dich sprechen.«

22

Es hatte angefangen zu schneien. Der erste Schnee. Er fiel in großen trunkenen Flocken. Der Zwiebelturm der Loretakapelle auf dem Moränenhügel von Wolfegg trug bereits ein weißes Hütchen. Dicke Schneeflocken tanzten vor dem Wind her, verfingen sich in den kahlen Ästen der Obstbäume und legten sich leise auf welkes Gras, auf Hausdächer und Zäune. Im Nu verschwanden die sanften Hügel und Wäldchen unter einer weißen Decke. Der Transporter schlitterte leicht auf der zugeschneiten Straße von Rötebach nach Edenweiler.

Immer wenn es zu schneien begann, dachte Sophie an ihre erste Fahrt mit klappernden Farbflaschen und Malereiwerkzeug ins Allgäu vor mittlerweile sechs Jahren. Inzwischen kannte sie die Straße von Edenweiler nach Rohenfels so gut, dass sie nicht mehr in den Graben fuhr, wenn das Land im Schnee versank. An der Stelle, an der sie damals zum ersten Mal Josef und seinem Hund begegnet war, durchrieselte sie stets ein Glücksgefühl. Unten im Tal stieg Rauch aus dem Talhaus hinter dem tief verschneiten Stalldach auf. Josef hatte den Talhof an Franz und Peter verpachtet. Im Sommer grasten die Pferde auf den Koppeln. Auf dem Bauland kurz hinter Edenweiler waren in den letzten Jahren kleine Einfamilienhäuser entstanden.

Allmählich tauchte vor Sophie Schloss Rohenfels hinter dem Wäldchen auf.

Ihr schwindelte manchmal, wenn sie an die dramatischen

Wochen im Winter vor sechs Jahren dachte. Es kam ihr wie ein Wunder vor, dass sie alle unversehrt daraus hervorgegangen waren. Alle bis auf Dieter. Als die Polizei damals unten in der Halle stand, hatte sie gleich geahnt, mit was für einer Nachricht sie kamen. Sie erinnerte sich noch sehr gut an die gemischten Gefühle, mit denen sie vernommen hatte, dass Dieter bei Landsberg am Lech mit zweihundert gegen einen Brückenpfeiler gerast war.

Sie hatte ein großes Vermögen von mehreren Millionen geerbt. Es war ihr schwer gefallen, das Erbe überhaupt anzutreten, aber dann hatte sie sich gesagt, dass es ihre einzige Chance war, an Mathias den Schaden wieder gutzumachen, den Dieter angerichtet hatte. Im Verein mit Josef war es ihr gelungen, ihn dazu zu bewegen, dass er sich den Verlust begleichen ließ, den ihm der Kauf von Segberg beschert hatte. Inzwischen lebten Mathias und Monika in München und betrieben eine Casting-Agentur. Sie würden wie immer zu Weihnachten nach Rohenfels kommen.

Nadja hatte Abitur gemacht und angefangen Kunstgeschichte und Literatur zu studieren. Mit Andreas war sie nicht mehr zusammen. Und sie schrieb auch keine Theaterstücke mehr, aber sie hatte die Semesterferien im Sommer auf Rohenfels verbracht und damit begonnen, ein Drehbuch zu schreiben.

Hortense von Rohenfels war vor zwei Jahren gestorben und hatte ihr Vermögen zu gleichen Teilen ihren beiden Söhnen und Nadja vermacht.

Der Transporter schlingerte ein bisschen, als Sophie um die Kurve in den Anstieg des Eggs von Rohenfels einbog. Seit fast sechs Jahren kehrte sie nun von ihren Malausflügen in die noblen Häuser der Umgegend jedes Mal froh nach Rohenfels zurück. Einen Auftrag, bei dem sie wochenlang von zu Hause fort gewesen wäre, nahm sie nicht an. Dabei war es anfangs für sie gar nicht so leicht gewesen, Ruhe zu finden. Nur Dank Josefs Feinfühligkeit war es ihr gelungen, allmählich den Albtraum ihrer vorherigen Ehe zu vergessen. Mehr ihr zuliebe und um sie abzulenken hatte er es zugelassen, dass sie sich darum bemühte, für seine Zeichnungen eine Galerie zu finden.

Die ersten Ausstellungen waren ein Misserfolg gewesen. Aber dann hatte eine große Münchner Zeitung über ihn geschrieben. Und die letzte Ausstellung, die sie in den Räumen von Schloss Rohenfels veranstaltet hatten, hatte viel Publikum angelockt. Allmählich hatte sich Josef an den Gedanken gewöhnt, dass er tatsächlich ein großes Talent besaß. Inzwischen erlaubte er es sich sogar, gelegentlich die vielen Pflichten, die er sich im Haus auferlegte, auch einmal zu vernachlässigen, um den ganzen Tag in seinem Atelier zu zeichnen, das er sich in Hortenses ehemaligem Zimmer eingerichtet hatte. Dann brachte Sophie ihm einen Kaffee nach oben. Meist drehte er sich zu ihr um, blickte mit seinen dunklen warmen Augen zu ihr auf, langte nach ihr und zog sie an sich.

Der Transporter nahm den letzten Meter der Auffahrt.

Oben auf dem Rondell stand ein halb fertiger Schneemann. Josef war gerade dabei, die letzte Kugel als Kopf auf die beiden anderen Schneekugeln zu heben. Die kleine Lea krallte sich in seine Jacke und streckte die Hand aus, in der sie eine Möhre hielt. Sie war gerade drei geworden. Ihr zwei Jahre älterer Bruder Gerald bewarf Wolf mit Schneebällen. Der Hund schnappte nach den Wurfgeschossen, aber eigentlich war er inzwischen zu alt, um Schneebällen hinterherzuspringen. Er lag lieber auf dem Fußabstreicher auf der obersten Treppe des Portals.

Josef beugte sich zu seiner Tochter hinab, um ihr die Möhre abzunehmen und sie dem Schneemann als Nase in den Kopf zu setzen. Aber Lea interessierte das schon nicht mehr.

»Mami, Mami«, rief sie und rannte Sophie entgegen, die aus dem Transporter gestiegen war. Auch Gerald schüttelte den Schnee aus den Händen und kam herbeigerannt.

Josef folgte seinen Kindern lächelnd.